社会及行为科学研究法（三）
资料分析

R｜eseach Methods on Social and Bahavior Science Ⅲ:
Data Analysis

瞿海源　毕恒达　刘长萱　杨国枢⊙主编

社会科学文献出版社
SOCIAL SCIENCES ACADEMIC PRESS (CHINA)

社会及行为科学研究法

主编

瞿海源　毕恒达　刘长萱　杨国枢

总论与量化研究法 （一）

王文中

学历：美国加州大学伯克利分校计量方法与评鉴博士

现职：香港教育学院心理研究学系讲座教授

吴重礼

学历：美国纽奥良大学政治学博士

现职：中研院政治学研究所研究员

杜素豪

学历：美国密歇根州立大学社会学博士

现职：中研院调查研究专题中心副研究员

林文瑛

学历：日本庆应大学教育心理学博士

现职：中原大学心理学系教授兼心理

科学研究中心主任

邱铭哲

学历："清华大学"社会学研究所中国研究学程硕士

现职：新境界文教基金会安全与战略研究中心研究员

张苙云

学历：美国约翰霍布金斯大学社会学博士

现职：中研院社会学研究所研究员

毕恒达

学历：美国纽约市立大学环境心理学博士

现职：台湾大学建筑与城乡研究所副教授

陈春敏

学历：中正大学心理学博士

现职：成功大学心理学系博士后研究员

陈振宇

学历：美国纽约州立大学石溪分校心理学博士

现职：成功大学心理学系教授

章英华

学历：美国普林斯顿大学社会学博士

现职：中研院社会学研究所研究员

黄　纪

学历：美国印第安纳大学政治学博士

现职：政治大学政治学系讲座教授兼选举研究中心合聘研究员

杨国枢

学历：美国伊利诺伊大学心理学博士

现职：中原大学心理科学研究中心暨心理学系讲座教授

刘长萱

学历：美国匹兹堡大学统计与心理计量博士

现职：中研院统计科学研究所研究员

郑凤芬

学历：政治大学边政研究所硕士

现职：政治大学选举研究中心副研究员

谢雨生

学历：美国宾州州立大学乡村社会学博士

现职：台湾大学生物资源暨农学院生物产业传播暨发展学系特聘教授

瞿海源

学历：美国印第安纳大学社会学博士

现职：中研院社会学研究所研究员、台湾大学社会学系教授

苏国贤

学历：美国哥伦比亚大学社会学博士

现职：台湾大学社会学系教授兼主任

质性研究法 （二）

王增勇

学历：加拿大多伦多大学社会工作学系博士

现职：政治大学社会工作研究所副教授

林本炫

学历：台湾大学社会学博士

现职：联合大学客家研究学院经济与社会研究所副教授

林国明

学历：美国耶鲁大学社会学博士

现职：台湾大学社会学系副教授

柯志明

学历：美国纽约州立大学（宾汉顿）社会学博士

现职：中研院社会学研究所特聘研究员

徐振国

学历：美国俄亥俄州立大学政治学博士

现职：东吴大学政治学系教授

毕恒达

学历：美国纽约市立大学环境心理学博士

现职：台湾大学建筑与城乡研究所副教授

汤京平

学历：美国南加州大学公共行政学系博士

现职：政治大学政治学系教授兼主任

吴嘉苓

学历：美国伊利诺伊大学香槟分校社会学博士

现职：台湾大学社会学系副教授

周　平

学历：美国社会研究新学院社会学博士

现职：南华大学应用社会学系主任兼所长

黄应贵

学历：英国伦敦大学伦敦政治经济学院人类学博士

现职：中研院民族学研究所研究员

杨国枢

学历：美国伊利诺伊大学心理学博士

现职：中原大学心理科学研究中心暨心理学系讲座教授

刘长萱

学历：美国匹兹堡大学统计与心理计量博士

现职：中研院统计科学研究所研究员

萧阿勤

学历：美国加州大学圣地亚哥校区社会学博士

现职：中研院社会学研究所研究员兼副所长

瞿海源

学历：美国印第安纳大学社会学博士

现职：中研院社会学研究所研究员、台湾大学社会学系教授

蓝佩嘉

学历：美国西北大学社会学博士

现职：台湾大学社会学系教授

资料分析 （三）

于若蓉

学历：台湾大学经济学博士

现职：中研院调查研究专题中心研究员兼执行长

王鼎铭

学历：美国德州大学达拉斯分校政治

经济学博士

现职：台湾大学政治学系副教授

林季平

学历：加拿大麦克马斯特大学地理学博士

现职：中研院地理资讯科学研究专题

中心副研究员

邱皓政

 学历：美国南加州大学心理计量学博士

 现职：台湾师范大学管理学院副教授

翁俪祯

 学历：美国加州大学洛杉矶分校心理学博士

 现职：台湾大学心理学系教授

陈振宇

 学历：美国纽约州立大学石溪分校心理学博士

 现职：成功大学心理学系教授

程尔观

 学历：美国佛罗里达州立大学统计学博士

 现职：中研院统计科学研究所研究员

毕恒达

 学历：美国纽约市立大学环境心理学博士

 现职：台湾大学建筑与城乡研究所副教授

黄旻华

 学历：美国密歇根大学安娜堡分校政治学博士

 现职：美国德州农工大学政治系专任助理教授

黄毅志

 学历：东海大学社会学博士

 现职：台东教育大学教育学系教授

杨国枢

 学历：美国伊利诺伊大学心理学博士

 现职：中原大学心理科学研究中心暨心理学系讲座教授

刘长萱

 学历：美国匹兹堡大学统计与心理计量博士

 现职：中研院统计科学研究所研究员

蔡蓉青

 学历：美国伊利诺伊大学心理学博士

 现职：台湾师范大学数学系教授

谢雨生

 学历：美国宾州州立大学乡村社会学博士

 现职：台湾大学生物资源暨农学院生物产业传播暨发展学系特聘教授

瞿海源

 学历：美国印第安纳大学社会学博士

 现职：中研院社会学研究所研究员、台湾大学社会学系教授

序　言

　　《社会及行为科学研究法》这套书原来是由杨国枢、文崇一、吴聪贤和李亦园四位教授编辑，于 1978 年 1 月出版，三十多年来，一直广为使用，印行了三十刷以上，影响实在非常深远。近二三十年来社会科学研究方法创新不断，社会科学研究使用的方法也起了很大的变化。原书的主编杨国枢教授和出版这部书的东华书局，希望出版一个全新的第二版，于是在 2008 年邀约了瞿海源、毕恒达、刘长萱、洪永泰参与规划出版事宜。

　　台湾社会科学，特别是社会学和政治学，在 1980 年之后，尤其是在1990 年之后发展快速，到 2000 年大体发展成熟。在本书第一版出版时，正在 1980 年之前，当时台湾的社会学和政治学几乎还在发展初期，如陈义彦（2010）指称："……这一时期的调查研究方法，如抽样方法采非随机抽样方式，统计分析方法也只采次数分配、卡方检定，都仅是粗浅的分析，且也不尽正确，所以严格说起来，谈不上是高度科学化的研究。"于是本书第一版许多研究方法还是由心理学者和教育学者撰写，占了作者之六成左右。在发展成熟之后，台湾社会学者和政治学者在研究方法上学有专精的很多，第二版就有六成的章节是由社会和政治学者担纲写成。所以全书内容是以社会科学的研究和分析方法为主，不过心理和教育学者撰写的也还是有百分之十七，因此书名依旧延续第一版，包括社会和行为科学。

　　在规划出版本版新书初期，先经过编辑小组两个多月的商议，初步草拟了一份主题纲目，列出各章主题。最后汇整成一份问卷，邀请在各大学教社会科学研究方法的教授近二十位评估，就初步提议纳入的主题逐项评分，在"最优先""优先"和"非必要"三个选项中勾选，同时也推荐各章的撰稿者。结果有王业立、林继文、李明璁、苏国贤、关秉寅、吴嘉苓、蓝佩嘉、吴重礼、黄纪、杨国枢、毕恒达、刘长萱、翁俪祯、黄昱华、黄嘿莉等十五位教授回复。最后，以最优先给 2 分，优先给 1 分，非必要为 0 分来统计。调查结果，在研究方法方面，依序选出抽样问卷调查、民族志、扎根理论与个案延伸法、访谈法、历史研究法、叙事分析、实验法、焦点团体法、网络分析、个案研究、论述分析、地理信息系统与个体发展研究法等十三个主题。在资料分析方面则依序选出测量理论、试题作答理论、因素分析、内容分析与文字计数方法、事件分析、类别数据分析、多层次分析、回归分析和结构方程模式、调查资料库之运用等十个主题。在论文写作和研究伦理方面选出研究文献评阅与研究、研究伦理两个主题。最后再经编辑小组商议，在研究方法方面追加个体发展研究法和建制民族志，在数据分析方面另外再加缺失值处理、长期追踪数据分析、多向度标示法、职业测量和质性研究分析计算机软件。最后，编辑群就全书主题衡量，决定增加综合分析、质量并用法二章。一方面强调针对既有研究从事深度的综合分析，以获致更完整而丰富的研究成果，另一方面则提倡质量并用法，希望能消解一点量化与质性研究之间的严重争议。

1980 年代，尤其是在 1990 年代以后，获有博士学位的社会科学学者人数激增，这些社会科学博士在从事研究时，就采用了很多不同的方法。在其博士教育养成过程中，大部分都研习了 1980 年代以来美欧学界发展出来的新方法，甚至博士论文研究就采用新的方法，到后续的学术研究中大多也就继续采用这些新方法。大体而论，在量化研究方面，比较多更精致、更高阶的统计分析。这个发展趋势由本书新旧两版的差异看得很清楚，在 1978 年版量化资料分析只有因素分析和因径分析两章，在新版里就有因素分析、结构方程模式、复回归分析、类别数据分析、多层次分析、多向度标示法分析、长期追踪数据分析以及缺失值处理，增加了六章之多。虽然其中两章，即因素分析和因径分析在两版中都有，但内容也大不相同，新版有更新的分析方法，因径分析也由结构方程模式取代。

在 1980 年之后，台湾社会科学界从事大规模的全台抽样调查，1983 年政大成立选举研究中心，台大成立政治体系与变迁研究室，长期进行选举与政治的研究调查，中研院自 1984 年开始进行台湾社会变迁基本调查，1997

年启动台湾家庭动态调查，2000 年开始进行台湾教育长期追踪调查和青少年追踪研究，几个大学选举研究中心在 2001 年合作进行台湾选举与民主化调查研究。这些调查研究都是全台的抽样调查，而且也都是长期持续进行。台湾社会科学界自 1980 年代中期开始这么多全台大规模社会抽样调查，显示调查研究在台湾已经很成熟，也显示量化研究是台湾社会科学的主力。大约在 2000 年之后，社会学和政治学者在既有的大规模全台调查研究的基础上，又开展了几项与其他国家同步进行的调查研究。由于这些大规模的调查逐年累积了大量资料，中研院调查研究中心于 1994 年着手建立学术研究调查资料库，除了汇集上述各种全台大样本调查资料外，也全面收集各种调查资料，包括政府的调查和个别学者的规模较小的调查，建立资料库，提供学术研究使用，到目前为止这个资料库已汇集了 1001 个调查资料文件。

质性研究方法在过去三十年崛起，台湾学者在 1980 年初引入扎根理论，随后又陆续引入个案延伸法、历史研究法、访谈法、叙事分析、论述分析、个案研究法等等，再加上经典的人类学田野调查法。与本书旧版只有两章相比，增加了六章。社会科学研究加重使用质性研究方法，不只是显示方法本身的差异，更是在方法论和认识论上的重大歧异。也因此形成了量化与质性研究典范性的争议，甚至在台湾形成研究方法和方法论上的代理人战争。质性研究和量化研究几乎水火不容，或至少互不兼容，相互不了解。也因此，本书在第一册第一章《社会科学研究方法历史》中也深入探究了质性和量化研究方法争议的问题，在最后特地约请黄纪教授撰写《质量并用法》（mixed method）一章，希望调和量化与质性研究对立乃至敌对的状况。

在编辑上，本书特别强调社会科学研究的基本精神和伦理，列入"研究设计""研究伦理"和"文献评阅"三章，是为总论的一部分，置于第一册最前面。研究伦理在许多研究方法教科书中都排在最后，或聊备一格，我们把它排在最前面，就在于揭示研究伦理是极关重要的研究基本。撰写研究论文，作者都必须做文献探讨，但有不少研究生和少数学者只是做做形式，我们特地列入一章"文献评阅"，说明进行文献探讨的实质意义和应有的做法。

在全书各章书稿完成之后，编辑小组试图重新编排，最后，提出编辑成上下两册和三册两个方案，经征询全体作者，绝大多数赞成分为三册，因分册逻辑清楚，第一册为总论与量化研究法，第二册为质性研究法，第三册为资料分析。编辑小组和一些作者担心把量化和质性研究方法分为两册，可能会突出了量化与质性研究之争。我们最后还是这样分三册来出版，当然不是要制造量化质性对立，我们反倒是希望读者在深入研习各种质性与量化研究方法之后，能够对各种研究方法更宽容、更具同理心。我们也衷心建议授课的教授，在研究方法的课程里，一定要兼顾量化和质性研究方法，至少要让学生有运用各种研究方法的基本能力，也要让学生能欣赏运用各种不同研究方法所获致的学术研究成果。

在本书第一版于 1970 年年底出版时，社会科学研究方法的书非常少，当时汇集了学者撰写社会科学、心理学和教育研究的基本方法，大体上很完备，也因此这部书发行三十多年来仍然是研究方法课程和修习研究方法的重要参考书籍。如今社会科学逐渐成熟，有关研究方法的书籍，不论翻译或编着都为数甚多。我们编辑出版《社会及行为科学研究法》这部书的第二版，除了上述在内容上全面调整外，更强调尽可能汇聚各种不同的研究方法，同时在各章编写过程中特别加重方法背后的观念，及方法的应用时机，并以台湾的例子说明，借以区隔此书与坊间其他方法学书籍的差异。

本书凝聚了台湾社会科学领域一群活跃及具有独特风格的学者共同完成。每位学者在各自的专章中，除了传达专业知识外，也透露各自的学术理念。读者在阅读此书时，可顺便领略社会科学者们所代表当前台湾的学术文化，这一部分应是这个修订版和原版最大的差异。

瞿海源、毕恒达、刘长萱、杨国枢于 2011 年 12 月

总目次

总论与量化研究法（一）

质性研究法（二）

资料分析（三）

目 录
CONTENTS

第 一 章
因素分析

一　前言

　　因素分析（factor analysis）是一套用来简化变项、分析变项间的群组与结构关系，或寻找变项背后共同影响因素的多变数统计技术。一组庞杂的测量数据经由因素分析可以迅速有效地简化成几个比较简单的分数来加以应用，因此广受实务领域的欢迎。又因为因素分析可用来检验测量工具、探讨抽象概念或潜在特质的内涵，因此更为学术研究者所重视。在某些社会与行为科学领域（例如心理学、社会学、教育学），研究者经常必须去估计诸如智力、创造力、忧郁、工作动机、组织认同、学习满意度等抽象构念，进而探究这些构念之间的关系。此时首要工作即需证实研究者所设计的测验工具的确能够用以测量抽象构念，将一组具有共同特性或有特殊结构关系的测量指标，抽离出背后构念并进行因素关系的探究的统计分析技术，最有效的工具便是因素分析。

　　举例来说，如果今天某位研究者手中拥有某年度中学应届毕业生参加大学入学考试的国文、英文、社会、数学、物理、化学等六科成绩分数，若他计算这六科分数之间的相关系数之后，发现国文、英文、社会三科之间相关比较高，数学、物理与化学另三科的相关也比较高，那么他就非常可能会主张前三科是比较类似的学科，后三科是另外一组比较类似的学科。如果他进行了因素分析，得到支持他的想法的结果，于是他可以将前三科高度相关的科目取名为"文科能力"，后三科则取名为"理科能力"；最后，他以"某种方式”将这六科成绩重新组合成一个“文科能力”与一个“理科能力”分数。此时，“文科能力”与“理科能力”这两个用来代表这六科考试成绩的新概念就是因素（factor），经过整合后的两个新分数就是因素分数，可用来取代原来的六科成绩。原来的六科成绩称为外显变项或测量变项，所形成的因素分数则是潜在变项。在本章中，构念、因素与潜在变项三个名词被视为相似的概念而可相互替代。此一因素分析程序所得到的结果若与理论文献的观点一致，或具有逻辑或实务上的合理性，研究者即可宣称建立了一个双因素模型，并将资料加以整合简化来进行实务上的应用。

（一）因素分析的功能

具体言之，因素分析的主要功能有三：第一，因素分析可以协助研究者简化测量的内容。因素分析法最重要的概念，即是将一组变项之间的共变关系予以简化，使得许多有相似概念的变项，透过数学关系的转换，简化成几个特定的同质性类别，来加以应用。例如前述的范例中，研究者计算得出学生入学考试的“文科能力”与“理科能力”分数来进行分发的依据。

第二，因素分析能够协助研究者进行测量效度的验证。利用一组题目与抽象构念间关系的检验，研究者得以提出计量的证据，探讨潜在变项的因素结构与存在的形式，确立潜在变项的因素效度（factorial validity）。例如国文、英文与社会三科会具有高相关，使得在因素分析中被视为同一类型的数据，如果从学理来看，这三个分数会有高相关是因为同时受到人类认知功能当中的语文能力所影响，相对的，数学、物理、化学三科会具有高相关，也正是因为受到人类认知功能当中的逻辑或数字能力所影响。此时，研究者透过因素分析这套统计程序所得到的双因素结构，也获得理论上的支持，在测验领域中，可作为这六科成绩可以测得两种潜在认知能力的构念效度证据。

最后，因素分析可以用来协助测验编制，进行项目分析，检验试题的优劣。同时可以针对每一个题目的独特性进行精密的测量，比较相对的重要性。如果是在问卷编制过程中，因素分析可以提供给研究者这些测量题项的群组关系，使研究者得以选用具有代表性的题目来测量研究者所关心的概念或特质，因而得以最少的题项，进行最适切的评估测量，减少受测者作答时间，减少疲劳效果与填答抗拒。

（二）探索性与验证性因素分析

传统上，因素分析被用来简化资料，寻找一组变项背后潜藏的因素结构与关系，事前研究者多未预设任何特定的因素结构，而由数据本身来决定最适切的因素模型，因此称为探索性因素分析（exploratory factor analysis，EFA），亦即一种资料推导的分析。相对的，如果研究者的目的是在检验他人所提出的模型是否适切，或是在发展测量题目时依据某些理论文献来编制特定结构的量表，称为验证性因素分析（confirmatory factor analysis，CFA）（Jöreskog，1969；Long，1983），它具有理论检验与确认的功能，因此被视为是一种理论推导的分析。从发展的先后来看，EFA 的原始构想早在二十世纪初就被提出，百年来广为研究者运用在构念的估计与检验。CFA 则随着结构方程模式（Jöreskog & Sörbom，1993）的成熟而逐渐流行。CFA 是 SEM 当中的一种次模型，用以定义并估计模型中的潜在变项，因此又称为测量模型，与其他测量模型整合之后，即可建立一个完整的结构方程模型来探讨潜在变项的影响机制。

从技术层次来看，EFA 与 CFA 的实质任务都是在定义并估计潜在变项，验证结果均可作为构念是否具有信效度的证据，两者最大的不同在于潜在变项发生的时点：对 EFA 而言，潜在变项的内容与结构为何，事前无法确知，经过反复估计后才能萃取得出，因此是一种事后（post-hoc）的结果。相对而言，CFA 当中的潜在变项其结构与组成必须事先决定，因此是一种先验（priori）的分析架构。如果说 EFA 的价值在于理论的发现，那么 CFA 的价值则在于理论的验证，两者在学术研究中均扮演重要的角色。

在此要强调一点的是，不论以 EFA 或 CFA 所得到的构念估计或效度证据，都是一种统计现象，对于构念的实质或本体并没有直接进行检证。因此，CFA 与 EFA 的结果虽可作为构念估计的证据，研究者仍须尽可能以其他的构念效度检验程序（例如实验方法与其他统计策略）来提出更充分的构念效度证据，才能确保一个测验所测得的分数确实能够真实反应研究者所欲测量的构念。

更基本的一个思考方向，是研究者必须清楚知道自己的研究目的与需要，因为 EFA 与 CFA 两者的目的不同，适用时机也不一样。EFA 与 CFA 各有所长也各有缺点，后起之秀的 CFA 欠缺 EFA 具有寻觅、探询复杂现象的弹性，EFA 则没有强而有力的理论作为后盾。两者皆无法取代对方，但对两种技术的熟稔对于研究者探究科学命题具有相辅相成的功效，因此两者均要熟悉。

（三）主成分分析与因素分析

除了 EFA 与 CFA 的对比，人们往往会把因素分析与主成分分析（principle component analysis，PCA）两者混为一谈。在现象上，PCA 与 EFA 都是资料缩减技术，可将一组变项计算出一组新的分数，但在测量理论的位阶上两者却有不同，PCA 试图以数目较少的一组线性整合分数（称为主成分）来解释最大程度的测量变项的变异数，EFA 则在寻找一组最能解释测量变项之间共变关系的共同因素，并且能够估计每一个测量变项受到测量误差影响的程度。相对之下，PCA 仅在建立线性整合分数，而不考虑测量变项背后是否具有测量误差的影响。

基本上，会使用因素分析来进行研究的人，所关注的是为何测量数据之间具有相关。是否因为测量变项受到背后潜藏的抽象现象或特质所影响而产生关联，研究者的责任并非仅在进行资料缩减，而是如何排除测量误差的干扰，估计测量变项背后所存在的因素结构，因此 EFA 所得到的萃取分数较符合潜在变项之所以称为"潜在"的真意。相对之下，PCA 所得到的组合分数仅是一种变项变换后的结果，而不宜称之为"潜在"变项。更具体来说，虽然两种方法都是应用类似的线性转换的统计程序来进行资料缩减，但 PCA 的资料缩减所关心的是测量变项的变异数如何被组合分数有效解释，而 EFA 则是进行因素萃取，排除测量误差以有效解释测量变项间的共变项。关于这两种方法的统计原理差异将在下一节说明。

从方法学角度来看，PCA 与 EFA 的一个重要差异在于未定性（indeterminacy）的威胁（Fabrigar, Wegener, MacCallum & Stranhan, 1999；黄财尉，2003）。PCA 中的共同成分估计并非一种萃取而是一种变项变换，因此对于新变项的数值与相对应的测量变项的组成模式是一种明确的数学模式，换言之，最终得到的矩阵估计是一种明确的数学解。相对之下，EFA 在估计潜在变项时，反复进行迭代估计以求取最佳结构关系时，对于潜在变项（包括共同因素与独特因素两者）的估计解是一种统计解。当研究者改变萃取方式、估计算则、对分配的假设，乃至于样本的变换、变项的增减改变，都会改变因素结构与因素分数的估计，这种未定性的问题是因素分析法最大的威胁。

从统计分析的角度来看，PCA 的一个特点是不需要进行转轴（反倒是转轴会改变各个组合变项的解释变异以及与测量变项的关系，造成主成分分数的改变与扭曲），同时对于资料也不需假设其分配特征。因为不论测量变项的数值呈现何种分配，主成分分析的变项变换都可以得到估计解（除非是研究者欲对 PCA 的参数进行显著性考验才需要对资料分配设定常态假设）。相对之下，EFA 必须进行因素转轴，重新计算因素与测量变项间的对应权数的数值，才能获得对于因素的正确解释，并能够进行恰当的命名。此外，由于 FA 假设观察变项的共变项受到真分数的影响，为能进行最大概似法求解，FA 中的资料分配必须符合常态分配假设，因此对于因素分析的进行，在统计处理上有较高的限制与要求。有关 PCA 与 EFA 的各种差异比较详列于表 1-1。

表 1-1　主成分分析与因素分析的比较

	主成分分析（PCA）	因素分析（FA）
分析目的	资料整合、简化资料	解释相关结构、估计构念
萃取结果	成分（component）	因素（factor）
解释对象	测量变项变异数（求取测量变项变异解释最大化）	测量变项共变项（求取测量变项相互关系解释最大化）
测量变项角色	形成性指标，寻求组合优化	反映性指标，寻求结构最佳化
独特变异	萃取残差	萃取残差和测量残差
转轴	不需要（直接获得线性整合分数）	有需要（以利解释与命名）
变项假设	无（仅作变项变换）	有（对构念的假设）
未定性威胁	小	大

然而尽管主成分分析与因素分析有诸多不同，但是仍有学者主张两者不必过度区分而可通用，例如 Velicer 与 Jackson（1990）即点出在一般情形下以 PCA 所得到的估计结果与 EFA 相近，当因素数目偏高时，两者的差异才会趋于明显。Snock 与 Gorsuch（1989）也发现当测量变项增加时，两者的差异也会降低。重要的是，因素分析受到未定性的威胁甚大，发生不寻常解

（例如共同性大于 1 的 Heywood case）的机会较大，在研究实务上 PCA 未必居于下风。如果研究者所从事的是试探性研究或先导研究时，兼采这两种技术并加以比较，或许可以得到更多的参考资讯。

参考方块 1－1：社经地位是潜在变项吗？

社经地位是社会科学研究者最早提到的研究变项之一，因为 SES 与许多重要的社会、心理、教育现象有密切关系。一般而言，SES 与教育、收入以及职业声望三者有关，但是如何从这三个指标产生一个 SES 变项呢？却是一个棘手的问题。

基本上，从现象的逻辑关系来推理，我们很难相信某一个人是因为其社经地位变高，所以他的教育程度、收入或者职业声望才会变高。反过来说，当一个人的教育水准、收入或者职业声望变高时，他的社经地位才会变高；也就是说，三个指标是"因"，SES 是"果"。但是从另一个角度来看，通常一个人能受到良好教育时，他们的收入也高，职业的声望也高，三者具有中高度的相关，从因素分析的角度来看，这三个指标会有相关，是因为受到同一个影响因素的影响，那就是 SES，所以，SES 应该是三个指标的"因"。

前述的争议焦点其实很明显，亦即到底是 SES 决定了教育、收入、职业声望，还是这三者决定了 SES？很明显，正因为 SES 难以界定与观察，同时并没有一个"实体"称为 SES，因此 SES 毋庸置疑是一个无法直接测量的潜在变项。但是，如果指标先于 SES 存在，亦即 SES 这个潜在变项是被观察变项所影响，此时被称为形成性测量模型（formative measurement model），三个指标被称为形成性指标（formative indicators），在技术上应使用主成分分析，将三者合成一个分数，并使之最能解释这三个指标的变异。相反的，如果 SES 先于指标存在，亦即三个指标是 SES 这个潜在变项的反映或投射，此时被称为反映性测量模型（reflective measurement model），三个指标被称为反映性指标（reflective indicators），在技术上应使用因素分析，萃取出能够解释三者相关最大程度的潜在变项，定义成 SES。

学者们对于 SES 这个潜在变项到底是反映性还是形成性各拥其主。在实证研究中，这两种策略都可以看到许多实际应用的例子。其他类似的概念还包括满意度测量、绩效指标等。在心理计量领域，形成性与反映性争议从探索性因素分析延烧到验证性因素分析，有兴趣的读者可以参看 Howell，Breivik 与 Wilcox（2007）与其他学者的精彩辩论。另外，Petter，Straub 与 Rai（2007）的文章则详细列举这两种模型的差异与操作程序。不过，如果再问一个问题：SES 的三个指标，究竟是应该问受测者他自己的状况呢，还是问他所身处的家庭呢？对大人要怎么问？对青少年要怎么问？看来，SES 这个概念，似乎真的是一个令人难以捉摸的变项！

二　因素分析的原则与条件

（一）构念与因素分析

因素分析的概念来自于 Spearman（1904）对于智力测验各分测验得分之间所具有的特殊相关结构的好奇。就好比先前所举出的六科成绩得分的例子类似，Spearman 认为测验分数之间所存在的特殊的相关结构，是因为背后存在着看不到的潜在心理特质（亦即构念）所造成，因此提出因素分析的原始概念，后来经过许多学者专家共同投入研究而逐渐发展成熟。

所谓构念是指无法直接观测的抽象特质或行为现象，为了能够研究这些潜在的特质或现象，研究者必须尝试以不同的方法来进行测量，此时测量得到的资料能够真实有效地反映这些构念的程度称为构念效度，在各种分析策略中，因素分析是少数能够用来萃取构念的统计技术，因此因素分析得到的因素效度证据，普遍被学者接受可用来作为支持构念存在的证据之一。由此可知，因素分析在涉及构念研究的学术领域中具有重要的地位。

（二）因素分析的基本原则

因素分析的特性之一，即可以处理测量误差，使测量数据能够有效反映构念的内涵。由于构念具有抽象、无法直接观察的特性，利用单一测量得分无法全然观察到抽象构念，而必须以多重测量分数来抽取出潜在的构念。此一原则称为多重指标原则。每一个指标（或题目）仅能"部分反映"构念的内涵，干扰构念测量的额外因素则被定义成测量误差，是受到构念以外的随机因素所造成的。相对之下，各指标的共同部分则反映了构念的程度高低，亦即真分数（true score）。测量误差与真分数变异两者构成了实际测量分数的变异，此一观点即为古典测量理论（Lord & Novick，1968）。因素分析的运算原则，即在排除多重指标背后的误差部分来估计共同部分，将之称为因素，借以反映构念的内涵。

从统计的原理来看，潜在变项估计背后存在一个局部独立原则（principle of local independence）。亦即如果一组观察变项背后确实存在潜在变项，那么观察变项之间所具有的相关，会在对潜在变项加以估计的条件下消失，换言之，当统计模型中正确设定了潜在变项后，各观察变项即应不具有相关，具有统计独立性；相对的，如果测量变项的剩余变异量中仍带有关联，那么局部独立性即不成立，此时因素分析得到的结果并不适切。

最后，因素分析的运用有一个重要的方法学原则，称为简效原则（principle of parsimony）。在因素分析当中，简效性有双重意涵：结构简效与模型简效，前者系基于局部独立性原则，指观察变项与潜在变项之间的结构关系具有简单结构（simple structure）（Mulaik，1972）；后者则是基于未定性原则，对于因素模型的组成有多种不同方式，在能符合观察数据的前提下，最简单的模型应被视为最佳模型。也因此，因素分析当中所存在的各种转轴方法，目的即在寻求因素结构的最简单原则，进而定义出最符合真实的潜在变项结构，作为构念存在的证据。

（三）因素分析的资料特性

到底一组测量变项适不适合进行因素分析，测量变项背后是否具有潜在构念，除了从理论层次与题目内容两个角度来推导之外，更直接的方式是检视测量变项的相关情形。如果变项间的相关太低，显然不容易找出有意义的因素。因此，相关矩阵的检视即成为判断是否适宜进行因素分析的重要程序。一般有下列几种方法可以用来判断相关矩阵的适切性。

第一种方法是 Bartlett 的球形检定。如果球形检定达到统计显著水准，表示测量变项的两两相关系数中，具有一定程度的同质性相关。当某一群题目两两之间有一致性的高相关时，显示可能存有一个因素，多个群落代表多个因素。如果相关系数都偏低且异质，则因素的抽取愈不容易。

第二种方法是利用净相关矩阵来判断变项之间是否具有高度关联，当测量变项的两两相关在控制其他观察变项所求得的净相关（partial correlation）（净相关矩阵称为反映像矩阵），表示各题之间具有明显的共同因素；相对的，若净相关矩阵有多数系数偏高，表示变项间的关系不大，不容易找到有意义的因素。反映像矩阵的对角线称为取样适切性量数（measures of sampling adequacy，MSA），为该测量变项有关的所有相关系数与净相关系数的比较值，该系数愈大，表示相关情形良好，各测量变项的 MSA 系数取平均之后即为 KMO 量数（Kaiser-Meyer-Olkin measure of sampling adequacy），执行因素分析的 KMO 大小判准如表 1-2（Kaiser，1974）所示。

表 1-2　**KMO 统计量的判断原理**

KMO 统计量	因素分析适合性	KMO 统计量	因素分析适合性
0.90 以上	极佳的（marvelous）	0.60 以上	平庸的（mediocre）
0.80 以上	良好的（meritorious）	0.50 以上	可悲的（miserable）
0.70 以上	中度的（middling）	0.50 以下	无法接受（unacceptable）

第三种方法是共同性（communality）。共同性为测量变项与各因素相关系数的平方和，表示该变项的变异量被因素解释的比例，其计算方式为在一变项上各因素负荷量平方值的总和。变项的共同性愈高，因素分析的结果就愈理想。关于共同性的概念与应用将在后续的章节中介绍。

（四）样本数的决定

在因素分析当中，样本的选取与规模是一个重要的议题。如果样本太小，最直接的问题是样本欠缺代表性，得到不稳定的结果。从检定力的观点来看，因素分析的样本规模当然是愈大愈好，但是到底要多大，到底不能多小，学者们之间存在不同甚至对立的意见（参见 MacCallum，Widaman，

Zhang & Hong，1999 的整理），甚至于过大的样本也可能造成过度拒绝虚无假设的情形，而有不同的处理方法（例如切割样本进行交叉复核检验）。

一般而言，对于样本数的判断，可以从绝对规模与相对规模两个角度来分析。早期研究者所关注的主要是整个因素分析的样本规模，亦即绝对样本规模。综合过去的文献，多数学者主张 200 是一个重要的下限，Comrey 与 Lee（1992）指出一个较为明确的标准是 100 为差，200 还好，300 为佳，500 以上是非常好，1000 以上则是优异。

相对规模则是取每个测量变项所需要的样本规模（每个变项，个案数比例）来判断，最常听到的原则是 10∶1（Nunnally，1978），也有学者建议 20∶1（Hair，Anderson，Tatham & Black，1979）。一般而言，愈高的比例所进行的因素分析稳定度愈高，但不论在哪一种因素分析模式下，每个因素至少要有三个测量变项是获得稳定结果的最起码标准。

近年来，研究者采用模拟研究发现，理想的样本规模并没有一个最小值，而是取决于几个参数条件的综合考虑，包括共同性、负荷量、每个因素的题数、因素的数目等。例如最近的一项模拟研究，de Winter，Dodou 与 Wieringa（2009）指出，在一般研究情境中，如果负荷量与共同性偏低而因素数目偏多时，大规模的样本仍有需要；但是如果因素负荷量很高，因素数目少，而且每一个因素的题目多时，在 50 以下的样本数仍可以获得稳定的因素结构。例如在因素负荷量达到 0.80，24 个题目且只有一个因素的情况下，6 笔资料即可以得到理想的因素侦测。

当因素结构趋向复杂时，样本规模的需求也会提高。过去研究者习惯以每因素题数比例（p/f；p 为题数，f 为因素数目）的经验法则来决定因素结构的复杂度，当每一个因素的题目愈多时，样本数也就需要愈多。但 de Winter，Dodou 与 Wieringa（2009）的研究发现，p/f 比例本身并非重要的指标，而是这两个条件分别变动的影响。当此一比例固定时，题数与因素数目的变动所造成的样本量需求必须分开检视，例如当因素负荷量为 0.8，且在每一个因素有 6 题的此一比率下（$p/f = 6$），能够稳定侦测因素的最低样本数，在二因子（12/2）时为每一题需要 11 笔观察值，但在 48/8 时则需要 47 笔观察值。这显示愈复杂的因素结构需要愈高的样本数，而非仅受限于特定的因素、题数比例。

三 因素分析的统计原理

如果熟悉心理测验的读者，对于表 1 - 3 的题目应不陌生。这十题是 Rosenberg（1965）所编写用来测量自尊（self-esteem）的题目。一个高自尊的人，会在这十个题目上得到高分（反向题需经反向编码来计分），反之，低自尊者会得低分。或许每个题目各有偏重，但是影响这些题目分数高低的共同原因，就是自尊这一个潜在构念。以下，我们将以这个量表的前六题为例，说明因素分析的统计原理与分析结果。

表 1 - 3　Rosenberg 的自尊量表

	非常不同意				非常同意
X1. 大体来说,我对我自己十分满意	1	2	3	4	5
X2. 有时我会觉得自己一无是处	1	2	3	4	5
X3. 我觉得自己有许多优点	1	2	3	4	5
X4. 我自信我可以和别人表现得一样好	1	2	3	4	5
X5. 我时常觉得自己没有什么好骄傲的	1	2	3	4	5
X6. 有时候我的确感到自己没有什么用处	1	2	3	4	5
X7. 我觉得自己和别人一样有价值	1	2	3	4	5
X8. 我十分地看重自己	1	2	3	4	5
X9. 我常会觉得自己是一个失败者	1	2	3	4	5
X10. 我对我自己抱持积极的态度	1	2	3	4	5

（一）因素分析的基本模型

Spearman 最初提出因素分析的概念时，其主要目的是透过一组可具体观察的测量变项，利用其间的相关情形来估计出潜藏其后的抽象心理构念（潜在变项），各个测量题目之间共同的部分即可用来代表构念。后来 Thurstone（1947）将 Spearman 的因素分析概念扩大到多元因素的复杂结构分析，使得因素分析获得心理学家广泛采用，用来解决棘手的心理测量的构念效度举证问题。

如果今天有一组测量变项（X），第 i 与第 j 个测量变项间所具有的相关

（ρ_{ij}）反映了两个变项的相关强度，如果这两个测量变项系受到同一个潜在变项的影响，那么 ρ_{ij} 可被此一潜在变项与两个测量变项的关系（以系数 λ_i 与 λ_j 表示其强度），来重制得出：

$$\rho_{ij} = \lambda_i \lambda_j \qquad (1-1)$$

以三个测量变项（X_1、X_2、X_3）为例，两两之间具有相关的情况下，可以计算出三个相关系数（ρ_{12}、ρ_{13}、ρ_{23}），反映三个测量变项之间的关系强弱，如图 1-1 所示。

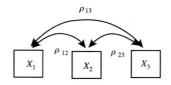

图 1-1　三个测量变项的关系图示

如果这三个测量变项受到相同的潜在变项的影响，那么三者共同变异部分可被潜在变项（F）来解释，此时 F 与三个测量变项的关系可以用图 1-2 表示。以因素分析的术语来看，此一潜在变项即为决定测量变项关系的共同因素，λ 则为因素负荷量，图 1-2 是一个具有单一因素的因素模型。在此一模型中，三个相关系数可利用 λ_1、λ_2、λ_3 重制得出，关系如下：

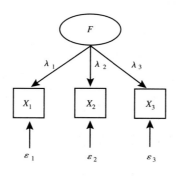

图 1-2　单一潜在变项的因素模型图示

$$\rho_{12} = \lambda_1 \lambda_2 \qquad (1-2)$$
$$\rho_{13} = \lambda_1 \lambda_3 \qquad (1-3)$$
$$\rho_{23} = \lambda_2 \lambda_3 \qquad (1-4)$$

在不同的数学算则与限定条件下，可以求得式（1-2）、（1-3）、（1-4）中重制 ρ_{12}、ρ_{13}、ρ_{23} 的 λ_1、λ_2、λ_3 三个系数的最佳解。一旦因素模式确立，研究者即可将 F 这个影响测量变项变异的共同原因，解释成为潜藏在背后的抽象特质或心理构念。

（二）因素分析方程式

在图 1-2 中，ρ_{ij} 是可被观察的已知现象，因此 λ 系数可以透过统计算则进行求解，建立一组线性整合方程式来估计出潜在变项 F：

$$F = b_1X_1 + b_2X_2 + b_3X_3 + \cdots + U \qquad (1-5)$$

式（1-5）当中的权数 b_1，b_2，$\cdots$，b_{10} 称为因素分数系数，用以估计因素分数。以自尊量表当中 X_1 到 X_{10} 十个题目为例，F 表示"自尊"这一个共同因素，U 反映了无法被十个题目估计到的独特性。一组测量变项背后的共同因素可能不止一个，因此对于个别测量变项，一个具有 m 个因素的因素模型可以重制得出测量变项的数值 $\hat{X}_j$：

$$\hat{X}_j = \lambda_1F_1 + \lambda_2F_2 + \lambda_3F_3 + \cdots + \lambda_mF_m = \sum \lambda_mF_m \qquad (1-6)$$

式（1-6）中，反映测量变项与各因素关系的系数（λ）即为因素负荷量，得出的重制分数（$\hat{X}_j$）可进一步计算测量变项间的重制相关（reproduced correlation）。将重制相关与原始相关进行比较，即可得到残差，用来衡量因素模型反映观察数据的能力。

各测量变项变异被各因素解释的部分称为共同性（communality），以 h^2 表示，潜在变项无法解释测量变项的部分称为独特变异（unique variance），以 u^2 表示。测量变项的变异数（σ^2）、共同性、独特性三者具有 $\sigma^2 = h^2 + u^2$ 的关系。共同性是一种类似回归分析中的解释力（R^2）的概念，亦即各测量变项能够被潜在变项解释的百分比，为各因素负荷量的平方和亦称为共同变异（common variance）：

$$h^2 = \lambda_1^2 + \lambda_2^2 + \cdots + \lambda_m^2 = \sum \lambda_m^2 \qquad (1-7)$$

当萃取出来的各因素解释测量变项变异的能力愈强时，共同性愈高，独特性愈低，反之，当萃取出来的各因素能够解释测量变项变异的能力愈弱时，共同性愈低，独特性愈高。

值得注意的是，因素分析多以相关矩阵来进行分析，此时各测量变项系以标准分数的形式来进行分析，因此各测量变项的变异数为1。共同性 h^2 与独特性 u^2 均为介于0到1的正数，两者和为1，因此对其解释的方式才可以百分比的概念为之。但是因素分析是以共变矩阵进行分析时，各测量变项的变异数不一定为1，而是反映各测量变项在原始量尺下的变异强弱，换言之，测量变项的变异数大小会影响因素分析的结果，变异数大者在因素分析中的影响力大，变异数小者在因素分析中的影响力小，变异数成为测量变项影响力的加权系数。

由于因素分析主要应用在量表效度的检测，为了便于解释并避免各测量变项单位（量尺）差异的影响，因素分析均以相关系数作为分析矩阵，以确实掌握共同部分的内涵。如果研究者为了保持各测量变项的原始尺度，使因素或主成分的萃取能够保留原始单位的概念，可利用共变矩阵来分析。本文将以自尊量表的前六题来进行因素分析，各题的描述统计与相关系数矩阵列于表1-4。

表1-4　自尊量表前六题的描述统计量与相关矩阵（*R*）（*N* = 1000）

	M	s	X1	X2	X3	X4	X5	X6
X1. 大体来说,我对我自己十分满意	3.535	1.123	1.00					
X2. 有时我会觉得自己一无是处	2.743	1.400	0.321	1.00				
X3. 我觉得自己有许多优点	3.401	1.039	0.494	0.396	1.00			
X4. 我自信我可以和别人表现得一样好	3.881	1.050	0.392	0.241	0.512	1.00		
X5. 我时常觉得自己没有什么好骄傲的	2.187	1.110	0.163	0.282	0.253	0.104	1.00	
X6. 有时候我的确感到自己没有什么用处	2.808	1.368	0.316	0.651	0.377	0.223	0.371	1.00

注：对角线下方的数值为皮尔森相关系数。

（三）特征值与特征矩阵

因素分析最关键的运算步骤，是基于主成分分析技术，利用矩阵原理在特定的条件下对测量变项的相关矩阵（*R*）进行对角转换（diagonalized），使得测量变项的相关矩阵得以缩减成一组直交的对角线特征值矩阵（*L*）。*L* 矩阵对角在线的每一个向量值称为特征值（eigenvalue），代表各测量变项的线性整合分数的变异量，特征值愈大者，表示该线性整合分数（或称为主轴，principal axis）具有较大的变异量，又称为萃取变异（extracted variance）或解释变异量（explained variance）。经对角转换后的特征值矩阵与测量变项间的转换关系由一组特征向量矩阵（V）表示，其转换关系如下：

$$L = V'RV \qquad\qquad (1-8)$$

传统上，以主成分分析技术进行对角转换（估计主轴）的过程，系利用各测量变项的变异数作加权，主轴的方向多由变异数大者的测量变项所主导，而解释力最大的主轴系最能解释测量变项总变异量的线性整合分数。研究者可以选择数个最能代表测量变项的几个主轴加以保留，用来代表原来的测量变项，所保留下来的主轴又称为主成分，因此整个分析的结果称为主成分分析。

相对的，Spearman 的因素分析模式所着重的是测量变项间相关情形的解释与心理构念的推估，因此测量变项变异数解释量的多寡并非主轴萃取的主要焦点，测量变项变异数不是潜在变项估计的主要材料。所以，对角化过程应将相关矩阵（R）的对角线元素（1.00）改由估计的共同性或测量变项的多元相关平方（squared multiple correlation，SMC）所取代，称为缩减相关矩阵（reduced correlation matrix，以 $\tilde{R}$ 表示），令主轴的方向以测量变项的共同变异为估计基础，而非测量变项的变异数。当对角线元素改由共同性元素所取代后重新估计得到新的共同性值可以再次代回 $\tilde{R}$ 矩阵，进行迭代估计，当共同性不再变动时所达成的收敛解，是为最后的因素模式，此一方法称为主轴萃取法（principal axis method）。

在实际应用时，研究者必须了解以 PCA（变异数解释最大化）或 FA（共变项解释最大化）两种资料缩减策略所得到的分析结果的理论意义分别为何以及不同萃取方式所可能造成不同结论的原因。如果研究资料具有较严重的测量误差（例如心理测验分数），测量变项的变异数当中包含较大比例的误差变异，使用主成分萃取和主轴因素萃取估计得到会有较大的差异。

以前述六题自尊测量的相关矩阵 R 为例，六个测量变项所形成的相关系数观察矩阵为 6×6 矩阵，因此矩阵运算最多能够产生与测量变项个数相等数量的特征值（六个）。特征值的大小反映了线性整合后的变项变异量大小，因此，过小的特征值表示其能够解释各测量变项相关的能力太弱，没有存在的必要而加以忽略。表 1-4 的相关矩阵经 SPSS 软件执行主轴萃取法的结果如表 1-5 所示。

表 1-5 解说总变异量（以 SPSS 软件分析所得报表）

因子	初始特征值			平方和负荷量萃取			转轴平方和负荷量		
	总数	变异数的%	累积 %	总数	变异数的%	累积%	总数	变异数的%	累积%
1	2.742	45.705	45.705	2.307	38.451	38.451	1.555	25.911	25.911
2	1.126	18.768	64.473	0.671	11.182	49.633	1.417	23.612	49.523
3	0.756	12.605	77.078						
4	0.599	9.976	87.054						
5	0.438	7.295	94.348						
6	0.339	5.652	100						

萃取法：主轴因子萃取法。

从表 1-5 可以看出，以传统主成分技术针对相关系数矩阵 R 进行对角转换所可能得到六个特征值（列于初始特征值），前两个（2.742 与 1.126）能够解释较多的测量变项变异量之外，另外四个特征值太小则可加以忽略。但是如果以缩减相关矩阵 $\bar{R}$ 进行因素萃取得到的前两大特征值，亦即最能解释测量变项共变数的前两个因素的特征值分别为 2.307 与 0.671，两者的特征值数量均比主成分萃取得到的特征值为低，显示缩减相关矩阵扣除了共变以外的独特变异，使得估计得出的共同变项（因素）反映扣除测量误差（测量变项独特性）后的真实变异，作为构念的估计数。前述特征值的计算与测量变项关系的矩阵推导过程如下：

$$L = V\bar{R}V$$
$$= [0.365 \quad 0.438 \quad 0.470 \quad 1.332 \quad 0.245 \quad 0.507][R \sim 0.311 \sim \quad -0.309$$

$$\begin{matrix} 0.365 & 0.311 \\ 0.438 & -0.309 \\ 0.470 & 0.442 \\ 0.442 \quad 0.479 \quad -0.187 \quad -0.591] & 0.332 & 0.479 \\ 0.245 & -0.187 \\ 0.507 & -0.591 \end{matrix}$$

$$= \begin{bmatrix} 2.307 & 0.000 \\ 0.000 & 0.671 \end{bmatrix}$$

在因素分析的初始状况下，测量题目的总变异为各测量变项变异数的总和，各因素萃取得到的特征值占全体变异的百分比称为萃取比例。表 1 − 4 当中六个题目总变异为 6（每题变异数为 1），两个因素各解释 $2.307/6 = 38.45\%$ 与 $0.671/6 = 11.18\%$ 的变异量，合计为 49.63% 萃取变异量。

因素分析所追求的是以最少的特征值来解释最多的测量变项共变数，当萃取因素愈多，解释量愈大，但是因素模型的简效性愈低。研究者必须在因素数目与解释变异比例两者间找寻平衡点。因为如果研究者企图以精简的模式来解释测量数据，势必损失部分可解释变异来作为补偿，因而在 FA 中，研究者有相当部分的努力，是在决定因素数目与提高因素的解释变异。

（四）因素负荷量与共同性

因素萃取系由特征向量对于相关矩阵进行对角转换得出。因此，反映各萃取因素（潜在变项）与测量变项之间关系的因素负荷量矩阵（factor loading matrix，以 A 表示）可由矩阵转换原理从特征向量矩阵求得，亦即 $A = V\sqrt{L}$：

$$\bar{R} = VLV' = V\sqrt{L}\ \sqrt{LV'} = (V\sqrt{L})(\sqrt{LV'}) = AA \qquad (1-9)$$

以六个自尊测量的主轴萃取结果为例，因素负荷量矩阵如下：

$$A = \begin{bmatrix} 0.365 & 0.311 \\ 0.43 & -0.309 \\ 0.470 & 0.442 \\ 0.332 & 0.479 \\ 0.245 & -0.187 \\ 0.507 & -0.591 \end{bmatrix} \begin{bmatrix} \sqrt{2.307} & 0 \\ 0 & \sqrt{0.671} \end{bmatrix} = \begin{bmatrix} 0.562 & 0.255 \\ 0.674 & -0.253 \\ 0.724 & 0.362 \\ 0.511 & 0.392 \\ 0.377 & -0.153 \\ 0.781 & -0.484 \end{bmatrix}$$

因素负荷量的性质类似于回归系数，其数值反映了各潜在变项对于测量变项的影响力，例如本范例中的两个因素对第一个题目的负荷量分别为 0.562 与 0.255，表示第一个因素对第一题的解释力较强。同样的，各因素对于第二题的进行解释的负荷量分别为 0.674 与 − 0.253，表示第一个因素对第二题的解释力较强之外，第二个因素对第二题的解释力为负值，表示影响方向相反，亦即当第二个因素强度愈强时，第二题的得分愈低。

如果把负荷量平方后相加，可得到解释变异量。对各题来说，两个因素对于各题解释变异量的总和，反映了萃取因素对于各题的总解释力，或是各测量变项对于整体因素结构所能够贡献的变异量的总和（亦即共同性）。此外，各因素在六个题目的解释变异量的总和，则反映了各因素从六个测量变项的矩阵所萃取的变异量总和，即为先前提到的解释变异量。计算的过程如表1-6所示。

表1-6　因素负荷量、共同性与解释变异量的关系

测量变项	因素一	因素二	共同性
X1	$(0.562)^2$	$(0.255)^2$	0.381
X2	$(0.674)^2$	$(-0.253)^2$	0.518
X3	$(0.724)^2$	$(0.362)^2$	0.655
X4	$(0.511)^2$	$(0.392)^2$	0.415
X5	$(0.377)^2$	$(-0.153)^2$	0.166
X6	$(0.781)^2$	$(-0.484)^2$	0.843
因素负荷平方和	2.307	0.671	2.979
解释变异百分比（%）	38.45	11.18	49.63

四　因素萃取与数目决定

（一）　因素的萃取

将一组测量变项进行简化的方法很多，但能够萃取出共同因素、排除测量误差的方法才被称为因素分析。在一般统计软件中所提供的主成分分析法，系利用变项的线性整合来化简变项成为几个主成分，并不合适用来进行构念估计。常用的构念估计方法是共同因素法（即主轴因素法）或最大概似法。

主轴因素法与主成分分析法的不同，在于主轴因素法是试图解释测量变项间的共变数而非全体变异量。其计算方式与主成分分析的差异，是主轴因素法是将相关矩阵 R 以 $\bar{R}$ 取代，以排除各测量变项的独特性。换言之，主轴因素法是萃取出具有共同变异的部分。第一个抽取出的因素解释了测量变项间共同变异的最大部分；第二个因素则试图解释第一个因素萃取后所剩余

的测量变项共同变异的最大部分；其余因素依序解释剩余的共变数中的最大部分，直到共同变异无法被有效解释为止。

此法符合古典测量理论对于潜在构念估计的概念，亦即因素萃取系针对变项间的共同变异，而非分析变项的总变异。若以测量变项的总变异进行因素估计，其中包含着测量误差，混杂在因素估计的过程中，主轴因素萃取法借由将共同性代入观察矩阵中，虽然减低了因素的总解释变异，但是有效排除无关的变异的估计，在概念上符合理论的需求，因素的内容较易了解（Snock & Gorsuch，1989）。此外，主轴因素法的因子抽取以迭代程序来进行，能够产生最理想的重制矩阵，得到最理想的适配性，得到较小的残差。但是，也正因为主轴因素法是以共同性作为观察矩阵的对角线数值，因此比主成分因素分析估计更多的参数，模式的简效性较低。但一般在进行抽象构念的估计时，理论检验的目的性较强，而非单纯化简变项，因此宜采用主轴因素法，以获得更接近潜在构念的估计结果。

另一种也常被用来萃取因素的技术是最大概似法，在常态机率函数的假定下，进行参数估计。由于因素分析最重要的目的是希望能够从样本资料中，估算出一个最能代表母体的因素模式，因此，若个别的测量分数呈常态分配，一组测量变项的联合分配也为多元常态分配，基于此一统计分配的假定下，我们可以针对不同的假设模型来适配观察资料，借以获得最可能的参数估计数，作为模型的参数解，并进而得以计算模式适合度，检视理论模式与观察资料的适配程度。换言之，从样本估计的得到的参数愈理想，所得到的重制相关会愈接近观察相关。由于样本的估计系来自于多元常态分配的母体，因此我们可以利用常态分配函数以迭代程序求出最可能性的一组估计数作为因素负荷值。重制相关与观察相关的差异以透过损失函数（lose function）来估计，并可利用显著性考验（卡方检定）来进行检定，提供了因素结构好坏的客观标准。可惜的是，最大概似法比起各种因素分析策略不容易收敛获得数学解，需要较大的样本数来进行参数估计，且对资料要求常态假设，是其必须加以考虑的因素。

另一个与最大概似法有类似程序的技术称为最小平方法，两者主要差异在于损失函数的计算方法不同。最小平方法在计算损失函数时，是利用最小差距原理导出因素形态矩阵后，取原始相关矩阵与重制矩阵的残差的最小平方值，称为未加权最小平方法，表示所抽离的因素与原始相关模式最接近。若相关系数事先乘以变项的残差，使残差大的变项（可解释变异量少者）的比重降低，共同变异较大者被加权放大，进而得到原始相关系数/新因素负荷系数差异的最小平方距离，此时称为加权最小平方法。在计算损失函数时，只有非对角线上的数据被纳入分析。而共同性是分析完成之后才进行计算。

还有一种萃取方法称为映像因素萃取（image factor extraction），其原理是取各测量变项的变异量为其他变项的投射。每一个变项的映像分数系以多元回归的方法来计算，映像分数的共变矩阵系以 PCA 进行对角化。此一方法虽类似 PCA 能够产生单一数学解，但对角线以 $\bar{R}$ 替代，因此得以视为因素分析的一种。但是值得注意的是，此法所得到的因素负荷量不是相关系数，而是变项与因素的共变项。至于 SPSS 当中提供的 α 法（alpha factoring），则是以因素信度最大化为目标，以提高因素结构的类化到不同测验情境的适应能力。

（二）因素数目的决定

1. 直观判断法

（1）特征值大于 1.0

传统上，因素数目的决定常以特征值大于 1 者为共同因素（Guttman，1954；Kaiser，1960，1970），也就是共同因素的变异数至少要等于单一测量变项的标准化变异数（亦即 1.00），又称为 Kaiser 1 rule（K-1 法）或 EV-1 法则。虽然 K-1 法简单明确，普遍为统计软件作为默认的标准，但是却有诸多缺点，一般建议此原则仅作参考或快速筛选之用。主要的问题之一是此法并没有考虑到样本规模与特性的差异。此外，当测量变项愈多，愈少的共同变异即可被视为一个因素。例如在 10 个测量变项时，1 个单位的共同变异占全体变异的 10%，但是在 20 个测量变项时，1 个单位的共同变异仅占全体变异的 5%，仍可被视为一个有意义的因素。

（2）陡坡检定

由于共同因素的抽取系以迭代的方式从最大变异的特征值开始抽取，直到无法抽取出任何共同变异为止，因此特征值的递减状况可以利用陡坡图

（scree plot）来表示，如图 1－3 中的折线所示。当因素不明显或没有保留必要时，其特征值应成随机数值，但是对于明显存在的因素，其特征值会明显提升。透过特征值的递增状况，将特征值数值转折陡增时作为合理的因素数目，称为陡坡检定（scree test）（Cattell，1966）。

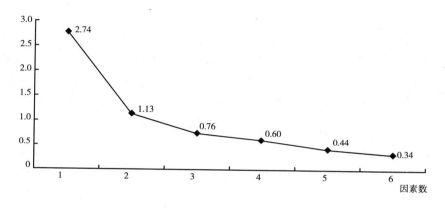

图 1－3　陡坡检验图示*

　　* 实线为实际估计的特征值变化折线，趋于水准的折线为平行分析所估计的特征值变化折线。

　　如果前述的 Kaiser-Guttman 法则是一种特征值的绝对数量（大于 1.0）的比较，那么陡坡图的使用就是一种相对数量的比较。当重要且显著的因素存在时，从测量变项所逐一抽取的共同变异量会有明显的递变；但是当没有重要且显著的因素存在时，共同变异的抽取只是一种随机的变动，在陡坡图上展现出平坦的趋势线。Cattell（1966）指出陡坡图的使用可以判断出重要的因素是否存在，但是由于何时可以视为平坦趋势线并无客观的标准，因此陡坡图多作为因素数目决定的参考资讯。

2. 统计决策法

（1）显著性考验法

Bartlett（1950）利用变异数同质检定原理，以卡方检定来检验尚未选取的因素特征值是否有所不同的假设是否成立，作为是否需增加因素的判断依据。当各剩余特征值的变异差异量达到 0.05 显著水准，表示至少有一个特征值显著与其他不同，因而需加以保留。各特征值逐一检验，直到没有任何特征值达到显著差异水准为止。

卡方检定或概似比检定（likelihood ratio test）所遭遇的一个问题是容易受到模型中样本规模与变项多寡的影响，同时测量变项必须服从常态分配，因此亦有学者采取其他适配指标来判断最理想的因素数目模型，例如 Akaike（1987）所提出的 AIC 指标，或是改良型的 BIC 指标（Kass & Raftery，1995）。

（2）平行分析

Horn（1965）提出了平行分析来决定因素分析所萃取的合理因素数目，具体方法是利用资料模拟技术建立随机矩阵，或是以实际观测到的资料作为母体，另行随机抽取样本来计算随机化的资料矩阵并计算萃取后的特征值，此时随机矩阵与母体矩阵具有一样的结构（序），但是数据是随机分布，此时据以进行的萃取结果，所得到的特征值反映的是一种随机（抽样误差）效果。在完全随机情况下，各测量变项彼此独立，相关为 0，所获得的矩阵数值应为单位矩阵（identity matrix），特征值为以 1.0 为平均数的随机波动；反之，如果分数不是随机次序，所获得的特征值矩阵则是非单位矩阵，特征值则为呈现一般陡坡图所呈现的递减趋近 1.0 的函数模式。借由母体（非单位矩阵）与随机样本（单位矩阵）所得到的两组特征值的比较，可决定有多少个因素应该保留。由于平行分析法系基于随机分配原理所计算，抽样标准误的资讯可以纳入考虑，借以获得 95% 信心区间估计数；当母体矩阵得到的特征值大于随机样本矩阵的平均特征值（或高于 95% 信心区间），该特征值显著有其保留必要，反之则这些特征值小于期望水准，该因素是随机效果的作用而不宜抽取（Turner，1998）。

（3）MAP 法

最小均净相关法（minimum average partial correlation）由 Velicer（1976）所提出的一种统计决策法则。MAP 的原理类似于回归分析的调整后 R^2 的修正式，计算在增加了因素数目的情况下，萃取后（各因素的变异被排除）的测量变项 SMC 的调整后平均值最小者，表示所保留的因素能够获得最佳的局部独立性，当因素数目增加无助于提高 SMC 时即没有必要再进行更多因素的萃取。

3. 统计模拟运算技术

1980 年代统计运算技术发展快速，因此一些重复取样的统计模拟技术也被应用在因素保留决策的议题上。例如自助重抽法（bootstrap method）针对特征成分进行反复取样，估计其出现分配计量特征，再以假设考验或区间估计法，配合 K-1 法则或 Horn 的平行分析标准来进行决策判断。不论是以常态分配或其他形式的机率分配为基础，拔靴法所计算得出的估计分配可被应用于特征值是否保留的依据（Daudin，Duby，& Trecourt，1988；Lambert，Widlt & Durand，1990）。

另一种策略是以交叉验证（cross-validation）技术，在观察数据下建立子集样本（subsample）来进行特征值变动检验（Wold，1978；Krzanowski，1987），例如将全体观察值切割成五组，以其他四个子样本进行因素分析获得估计数后导入最后一个样本进行估计，借以建立估计矩阵与实际观察矩阵的残差平均值（prediction error sum of square，PRESS）指标来评估因素结构的稳定性，判断合理的因素数目。近年来，由于资讯科技技术发达，研究者得以利用功能强大的统计软件（例如 SAS、SPSS）的内建选项快速执行拔靴估计，了解参数的抽样分配特征。或进行参数复核效化的跨样本稳定性，使得这些模拟技术逐渐广为采用。

前述各种策略各有其优劣，主观判断法执行简便，例如 K-1 与陡坡检定法，在没有临界 1.0 的特征值时，是很便捷的判断方法，所得到的结果与其他复杂的统计检测方法结果类似（Coste，et al. 2005）。但文献指出，最广泛为各界采用的 K-1 原则却是表现最不理想的一种方法，容易过度保留因素，得到不正确的结果（Linn，1968；Zwick & Velicer，1986；Velicer，Eaton & Fava，2000）。因此 Zwick 与 Velicer（1986：441）具体主张废除此一策略。但是 K-1 法则仍然是许多统计软件预设的因素保留策略（如 SPSS），也正因如此，此一方法仍大行其道（Thompson & Daniel，1996）。

最近一些文献指出，平行分析法普遍优于其他策略（Velicer，Eaton & Fava，2000；Hayton et al.，2004；Coste et al.，2005），MAP 也被认为具有相当的正确性（Zwick & Velicer，1986；Coste，et al.，2005）。相对之下，以最大概似显著性考验与 Bartlett 检验容易受到样本大小与题目多寡的影响产生不稳定的结果（Zwick & Velicer，1986；Fabrigar et al.，1999），不论哪种策略，因素结构的决定仍须检视理论上的合理性，寻求文献的支持，如此才能提供因素模式最具说服力的结论。

五　因素转轴与命名

因素分析抽取出因素后，可利用一组因素负荷量来说明各因素的结构，也是因素命名的重要参考。然而，经由初步萃取得出的因素负荷量并不容易解释。若经过数学转换，使因素负荷量能具有最清楚区辨性，反映出因素间的意义与因素间的关系称为因素转轴。转轴的目的是在厘清因素与因素之间的关系，以确立因素间最简单的结构，也就是实现 Thurstone（1947）所提出的简单结构原则。

（一）因素转轴的原理

转轴的进行，系使用三角函数的概念，将因素之间的相对关系，取某种最佳化形式计算出转轴矩阵，将原来抽离出来因素与测量变项的因素负荷量进行直角转换（直交转轴），使两因素维持直交关系但因素负荷数值在两轴上具有最大的区辨性［如图 1－4（b）］，或非直角转换（斜交转轴）使两因素不受直交关系限制而使因素负荷数值在两轴上具有最大的区辨性［如图 1－4（c）］，所形成新的因素负荷矩阵更能描述，两个因素的特征也更易于解释，协助研究者进行因素命名。

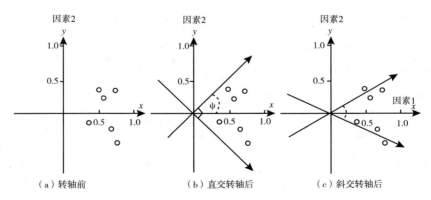

图 1－4　转轴前与转轴后的因素负荷散布图

（二）直交转轴

直交转轴（orthogonal rotation）系指转轴过程当中，借由一组转换矩阵

Λ 中的转换权数，使两因素平面坐标的 X 与 Y 轴进行夹角为 90 度的旋转，可使观察变项在各轴的投射差异最大化，转轴后的主轴与变项间的关系由新的负荷量 (A_{rotated}) 表示，此时透过转轴后的因素负荷量更能了解观察题目与因素之间的关系。公式如下：

$$A\Lambda = A_{rotated} \qquad (1-10)$$

转换矩阵系基于三角几何的原理，从原 X 轴进行特定角度 (Ψ) 的转换系数矩阵：

$$\Lambda = \begin{bmatrix} \cos\Psi & -\sin\Psi \\ \sin\Psi & \cos\Psi \end{bmatrix} \qquad (1-11)$$

以自尊量表的六个题目为例，经过与原 X 轴 $\Psi = 42.6$ 度直交转轴后的新坐标下的因素负荷量计算如下：

$$A_{\text{rotated}} = \begin{bmatrix} 0.562 & 0.255 \\ 0.674 & -0.253 \\ 0.724 & 0.362 \\ 0.511 & 0.392 \\ 0.377 & -0.153 \\ 0.781 & -0.484 \end{bmatrix} \begin{bmatrix} 0.737 & 0.676 \\ -0.676 & 0.737 \end{bmatrix} = \begin{bmatrix} 0.242 & 0.567 \\ 0.668 & 0.269 \\ 0.289 & 0.756 \\ 0.112 & 0.634 \\ 0.381 & 0.142 \\ 0.902 & 0.171 \end{bmatrix}$$

经过转轴后的因素负荷量，在直交的两轴上的差异达到最大化，例如第 6 题原来的坐标是 (0.781, -0.484)，新的坐标则为 (0.902, 0.171)，如此一来将有利于研究者进行因素内容的判读。

直交转轴有几种不同的形式，最大变异法 (varimax) 使负荷量的变异数在因素内 (测量变项间) 最大，因素结构的简化程度最高；四方最大法 (quartimax) 使负荷量的变异数在测量变项内 (因素间) 最大，观察变项在各因素间有最清楚的结构；均等变异法 (equimax rotation) 综合前两者，使负荷量的变异数在因素内与测量变项内同时达到最大。不论采行何种直交转轴，因素结构与内在组成差异不大，各测量变项在各轴的相对位置不变。各因素维持正交关系，亦即因素之间的相关为 0。

由表 1-7 可知，在未转轴前，各因素的内部组成非常复杂，若要凭借因素负荷量来进行因素的解释与命名十分困难；但是转轴后的因素负荷量，则扩大了各因素负荷量的差异性与结构性。例如因素一最重要的构成变项为第 X6 题，负荷量为 0.902，该题对于第二因素的负荷量仅有 0.171，其次是第 X2 题的 0.668，与第 X5 题的 0.381。这三个测量变项落在因素一的负荷量均高于因素二，也就是因素一为这三个测量变项的目标因素（target factor）；相对的，第 X1、X3、X4 三个测量变项的目标因素则是因素二，负荷量分别为 0.567、0.756、0.634，均高于对于因素一的负荷量 0.242、0.289、0.112。如此一来，我们即可以区分出因素一与因素二的主要构成题项为何。换言之，转轴后的因素负荷量可以让研究者更清楚辨识因素与测量变项间的关系，有利于因素命名。

表 1-7　原始因素负荷量与转轴后因素负荷之比较

	直交转轴						斜交转轴						
	未转轴		最大变异法		四方最大法		最小斜交法				最大斜交法			
							样式		结构		样式		结构	
项目	F1	F2	F1	F2	F1	F2	F1	F2	F1	F2	F1	F2	F1	F2
X1	0.562	0.255	0.242	0.567	0.245	0.566	0.089	0.565	0.391	0.612	0.085	0.568	0.383	0.613
X3	0.724	0.362	0.289	0.756	0.293	0.754	0.080	0.764	0.488	0.806	0.075	0.767	0.477	0.807
X4	0.511	0.392	0.112	0.634	0.115	0.634	-0.082	0.684	0.284	0.640	-0.084	0.684	0.274	0.640
X2	0.674	-0.253	0.668	0.269	0.669	0.266	0.670	0.086	0.716	0.444	0.663	0.099	0.715	0.446
X5	0.377	-0.153	0.381	0.142	0.382	0.140	0.386	0.036	0.406	0.243	0.382	0.044	0.405	0.244
X6	0.781	-0.484	0.902	0.171	0.903	0.166	0.969	-0.103	0.914	0.415	0.960	-0.084	0.916	0.418
Eg	2.31	0.67	1.56	1.42	1.57	1.41	1.99	1.86			1.96	1.87		
%	38.45	11.18	26.00	23.63	26.14	23.49	—	—			—	—		
r			0.00		0.00		0.535				0.524			

由表 1-7 可知，经直交转轴后，两个因素可解释的总变异仍为 2.979，可解释测量变项变异量维持在 49.63%，但是各因素萃取的能力有所变动。在原始未转轴的因素结构中，因素一的解释变异量（38.45%）远大于因素二（11.18%）。但经过最大变异或四方最大直交转轴后，因素一与因素二的解释变异量则非常接近，分别为最大变异转轴后的 26.00% 与 23.63%，与四方最大转轴后的 26.14% 与 23.49%，显示直交转轴后的两个因素所能够解释测量变项的变异量的能力相当，尤其是最大变异直交转轴的调整更趋明显。由此可知，如果未经过转轴，我们对于因素的组成结构与萃取能力的

判断会有所偏颇，直交转轴的功能替我们重新整理因素内的对应关系，使我们可以得到对于因素组成最清楚明确的资讯。

（三）斜交转轴

斜交转轴（oblique rotation）容许因素与因素之间具有相关关系。在转轴的过程当中，同时对于因素的关联情形进行估计称为斜交转轴。利用最小斜交法（oblimin rotation）或直接斜交法（direct oblimin）可使因素负荷量的交乘积（cross-products）最小化；最大斜交法（oblimax rotation）、四方最小法（quartimin）则可使形态矩阵中的负荷量平方的交乘积最小化。promax 先进行直交转轴后的结果，再进行有因素负荷交乘积最小化的斜交转轴；orthoblique则使用 quartimax 算式将因素负荷量重新量尺化（rescaled）以产生直交的结果，因此最后的结果保有斜交的性质。表 1 - 7 中列出了以直接斜交法与promax 两种斜交转轴法的结果。两个因素的相关系数分别是 0.535 与 0.524。

斜交转轴针对因素负荷量进行三角函数数学转换，并估计因素负荷量的关系，因而会产生两种不同的因素负荷系数：因素形态系数（factor pattern coefficients）与因素结构系数（factor structure coefficients）。形态系数的性质与直交转轴得到因素负荷量性质相同，皆为回归系数的概念，为排除与其他因素之间相关之后的净相关系数来描述测量变项与因素间的关系。结构系数则为各测量变项与因素的积差相关系数，适合作为因素的命名与解释之用。如果是直交转轴，由于因素间没有相关，形态系数矩阵与结构系数矩阵相同，皆称为因素负荷系数。

以直交转轴转换得到的参数估计数，与因素间相互独立的简化原则相符。从数学原理来看，直交转轴将所有的测量变项在同一个因素或成分的负荷量平方的变异量达到最大，如此最能够达到简单因素结构的目的，且对于因素结构的解释较为容易，概念较为清晰。对于测验编制者，可以寻求明确的因素结构，以发展一套能够区别不同因素的量表，直交法是最佳的策略。但是，将因素之间进行最大的区隔，往往会扭曲了潜在特质在现实生活中的真实关系，容易造成偏误，因此一般进行实证研究的验证时，除非研究者有其特定的理论作为支持，或有强而有力的实证证据，否则为了精确的估计变项与因素关系，使用斜交转轴是较贴近真实的一种做法。

一旦转轴完成后即可进行因素命名。由前述数据得知，因素一关联最强的题目是 X6 "有时候我的确感到自己没有什么用处"，与另外两题都是负面看待自己的题目，因此可命名为"负向评价"。而因素二关联最强的题目是 X3 "我觉得自己有许多优点"，与另外两题都是正面看待自己的题目，因此可命名为"正向评价"，两者相关达 0.535（以最小斜交法法估得），亦即自尊这一个构念具有两个中度相关的维度，根据因素分析结果得出六个测量题目背后的因素结构是一个二因素斜交模式。

（四）因素分数

　　一旦因素数目与因素结构决定与命名，研究者即可以计算因素分数，借以描述或估计受测者在各因素的强弱高低。由于因素分析的主要功能在于找出影响测量变项的潜在导因（构念），因此因素分数的计算可以说是执行因素分析的最终目的。当研究者决定以几个潜在变项来代表测量变项后，所计算得到的因素分数就可被拿来进行进一步的分析（例如作为预测某效标的解释变项）与运用（例如用来描述病患在某些心理特质上的高低强弱）。

　　因素分数的计算有几种方式，最简单的方式是采组合分数法（composite scores），其原理是依照各测量变项的因素负荷量在哪一个因素数值较大，而将该变项归属于该因素中（对该变项的影响最大的目标因素），然后将同一个因素的测量变项求得平均值，即可作为该因素的得分。此一方法的优点是简单明了，每一个因素各自拥有一组测量变项，求取各题平均数的因素分数，其数值的尺度可对应到原始的测量尺度（例如，1 为非常不同意，5 为非常同意），有利于分数强弱高低的比较与解释。但是其缺点是忽视了各题对应其因素各有权重高低的事实，对于潜在变项的估计不够精确。另一个缺点是未考虑测量误差的影响，在估计因素间的相关强弱时，会有低估的现象。

　　另一种策略为线性组合法，利用因素分析求出的因素分数系数，将所有测量变项进行线性整合（linear combination），得到各因素的最小平方估计数。其计算式是取因素负荷量与相关系数反矩阵的乘积，亦即 $B = R^{-1}A$，而因素分数即为各测量变项转换成 Z 分数后乘以因素分数系数而得，亦即 $F =$

ZB。且由于各测量变项先经过了标准化处理才进行线性整合，因此因素分数的性质也具有标准分数的特征，平均数（截距）为 0。且由于各因素的尺度没有实质的单位的意义，因此因素分数仅适合作为比较与检定之用（例如以 *t* 检定来比较性别差异）。换言之，因素分数的数值没有实际量尺的意义，且因素相关会因转轴方式与萃取方式的不同而变化，在解释因素分数与因素相关时需要特别小心。

▼■ 参考方块　1-2：因素命名的陷阱！反向题因素是人工添加物？

如果问卷上有两道题目："我目前没有换工作的打算"和"如果现在有其他的工作机会，我会马上离开"。你会把这两题视为同一个因素吗？从句义来看，这两个题目是问同一个东西，都是在问一个员工的离职倾向（或留职意愿），只是在计分时，我们会把其中一道题倒过来计分（称为反向计分），以免两个题目加总后抵消了题目的效果。

当然，仅是把题目换方向计分来处理，不足以回答它们是否是同一个因素这个问题，此时，我们就可以利用因素分析来协助我们找到答案。不幸的是，执行完因素分析后，我们可能更无所适从。

因素分析丰富经验的研究者应该会遇到一个状况，如果一个量表有好几题反向题与好几个正向题（就像本章的自尊量表范例），执行因素分析会得到两种因素："正向题因素"与"反向题因素"，这个时候，研究者就会很困惑，到底要如何命名？题目的正反向各自成为一个因素有道理吗？关于这个问题就是所谓的方法效应（method effect）问题。关于详情，建议读者阅读 Marsh（1996）的一篇文章，就可以知道问题的严重性。那篇文章的标题虽然不是"统计是骗人的伎俩"，却也相差不远了！因为他说，反向题所形成的因素是人工添加物，不是纯天然的！

由于因素分数经常作为后续研究的预测变项，当各因素之间具有高相关时会出现多元共线性问题，然而研究者可以利用不同的转轴与因素分数估计法来获得不同的因素分数，控制因素间的相关，借以避免多元共线性问题。尤其是当因素分数是以直交转轴所获得的分数时，或是 Anderson-Rubin 法

（Anderson & Rubin，1956）来计算因素分数，将可确保直交转轴的因素分数为零相关。但如果采用斜交转轴，因素负荷量分离出形态矩阵与结构矩阵两种形式，因素之间即可能出现不同的相关强度估计数。如果研究者想要保留因素分数共变矩阵的特征，可采用主成分萃取模式的一般线性回归策略来计算因素分数。

六　其他类型变项的因素分析

（一）非连续变项的因素分析

因素分析对于潜在变项的估计，是透过测量变项之间的相关来进行推估，如果潜在变项的负荷量所重制得到的相关系数非常接近观察到的相关，那么研究者即可宣称得到的一个能够反映观察数据关系的有效因素模式。此种建立在线性假设下的因素分析技术，其基本前提是测量变项必须是能够计算积差相关的连续变项；如果研究者所使用的测量工具是类别变项，除非是二分变项或顺序变项，否则无法适用因素分析。

虽然文献中经常看到研究者将顺序变项或二分变项作为因素分析的测量指标来进行因素分析，但这类变项进行因素分析存在几个基本问题：第一，非常态分布的数据（例如数据偏向高分的天花板效应或偏向低分的地板效应）会造成相关系数的错估，进而导致后续因素估计的失效；第二，题目平均数（或难度）极端化会萃取出拟似因素（pseudofactors）；第三，标准误的错估导致统计检定失效；第四，对于仰赖统计假设的估计法（例如最大概似估计法）所得到的参数估计会因为资料分配的不相符而导致严重偏误（因此非连续变项的因素分析多不采用最大概似估计法）。

为了使因素分析能够应用于非连续变项，研究者可以选择使用其他一些非线性分析技术，例如试题反应理论（item response theory）或试题因素分析（item factor analysis，IFA）（McDonald，1999；Wirth & Edwards，2007；Forero & Maydeu-Olivares，2009）。如果要将二分变项直接应用于传统因素分析，必须要有配合条件。例如 Bernstein 与 Teng（1989）即曾指出应用于连续性测量变项下的因素数目判断法则并不适用于类别资料，比较值得应用的策略是平行分析法，例如 Weng 与 Cheng（2005）的模拟研究指出，平行分析策略可以有效地找出正确的因素个数，但是如果当二分变项的分配趋向极端化（远离 $p = 0.05$ 的标准二项分配）与题目的质量不佳（因素负荷量偏低）时，平行分析的正确性则会下降。此外，在进行分析时，采取 phi 系数会比多项相关（tetrachoric correlation）来得更有利。

（二）潜在变项的连续性与类别化

除了测量变项可能为类别变项，潜在变项也可能是类别变项。Steinly 与 McDonald（2007）指出，潜在变项模型的一个基本问题，是研究者无法确知潜在变项的分配形态。如果只是想当然尔地将潜在变项假设为常态分配，是一个过于大胆的做法。学者提出以潜在剖面分析（latent profile analysis，LPA）来确认潜在变项是连续或分立的 K 个丛集，但是其操作不仅繁复，对于到底潜在变项是类别丛集或连续强度的判断因仍需仰赖主观判断、缺乏客观检证程序而饱受批评（Molenaar & von Eye，1994；Cudeck & Henly，2003），最后还是得回到研究议题的理论与文献层次来协助模型的假定（Muthén，2003）。

为了了解潜在变项数据空间的连续性与类别性，McDonald（1967，1986）建议采用基本的潜在类别分析（latent class analysis，LCA）来检验潜在变项的特性。过去学者所使用的潜在剖面分析（Lazarsfeld & Henry，1968），其原理仍是以线性关系来架构测量变项与潜在分类丛集（或连续特质）的关系，因为在潜在剖面分析中，测量变项是以连续变项来处理；相对之下，潜在类别分析则是将测量变项也以类别变项来处理，因此不受线性关系的假设所约束。LCA 以几率比值来进行运算，无须对于测量变项与潜在变项进行分配的假设，因此在估计上远较线性模型来得更具弹性（邱皓政，2008）。更重要的是，如果潜在变项的本质是连续强度，以 LCA 来估计得到的 K 组潜在丛集也会具有特定的顺序与距离关系，并不造成结果解释的错误（Steinly & McDonald，2007）；反之，如果潜在变项的数值空间是类别化时，只有 LCA 能够侦测出其分类属性，但因素分析就无法正确侦测，因此，LCA 在潜在变项的形式的判断上，也具有实务上的弹性。因此 Steinly 与 McDonald（2007）主张未来关于潜在变项的估计，不能忽略 LCA 的价值。

七 总结

因素分析可以说是当代社会科学领域最重要的多变数统计应用技术之一。虽然此一技术从 1904 年统计学家 Spearman 提出其基本概念至今已有百余年的历史，但直到今日，有关因素分析在方法学与原理上的议题仍不断被提出。对于因素分析的批评声从未间断，但是使用者仍是前仆后继，在某些期刊上，有接近三成的论文都与因素分析有关（Fabrigar，et al.，1999；Russell，2002）。因素分析法也是普遍应用于心理与教育等社会科学领域（王嘉宁、翁俪祯，2002）。因此，若将因素分析视为一门独立的因素分析学，有其历史脉络与典范传统、独特的数学原理、广泛的应用价值以及众多待解的议题与未来发展的潜力，实不为过。

因素分析之所以在当今学术领域占有重要的地位，一方面是拜电脑科技的发展所赐，使得繁复的计算估计程序可以快速演算进行，便捷的套装软件使操作更为简便。另一方面，更重要的是，因素分析技术能满足研究者对于抽象构念探究的需求。如果不是为了探索智力、创造力、自尊等这类的心理构念，因素分析的发展不会有今日的光景；换言之，因素分析的独特价值，是因为抽象构念的测量问题而存在。

在研究实务上，因素分析被界定为一种"将变项的复杂性加以简化的最有效的工具"（Kerlinger，1979：180）；Nunnally（1978）从心理计量学的角度出发，直言因素分析是心理构念测量的核心技术。虽然因素分析的基本原理系将一组变项利用线性整合程序来简化成几组最具代表性的数据，但是在重视抽象构念的心理与教育领域，资料简化只是因素分析最次要的功能，因素分析的首要功能是效度的评估，甚至可以利用因素分析来发展有关于心理构念的理论架构（Thompson，2004）。Guilford 在一甲子之前，就已经认为因素分析能够帮助研究者提出因素效度证据，将是心理构念研究的重要方法学突破。他笃定地说，构念是否存在，一切都看因素（Guilford，1946：428）。

以更明确的语言来说，如果不是为了探索智力、创造力、自尊等这类的心理构念，因素分析的发展不会有今日的光景；反过来说，因素分析的独特价值，是因为抽象构念的测量问题而存在，也因此，因素分析到了1970 年代，随着电脑的普及，逐渐分流为探索性与验证性因素分析两大系统，从两种不同的方法学架构来进行抽象构念的定义与测量，进而促成了结构方程模式的兴起。但是究其根本，都回到了 Spearman 当初所关心的问题：为什么智力测验的测量分数之间会有高相关？是不是有一个智力的心理构念在背后？在心理计量方法与资讯科技的联手合作下，因素分析是研究者手中强而有力的工具，如果能够善用，将有助于这些问题的厘清。

■▼ 参考方块　1-3：潜在变项分析分类学

因素分析可以用来估计因素分数，先不论因素分数怎么计算得到，读者应该不会怀疑因素分数应该是一个连续变项，从高分（强）到低分（弱），可以在一个连续轴线上划分无限个数值来表现强度。但是潜在变项难道不可能是类别变项吗？当然有可能，例如你是哪一种消费者，冲动型？深思型？无动于衷型？目标导向型？如果分析人们的购物行为，理论上会可以得到类别性的潜在变项。在实务上，对不同类型的人拟定不同的营销策略，在营销研究上称为市场区隔，可惜的是，一般的因素分析无法进行这种研究。

让我们举一反三，如果潜在变项可以区分为类别与连续，那么测量变项也可以分成类别与连续形态的变项，那么，潜在变项的分析就可能有四种策略（如表 1-8）（Heinen，1996）。读者在学习因素分析之余，也可以针对其他三种策略加以研究，会有更完整的学习。项目反应理论的中文书可以参阅余民宁（2009）出版的著作；类别潜在分析则可参阅邱皓政（2008）的专书。

表 1-8　四种不同的潜在变项分析技术

观察变项	潜在变项为类别变项	潜在变项为连续变项
类别变项	潜在类别分析（latent class analysis）	试题反应理论（item response analysis）
连续变项	潜在剖面分析（latent profile analysis）	因素分析（factor analysis）

参考书目

王嘉宁、翁俪祯（2002）《探索性因素分析国内应用之评估：1993 至 1999》，《中华心理学刊》，44，239 – 251。

余民宁（2009）《试题反应理论及其应用》，台北：心理出版社。

邱皓政（2008）《潜在类别模式的原理与应用》，台北：五南图书公司。

黄财尉（2003）《共同因素分析与主成份分析之比较》，《彰化师大辅导学报》，25，63 – 86。

Akaike, Hirotugu（1987）. Factor analysis and AIC. *Psychometrika*, *52*, 317 – 322.

Anderson, Theodore W., & Rubin, Herman（1956）. Statistical inference in factor analysis. In Jerzy Neyman（Ed.）, *Proceedings of the third Berkeley symposium on mathematical statistics and probability*. Berkeley: The University of California Press.

Bartlett, Maurice S.（1950）. Tests of significance in factor analysis. *British Journal of Psychology, Statistical Section*, *3*, 77 – 85.

Bernstein, Ira H., & Teng, Gary（1989）. Factoring items and factoring scales are different: Spurious evidence for multidimensionality due to item categorization. *Psychological Bulletin*, *105*, 467 – 477.

Cattell, Raymond B.（1966）. The scree test for the number of factors. *Multivariate Behavioral Research*, *1*, 245 – 276.

Comrey, Andrew Laurence, & Lee, Howard Bing（1992）. *A first course in factor analysis*. Hillsdale, NJ: Lawrence Erlbaum Associates, Inc.

Coste, Joël, Bouée, Stéphane, Ecosse, Emmanuel, Leplège, Alain, & Pouchot, Jacques（2005）. Methodological issues in determining the dimensionality of composite health measures using principal component analysis: Case illustration and suggestions for practice. *Quality of Life Research*, *14*, 641 – 654.

Cudeck, Rober, & Henly, Susan J.（2003）. A realistic perspective on pattern representation in growth data: Comment on Bauer and Curran（2003）. *Psychological Methods*, *8*, 378 – 383.

Daudin, J. J., Duby, C., & Trecourt, P.（1988）. Stability of principal component analysis studied by the bootstrap method. *Statistics*, *19*, 241 – 258.

de Winter, Joost C. F., Dodou, Dimitra, & Wieringa, Peter A.（2009）. Exploratory factor analysis with small sample size. *Multivariate Behavioral Research*, *44*, 147 – 181.

Fabrigar, Leandre R., Wegener, Duane T., MacCallum, Robert C., & Stranhan, Erin J.（1999）. Evaluating the use of exploratory factor analysis in psychological research. *Psychological Methods*, *4*（3）, 272 – 299.

Forero, Carlos G., & Maydeu-Olivares, Alberto (2009). Estimation of IRT graded response models: Limited versus full information methods. *Psychological Methods*, *14* (3), 275 - 299.

Guilford, Joy P. (1946). New standards for test evaluation. *Educational and Psychological Measurement*, *6*, 427 - 439.

Guttman, Louis (1954). Some necessary conditions for common factor analysis. *Psychometrika*, *19*, 149 - 162.

Hair, Joseph F., Anderson, Rolph E., Tatham, Ronald L., & Black, Wiltiam C. (1979). *Multivariate data analysis with readings Tulsa*. Oklahoma: PPC Books.

Hayton, James C., Allen, David G., & Scarpello, Vida (2004). Factor retention decisions inexploratory factor analysis: A tutorial on parallel analysis. *Organizational Research Methods*, *7*, 191 - 205.

Heinen, Ton (1996). *Latent class and discrete latent trait models: Similarities and differences*. Thousand Oaks, CA: Sage.

Horn, John L. (1965). A rationale and test for the number of factors in factor analysis. *Psychometrika*, *32*, 179 - 185.

Howell, Roy D., Breivik, Einar, & Wilcox, James B. (2007). Reconsidering formative measurement. *Psychological Methods*, *12* (2), 205 - 218.

Jöreskog, Karl G. (1969). A general approach to confirmatory maximum likelihood factor analysis. *Psychometrika*, *34*, 183 - 202.

Jöreskog, Karl G., & Sörbom, Dag (1993). *LISREL 8. 14: Structural equation modeling with the SIMPLIS command language*. Chicago: Scientific Software International.

Kaiser, Henry F. (1960). The application of electronic computers to factor analysis. *Educational and Psychological Measurement*, *20*, 141 - 151.

Kaiser, Henry F. (1970). A second-generation Little Jiffy. *Psychometrika*, *35*, 401 - 415.

Kaiser, Henry F. (1974). An index of factorial simplicity. *Psychometrika*, *39*, 31 - 36.

Kass, Robert E., & Raftery, Adrian E. (1995). Bayes factors. *Journal of the American Statistical Association*, *90*, 773 - 795.

Kerlinger, Fred N. (1979). *Behavioral research: A conceptual approach*. New York: Holt, Rinehart & Winston.

Krzanowski, Wojtek J. (1987). Cross-validation in principal component analysis. *Bio- metrics*, *43*, 575 - 584.

Lambert, Zarred V., Widlt, Albert R., & Durand, Richard M. (1990). Assessing sampling variation relative to number-of-factors criteria. *Educational and Psychological Measurement*, *50*, 33 - 48.

Lazarsfeld, Paul F., & Henry, Neil W. (1968). *Latent structure analysis*. New York: Houghton-Mifflin.

Linn, Robert L. (1968). A Monte Carlo approach to the number of factors problem. *Psychometrika*, *33*, 37 - 71.

Long, J. Scott（1983）. *Confirmatory factor analysis*. CA：Sage.

Lord, Frederic M., & Novick, Melvin R.（1968）. *Statistical theories of mental test scores*. Reading, MA：Addison-Wesley.

MacCallum, Robert C., Widaman, Keith F., Zhang, Shaobo, & Hong, Sehee（1999）. Sample size in factor analysis. *Psychological Methods*, *4*, 84 – 99.

Marsh, Herbert W.（1996）. Positive and negative global self-esteem：A substantively meaningful distinction or artifactors? *Journal of Personality & Social Psychology*, *70*（4）, 810 – 819.

McDonald, Roderick P.（1967）. Non-linear factor analysis. *Psychometric Monographs*, *15*, Psychometric Society.

McDonald, Roderick P.（1986）. Describing the elephant：Structure and function in multivariate data. *Psychometrika*, *51*, 513 – 534.

McDonald, Roderick P.（1999）. *Test theory：A unified treatment*. Mahwah, NJ：Erlbaum.

Molenaar, Peter C. M., & von Eye, Alexander（1994）. On the arbitrary nature of latent variables. In Alexander von Eye & Clifford C. Clogg（Eds.）, *Latent variable analysis*（pp. 226 – 242）. Thousand Oaks, CA：Sage.

Montanelli, Richard G., & Humphreys, Lloyd G.（1976）. Latent roots of random data correlation matrices with squared multiple correlations on the diagonals：A Monte Carlo study. *Psychometrika*, *41*, 341 – 348.

Mulaik, Stanley A.（1972）. *The foundations of factor analysis*. New York：McGraw- Hill Book Co.

Muthén, Bengt O.（2003）. Statistical and substantive checking in growth mixture modeling：Comment on Bauer and Curran（2003）. *Psychological Methods*, *8*, 369 – 377.

Nunnally, Jum C.（1978）. *Psychometric theory*（2nd ed.）. New York：McGraw-Hill.

Petter, Stacie, Straub, Detmar W., & Rai, Arun（2007）. Specifying formative constructs in information systems research. *MIS Quarterly*, *31*（4）, 623 – 656.

Rosenberg, Morris（1965）. *Society and the adolescent self-image*. Princeton, NY：Princeton University Press.

Russell, Daniel W.（2002）. In search of underlying dimensions：The use（and abuse）of factor analysis. *Personality and Social Psychology Bulletin*, *28*, 1626 – 1646.

Snock, Steren C., & Gorsuch, Richard L.（1989）. Component analysis versus common factor analysis：A Monte Carlo study. *Psychological Bulletin*, *106*（1）, 148 – 154.

Spearman, Charles（1904）. General intelligence objectively determined and measured. *American Journal of Psychology*, *15*, 201 – 293.

Steinley, Douglas, & McDonald, Roderick P.（2007）. Examining factor score distributions to determine the nature of latent spaces. *Multivariate Behavioral Re- search*, *42*（1）, 133 – 156.

Thompson, Bruce（2004）. *Exploratory and confirmatory factor analysis*. Washington, DC：

American Psychological Association.

Thompson, Bruce, & Daniel, Larry G. (1996). Factor analytic evidence for the construct validity of scores: A historical overview and some guidelines. *Educational and Psychological Measurement*, *56*, 197 – 208.

Thurstone, Louis L. (1947). *Multiple factor analysis.* Chicago, IL: University of Chicago Press.

Turner, Nigel E. (1998). The effect of common variance and structure pattern on random data eigenvalues: Implications for the accuracy of parallel analysis. *Educational and Psychological Measurement*, *58*, 541 – 568.

Velicer, Wayne F., & Jackson, Douglas N. (1990). Component analysis versus common factor analysis: Some issues in selecting an appropriate procedure. *Multivariate Behavior Research*, *25* (1), 1 – 28.

Velicer, Wayne F. (1976). Determining the number of components from the matrix of partial correlations. *Psychometrika*, *41*, 321 – 327.

Velicer, Wayne F., Eaton, Cheryl A., & Fava, Joseph L. (2000). Construct explication through factor or component analysis: A review and evaluation of alternative procedures for determining the number of factors or components. In Richard D. Goffin & Edward Helmes (Eds.), *Problems and solutions in human assessment: Honoring Douglas N. Jackson at seventy.* Norwell, MA: Kluwer Academic.

Weng, Li-jen, & Cheng, Cung-ping (2005). Parallel analysis with undimensional binary data. *Educational and Psychological Measurement*, *65* (5), 697 – 716.

Wirth, Robert J., & Edwards, Michael C. (2007). Item factor analysis: Current approaches and future directions. *Psychological Methods*, *12* (1), 58 – 79.

Wold, Svante (1978). Cross-validatory estimation of the number of components in factor and principal component models. *Technometrics*, *20*, 397 – 405.

Zwick, William R., & Velicer, Wayne F. (1986). Factors influencing five rules for determining the number of components to retain. *Psychological Bulletin*, *99*, 432 – 442.

延伸阅读

1. Thompson, Bruce (2004). *Exploratory and confirmatory factor analysis.* Washington, DC: American Psychological Association.

   德州大学教授 Thompson 基于其多年从事心理计量研究所出版的因素分析专书，由美国心理学会出版。书中不但同时整理讨论探索性因素分析与验证性因素分析，也加入许多新的概念与素材，是建立因素分析完整概念的一本著作。

2. Mulaik, Stanley A. (2010). *The foundations of factor analysis* (2nd

ed. ）. Boca Raton，FL：Chapman & Hall/CRC.

乔治亚理工大学教授 Mulaik 于 1972 年即出版《因素原理》第一版，广为学界所引用。相隔多年后所出版的第二版增补了许多新的内容，但仍以因素分析基本原理的介绍为主。内容丰富翔实，但多以数学原理来诠释因素分析的基本概念，读者可能要具备相当程度线性代数与矩阵学的基本知识才容易理解本书内容。

3. Cudeck，Robert，& MacCallum，Robert C. （Eds. ）. （2007）. *Factor analysis at 100：Historical developments and future directions*. Mahwah，NJ：Lawrence Erlbaum Associates.

如果要了解因素分析百年来的发展历史与演变兴衰，这本出自于 2004 年北卡罗来纳大学的因素分析百年纪念研讨会的论文集，非常值得阅读。作者群皆为因素领域中的大师级人物，例如 Karl G. Jöreskog，Kenneth A. Bollen，John J. McArdle，Robert C. MacCallum 等，内容掷地有声，溯古追今，涵盖各种重要应用议题，包罗万象。

4. Lance，Charles E. ，& Vandenberg，Robert J. （Eds. ）. （2009）. *Statistical and methodological myths and urban legends*. NY：Routledge.

善用统计方法的关键不仅在于熟习各种方法的原理与技术，更应了解实际应用上的各种问题。本书分成统计与方法学议题两大篇，尤其侧重方法应用问题，厘清诸多人云亦云的迷思，对于应用研究者非常具有启发作用。除了第三章关于因素分析、第七章关于验证性因素分析的介绍之外，也包含了试题反应理论的讨论以及调节效果、中介效果分析的议题，内容丰富。

第 二 章

回归分析

一 前言

回归分析是一种研究变项与变项之间关系的统计方法。一般而言，分析对象为过去已经发生的经验资料，至少包括一个被解释变项和一个解释变项，以及两者之间的数学函数关系。在回归分析中，被解释变项称为依变项，解释变项称为自变项，连结自变项和依变项的数学函数关系则称为模型，其中包括了研究者所设定的回归系数，而推估回归系数的数值是否符合研究者的期待正是回归分析的主要旨趣所在。通常模型无法完美地连结自变项和依变项之间的关系，因此需要设定误差项，来填补经验资料和模型预测值之间的差距。

"回归"一词，在统计史上是一个横跨统计学、人类学、生物学众多学术领域的学者 Francis Galton 所创。原先回归一词的指涉并不具有当代所称"回归分析"的意义，而是指涉子女在遗传上倾向会将父母的极端特征朝中间方向来显现，简称子裔回归（filial regression）的现象（Galton，1885：1207）。由于 Galton 亦为创造相关系数这一统计概念的先驱，而子裔回归所描述的正是父母极端特征和子女在遗传上趋中显现的相关性，之后经过许多统计学者的不断努力，将相关系数的概念进一步发展成回归分析的方法，遂将原先仅具有生物学意义的"回归"一词，沿用至当代来称呼今日所指涉的回归分析。

解释和预测是回归分析的两项主要目的。虽然两者的意义在某种程度上并不能完全分开，但侧重于"解释"的研究者，基本上不会太强调极大化模型的解释力，一味地追求模型可解释变异的大小，而比较重视的是为什么某些解释变项具有解释力，为什么某些不具有解释力，因此评价这些模型的标准多半在于能不能提出合理的理论观点来解释实证结果。至于侧重"预测"的研究者，则关切如何能够找出一个最有解释力（或最简约）的模型，来极小化我们所无法预测的变异。在此目标之下，解释变异就是评价模型好坏的主要标准，因为在使用同一笔资料的前提下，当解释变异愈大，对于依变项的预测会愈准确，因此自变项的挑选是以何者能极大化解释变异，至于解释说法往往是后来才提出的。由此可见，以"解释"为目的之研究，事前的理论建构和讨论是非常重要的，并且自变项的选用都必须有明确的假设依据；而以"预测"为目的之研究，焦点会放在最佳模型设定的搜寻过程及事后的解释。

为了强调两种不同研究的目的，上面的讨论放大了两者间的区别，然而这两个目的绝非是互斥的，而是代表评价模型好坏的两种哲学观。因此，不是强调"解释"就不管模型的解释变异，或者强调"预测"就不重视事前的理论建构；而是从"解释"的角度来说，如果影响依变项的变化的因果机制没有办法被清楚的理解，就算这个模型整体的解释力再强，都缺乏理论上的正当性；但从"预测"的角度来说，只要这个模型的解释力是具有"一般性"（同样适用在许多不同母体的样本上）和"一致性"（同样适用在同一母体的不同样本上），都具有实用上的正当性，而理论的部分可以事后再来合理化。不难发现，社会科学家多倾向前者的立场，而自然科学家以及部分的经济学家或管理学家多倾向后者。

回归分析的分类主要可分为"线性回归"和"非线性回归"两大类。在线性回归中，按依变项不同分配的特性，分别对应的回归模型为：常态分配对应于"简单线性回归分析"，伯努力分配（Bernoulli distribution）对应于"二分依变项模型"（包括"逻辑回归分析""普罗比回归分析"），多项分配对应于"多项名目回归分析"，多项顺序变量机率分配对应于"顺序的逻辑回归分析"，卜瓦松分配对应于"对数线性回归分析"等。

倘若在回归模型的设定中自变项和依变项间呈现非线性的函数关系，不管依变项分配为何，都可称为"非线性回归分析"；然而多数的非线性函数都可以运用相关的数学技巧转换成线性关系，因此经过这种转换而变成线性关系的模型都统称为"广义线性回归模型"。

当依变项的资料结构中带有群组性或时序性时，如果考量群组特性来进行分析，则为空间回归分析，若考量时序性来分析，则称为时间序列回归分析，而这两者在广义上，都代表了资料结构内部有层层叠套的特质，广义上可以用"阶层线性模式"来含括。

一般所称的受限依变项（limited dependent variable），包括依变项受限（censored），即某些依变项的数值可能发生但观测不到；依变项被截断（truncated），即依变项的值域受到限制；依变项仅为可计数（countable）数值，即正整数或 0。这三者分别可以对应到托比回归分析（tobit regression analysis）、截断回归分析（truncated regression analysis）或卜瓦松回归分析（poisson regression analysis）。

近年来兴起的分量回归法（quantile regression），其基本概念是将原来回归分析中，基于特定自变项数值所推估出来的依变项条件期望值，从原来的平均数设定改为中位数或者是其他的统计分量。这种方法不同于传统依照最小平方法所发展出来的分析方法，因为模型所采的集中趋势统计量不是平均数，不过此法的理论和应用已经发展得相当完备，有兴趣的读者可参考 Koenker（2005）。

最后，当依变项为多项类别分配，但是各个选择类别之间出现的几率并不独立，因此违反了"多项名目回归分析"中不相关选择的独立性（independence from irrelevant alternatives）假设，这时可以采用由 Daniel McFadden 发展出来的条件式胜算分析（conditional logit analysis），不但将个人对于选择类别的影响因素纳入模型设定，同时亦将不同选择类别彼此间的特质差异纳入模型，应用上可以分析选择类别之间的相依性是如何影响个人对于选择类别的偏好，有兴趣的读者可参考 McFadden（1974）。

本章介绍线性回归模型的分析方法，内容涵盖了回归模型的设定、回归系数的估计、假设检定、分析结果的统计诊断以及相关回归课题的讨论，包括变异数分析、类神经网络分析、经典回归分析及主成分回归分析。

二　回归模型的设定

（一）　确认依变项的分配

　　进行回归分析的先决要件是依变项存在有变异量。一个不具变异而为常数的依变项，因为常数为恒定的数值，因此只能被不具变异的自变项来解释，此为逻辑学中的一致法，此法运用在质性的研究方法上十分常见，却不适用于回归模型的量化分析。

　　进一步来说，回归分析亦可视为是对依变项的变异数进行正交分割（orthogonal decomposition），切割成解释变异和误差变异两部分：

$$依变项变异 = 回归模型的解释变异 + 误差变异 \qquad (2-1)$$

　　倘若依变项的变异数为 0，那么就无法进行变异数正交分割的运算，也不能对回归模型进行分析。正因为依变项的变异数在回归分析中是主要的分析标的，我们必须要先能定义依变项的统计分配，否则无法得知其变异数的数学定义，回归分析遂无法进行。采最大概似法的观点，倘若欲求的回归系数假设为已知可得资料和模型假设为 E，由于分析对象为概似函数值 L（H），按定义为依变项的事后几率 P（$H \mid E$），因此估计上需要知道依变项的几率密度函数，亦即要能定义依变项的事前统计分配 P（$E \mid H$）。

$$L(H) \equiv P(H \mid E) = \frac{P(E \mid H)P(H)}{P(E)} \qquad (2-2)$$

此处由于资料和模型假设已知，所以 P（E）为 1，同时从主观几率论的观点来说，既然我们心中对任何参数值假设的真确性毫无所知，因此 P（H）为一定值，其数值等于 1 除以所有已知参数值假设的个数，所以：

$$L(H) \propto P(E \mid H) \qquad (2-3)$$

此即概似原则（likelihood principle）。

　　如果依变项的分配形式未知，一般做法会将依变项径自设为常态分配，来定义其基本统计性质。表面上虽然看不出有确认依变项分配的需要，但是透过对于依变项变异数和几率分配函数的主张，事实上已经预设了依变项的基本统计性质，而这点亦适用于一般被认为不具统计分配假设（distribution free）的简单线性回归模型。关于此，请参考延伸阅读 1 中高斯马可夫定理的说明。

（二）设定回归模型的函数形式

回归模型的基本函数形式可分为"线性"和"非线性"两种。由于本章主要讨论的范畴仅限于线性回归模型的函数形式，关于非线性的部分，请参考本书"类别依变项的回归模型"一章或 Bates 与 Watts （1988）。

在线性回归模型中，若自变项矩阵以 X 表示，回归系数向量 β 表示（当 x 与 y 以不加上下标的小写表示时，是指称抽象的自变项与依变项，若加了下标，则指特定观测值或变量名称），如果加进依变项向量 Y 和误差项向量 e，完整的线性回归模型可表述为：

$$Y = X\beta + e \qquad\qquad (2-4)$$

在回归系数向量 β 中，除了 β_0 表常数项或称为截距项外，其他的 β_i 皆代表自变项与依变项之间关联性的大小，称为 β 系数（beta coefficient），在母体中是具有固定数值的未知参数。简单来说，如果 β 系数的值为正，则自变项与依变项间有正向的共变关系，若为负，则关系为负向，而如果为 0，代表自变项和依变项之间完全独立，两者不具有共变的关系。

从概念上来说，式（2-4）所显示的函数关系，可以诠释为：

现实的经验现象 y = 理论可解释的部分 $X\beta$ + 理论无法解释的部分 e　（2-5）

因此，$X\beta$ 代表的就是研究者基于理论所提出可解释依变项的研究假设，而误差项 e 则是基于特定推论方法下，现实经验现象和研究者所提理论假设两者间所产生的歧异程度。而针对回归系数的诠释，可将 β_0 视为"不在模型中列举的自变项对于依变项预测所产生的固定数值"，而将 β_i 视为"变动一单位自变项 x_i 所伴随而来依变项变化 β_i 单位的效果"。

关于自变项的分配假设，在没有明确规范的条件下，一般假设为连续性的常态分配，但实际上这个假设常常不成立，不管是自变项为离散的二分或多分变数，或者自变项在值域上存在着有限界域性。此外，在一般线性模型中，研究者进行推论时多半将已搜集到自变项资料视为固定数值（fixed value），而不论其背后的分配性质会对于回归模型产生怎样的影响。在本章中，只要没有特别提及，都预设这个前提是成立的。

此外，当有任一自变项为离散分配时，则回归模型与变异数分析（ANOVA）和共变数分析（ANCOVA）都可由一般线性模式（general linear models，GLMs）来含括。在参数推估时，除了自变项回归系数 β 外，同时也会针对离散分配的自变项进行变异数成分（variance components）的估计，因此会对于回归系数和变异数成分分别进行 t 分配和 F 分配的检定。

（三）误差项的设定

在多数的情况下，回归分析中对于误差项是假设为随机性误差，有别于系统性误差，"随机性误差"指涉的是回归模型和经验资料间的歧异纯粹是"偶然的"，没有一定规律可以来预测误差发生的大小和方向，然而"系统性误差"所指涉的是，即便我们不一定知道回归模型和经验资料间的歧异来自哪些因素，但大体上我们可以找出误差的大小或者是方向，因此误差是具有"系统性"的。

如果在回归分析中的误差项是具有系统性的，那么回归模型的解释就会违反了"不偏性"，即回归模型的预测值跟现实结果是有偏差的，因此一般都假设误差项是随机的。不然的话，就应该将系统性误差的部分从误差项中提列出来，纳入回归模型的设定中，由常数项或自变项来解释。而这种做法也反映在主张自变项和误差项为相互独立的经常假设上。

尽管如此，在某些情形下，有时候研究者希望使参数估计较有效率（变异较小），而会选择牺牲"不偏性"这个良好的统计性质，比方说在"阶层线性模式"的参数估计中，Dempster、Rubin 与 Tsutakawa（1981）就提出了具有偏误但比较有效率的估计方法，而至今仍被广为接受而成为通解。

此外，当资料的构成特性涵盖了不同层次变量，具有群组的特质或时序先后性等，或是模型本身在依变项和自变项具有内生性（endogeneity），此时无法假设误差项为随机的，必须将误差项纳入模型设定来进一步分析。通常上述的分析工作都要应用到比较繁复的进阶模型，比方说"阶层线性模式""时间序列分析""结构方程式模型"等。

三 回归模型的估计

在本节的讨论中，都以式（2 - 4）的回归模型，在不失一般性的前提下，来说明回归模型的不同参数推估法。下面的讨论中将会说明"最小平方法"和"最大概似法"两种参数估计方法的数理内涵。

（一）最小平方法

设给定一组包括依变项 Y 和 k 个自变项 x_1，x_2，$\cdots$，x_k 的资料，样本数为 N，已知回归模型为：

$$Y = X\beta + e$$

在此

$$Y = \begin{pmatrix} y_1 & y_2 & \cdots & y_N \end{pmatrix}^T$$

$$X = \begin{pmatrix} 1 & x_{11} & \cdots & x_{1k} \\ \vdots & \vdots & \ddots & \vdots \\ 1 & x_{N1} & \cdots & x_{Nk} \end{pmatrix}$$

$$\beta = \begin{pmatrix} \beta_0 & \beta_1 & \cdots & \beta_k \end{pmatrix}^T$$

$$e = \begin{pmatrix} e_1 & e_2 & \cdots & e_N \end{pmatrix}^T$$

使用"最小平方法"，所以：

$$Minimize\ e^T e \qquad (2-6)$$

也就是极小化误差变异（sum of squared errors），简称 SSE。

$$e^T e = (Y - X\beta)^T (Y - X\beta) = Y^T Y - Y^T X\beta - \beta^T X^T Y + \beta^T X^T X\beta$$

极小化要对 β 微分取一次导数，令其为 0 而求出方程式解，则：

$$\frac{\partial(e^T e)}{\partial \beta} = -2X^T Y + 2X^T X\beta = 0 \qquad (2-7)$$

$$\beta = (X^T X)^{-1} X^T Y \qquad (2-8)$$

关于应用最小平方法在回归分析的实例，请参见参考方块 2 - 1。

参考方块　2-1：最小平方方法进行简单线性回归分析的实例

根据政治学者黄旻华（2006a）进行的一项研究台湾民众"统独"立场倾向的研究显示，倾向支持独立立场的民众，与其偏向泛绿政党倾向、年龄较长、省籍是闽南籍、具有较低的政治容忍度等特质相关。此项研究是根据"2003 年台湾选举与民主化调查"的资料分析而成，样本是针对台湾地区 20 岁以上成年人进行分层随机抽样所产生，在去除相关遗漏值之后的总样本数为 871 人，其分析方法采用简单线性回归分析，选入分析的依变项和自变项分别如下。

依变项

"统独立场倾向"由 10 项测量"统独"意向的问卷题目回答加总而成，分数愈高代表愈倾向独立，愈低则愈倾向统一，范围介于 13 到 40 之间。

自变项

1. "政党倾向"，由 2000 年大选的投票选择来测量，投连战、宋楚瑜、李敖、许信良等为"泛蓝选民"，编码为 1，投陈水扁为泛绿选民，编码为 0。

2. "性别"，男性编码为 0，女性编码为 1。

3. "年龄"，介于 21 岁到 83 岁。

4. "省籍"，此为一群组变数，分别由两个虚拟变数组成，即"闽南"和"客家"。省籍为闽南籍者，"闽南"变数为 1，"客家"变数为 0；省籍为客家籍者，"闽南"变数为 0，"客家"变数为 1；省籍为"外省或其他时"，"闽南"和"客家"两变数皆为 0。

5. "政治容忍度"，由受访者对于"主张台湾共和国"或"接受一国两制"的人赞不赞成剥夺其集会游行、在学校教书、竞选公职的权利的六项题目来测量。测量方式是将反对剥夺权利的题数除以总题数，所以政治容忍度最高为 1，最低为 0。

以最小平方方法进行简单线性回归分析的结果如表 2-1。

表 2-1　"统独"量表的简单线性回归分析

自变项	"统独"态度倾向
泛蓝选民(参照组为泛绿选民)	-4.31(0.29)***
男性(参照组为女性)	0.06(0.28)
年龄	0.05(0.01)***
闽南(参照组为外省及其他)	1.89(0.39)***
客家(参照组为外省及其他)	1.41(0.52)**
政治容忍度	-0.92(0.38)*
常数项	25.03(0.66)***
解释变异	0.298
样本数	872

资料来源：黄旻华（2006a：66）。

在表 2-1 中，空格中的数字代表回归系数的估计值，括号中的数字是回归系数估计值的标准误，而后面的星号代表显著水准，其中三个星星代表双尾检定的显著水准在 $\alpha \leqslant 0.001$ 之内，两个星星是在 $\alpha \leqslant 0.01$ 之内，而一个星星则为 $\alpha \leqslant 0.05$ 之内，没有星星则代表回归系数的估计值与 0 的差异并不显著，无法排除是抽样风险所造成的。结果显示，除了性别之外，所有变量皆与"统独"态度的倾向有相关的关系，其中，泛绿民众相对于泛蓝民众、年龄较长相较于年龄较轻者、闽南籍相对于外省及其他、客家籍相对于外省及其他、政治容忍度较低者（负号），其"统独"态度都比较倾向于支持独立，这个模型对于依变项的可解释变异为 29.8%。

（二）最大概似法

在统计史上，最大概似法的发明有着划时代的贡献，当代的统计学界将此荣耀颁给了伟大的统计学者 Ronald Fisher，但最大概似法概念的应用则早在 18 世纪就普遍出现在统计学者间。简单而言，最大概似法的推理方法是基于"概似原则"，也就是主张已观测到的经验事件（在尚未发生时），与其他可能发生事件的几率相比，其发生的几率原本就是最大的。

直观来说，最大概似法合理化所有已发生的事件，而套用在回归分析
上，假定现在有许多组回归参数的假设 H_i 可以产生我们所观测到的依变项
经验资料值 y，"那么在 y 已知下各组 H_i 假设为真的几率，会与在已知 H_i
假设为真的条件下事件 E 发生的几率，呈某种比例关系"：

$$P(H_i \mid E) \propto P(E \mid H_i) \qquad (2-9)$$

因此，假定模式为真的前提下，可定义不同对立假设 H_i 的概似函数 L
$(H_i) \equiv P (E \mid H_i)$，来找出何组 H_i 具有最大概似值。在此过程中，不
同对立假设 H_i 的比较，是透过概似比检定，来评价对比假设的概似值在
统计上是否有显著的不同。而得出最大概似的参数估计之后，我们便可针
对各别参数值进行假设检定。关于最大概似法的学理说明，可进一步参考
延伸阅读 2。

　　应用在回归分析的参数推估上，令依变项符合常态分配 $y \sim N(\mu,$
$\sigma^2)$，根据概似原则推理，我们所欲求的问题为：在回归系数 β 为何的条件
下，可以让我们观测到的依变项数值其出现几率是最大的。因此最大概似法
的目标式：

$$\text{Maximize } L(H) \equiv P(E \mid H)$$
$$= \prod_{i=1}^{N} \frac{1}{\sqrt{2\pi}\sigma} \exp\left(\frac{-1}{2\sigma^2}[(y_i - \mu)^2]\right)$$

上式中的 μ 代表了依变项 y 的母体平均数，也是我们回归模型的期望值，
即：

$$\mu = E(x\beta + e) \qquad (2-10)$$

在此 β 为固定但未知参数，x 的样本已知，且误差项为随机的，$E(e) =$
0，所以：

$$\mu = x\beta \qquad (2-11)$$

因此概似函数可表为：

$$L(H) = \left(\frac{1}{\sqrt{2\pi}\sigma}\right)^N exp\left(\frac{-1}{2\sigma^2}\prod_{i=1}^{N}(y_i - x_i\beta)^2\right)$$
$$= \left(\frac{1}{\sqrt{2\pi}\sigma}\right)^N exp\left(\frac{-1}{2\sigma^2}e^T e\right) \qquad (2-12)$$

欲求概似函数 $L(H)$ 最大值，我们先取其对数：

$$\ln(L) = \frac{-N}{2}\ln(2\pi) - N\ln(\sigma) + \frac{-1}{2\sigma^2}e^T e \qquad (2-13)$$

然后对于未知参数 β 微分取一次导数。由于式（2-13）中，等式右边前两项相对于 β 皆为常数，微分之后等于 0，所以剩下的第三项就等同于对误差平方和的加总进行一次微分，即：

$$\frac{\partial \ln(L)}{\partial \beta} = \frac{-1}{2\sigma^2}\frac{\partial}{\partial \beta}(e^T e) = 0 \qquad (2-14)$$

上式等同于最小平方法的推估式，由于计算过程与最小平方法相同，这里不予赘述，请参阅前项有关最小平方法的说明。

值得注意的是，从上面的推导不难看出，在简单线性模型的假设下，最大概似法和最小平方法所求出的回归系数解的相同，事实上这并不是巧合，因为最小平方法的目标式，其实正与常态分配几率密度函数上的指数项形式雷同，因此若从最大概似法的目标式推估法则来看，最小平方法的目标式设定，其实已经隐然地主张了常态分配作为依变项分配的基本假设。

四 假设检定

先前提到，回归分析是社会科学研究者用来探索事物间因果关系常用的分析工具，而回归系数正代表研究者对于某种因果关系的假设。然而在现实上，往往母体资料不可得的，因此假设是否被经验资料所验证，不单是要估计出回归系数的数值，还需要透过假设检定对"因果关系假设是否通过验证"作出判断。特别强调的是，部分社会科学家反对回归分析可以用来研究"因果关系"的说法，主张回归分析仅能发现事物间的"相关性"，而相关性并不能等同于因果关系。关于社会科学家对于因果关系的看法，请参见延伸阅读 3。

本节将使用一个假设的例子来进行假设检定的讨论：一位在大学政治系教授统计学的教授，根据其历年的教学经验，认为学生的修课数目与智商成绩是两个最有效预测学生统计成绩的因素，其所对应的假设是：

1. 当学生修课数目愈多，其平均每周花在研读统计学的时间就会变少，因此统计成绩会较低。

2. 统计学的学习需要对数字的敏感性较高，许多人即便花了很多时间，学习的成效仍然相当有限，反而是智商成绩高的人不需要花很多时间就有很好的学习结果，因此统计成绩与智商成绩呈正比。

假定这位教授现在想利用回归分析来检证他的假设是否得到经验资料的支持，因此他针对全台湾政治系修习统计的学生进行抽样，再应用最小平方法或最大概似法进行参数推估，而得出对应于修课数目和智商成绩分别为负向和正向数值的回归系数结果，此时这位教授就可以宣称其假设被验证了吗？

答案是否定的，因为还没有经过假设检定之前，回归分析的结果即便系数方向正确，也无法知道这样的结果究竟充分反映母体的状况，还是被抽样的风险左右，而假设检定在概念上来说，就是一套评估抽样风险对于回归分析影响的统计工具。一旦我们有这样的资讯，便可以对于研究假设是否通过经验检证进行判断。

让我们重新思考这位教授所面临的问题本质，比方说如果他确实拥有母体资料（全台湾政治系学生的应统成绩、修课数、智商分数），那么只要将这些资料带进去回归模型中推算出母体中的回归参数 β 即可。需要说明的是，这里的回归参数 β 是母体参数值，具有唯一性，而非针对样本资料所推估出的回归系数值 $\hat{\beta}$，会随样本的不同而产生变化，而这正是要对参数估计值进行假设检定的原因。

因此，只要分析的样本不是母体样本，参数估计就会受到抽样的影响，无法利用其结果直接进行因果关系假设的推论。但在绝大多数的社会科学领域中，母体样本取得不易，鲜少能直接对母体进行分析，因此多半经由随机抽样来取得一个具有代表性的样本，将其看做母体的同形缩小版（microcosm），使得我们从此样本所推估出的参数，能够十分接近母体参数值。但要注意的是，随机抽样对于取得一个有推论效力、代表性足够的样本之先决要件，是建立在大数法则的基础下，也就是样本数要够大，才能借由各种随机误差的相互抵消，使得样本性质能够接近母体性质。

既然我们的推论都来自于样本，而且是某一次随机抽样的特定样本，那么当然就有抽样造成推论风险的问题。比方说，假使将母体资料带入回归模型，得到 $\beta = 2$，代表依变项和自变项有正向关系，但是由于我们仅抽了 100 人的样本来进行参数推估，所以得出 $\hat{\beta} = -2$，此时我们若依这个结果而宣称依变项和自变项有负向关系，则推论就会是错的。此处问题的关键不在"最小平方法"或"最大概似法"，而是在抽样的环节上，因为不管 β 或 $\hat{\beta}$，都是用相同的推估方法，但分析的样本却有母体样本和抽样样本之别。显而易见的，当回归分析所使用的资料不同，自然参数估计也可能得出不同结果，这就是抽样风险的意义。

相同的问题出现在从相同母体抽出不同样本而得出不同回归参数推估值 $\hat{\beta}$ 上。倘若同样针对教授的假设，甲、乙、丙三人分别针对母体进行抽样而各自得到一随机样本，三人都采用相同的估计法推估回归系数 $\hat{\beta}$，但皆得到不同结果，某甲得出 $\hat{\beta} = 5$，某乙得出 $\hat{\beta} = 0$，某丙得出 $\hat{\beta} = -5$，假设三人的抽样过程都符合正当程序的要求，即三人的推论所依据的样本都一样有效，此时在裁决何种推论较为接近母体参数值上就发生了困难。

严格地说，在母体资料不可得的前提下，我们永远无法百分之百确定甲、乙、丙三人的参数推估结果谁比较正确，事实上只要分析对象是抽样样本，就会有抽样风险，所以三人都承受了相同的推论风险，所推估出数字并没有谁比较正确的问题，因此三人的答案可能都是错的，而抽再多的样本，并无法解决那一个参数推估结果较佳的问题，必须借助对回归参数进行"假设检定"的方式，来评估 $\hat{\beta}$ 会如何变动，以及如何对 $\hat{\beta}$ 的假设进行裁断。

（一）假设检定步骤一：确定假设检定的目标

不论母体中回归参数值是正向或负向，如果自变项和依变项间有共变关系存在，则 $\beta \neq 0$，如果没有共变关系，则 $\beta = 0$。因此究竟在母体样本中回归参数值是否为 0 就是我们假设检定的目标。

（二）假设检定的第二步：决定何者为假设检定的虚无假设

虚无假设是从英文的 null hypothesis 直译过来，意味着我们想推翻的假设，但是为了使我们推翻此假设的理由够充分，能够说服大多数的人，所以我们应该展现的证据是：如果虚无假设为真的话（对于未知事实的真假宣称），那会出现我们所看到的证据（无法改变的客观证据）是微乎其微，意味着，不是虚无假设的宣称有误，就是证据有误，否则不会出现一个机率上微乎其微的现象，而既然经验资料所产生的证据无法否定，那么我们就只有否定虚无假设的宣称，这时整个逻辑推论的说服力才够强。

由于科学研究强调严谨的特性，因此假设检定是要用最严苛的标准来验证科学的发现，因此"判定母体中 X 和 Y 具有共变关系"这样的决策，除非真的有很强的证据支持，否则不轻易下如此的判断。所以不论任何研究，主观上我们宁愿先下一个先入为主的假设，也就是将"在母体中 X 和 Y 不具有共变关系"设为我们的虚无假设，然后进行实际验证。在虚无假设为真的前提下，如果我们得到一个很离谱的经验发现，代表此先入为主的看法根本不可能导出这个发生几率是微乎其微的证据，所以虚无假设有误。反过来想，如果证据不够离谱，我们会觉得先入为主的看法还是相当有可能会导出这个证据的发生，因此我们想要推翻虚无假设的说服力就不够强。

不过即便经验证据再离谱，发生的机会微乎其微，毕竟还是有可能发生，因此假设当虚无假设为真而出现离谱证据的几率为 p 时，代表我们若否定虚无假设的宣称，还是有可能犯了决策错误，因为有 p 的几率是虚无假设为真而离谱证据也真的发生，此时应该想到的，是我们到底能够容许多少的决策错误风险。留心这里所谓的决策错误是错误地否定虚无假设，也就是"母体中 X 和 Y 不具有共变关系，但研究者却判定有"，即所谓的"第一型错误"。换句话说，如果我们认为 α 是最大限度可以容许犯第一型错误的几率，比方说 $\alpha = 0.05$，那么如果 p 小于 α，代表我们犯第一型错误的几率还在可以容许的范围内。所以既然虚无假设在现实证据之下显得高度不可能为真，而我们否定虚无假设所产生决策错误的风险又在可容许的范围内，自然我们可以放心的否定虚无假设，而宣称"否定虚无假设的决定是已经排除了抽样风险之后的判断"，因此 α 被称为"显著水准"。

至于容许犯第一型错误的几率 α 应该设为多大，长久以来，统计学者约定成俗通常将 α 设为 0.05（5%），而较为严格的标准常见有 0.01（1%）或 0.001（0.1%），这些不同设定的容许值，就称为"α 显著水准"，在统计书写上，通常习惯在回归系数值旁边分别以一个（*）、两个（**）和三个星号（***）来表示。

（三） 假设检定的第三步：根据经验证据来进行假设检定的决策

基于上面的讨论，虚无假设为"第一型错误"所对应的事实假设，即"假设母体中自变项和依变项不具有共变关系"（$H_0: \beta = 0$），而对立假设为"假设母体中 X 和 Y 具有共变关系"（$H_1: \beta \neq 0$），我们必须要找出在"先入为主（虚无假设）"为真的状况下，$\hat{\beta}$ 会怎么受到抽样影响而变化的规则。值得注意的是，虚无假设是我们想象的，并没有涉及经验资料，但是我们用以作为推论的参数推估值 $\hat{\beta}$，是一个会变动的参数推估值，其数值全部是基于我们抽样所得的特定样本。

接下来，不管是使用最小平方法或最大概似法，我们要找出所推估出 $\hat{\beta}$ 数值变动的法则，即回归参数的共变异矩阵 $V(\hat{\beta})$。由于其数学推导较为繁复，而且最小平方法和最大概似法两者推导出的结果有些微差异，因此下面仅列出最小平方法所推估出 $V(\hat{\beta})$ 的结果，如式（2-15）所示。有关进一步的说明，请参考延伸阅读 4 中中央极限定理的介绍。

$$V(\hat{\beta}) = \frac{e'e}{n-k}(X'X)^{-1} \qquad (2-15)$$

根据"中央极限定理"，可以知道回归参数推估值 $\hat{\beta}$ 是会依循着常态分配，其变动的法则 $V(\hat{\beta})$ 如图 2-1 所示。

如图 2-1，在母体中依变项和自变项不具有共变关系前提下，研究者随机抽样出一样本而推算出的回归系数值为 $\hat{\beta}$，那么 $\hat{\beta}$ 的数值会依循着常态分配而变动，

$$N\left(0, \frac{e'e}{n-k}(X'X)^{-1}\right)$$

或称为 β 的抽样分配。倘若研究者对于"第一型误差"的容许值设定为 0.05，而 $\hat{\beta}$ 推估值同时存在过大或过小的可能，导致研究者认为经验证据显然与虚无假设相悖，则 $\hat{\beta}$ 在正负方向实际的容许值则为 0.025，此即称为"双尾检定"。凡是 $\hat{\beta}$ 落在 β 抽样分配正负极端方向前 2.5% 的区间，代表在虚无假设为真前提下此经验证据出现的几率几乎微乎其微，因而必须做出拒绝虚无假设为真的判断，则此区间称为"拒绝域"，如果是落在中间 95% 的区间，由于"第一型错误"的几率超过我们的容许限度，因此只能接受

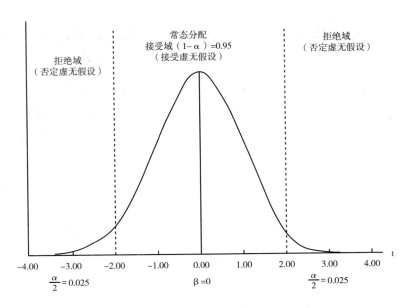

图 2 - 1   回归系数估 β 的抽样分配

虚无假设，此区间称为"接受域"。

实际进行假设检定时，β 抽样分配被称为 t 分配，当抽样的样本数趋近无限大时，β 抽样分配的趋近于标准常态分配，而统计量 t 的计算，在意义上等同于算出 $\hat\beta$ 是位于距离 0 几个标准误的坐标点上，如式（2 - 16）所示：

$$t = \frac{\hat\beta}{\mathrm{SE}(\hat\beta)} \qquad\qquad (2 - 16)$$

此处标准误 SE（$\hat\beta$）为 V（$\hat\beta$）的开根号值。

由于 t 分配的机率计算并非封闭形式（closed form），因此 p 值的计算不易，一般应用上都以查表的方式，先制作好 t 值与 p 值的换算表，然后计算出 p 值来进行假设检定。

值得注意的是，当我们接受虚无假设时，不代表我们真的认为母体中 X 和 Y 一定不具有共变关系，而是在经验证据不够充分的状况下，我们宁愿采取较为保守的立场，不去采认母体中 X 和 Y 具有共变关系的结论。

至于回归模型的解释力，先前提到，简单线性回归分析是一种对于依变项变异数的正交分割，即总变异等于回归变异加上误差变异。其中回归变异就是模型的解释变异，也就是模型预测值之间所产生的变异量，误差变异为回归分析中误差值之间所产生的变异量，总变异则为依变项数值之间所产生的变异量，以数学式来表示：

$$SSR = \sum (\hat{Y}_i - \bar{Y})^2 \qquad\qquad (2-17)$$

$$SSE = \sum (Y_i - \hat{Y}_i)^2 \qquad\qquad (2-18)$$

$$SST = \sum (Y_i - \bar{Y})^2 \qquad\qquad (2-19)$$

回归模型的解释力为"回归变异"占"总变异"的百分比，称为 R^2，其公式为：

$$R^2 = \frac{SSR}{SST} = 1 - \frac{\sum \hat{e}_i^{\,2}}{\sum (Y_i - \bar{Y})^2} \qquad\qquad (2-20)$$

通常解释力的大小跟自变项的个数有某种程度的关系，因为回归模型所纳入自变项愈多，模型的解释力会愈大，因此考虑到自变项的个数，可采"调整后的解释力"（Adj R^2），其公式为：

$$Adj\ R^2 = 1 - \left(\frac{SSE/n - k}{SST/n - 1} \right) = 1 - \left(\frac{\sum \hat{e}_i^{2}}{\sum (Y_i - \bar{Y})^2} \times \frac{n-1}{n-k} \right) \qquad (2-21)$$

也就是分别将总变异和误差变异除以其自由度，算出调整后的误差变异占总变异的百分比，然后用 1 减去得出 Adj R^2。

五 统计诊断

有许多状况会让回归分析的正确性受到质疑，但总的来说都与回归系数的估计有关，因此许多学者建议在进行回归分析的同时，应该要进行某些项目的统计诊断，来及时发现问题并采取适当的方法来修正回归分析的结果。由于统计诊断最常用于简单线性回归模型的估计中，并且其修正方法的发展已具有体系而被广为熟知，因此本节仅针对简单线性回归模型中常见的四种问题来进行讨论，分别有关于离群值（outlier）、多元共线性、模型选定和非线性关系。

（一）离群值的问题

通常回归分析所使用的样本资料，其中所含括的资讯如何连结到研究者所关心的假设，都是基于既有的理论依据。倘若在进行回归分析时发现，有某些个案明显地偏离回归分析所得到的关系式，或者具有相当大的残差值，使得整个回归分析的误差变异变大，那么研究者就有必要来审视这些离群值所代表的个案，其偏离回归关系式的结果，是不是受到某些无关乎研究假设的特殊因素影响。如果答案是肯定的，那么研究者就可以将这些离群值个案剔除在分析的样本之外，如果答案是否定的，那么则不能将这些个案剔除而必须寻找其他方法来解释其离群的原因。

比方说，假定台湾各县市"事故伤害率"（每十万人口中事故伤害死亡人数）的主因来自交通事故死亡，而交通事故死亡人数与汽车道路密度（每汽车享有道路面积）有密切的关系。根据 1999 年"行政院"主计处的资料，在控制了"机车人口密度"（每千人持有机车数）之后，汽车享有道路面积每增加 1 平方公尺（即汽车道路密度减少），意外伤害率则增加 0.603，其样本的回归关系式如图 2 - 2 所示。而审视样本的残差值后，发现台中县和南投县明显偏离其他县市，为样本中的主要离群值个案，经过调查之后发现，在 1999 年所发生的"九二一"地震的主要伤亡人数，就发生在台中县和南投县，而此因素乃属于特别的一次性天灾，并不在研究假设所讨论的范围之内，因此若将这两个个案剔除，重新进行回归分析所得到的结果，虽然汽车道路密度仍与事故伤害率呈反比，但是其回归系数值已降至 0.400，因此可以得到一个结论，若没有排除"九二一"大地震对于台中县和南投县的事故伤亡人数增加的影响，则有关汽车道路密度和事故伤害率的反向关系将会被夸大，此即离群值所造成参数估计误差的现象。

在简单线性回归中，离群值的侦测可以由统计量 DFBETA 来判定，DFBETA 的公式如下：

$$DFBETA_i = \frac{(X'X)^{-1} x_i e_i}{1 - x'(X'X) x_i} \qquad (2-22)$$

即去除个案 i 之后对于回归系数 β 向量的改变量。通常对于离群值的判定标

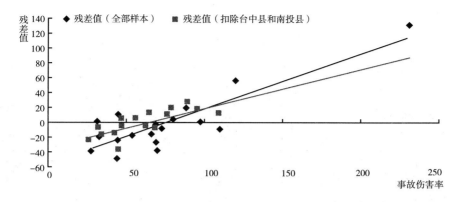

图 2 - 2　离群值的侦测（以"九二一"大地震为例）

准为 | DFBETA | 超过 $2/\sqrt{n}$ 或 1 即为离群值，以图 2 - 2 为例，则为 0.417，在 23 县市中仅有南投县的 DFBETA（1.775）满足离群值的定义，至于台中县的 DFBETA 为 - 0.133，未能达到离群值的判定标准。

除了 DFBETA 之外，尚有许多离群值的统计指标可以提供判定的标准，但是基本上这些指标都仅能提供研究者哪些个案的选入或剔除对于回归分析结果会有较大的影响，但不能决定到底本质上这些具有较大影响力的个案是否为"异例"应该要剔除，还是其存在本来就是研究对象的一部分。关于对于离群值是否应该自样本分析中剔除，都必须依赖对于个案的调查才能下实际判断，并没有统一的法则。

（二）多元共线性的问题

从数学上来说，回归分析本质是针对各个自变项的独自变异来探求其与依变项的共变关系，所以回归系数的估计值 $\hat{\beta}_{OLS} = (X'X)^{-1}X'Y$，特别在前乘项 $(X'X)^{-1}$ 的部分，就是针对自变项和依变项所有的共变关系 $X'Y$ 来剔除掉，因为各个 x_i 之间共变所同时产生 $X'Y$ 的部分。多元共线性的问题就出在，当有一个自变项 x_i 与其他自变项呈现高度的线性相关时，那么基于此 x_i 的独自变异所求得的回归系数 β_i，就会有高度不稳定的问题发生，甚至是在完全线性相依的情形下，因为 $X'X$ 为奇异矩阵（即行向量或列向量不为全秩），因此无法进行反矩阵的运算 $(X'X)^{-1}$，而导致无法求出回

归系数的解 $\hat{\beta}_{OLS}$。

针对多元共线性的问题，最佳的解决方式就是增加分析样本的个案数，借由自变项矩阵的变异量增加，来加大有问题自变项的独自变异，使其参数推估的基础不是来自少数的资讯。如果在样本数加大之后，多元共线性的问题仍然没有得到解决，那么问题可能就来自于自变项之间的概念在本质上就有高度线性相依的关系，因此与其说它们为个别独立的自变项，倒不如将其视为测量同一概念的类似指标，而仅择取其中之一，或者利用多变量方法（比方说因素分析）形成一个综合指标变数，再纳入回归模型的分析中，这样的做法与下节所介绍的"主成分回归分析法"在概念上是相通的，都是处理多元共线性的可能做法。

通常判定一个回归模型是否有多元共线性的统计指标是共变数膨胀因子（variance inflation factor，VIF），其定义为：

$$VIF(\hat{\beta}_i) = \frac{1}{1 - R_i^2} \qquad\qquad (2-23)$$

此处 R_i^2 为将自变项 x_i 当做依变项而可被其他自变项解释的解释变异，其共线性程度的测量。如果当 $R_i^2 \to 1$，则 VIF（$\hat{\beta}_i$）$\to \infty$，代表多元共线性的问题相当严重。一般说来，当 VIF（$\hat{\beta}_i$）>5，或者 $R_i > 0.8$，代表多元共线性的程度很高，而当 VIF（$\hat{\beta}_i$）>10，许多学者建议应该要将此变量剔除在回归模型之外。

至于究竟应该采取增加样本数、剔除特定自变项还是采取其他进阶方法来解决多元共线性的问题，其实各有不同的考量，请参考延伸阅读5。然而基本上如果研究者有能力可以取得适合的新样本，或者研究设计允许新样本的增加，那么增加样本数的解决之道应优先使用，除非在理论上这两个概念具有高度重叠性，否则共线性的问题很可能纯粹是经验问题，而非模型设定的问题。然而如果在增加新样本此法不可行的条件下，那么剔除共线性高的自变项，或者重新整理共线性高的自变项成单一综合指标，都是可以考虑采取的选项。

（三）模型选定的问题

在进行回归分析的时候，研究者究竟应该设定多少数目和哪些特定的自变项，就是模型选定的问题。一般来说，在简单线性回归的分析中，针对"遗漏相关自变项"和"选入不相关自变项"这两项错误，已有严格的数学证明说明前者的风险是会造成回归系数估计值的偏误，即违反估计的"不偏性"；而后者的风险是让回归系数估计值的变异量增大，则会降低估计的"有效性"（陈超尘，1992：281～306）。换句话说，以参数估计的观点来看模型选定的问题，多数学者主张不偏性的价值高于有效性，因此建议如果研究者在面对模型选定问题时，可以将所有相关自变项放入模型进行估计，然后逐次将回归系数不显著的自变项剔除，来完成模型的选定工作。

这样的做法，如果纯粹是将回归分析当做预测工具来使用，问题并不大，而此法等同于去除那些不具解释能力而又会降低推论效率的自变项，以达到去芜存菁的目的。不过如此一来，回归分析就全然变成资料驱使（data-driven）的数字游戏，因为所有选入模型的自变项都全然基于其在特定样本的解释力，而非理论上的说服力，因此在多数社会科学中，这种方法很少被接受。

换言之，极大化模型的解释力并非多数社会科学的分析目的，而将模型选定的问题视为对应于理论根据的实验设定，然后将回归分析的操作，当作进行"控制的比较法"之实验程序，来验证原先选入自变项所意涵的理论假设是否得到经验上的支持。按此观点，选入模型的自变项并不需要极大化依变项解释变异，其回归系数也不一定要具有显著性，而是在理论层次上这些自变项是否有推论的需要而需要带入模型中。至于所有未被选入但与依变项相关的因素，其综合的作用皆已由常数项的推估值所反映出来，这如同进行自然科学实验时，科学也仅能按照其已知的相关因素来进行实验室控制一般。

上面所谈的两种策略，在现实上研究者往往同时采用，因为一个缺乏理论依据但却有很高的解释变异的模型，不但难以说服读者其论理依据，同时也很难通过不同样本的检定，而有过度适配（overfitting）的问题，即其结果高度依赖特定的抽样样本。然而一个全然否定其理论假设的模型，即便论理依据十分充足，但缺乏经验上的统计证据支持，将使得整体的研究贡献大打折扣，失去发表的价值。因此研究者通常不会采取极端的立场，而是抱持着试误（trial and error），找寻具有解释力的自变项，并且试图理则化其选入模型的原因，最后强调这些变项的选入对于推进既有理论发现的必要性。

倘若是针对非线性模型，那么模型选定的问题就远远复杂得多，因为不管是"遗漏相关自变项"还是"选入不相关自变项"的错误，都会造成参数估计的偏误，因而在判断哪些自变项应该加入模型分析上，就很难有所定论。关于非线性模型选定的问题，请参考 Weiss（1995）。

（四）非线性关系的问题

在简单线性回归分析中，由于我们已经预设了每个选入的自变项都与依变项呈现线性的关系，因此参数估计的结果都是基于这样的前提下来进行。然而许多时候，我们会发现事实上有某些自变项与依变项之间的关系如果用非线性关系来描述，不但可以增强模型的解释力，甚至在理论上的说服力会更强，而这正是碰到非线性关系的问题。

非线性关系有许多种类，最常见的是例子是"二次曲线"或"交叉项"的关系。比方说在政治参与的研究中学者发现，从年满法定年龄具有投票权开始一直到死亡为止，年龄大小与实际参与投票的机率是呈一个倒 U 形的二次曲线关系，主因是当刚满法定投票年龄时，一般年轻人对于政治的参与尚属学习阶段，对于谁主政也还没有太大的利害关系，加上正处求学期有许多的其他活动参与，因此一般的投票率会比处于中壮年人来得低。至于老年人的政治参与降低，一方面是体力的限制和行动的不便，再来是逐渐接近死亡因而对现实政治的期望较低，因此投票率也会较中壮年人低。而遇到类似像这种"二次曲线"的回归假设，常见的做法是除了设定原来的线性关系之外，同时也增加一个原自变项的二次项当做新的自变项，如此一来

$$Participation = \beta_0 + \beta_1 Age + \beta_2 Age^2 \qquad (2-24)$$

当（β_1，β_2）为（+，−）的结果时，就验证了年龄与政治参与的倒 U 形关系，因为当年龄一开始增大时，$\beta_1 Age$ 的效果会强过 $\beta_2 Age^2$，所以总和关系为正向，但到一定程度之后，年龄所带有的二次项就会快速将政治参与的几率拉低，因而年纪和政治参与的关系转为负向。

同样的道理也出现在某些需要设定交叉项的回归模型中。比方说在宗教与政治的研究中，许多学者发现在伊斯兰国家中，当社会经济情势较佳的时候，宗教虔诚度高的民众对于政府的支持度是较高的，但是当社会经济情势

变得很糟的时候，宗教虔诚度高的民众对于政府的支持度反而变得较低（黄旻华，2006b）。若依此论点来设定回归模型，就是一个典型需要设定交叉项的例子，模型设定如下：

$$Support = \beta_0 + \beta_1\,SES + \beta_2\,Religiosity + \beta_3\,SES \times Religiosity \qquad (2-25)$$

当（β_2，β_3）为（+，−），就验证了宗教虔诚度（religiosity）与社会经济情势（SES）与支持政府（Support）的交互关系。因为当社会经济情势变糟时 $\beta_3 < 0$，便抵消了原先宗教虔诚度与支持政府的正向关系，甚至将总和关系变成负向的，如此一来，宗教虔诚度与支持政府的确切关系都必须端视于社会经济情势的状态，因而说明了这两个自变项的交叉关系是如何左右了依变项的变化。

以上所述的非线性关系，单指依变项和特定自变项具有的二元非线性关系，不是指涉非线性的回归模型。事实上在线性回归模型中加入自变项的平方项或交乘项，并没有改变回归模型中线性关系的本质，唯在诠释回归结果时，可以呈现出相关变项间的非线性关系。

六 其他回归模型

（一）变异数分析

当我们的资料来自许多不同群组时，变异数分析在找出资料的变异究竟是来自群组之间的差异，还是来自于各个群组内部的差异。这里所谓群组的概念，可以由离散自变项来表示，因而变异数分析在形式上可转换成回归分析，称为"一般线性模式"。当回归模型中仅有一个离散自变项，则称为"单因子变异数分析"，若有两个离散自变项以上，称为"多因子变异数分析"，而如果模型中除了离散自变项外还有连续自变项，则称为共变数分析（ANCOVA），倘若依变项不止一个的话，则称为多变量变异数分析（MANOVA）。

由于变异数分析在统计学教科书中都另有专章讨论，且基于篇幅的限制，在此仅介绍单因子变异数分析及共变数分析，至于其他不同的变异数分析模型，请参考 Christensen（1998）。

单因子变异数分析是所有变异数分析中最简单的形式，除了依变项之外，仅有一个类别自变项在回归模型中，以符号来表示其模型为：

$$y_{ij} = \mu_j + e_{ij}$$
$$\mu_j = \gamma + u_j$$

$$(2-26)$$

其中 y_{ij} 是在 j 群组中的 i 成员的依变项值，μ_j 表群组平均数，e_{ij} 是 j 群组中的 i 成员与 j 群组平均值的离差，γ 是样本的总平均数，u_j 是群组平均数与总平均数的离差。这里的 μ_j 可以用 $\beta_j x_j$ 来表示，x_j 为群组的类别变量，在设定模型时，可预设一个组别的平均数为 β_0，然后将 β_j 视为组别 j 与此预设组别的平均数之差，因此组别 j 的平均数为 $(\beta_0 + \beta_j)$，比方说，有一个带有三个类别（A，B，C）的自变项，设其 A 组为预设常数项，B 和 C 组分别由 x_1 和 x_2 来表示，则回归模型为：

$$Y = \beta_0 + \beta_1 x_1 + \beta_2 x_2 + e \qquad (2-27)$$

如果各个资料的观察点不止一个，比方说在不同时间或实验处理（treatment）下，就称为重复测量变异数分析（repeated measure ANOVA），模型可设定为：

$$y_{ijk} = \mu_{jk} + e_{ijk}$$
$$\mu_{jk} = \gamma_k + u_{jk}$$
$$\gamma_k = \pi + \delta_k$$

$$(2-28)$$

与式（2-27）不同的，式（2-28）中多了下标 k，代表不同时间（实验处理）的重复测量点，比方说，y_{ijk} 可代表工厂工人（以下标 i 表示）分成不同组别（以下标 j 表示），在"低度噪声""中度噪声""高度噪声"的环境下（以下标 k 表示）的生产力，所以在此各个符号的意义可以理解为：μ_{jk} 为 j 组工人在噪声程度 k 下的生产力水准；e_{ijk} 为隶属于 j 组的工人 i 在噪声程度 k 下的生产力水准与 μ_{jk} 的差距；γ_k 为所有工人不分组别在噪声程度 k 下的生产力水准；u_{jk} 为 j 组工人在噪声程度 k 下的生产力水准与 γ_k 的差距；π 为所有工人不分组别不分在何种噪声度程度下的生产力水准；δ_k 为在噪声程度 k 下的生产力水准与 π 的差距。

在参数估计上，单因子变异数分析与一般回归模型一样，可用最小平方法将回归系数估计出来后，算出"总变异量""回归变异量"和"误差变异量"。其中"回归变异量"由于纯粹是群组平均数差异所构成的变异，因此在除以其自由度之后，称为"组间平均变异"。而"误差变异量"由于纯粹是每个组别成员与其群组平均数差异所形成的变异，因此在除以其自由度之后，称为"组内平均变异"，将组间平均变异除以组内平均变异，就得到 F 分配的统计量，如果 F 统计量显著大于 1，则显示组间的变异的确大于组内，或者是组间的平均数有相当显著的差异，故分组是有必要的，如果 F 统计量并没有显著大于 1，代表组间变异并没有显著大于组内变异，组间的平均数没有显著不同，因此没有分组的必要。

承式（2 - 28），若以数学符号表示，"时间/实验处理"变异量 SSR 为 $V(\delta_k)$，"组别"变异量 SSG 为 $V(u_{jk})$，"组内"变异量为 $V(e_{ijk})$；"时间/实验处理"变异量的自由度为时间点数减 1（即 $k-1$），"组别"变异量的自由度为组别数减 1（即 $j-1$），"组内"变异量的自由度为时间点数减 1 和组别数减 1 的乘积，即 $(j-1)(k-1)$；"时间/实验处理"变异量的 F 统计量等于：

$$F = \frac{SSR/(k-1)}{SSE/(j-1)(k-1)}$$

"组别"变异量的 F 统计量等于：

$$F = \frac{SSG/(j-1)}{SSE/(j-1)(k-1)}$$

至于，平均数检定的显著性则需要用 F 检定来进行。单因子变异数分析中所需的统计数字如表 2 - 2 所示。

表 2 - 2　群组数为 j 重复测量时间为 k 的单因子变异数分析

	变异总和	自由度	平均变异	F 统计量	显著性
时间/实验处理	SSR	$k-1$	$SSR/(k-1)$（MSR）	MSR/MSE	p_{MSR}
组　　别	SSG（group）	$j-1$	$SSG/(j-1)$（MSG）	MSG/MSE	p_{MSG}
组　　内	SSE	$(j-1)(k-1)$	$SSE/[(j-1)(k-1)]$		
总　　和	SST	$n-1$			

关于共变数分析的实例，详见参考方块 2 - 2。

参考方块 2-2：不平衡资料（unbalanced data）的共变数分析实例

在进行变异数分析时，若实验的各组样本数相同则称为"平衡资料"；倘若资料有下面三种特性则称为"不平衡资料"。

1. 实验各组的样本数并不相同（unequal sample size）。

2. 有某些实验分组没有资料（missing cells）。

3. 某些受试者的实验资料因故而遗失了（missing responses）。

针对不平衡资料，如果使用一般变异数分析的计算方式，最大问题在于要如何界定总平均数和各组效果平均数（effect mean）的计算基准。不同的计算方式，都可能造成总变异、组内变异和组间变异量上计算的差异，而对分析结果有显著的影响。

生物学者 Ruth Shaw 与 Thomas Mitchell-Olds（1993）对于上述问题进行了深入的探讨，归结出三大类的处理方法：

1. 将多余资料随机删除而达到平衡的条件。

2. 使用不同的估计方法对漏失的资料进行填补来达到平衡。

3. 采用进阶处理漏失资料的估计方法，如 EM（expectation-maximization）演算法，同时完成资料填补和参数估计的工作。

第一种方法有很大的缺陷，因其舍弃许多宝贵的资料不用；而第二种方法也有相当的争议，因为不同的填补方法都可能产生不同的分析结果；至于第三种方法，在学理上的优点相当明显，需要透过"一般线性模式"来进行估计，这也是许多学者主张将变异数分析统整在回归模式中的主要原因。

下面的例子来自 Kevin Kim 与 Neil Timm（2007：464-469），说明了如何使用"一般线性模式"来对于不平衡资料进行共变数分析。假定我们有一组资料如表 2-3 所示。

若因故遗失了部分资料，如表中星号所示，则我们可以将上述单因子重复测量共变量分析，转成一般线性模型中的混合模式（mixed model）来进行分析，以数学式表示之。

表 2 - 3　单因子重复测量的实验资料

受试者编号	组别（x_1）	实验编号（x_2）	依变项（y）	依时共变项（x_3）
1	1	1	8 *	3
2	1	1	11	5
3	1	1	16 *	11 *
4	2	1	6	2
5	2	1	12	8
6	2	1	9	10
7	3	1	10	7
8	3	1	14 *	8
9	3	1	15	9
1	1	2	14	4
2	1	2	18	9
3	1	2	22	14
4	2	2	8	1
5	2	2	14	9
6	2	2	10	9
7	3	2	10	4
8	3	2	18 *	10
9	3	2	22	12

资料来源：Kim & Timm（2007：464）。

$$\underbrace{y}_{\text{依变项}} = \underbrace{\beta_{11} + \beta_{12} x_{12} + \beta_{13} x_{13}}_{\text{组别}} + \underbrace{\beta_2 x_2}_{\text{实验编号}} + \underbrace{\beta_{31} + \beta_{32} x_{12} x_2 + \beta_{33} x_{13} x_3}_{\text{交互作用}} + \underbrace{\beta_4 x_4}_{\text{依时共变项}} + e$$

接下来便可透过 EM 算法来针对遗失资料进行模型估计，利用 SAS 中的 PROC MIXED 指令，可得到下面的结果，如表 2 - 4 所示。很明显的，虽然显著性检定的结果没有改变，但是 F 值的估计在两样本间的差异相当明显，基于 EM 算法在统计方法上对于处理遗漏值的优点，故建议采一般线性模式来克服传统变异数分析在遗漏值处理上的不足。

表 2 - 4　单因子重复测量共变数分析

变异来源	分子自由度	分母自由度	F 值	显著性 p 值
完整样本				
组别	2	6	5.63	0.0420
实验编号	1	5	106.89	0.0001
组别×实验编号	2	5	4.10	0.0883
依时共变数	1	5	56.93	0.0006

				续表
变异来源	分子自由度	分母自由度	F 值	显著性 p 值
漏失样本				
组别	2	5	6.26	0.0435
实验编号	1	2	275.11	0.0036
组别×实验编号	2	2	14.43	0.0648
依时共变数	1	2	291.47	0.0034

资料来源：Kim & Timm（2007：468 – 469）。

上面所述的变异数分析，可以应用在多个类别自变项的状况下，但是如果当其中带有连续自变项时，由于连续自变项并不具备组别的意义，不是变异数分析分析的主体，因此必须对于上式进行修正。比方说，倘若式（2 – 27）中加进个一连续自变项 x_3，则回归模型变为：

$$Y = \beta_0 + \beta_1 x_1 + \beta_2 x_2 + \beta_3 x_3 + e \tag{2 – 29}$$

此时除了 $\beta_3 x_3$ 之外，上式的各参数的意义都没有改变，而 x_3 所代表的是某连续自变项的数值，β_3 是一单位 x_3 的变化会造成依变项改变的大小，在这种共变数分析中，通常像 x_3 这样的连续自变项都是作为检证群组平均数时的控制变项。

以数学式来表示：

$$\begin{aligned} y_{ij} &= \mu_j + \alpha(x_{ij} - \overline{x..}) + e_{ij} \\ \mu_j &= \gamma + u_j \end{aligned} \tag{2 – 30}$$

这里亦可将连续自变项的回归参数 αj 设为随机的，则：

$$\begin{aligned} y_{ij} &= \mu_j + \alpha_j(x_{ij} - \overline{x..}) + e_{ij} \\ \mu_j &= \gamma + u_j \\ \alpha_j &= \lambda + v_j \end{aligned} \tag{2 – 31}$$

此处多数的符号同式（2 – 27）之说明，x_{ij} 为每个成员的连续自变项值，$\overline{x..}$ 为连续自变项的总平均值。在式（2 – 30）中，连续自变项的回归参数 α 设为固定，而式（2 – 31）中，则将连续自变项的回归参数 α_j 设为随机，令其为群组的类别变量来解释。共变数分析的基本概念与单因子变异数相同，然而其依变项的变异必须先减去连续自变项的解释变异之后，才能用来进行变异数分析。

此外，在多因子变异数分析中，可以进一步将组间变异数依其来源，分解成纯粹由单个因子（时间、组别、实验处理）产生的变异数，以及不同因子交互作用所产生的变异数。以二因子的模型为例，总变异数等于组内变异数、第一因子变异数、第二因子变异数和两因子交互作用变异数的总和结果。然后对不同来源的变异数分别进行假设检定，来判定两因子各自或其交互作用能否显著地解释依变项的变异。

（二）类神经网络分析

神经网络分析（neural networks）原本指涉的是针对生物神经元（biological neurons）网络的分析，在神经科学中，神经网络分析旨在探求大脑神经元、细胞、触点之间的传导系统如何形成生物的意识，进而解释其认知和行为。而类神经网络分析（artificial neural networks）则是指涉利用数学模型来模拟神经网络系统的一种研究方法，此法除了应用在生物神经元的网络分析外，已经广为应用在工程科学和社会科学的领域中。

类神经网络分析的基本构成单元是神经元，一个神经元的结构是由输入节点（input nodes）、隐藏单元（hidden unit）、输出节点（output node）三部分组成。每一个输出神经元的节点，所接收的讯号都是来自所有"输入节点"传递的分量讯号，经过"隐藏单元"的某种传递函数转换，最后形成输出的讯号，如式（2-32）和图 2-3 所示：

$$y = \sum_i w_i x_i + \theta \qquad (2-32)$$

"输入节点"的讯号分量可以为变量或是定值，如果为变量，则代表每次的神经传导中，这些输入节点所传递的讯号分量都会依某种加权数（weight）而变动；若为定量，则代表每次传导时都有相同的分量传递，此定量一般称为偏置量（bias），而输出偏置量的输入节点则另外称为偏置神经节点（bias neuron）。至于"隐藏单元"对于输入讯息的处理，可以由非线性或线性函数描述之，而偏置量亦在函数转换前、后或者同时设定，其例

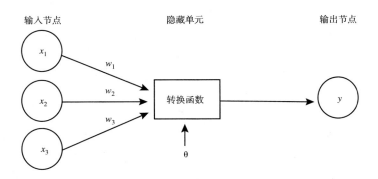

图 2 - 3 神经元的基本结构

子如式（2 - 33）和式（2 - 34）所示：

$$y = \left[\sum_i \left(w_i^{(1)} x_i + \theta^{(1)} \right) \right] + \theta^{(2)} \tag{2 - 33}$$

$$y = \tanh \left[\sum_i \left(w_i^{(1)} x_i + \theta^{(1)} \right) \right] + \theta^{(2)} \tag{2 - 34}$$

式（2 - 33）所描述的是线性的传导模型，式（2 - 34）所描述的是非线性的传导模型，转换函数为 tanh，在二式中 $\theta^{(1)}$ 和 $\theta^{(2)}$ 分别为函数转换前后的偏置量。当"隐藏节点"多于一个时，二式可推广成：

$$y = \sum_j w_j^{(2)} h_j + \theta^{(2)} \qquad h_j = \sum_i \left(w_{ij}^{(1)} x_{ij} + \theta_j^{(1)} \right) \tag{2 - 35}$$

$$y = \sum_j w_j^{(2)} h_j + \theta^{(2)} \qquad h_j = \tanh \left[\sum_i \left(w_{ij}^{(1)} x_{ij} + \theta_j^{(1)} \right) \right] \tag{2 - 36}$$

应用在回归分析上，类神经网络分析可以看做是线性或非线性回归分析的一种变形：输出节点所收到的讯号 y 为依变项，各输入节点所传递出的讯号分量为自变项 x_i，分量的权数为回归系数 β_i，而偏置量则为常数项 β_0。只要给定目标式，就可以依已观测到的依变项和自变项数值，推估出回归系数 β_i 和常数项 β_0，完成类神经网络的分析。一般常用的目标式为最小误差平方函数，其推估原理同先前所提的"最小平方法"。

与简单线性回归不同，类神经网络分析通常涵盖多个隐藏单元和输入输出节点，所以其方程组较为复杂，且不同的转换函数有其适用的节点范围。一般而言，在应用类神经网络的分析时，研究者会将资料分成两部分，一部分运用在找出各个输入节点的分量权数和偏置量，称为训练资料（training dataset），另一部分用来验证由训练资料得到的参数推估结果，称为验证资料（test dataset）。由于类神经网络分析的本质为"曲线适配"问题，在评估其适合度时，要注意是否有"过度适配"和"适配不足"的问题，前者所指涉的是转换函数过度适配于训练资料，因而在验证资料中其模型适合度不佳，而后者指涉的是在适配训练资料时，其所选择的转换函数过于简单而产生适配不足的结果。

与回归分析相比，由于"类神经网络分析"设定的网络关系相当复杂，因此适合于现象本质具有高度不确定性的研究中，其主要的功能在于预测，比方说时间序列的分析，像股市的指数波动、国际事件的发生等。此外，亦可广泛应用在区辨分析、群集分析、因素分析以及其他相关的统计课题上。有关类神经网络在社会科学上的应用，请参阅 Garson（1998），至于实例说明请详见参考方块 2－3。

（三）典型回归分析

在回归分析中，当依变项具有多个变量，但彼此间具有很高的相关性，则可应用典型回归分析（canonical regression analysis）来解决依变项高度相依所造成的推估问题。以数学关系来表示，最基本的典型回归分析为：

$$y_i^T \alpha = x\beta + e \tag{2-37}$$

与回归分析不同的是，"典型回归分析"要解释的不是单一依变项的变异量，而是一组高度相关依变项之共变数，所以可视为测量模型中的潜藏变项，不过由于上式只取一组线性组合，且在模型推估时并不纳入共变异矩阵的分解和特征值、特征向量的分析，所以此法与结合测量模型和回归模型的"结构方程式"分析有显著的差异，比较接近于线性回归分析。

▪▪ 参考方块 2－3：类神经网络的分析实例

管理学者 Salchenberger 等（1992）三人运用类神经网络分析，来研究储蓄机构倒闭的原因，并与传统常见的胜算对数回归法进行比较其预测的效力。使用的资料报括 3479 家"储蓄与贷款机构"（S&Ls）于 1986 年 1 月至 1987 年 12 月的财务资料，来源出自于"联邦住宅贷款银行委员会"。作者根据先前的研究，提出了五个自变项：资本充足、资产质量、管理效能、获利以及资产流动性，是解释储蓄机构财务健全程度的主要因素。在模型假设上，将类神经网络的输入节点设定为此五个自变项，中间阶层仅有一阶，包括三个节点，而唯一的输出节点则为储蓄机构倒闭的几率。

在模型估计上，作者将资料分成三组。第一组资料为训练资料，包括了 100 家倒闭和未倒闭的成对样本，配对和选取的标准是根据地域位置、总资产价值。第二组资料为成对的验证资料，包括了 58 家成对机构在倒闭前六个月的资料、47 家成对机构在倒闭前十二个月的资料以及 24 家成对机构在倒闭前十八个月的资料。第三组资料为较接近现实状况的稀释样本，包括了 75 家倒闭和 329 家未倒闭的机构。

分析结果显示，在训练样本中，除了资产流动性外，其他四项自变项对于储蓄机构倒闭的几率都有显著的解释力。而针对成对样本的验证，结果显示，不管在全部样本、倒闭样本，还是未倒闭样本中，类神经网络模型的预测正确率，都比传统胜算比分析来得高，并且此结果不受依变项临界值的设定影响（即预测结果为失败的几率水准），显示了类神经网络模型在预测上的优越性。

稀释样本的分析结果如表 2-5 所示，结果显示，若将临界值设为 0.5，类神经网络模型在全部样本和倒闭样本的预测正确率为 96.8% 及 85.3%，皆显著地高于逻辑分析的 94.3% （$p=0.1$）和 72.0% （$p=0.05$）。如果将临界值设为 0.2，则类神经网络模型在全部样本和未倒闭样本也以 95.8% 和 96.9% 的预测正确率，高于逻辑分析的 92.2% 和 93.6%，同样再次验证了先前的结果。

表 2-5　类神经网络与逻辑分析对于储蓄机构倒闭的预测比较（稀释样本）

临界值	所有样本		倒闭样本		未倒闭样本	
	逻辑分析	类神经网络	逻辑分析	类神经网络	逻辑分析	类神经网络
0.5	381/404	391/404	54/75	64/75	327/329	327/329
	（94.3%）	（96.8%）	（72.0%）	（85.3%）	（99.4%）	（99.4%）
	$p=0.10$		$p=0.05$		$p=1.0$	

续表

临界值	所有样本		倒闭样本		未倒闭样本	
	逻辑分析	类神经网络	逻辑分析	类神经网络	逻辑分析	类神经网络
0.2	373/404	387/404	65/75	68/75	308/329	319/329
	（92.3%）	（95.8%）	（86.7%）	（90.7%）	（93.6%）	（96.9%）
	$p = 0.05$		$p = 0.50$		$p = 0.05$	

注：p 值为显著水准。

资料来源：Salchenberger et al.（1992：914）。

在模型设定上，如果亦对自变项进行线性组合而形成一综合变量，则自变项与依变项间的相关系数便称为典型相关系数，而依变项和自变项中的线性组合权数，则说明了单项变量与共变数之间的组合关系。

在参数推估上，典型回归分析可利用最大概似法来求解，其原理同线性回归。此外对于模型结果的诠释，由于实质的被解释项为依变项间的共变数，因此必须找出依变项间的主要共同元素，赋予其意义并进行解释。有关典型回归模型的延伸应用，请参考 Estrella（2007），至于实例说明，请详见参考方块 2-4。

■▬▬ 参考方块　2-4：典型回归分析的分析实例

经济学家 Kwabena Gyimah-Brempong 与 Anthony O. Gyapong（1991）利用典型回归分析，来解释学校资源、学生特质和经社特性对于教育生产函数的解释力。依变项为教育产出，包括高三学生的数学（ACTM）和英语（ACTE）测验成绩，而自变项为三大类变量，其中学校资源包括"学生人均教学支出""学生人均资本支出""学生人均辅助教学支出"及"师生比"；学生特质包括"先前数学成绩"和"先前英文成绩"（两者从全校高一测验成绩而来）；经社特性则包括"收入""成人教育程度""贫穷度"及"犯罪率"。

由于教育的投入和产出要素都是多重的，而且皆无法单独分割来衡量，所以作者采用 Cobb-Douglas 函数，来定义教育生产过程投入和产出之间的关系，如下式：

$$Y^{\alpha} - \lambda X^{\beta} W^{\gamma} Z^{\theta} \mu = 0 \tag{A1}$$

其中 Y 是教育产出、X 是学校资源、W 是学生特质、Z 是经社特性，而 μ 为随机误差，λ，α，β，γ，θ 为待估计的未知参数。如对（A1）取对数，则可得：

$$\sum \alpha_i \ln Y_i = \ln\lambda + \sum \beta_j \ln X_j + \sum \gamma_k W_k + \sum \theta_l Z_l + \ln\mu \tag{A2}$$

其中 Y，X，W，Z 的下标代表各类变量为多重的。基于（A2），我们可以进一步将等式左边和右边视为教育产出和投入的综合变量，两者皆由产出和投入要素的对数线性组合而成，因此可以进行典型回归分析，来估计出两者的典型相关系数以及线性组合的权数。

此外，作者也针对生产投入的边际效果进行分析，边际效果的定义为：

$$MP(Y_i, X_j) = \frac{Y_i \beta_j}{X_j \alpha_i} \tag{A3}$$

直观上可解释为一单位生产要素 X_j 增加可以造成多少单位产出 Y_i 的变化。

资料来自于 1986 / 1987 学年度，密歇根州 175 个人口数超过 1000 人的公立学区，依变项资料来自于"美国大学测验中心"，自变项的部分，学校资源资料来自"密歇根州教育委员会"，学生特质资料来自 1985 / 1986 学年度，密歇根州教育部的"中等学校学区报告"，经社变项资料分别来自统计局、联邦调查局以及密歇根州商业部。

研究结果如表 2-6 显示，典型回归分析结果、卡方值和 F 值都相当显著，否决了所有回归系数皆为零的虚无假设，模型解释力为 57%。至于三组自变项的回归系数，学生素质的确与教育产出有显著的正向关系，然而在学校资源上，却发现四个变量皆呈现不显著或者是负向的关系，与一般认为增加学校资源可以增进教育产出的看法相左，在经社特性上，仅有教育程度一项具有显著的正向关系。

进一步从教育产出的边际效果来看，每学区中成人教育程度每增加一年，学生 ACT 数学和英文成绩会增加 0.197 和 0.161 分，学生高一数学和英文的平均成绩增加一分，也会提高 ACT 数学和英文 0.074 ~ 0.134 不等的分数；然而学校在人均辅助教学支出上却呈现每单位会减少 0.0038 和 0.0039 分的结果，这个结果推翻增加学校资源可以改善学习成绩的传统看法。

表 2 - 6　教育产出的典型回归分析

分析变项	线性组合参数值	ACT 数学成绩	ACT 英语成绩
教育产出			
ACT 数学成绩	0.4607		
ACT 英语成绩	0.5845		
学生素质			
高一数学成绩	0.1692(1.927)	0.0910	0.0744
高一英文成绩	0.2950(3.277)	0.1340	0.1097
学校资源			
人均教育支出	- 0.1129(1.897)	- 0.0023	- 0.0019
人均资本支出	0.0319(0.574)	0.0063	0.0052
人均辅助支出	- 0.1530(2.284)	- 0.0038	- 0.0039
师生比	- 0.1318(1.419)	- 0.2291	- 0.1874
经社特性			
收入	0.0748(0.390)	0.0001	0.0001
教育程度	0.3615(4.537)	0.1971	0.1613
贫穷度	- 0.0816(0.927)	- 0.4144	- 0.3391
犯罪率	0.1776(1.718)	- 0.0226	- 0.0185
样本数	151		
相关系数	0.7560　（$R^2 = 0.5715$）		
卡方值	145.207　（$p < 0.001$）		
Rao's F	9.073　（$p < 0.001$）		

注：1. 典型回归分析系数括号内是 t 值的绝对值。

2. 计算边际效果的基准是各个自变项的平均值。

资料来源：Gyimah-Brempong & Gyapong（1991：12）。

（四）主成分回归分析

在回归分析中，当自变项彼此间具有很高的相关性，也就是具有多元共线性的问题时，则可应用主成分回归分析来解决自变项高度相关所造成的推估问题。

从概念上来说，主成分回归分析试图将高度相关的自变项，透过对于其共变异矩阵的分解和重组，将其转换为彼此正交的新自变项。其中新自变项的组成，可由主成分分析中的特征值和特征矩阵来定义，但自变项组的共变异矩阵维度并没有改变。然而要能解决多元共线性所造成的推估问题，必须要找出多元共线性的来源，针对此，特征值的大小提供了评估的判断的依据：特征值愈小，可解释原自变项的变异愈少，代表多元共线性的程度愈大。基于此，可将对应于最小特征值的新自变项剔除在回归模型之外，此举虽然会造成参数推估的偏误，但因为剔除的新自变项的变异很小，所以对整体模型影响不会太大，并且解决了多元共线性的问题。

以数学式来表示，可将简单线性回归整理成主成分回归模型：

$$y = \beta_0 + \sum_{i=1}^{n} \beta_i x_i + e$$

$$\rightarrow y = \beta_0 + \sum_{i=1}^{n} \alpha_i z_i + e$$

(2 – 38)

其中

$$\sum_{i=1}^{n} \alpha_i z_i = \sum_{i=1}^{n} \beta'_i x_i$$

为主成分分析后的依新自变项 z_i 形成的回归模型，相对应于 z_i 的特征值和特征向量为 λ_i 和 $c_j = (c_{1j}, c_{2j}, \cdots, c_{nj})^T$，而

$$\alpha_j = \sum_{i=1}^{n} c_{ij} \beta'_i$$

令 z_i 所对应的特征值 λ_i 由 $i = 1, \cdots, n$ 依序递减，则可以依删去 z_i 个数，算出 $n-1$ 个回归分析式结果：

$$y' = \sum_{i=1}^{k} \alpha_i z_i + e \qquad k = 1, 2, \cdots, n-1$$

(2 – 39)

在模型结果的选取上，可根据三项因素作为评价模型的依据：①回归系数估计的稳定性；②多少资讯量被纳入模型中（即 z_i 的个数）；③模型的解释变异。基本上回归系数的估计愈稳定愈好，被纳入模型的资讯量愈高愈

好，模型的解释变异愈大愈好，有关于主成分回归分析的应用，请参见 Jolliffe（1986），至于实例说明，请详见参考方块 2-5。

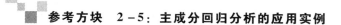

参考方块　2-5：主成分回归分析的应用实例

社会学者 Abu Jafar Mohammad Sufian（2005）针对发展国家中的总生育率（total fertility rate）进行回归分析，模型中选入 9 个自变项，分别为"都市化程度""安全饮用水供给率""人口密度""人均每日摄取卡路里量""15 岁以上妇女识字率""家庭计划实施分数""婴儿死亡率""人均能源使用量"以及"人均国民所得"。主要的理论假设是一国现代化的程度愈高，总生育率会随之下降，因此在上述 9 个自变项中，除了"婴儿死亡率"应该与依变项是正相关外，其余皆应为负相关。

作者使用的资料来自于美国哥伦比亚大学人口与家庭健康中心（Center for Population and Family Health）以及"世界人口资料要览"（World Popula-tion Data Sheet），包括亚洲、非洲和拉丁美洲 43 个发展中国家。使用简单线性回归分析的结果，发现自变项之间的多元共线性相当高，而为了排除此问题对于参数估计的影响，作者决定采用主成分回归法来进行分析。

结果如表 2-7 所示，回归系数和模型解释力都在纳入前七个主成分之后达到稳定（0.72 左右），因此取前七个或前八个主成分分析结果都是合理的。如果选取所有的主成分，那么其结果等同于原先的简单回归分析，这样就没有解决多元共线性的问题。表中所列出来的数字是标准化回归系数，由于原作者并没有附上显著性检定的结果，因此仅能从标准化回归系数的大小来进行解读。简单来说，家庭计划、都市化、妇女识字率和婴儿死亡率依序是解释总生育率变化最有效的因子，而安全饮水供给率和人均卡路里的正相关与原先的理论预期是相左的。

表 2-7　43 个发展中国家总生育率的主成分回归分析

纳入模型的主成分个数	前一	前二	前三	前四	前五
都市化	-0.0882	0.0098	-0.0797	-0.1246	-0.1254
饮用水供给率	-0.1268	-0.1623	-0.1687	-0.1661	-0.1372
人口密度	0.0194	-0.1856	-0.1209	-0.1698	-0.1515

续表

纳入模型的主成分个数	前一	前二	前三	前四	前五
卡路里摄取量	− 0.1125	− 0.0541	− 0.0688	− 0.0653	0.0349
妇女识字率	− 0.1190	− 0.1384	− 0.2038	− 0.2078	− 0.2828
家庭计划分数	− 0.0637	− 0.2670	− 0.3127	− 0.2751	− 0.2761
婴儿死亡率	0.1276	0.1890	0.2446	0.2397	0.2515
能源使用量	− 0.1135	− 0.0791	0.0555	0.0599	0.0431
国民所得	− 0.1248	− 0.0888	0.0244	0.0235	0.0015
解释变异	0.4301	0.5749	0.6341	0.6377	0.6477

纳入模型的主成分个数	前六	前七	前八	所有	
都市化	− 0.2211	− 0.3421	− 0.3400	− 0.3378	
饮用水供给率	− 0.2278	0.0854	0.0830	0.0824	
人口密度	− 0.1106	− 0.0978	− 0.0988	− 0.0973	
卡路里摄取量	0.1234	0.0372	0.0331	0.0323	
妇女识字率	− 0.2043	− 0.1933	− 0.2024	− 0.2008	
家庭计划分数	− 0.3612	− 0.5504	− 0.5516	− 0.5568	
婴儿死亡率	0.1668	0.1151	0.1033	0.0927	
能源使用量	0.0130	− 0.0640	− 0.0643	− 0.0127	
国民所得	− 0.0028	− 0.0524	− 0.0504	− 0.1070	
解释变异	0.6660	0.7211	0.7212	0.7214	

注：表中数字为标准化回归系数。
资料来源：Sufian（2005：228）。

七　总结

回归分析是社会科学研究中最常见的分析方法，其优点是简单易懂，可以用于归纳、验证以及预测上，而回归系数的诠释，直观上可视为控制其他变因之下特定自变项和依变项的共变关系，更提供了研究者在缺乏实验室环境下，找出因果推论的分析工具。这个优点在大多数无法进行实验法研究的社会科学中，显得特别重要。

然而回归分析毕竟是事后归纳的一种分析工具，变项选取和模型关系的设定都需要理论的依据，因此回归分析并没有办法取代理论层次上的讨论，而是作为辅助的角色，从经验上检证理论假设的有效性。换言之，除非研究者的目的是纯粹地探索变量间的相关性，否则回归分析都应该受到理论的指导，并且变量间的关联性假设都要有充分的理由。

回归分析在因果推论上的基础，就是透过排除自变项间共变关系与依变项的相关性，探求单一自变项变化时所伴随依变项变化的效果，逻辑上应用了共变法，概念上称为"统计控制"。然而许多现象本身，其因果关系的连结相当复杂，且主要影响依变项的变因，是来自许多自变项共变后的结果，抑或具有先后顺序的路径关系，此时统计控制的优点反倒成为分析上的缺点，无法将自变项与依变项间复杂的因果关系呈现出来，而必须寻求其他的统计方法来达成其分析目的，如径路分析。

此外，在资料呈现不同特性时，如群组性、地域性、时序性或配对性，简单回归分析在数理上就不足以妥适地进行参数推估的工作，必须针对资料特定采取进阶的统计方法来处理。然而这也正是回归分析未来发展的趋势，也就是结合资料特性以及多变量方法，根据分析目的之需要，发展出针对性强且更为细致的回归方法。

近年来回归分析发展的另一个重要趋势，就是强调参数推估的稳健性（robustness）。许多学者认为传统的最小平方法所得到的参数估计，其数理基础建筑在限定性很高的资料条件下，因此所得到的结果其稳健性是有待质疑的。针对这样的缺点，社会科学家从不同的角度发展出许多方法，大致可分成三类。第一类是以其他参数推估法，如最小绝对离差法（least absolute deviation）或贝氏因子（Bayes factor）等，来取代最小平方法的估计。第二类舍弃采用"中央极限定理"的假设检定法，改以模拟法的方式来估算出参数估计显著性 p 值。第三类则含括了各种统计诊断的方法，试图找出影响参数估计的稳定性之原因。

然而归根究底，社会科学强调理解和诠释的本质依然没有改变。因此尽管回归分析的方法推陈出新，同时对于数理技巧的要求也日渐增高，这些技术上的精进，若是没有具有洞察力的理论指引，恐怕在解释人类社会的各种行为和现象时，都无法避免理解上的贫乏及诠释上的空洞，反倒背离了采用回归分析的初衷，为了量化而量化，这是社会科学研究者必须谨记在心的。

参考书目

林惠玲、陈正仓（2000）《统计学：方法与应用》，二版。台北：双叶书廊。

陈超尘（1992）《计量经济学原理》。台北：台湾商务印书馆。

陈彧夏（2001）《计量经济学：单一方程式》。台北：学富文化。

黄旻华（2006a）《态度量表的心理计量学分析：2003 年 TEDS 统独态度量表的研究》。《选举研究》，13，43 – 86。

黄旻华（2006b）《如何看待穆斯林社会中政治伊斯兰的民意支持？复层次回归模型的实证分析》。《人文及社会科学集刊》，18，119 – 169。

Bates, Douglas M. , & Watts, Donald G. （1988）. *Nonlinear regression analysis and its applications*. New York：Wiley.

Birnbaum, Allan（1962）. On the foundation of statistical inference. *Journal of the American Statistical Association*, 57, 269 – 306.

Blalock, Hubert M. Jr. （1964）. *Causal inferences in nonexperimental research*. Chapel Hill：The University of North Carolina Press.

Christensen, Ronald（1998）. *Analysis of variance, design, and regression*. Boca Raton：Chapman and Hall.

Dempster, Arthur P. , Rubin, Donald B. , & Tsutakawa, Robert K. （1981）. Estimation in covariance components models. *Journal of the American Statistical Association*, 76, 341 – 353.

Estrella, Arturo（2007）. *Generalized canonical regression*. Federal Reserve Bank of New York, Staff Reports.

Galton, Francis（1885）. Presidential address, Section H, Anthropology. *Report of the British Association for the Advancement of Science*, 55, 1206 – 1214.

Garson, G. David（1998）. *Neural networks：An introductory guide for social scientists*. Thousand Oaks. , Calif. ：Sage.

Greene, William H. （2007）. *Econometric analysis*（6th ed. ）. Upper Saddle River, N. J. ：Prentice Hall.

Gujarati, Damodar, & Porter, Dawn（2008）. *Basic econometrics*（5th ed. ）. Boston：McGraw Hill.

Gunst, Richard F. , & Mason, Robert L. （1980）. *Regression analysis and its application：A data-oriented approach*. New York：M. Dekker.

Gyimah-Brempong, Kwabena, & Gyapong, Anthony（1991）. Characteristics of education production function：An application of canonical regression analysis. *Economics of Education Review*, 10（1）, 7 – 17.

Hald, Anders（1999）. On the history of maximum likelihood in relation to inverse probability and least squares. *Statistical Science*, *14*（2），214 – 222.

Isaak, Alan C.（1985）. *Scope and methods of political science.* Belmont, Calif.：Wadsworth.

Jolliffe, Ian T.（1986）. *Principal component analysis.* Springer-Verlag.

Kennedy, Peter（1998）. *A guide to econometrics.* Oxford：Blackwell.

Kim, Kevin, & Timm, Neil（2007）. *Univariate and multivariate general linear models.* Boca Raton, FL.：Chapman & Hall/CRC.

Koenker, Roger（2005）. *Quantile regression.* Cambridge：Cambridge University Press.

McFadden, Daniel（1974）. Conditional logit analysis of qualitative choice behavior.

In Paul Zarembka（Ed.）, *Frontiers in eonometrics*（pp. 105 – 142）. N. Y.：Academic Press.

Salchenberger, Linda M. et al.（1992）. Neural networks：A new tool for predicting thrift failures. *Decision Science*, *23*（4），899 – 916.

Shaw, Ruth G., & Mitchell-Olds, Thomas（1993）. Anova for unbalanced data：An overview. *Ecology*, *74*（6），1638 – 1645.

Sufian, Abu Jafar Mohammad（2005）. Analyzing collinear data by principle component regression approach：An example from developing countries. *Journal of Data Science*, *3*，221 – 232.

Weiss, Robert E.（1995）. The influence of variable selection：A bayesian diagnostic perspective. *Journal of the American Statistical Association*, *90*，619 – 625.

延伸阅读

1. 高斯马可夫定理

   "高斯马可夫定理"主张在简单线性回归模型中，最小平方法的参数估计同时具有不偏性和最小变异，因此是最佳的线性不偏估计。请参考陈彧夏（2001）、**Kennedy**（1998）。

2. 最大概似法的推理依据

   最大概似法的推理依据在 1960 年代曾经有主观和客观几率论之争，两派差异在于：前者主张对立假设的事前分配 $P(H_i)$ 在没有任何资讯下可视为是相等的，后者则否定事前分配的存在，从充分性和条件性的原则来论证。请参考 **Birnbaum**（1962）、**Hald**（1999）。

3. 因果关系的概念

   社会科学家对因果关系的概念有许多不同看法。有些学者从逻辑学上主张因果关系必须满足"经常连结""时序先后性""非虚假关系"三要素；有些学者采取更严格的标准，认为实验操控才能探求因果关系；更甚者，认为社会科学研究只能探求相关性，而无法对因果关系作出主张。请参考 Blalock（1964）、Isaac（1985）。

4. 中央极限定理

"中央极限定理"主张：当 n 个任意分配结果相加之后，若 $n \to \infty$，则此分配曲线愈趋近常态。即不论原来母体分配是否为常态，样本平均数组成之抽样分配接近常态分配。回归分析中针对回归系数的假设检定，就是应用了"中央极限定理"的推理，得到

$$\hat{\beta}_{OLS} \sim N\left(\beta, \frac{e'\,e}{n-k}(X'X)^{-1}\right)$$

请参考林惠玲、陈正仓（2000）、Greene（2007）。

5. 处理多元共线性的进阶方法

有些学者反对剔除资料，主张使用进阶的统计方法来处理多元共线性的问题，包括了脊回归分析法、主成分回归分析法、最大重复分析法及净最小平方法。后两者多用在多个依变项的模型中。请参考 Gunst 与 Mason（1980）、Gujarati 与 Porter（2008）。

第三章
类别依变项的回归模型

一 前言

统计回归模型的使用，在社会科学的研究当中相当重要，它是对行为者的行为与社会现象进行解释或预测的重要工具。一般常见的回归方式，主要是根据依变项属于计量性资料（metric data）或量性资料（quantitative data），以简单回归或多元回归模型来进行解释；由于这是本于自变项与依变项间具有线性关系为基础，以找出特定的线性函数模式，所以又可称为线性回归模型。诚如前面章节的介绍，研究者只要能确认线性回归模型中各变项资料的分布状态是符合线性几率分布的特性，并且估算的残差项吻合独立且具有相同分配（independently identical distributed，IID）的特性，便能借由一般最小平方法（ordinary least square，OLS）有效估算出回归程序各解释变量之影响参数值。此一参数估算的特性，即统计上所谓的最佳的线性不偏估计量（best linear unbiased estimator，BLUE）。

不过从社会科学实际研究的内容来看，依变项属于这种连续性的量化资料的并不常见，反倒是类别变项（categorical variable）较为普遍，其中包括名目及次序尺度的不连续变项都是时常出现的状况。就依变项是类别反应的回归模型而言，倘若研究者执意使用线性回归，不仅无法获得有效的参数估计值，更将产生违反统计法则的问题。从概念上来说，当依变项属于质性的类别资料时，由于各自变项发生几率的加总总和，并不能如前述的线性回归模型般，以对等式的方式将自变项与依变项之平均数连接起来；特别是各自变项类别发生结果的机率，最终的加权总和将可能发生大于 1 或是小于 0 的不合理机率。因此，当我们在处理依变项是类别形态时，除了必须先判断蕴含于这些类别资料发生结果的可能机率分布函数外，更必须找出适当的非线性转换函数，透过此一途径将原本介于 0 与 1 的机率分布，转换为理论上可介于正负无穷大的实数值，并且将转换后的机率与自变项间的加权总和，予以自然的连接。

源于间断样本空间之机率分布与非线性转换函数的回归模型，便是类别资料回归模型设计的基本精神所在，其中英国统计学家 Nelder 与 Wedderburn（1972）提出的广义线性模型（generalized linear models，GLM）可说是建构这类回归模型的基础。透过此一架构，可将非线性函数关系的回归模型，转换为本质近似线性回归模型的方式来进行统计参数的估算。虽然 GLM 模式有效地提供了类别变项的转换方式，但值得注意的是，质性资料的类别反应属性，除包含名目尺度的二分反应及多分反应外，尚有顺序尺度的次序多分（ordered polytomous）以及计次变量（count variable）等不同的属性，这些不同的类别资料所适用的回归模型与统计假设均有所差异，因此研究者在使用时必须先仔细检视数据资料的特性并加以谨慎选择。表 3－1 根据依变项的资料形态，简单归纳了各种适用的回归模型。

表 3－1　依资料形态归纳的回归模型

依变项性质	回归模型
连续（continuous）	线型或非线型回归
二分（binary）	机率单元模型
	胜算对数模型
多分（polytomous）	多项机率单元模型
	多项胜算对数模型*
次序（ordinal）	次序机率单元模型
	次序胜算对数模型
整数（count）	卜瓦松（Poisson）回归

注：可处理多分类别的胜算对数模型有许多种形态，本表先暂时统称为多项胜算对数模型。

本章接下来的内容，将焦点放在处理依变项是类别反应时的几种回归模型上，俾助读者对这些统计模型的内涵与应用方式有进一步的了解。这几种类型的回归模型，除可统称为类别依变项回归模型来理解外，由于它们多半是由计量经济学者发展出来分析行为者的消费选择的，学界也常通称这类模型为离散（或不连续）选择模型（discrete choice models）。本章限于篇幅，仅选取名目及次序两种社会科学最常见的类别资料来做介绍，其中名目尺度的资料包括二分及多分两种形态，第二跟第三节便分别介绍这两种类型资料的基本模型；第四节则是提出多分类别模型经常受制的不相关选项独立性（IIA）假设以及对此因应的检定方式；第五节根据 IIA 的问题，继续整理几种不受此限制的多分类别回归模型；第六节是将焦点放在依变项是次序类别的状况，介绍两种分析次序资料的模型；最后在第七节的总结，介绍几种适合后续分析类别资料时的统计软件及其参考资料。

二 二分类别的回归模型

依变项具有二分类别反应特性的资料，在社会科学领域的研究中相当普遍。例如，选举时民众参与投票与否、某一社会运动的成功或失败、民众就业与否、消费者是否购买某项产品，甚或国际间的战争发生与否等，均是常见的二分类变项研究案例。此时可观察结果属于二分类质性反应，一般会以 0 与 1 来编码这两种类别选项，而这种数据资料可能发生结果的机率分布特性，是属于统计学上的伯努力二项机率分布（Bernoulli probability distribution），而这种数据资料事件发生与否（假设发生的机率 = P；没发生的机率 $= 1 - P$）的机率分布函数为：

$$f(h \mid n, P) = \binom{n}{h} P^h (1 - P)^{n-h} \qquad (3-1)$$

n 代表事件的加总数目，其中包括事件发生（或称成功）的数目为 h，以及事件未发生（或称失败）的数目 $n-h$。由于式（3-1）中之类别依变项发生机率 P 的分布状态是介于 0 与 1 之间（$0 \leqslant P \leqslant 1$），因此当我们进行统计估算程序时，自变项与依变项之间的关系，无法如同一般的连续型资料般是具备有线性关系的基础。若此时使用线性机率回归模型（linear probability model，LPM），以最小平方方法来进行统计参数值的估算，依变项预测值 $\hat{P}$ 之值域会介于 $-\infty$ 与 ∞ 之间，由于该机率估计值可能超出 0 至 1 的单位区间，将使得统计模型失去实证应用上的有效估算能力。

除了会形成没有意义的机率预测值外，二分类依变项使用 LPM 模型的问题还包括：

1. 此时模型的残差项呈现二项式分配而非常态分配，虽然这并非最小平方法求出无偏误估计值的先决条件，但却会影响后续参数的假设检定。

2. 在伯努力二项机率分布下，平均数是 P、变异数是 $P \times (1 - P)$，由于在 LPM 模型下 P 是随不同样本状况产生的机率，所以此时变异数不是固定常数，会产生变异数异质性（heteroscedasticity）的问题。

3. LPM 模型下由于预测机率与实际值在某些状况下会非常迥异，模型的判定系数 R^2 通常会被低估，无法成为可信赖的模型吻合度测量值。

4. 由于 LPM 模型使用线性函数的形式，每单位自变项变化对依变项预测机率所产生的影响为固定常数，这与一般认知自变项的影响会随预测机率接近 0 或 1 时递减显然有异。

由于 LPM 模型带来的诸多问题，当面对依变项是二分类的类别资料时，通常会改采非线性的途径来求取它与解释变量间的关系，其中最为常见的是胜算对数模型与机率单元模型，以下便介绍这两种回归模型的基本内涵。

（一）胜算对数模型

胜算对数模型（logit）早自 1940 年代 Berkerson（1944）便开始提出，此后受到学界广泛的探索与应用。为解决 LPM 模型机率预测值会落在 0 与 1 以外的问题，胜算对数模型的基本内涵便在于透过机率的转换来移除这项限制，并让这项转换函数成为连续型变量，使之与自变项呈现线性关系。胜算对数模型达成这项目标的步骤有两点，第一，透过机率求取胜算比，假设行为者 i 决定去做某件事的机率为 P_i，胜算比是 $P_i / 1 - P_i$，由于当机率等于 1 时胜算比趋近于无限大，借此数值解除了原本机率值的上限（ceiling restriction）；第二，将此胜算比采自然对数（logarithms）的形式，如此则可进一步排除原本机率的下限（floor restriction），这时 $\ln (P_i / 1 - P_i)$ 即称之为 logit 或 log-odds，也就是我们惯称的胜算对数比。

$\ln (P_i / 1 - P_i)$ 可说是胜算对数模型用来确保对依变项估计机率值落于 0 与 1 区间内的转换方式，同时也是连接不同变量间的链接函数。此时将相关自变项与系数向量（vector）$x_i' \beta$ 纳入模型，经与链接函数的结合便可得

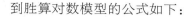

到胜算对数模型的公式如下：

$$\ln\left(\frac{P_i}{1 - P_i}\right) = x_i{'}\beta$$

$$\left(\frac{P_i}{1 - P_i}\right) = \exp(x_i{'}\beta)$$

$$P_i[1 + \exp(x_i{'}\beta)] = \exp(x_i{'}\beta)$$

$$P_i = \frac{\exp(x_i{'}\beta)}{1 + \exp(x_i{'}\beta)} = \frac{1}{1 + \exp(-x_i{'}\beta)} \qquad (3-2)$$

式（3-2）所代表的，是胜算对数模型的逆链接函数，呈现该模型所估算出的事件发生机率 P_i。由此可以得知，即使 $x_i{'}\beta$ 趋近于无穷大，P_i 都在 0 与 1 之间；也就是当 $x_i{'}\beta$ 趋近于 ∞，P_i 趋近于 1，当 $x_i{'}\beta$ 趋近于 $-\infty$，P_i 则趋近于 0。

式（3-2）若用潜在变数（latent variable）的概念来阐述，所呈现的就是对数分配的累积机率分配函数。这种将离散选择视为一个隐藏、潜在连续变量的类别反应以潜在变量的形式来探讨类别资料回归模型者，Greene（2003）称之为指标函数模型，此时式（3-2）的胜算对数模型可视为：

$$\Pr(y_i = 1 \mid x_i) = \Pr(\varepsilon_i \leqslant x_i{'}\beta \mid x_i{'}) = \Lambda(x_i{'}\beta)$$

其中 $\Lambda(.)$ 代表对数分配的累积机率分配函数，这显示胜算对数模型的特性，是透过累积机率将解释变量的实数值转换为机率值，以解决质性依变项在透过线性机率模型进行参数推估时，所产生依变项预测值落于区间外的问题。

在得知选项机率后，接着便是采用最大概似估计法对模型的概似函数（likelihood function）求取极值以校估出各自变项的参数估计值。值得注意的是，由于概似函数的对数会呈现单调递增（monotonically increasing）的形式，在计算上比原始的概似函数方便，一般是取对数概似函数（log likelihood function）来计算。胜算对数模型与下面讨论的机率单元模型一样，概似函数与对数概似函数分别是：

$$L = \prod_{i=1}^{N}[\Pr(y_i = 1)]^{y_i}[1 - \Pr(y_i = 1)]^{1-y_i}$$

$$\ln L = \sum_{i=1}^{N}\{y_i \ln \Pr(y_i = 1) + (1 - y_i)\ln[1 - \Pr(y_i = 1)]\}$$

MLE 估算原理主要是在已知各变量的条件下，透过二次微分或称牛顿法，找出一组 β 与 σ 参数估计值来满足概似函数的极大化。从统计理论来看，透过 MLE 求取极值过程所推估出来的参数值，具渐进有效性、一致性以及渐进常态分配等统计特性。关于各模型极大化概似函数的推演过程有兴趣的读者，可以参考其他进阶教材的讨论。

（二）机率单元模型

机率单元模型（probit）比胜算对数模型更早出现，两模型在概念上颇为相近，可将两者同样视为采累积机率函数来做设定，主要差异仅在于一个是假设常态分配函数，一个则是采对数分配函数的形态。在机率单元模型中，误差项的平均数与变异数之期望值分别是 0 跟 1，呈现所谓的标准常态分布，机率密度函数与累积机率函数分别为：

$$\phi(\varepsilon_i) = \frac{1}{\sqrt{2\pi}}\exp\left(-\frac{\varepsilon_i^2}{2}\right)$$

$$\Phi(\varepsilon_i) = \int_{-\infty}^{\varepsilon} \frac{1}{\sqrt{2\pi}}\exp\left(-\frac{t^2}{2}\right)dt$$

其中 t 是标准常态变量，$t \sim N(0,1)$，此时机率单元模型的预期机率，透过累积机率函数可表示如下：

$$\begin{aligned}\Pr(y_i = 1 \mid x_i) &= \Phi(x_i'\beta) \\ &= \int_{-\infty}^{x_i'\beta} \frac{1}{\sqrt{2\pi}}\exp\left(-\frac{t^2}{2}\right)dt\end{aligned} \qquad (3-3)$$

由式（3-3）可反推机率单元模型中，事件发生机率与自变项间的关系，其结果为：

$$\Phi^{-1}(P_i) = x_i'\beta$$

$\Phi^{-1}(.)$ 代表累积标准常态机率分配的反函数，也就是统计学上所谓的常态等价离差。在机率单元模型中，主要便是透过常态等价离差作为回归方程式中变项转换的链接函数，这也是机率单元模型除 Probit 外，另一个英文名称 Normit 的由来。借由累积标准常态分配函数的转换及反函数的链接，机率单元模型便得以确保对依变项的估计机率值是落于 0 与 1 的区间之内，然后再对自变项做线性回归。由此也可看出，不论是胜算对数或机率单元模型都是透过类别反应的链接函数，使得与自变项间可以产生线性函数的关系，所以两者都属广义线性模型（GLM）的一种类型。

由机率单元模型的内涵来看，其实就是将（一）胜算的模型当中胜算对数模型的对数分配函数换成常态分配函数，显见两者非常相似。根据 Hanushek 与 Jackson（1977）对两种模型分配所做的比较，常态分配近似于自由度无限大的 t 分配，而对数分配则趋近于自由度为 7 的 t 分配；换言之，这两种均属于对称型的分配形态极为类似，只是对数分配在末端会稍微平坦一点。至于实际运用时，机率单元模型与胜算对数模型没有孰优孰劣的问题，究竟哪一种模型较适合哪一类型研究也并无定论，研究者可依自己偏好跟使用的统计软件来做判断。

（三）模型的相关统计指标

在熟悉胜算对数模型与机率单元模型的内涵与特性后，研究者在实际使用这些模型时，接着要参酌一些统计指标来判断估算结果的好坏，并据以对模型内各项参数的影响效果作出适当的解读。由于后续所介绍的多分类别回归模型多半立基于本节模型的基本架构，因此在使用这些进阶模型时，这里介绍的相关统计指标也大多适用，后续便不再赘述。

1. 模型适合度的检测指标

（1）概似比指标

关于类别依变项回归模型的适合度（goodness of fit）指标相当多，这主要是受线性回归判定系数普及的影响，学界相当致力于在类别资料模型中发展出类似的统计值，对此一般通称为 Pseudo R^2（可译为类似判定系数）。在不同学者发展出的各种 Pseudo R^2 中，本节仅介绍 McFadden（1973）所提的概似比指标（likelihood ratio index），这是一般较常见的指标，至于其他学者提出的各类指数，可参酌 Windmeijer（1995）的整理与比较。

概似比指标与一般回归模型判定系数的概念颇为相近，其优点是可以应用到任何采 MLE 估算法的统计模型，以了解常数项以外其他解释变数的强弱，其计算方式如下：

$$\text{Pseudo } R^2 = 1 - \frac{\ln \hat{L}_{\hat{\beta}}}{\ln \hat{L}_0}$$

其中 $\ln \hat{L}_\beta$ 是依所设定模型估算结果的完整对数概似函数，$\ln \hat{L}_0$ 则是等占有率（equal share）模型，也就是假设模型中所有 β 系数均为 0 时的对数概似函数。由于 $\ln \hat{L}_0$ 会比 $\ln \hat{L}_\beta$ 来得大，因此据此计算出的概似比指标会介于 0 与 1 之间。不过概似比指标与线性模型的判定系数有着同样的问题，也就是当新变量加入时数值会随之增加，所以 Ben-Akiva 与 Lerman（1985）建议如调整判定系数（adjustedR^2）的方式一样，以系数参数的数目 K 对概似比指标进行一些调整。透过下列的调整公式，唯有新增的变数参数让 $\ln \hat{L}_\beta$ 增加超过 1，概似比指标才会继续增加，此时的公式调整如下：

$$adjusted\ LRI = 1 - \frac{\ln \hat{L}_\beta - K}{\ln \hat{L}_0}$$

在诠释方面，无论是原始的概似比指标或调整后的概似比指标，当指标的值愈接近 1 时，代表所设定模型的解释能力愈高，也就是研究者所设定的模型架构可以适切地反应经验数据资料；反观，当指标愈接近于 0 代表模型的解释力愈差，此时模型架构的设定可能有所不足甚或错误，研究者必须回头设法改善。至于实务上指标究竟要多高尚无定见，不过根据 McFadden（1973）自己的说法，指数若达 0.2 到 0.4 之间算是具有相当不错的解释能力，此时的统计模型已具参考价值。

（2）概似比检定

概似比检定（likelihood ratio test）主要是用来观察设定的统计模型中，所有自变项是否均未具显著影响效果，也就是检定模型中所有斜率系数均为零的虚无假设，与线性回归中的 F 检定作用相似。概似比统计检定量可表示为：

$$LR = -2\left[\ln \hat{L}_R - \ln \hat{L}_U\right]$$

其中 $\ln \hat{L}_R$ 与 $\ln \hat{L}_U$ 分别代表受限跟非受限的对数概似函数；非受限意指设定模型估算结果的完整函数，也就是概似比指标中的 $\ln \hat{L}_\beta$；受限概似函数则是依虚无假设而定，当要检测所有斜率系数是否同时不具作用时，$\ln \hat{L}_R$ 便等同于上述的 $\ln \hat{L}_0$。

进一步针对概似比统计量进行检定，须知其分布趋近于卡方（χ^2）分配，自由度则为受限的参数数目。当检定统计量大于显著水准 $\alpha\%$ 的卡方临界值时，便代表检测值是落于拒绝域内，此时我们便有 $(1-\alpha)\%$ 的信心拒斥虚无假设，说明所估算的模型是较虚无假说的比较模式为佳；反观若检测值落在信赖区间内，代表研究者所设定的模型不能拒绝虚无假设的陈述，此时整体模型的架构会遭到质疑。

（3）成功预测率

成功预测率（overall percent correct）是另外一种可以判断类别资料模型适合度的指标，又可称之为 count R^2（可译为计数判定系数），简单来说就是计算观察值跟统计预测值一致的比例，是一种可以观察模型成功预测样本发生事件的指标。首先，先运用所谓的最大机率法则（maximum probability rule），将每个样本的数值代入回归模型中，如果得到大于或等于 0.5 的发生机率，那么便代表模型预期该事件发生，反之小于 0.5 则没发生。根据此一法则，在二分类别依变量模型中，便可推算出整体样本被统计模型成功预测的数目，如表 3-2 所示。

表 3-2 二分类别依变量模型预测结果表

实际结果(y)	预测结果($\hat{y}$)		总 数
	1	0	
1	n_{11}	n_{12}	n_{1+}
0	n_{21}	n_{22}	n_{2+}
总 数	n_{+1}	n_{+2}	N

表中的 n_{11} 与 n_{22} 代表模型成功预期的样本数，n_{21} 与 n_{12} 则是模型错误预期的样本数，所以成功预测率的公式为：

$$\text{count } R^2 = \frac{n_{11} + n_{22}}{n_{11} + n_{12} + n_{21} + n_{22}} = \frac{1}{N} \sum_j n_{jj}$$

2. 模型个别系数的检定

前述的指标主要是针对整个模型所做的检定，在模型通过检测后，接下来便是分别对各个系数做假设检定，以观察各自变项是否具显著影响效果。如前所述，MLE 的参数值具有渐进常态分配的统计特性，随着样本数的增加，MLE 的统计分配会愈趋近于常态分配；也因此，使用 MLE 的类别资料模型系数所采的检定方式，类似线性回归模型中的 t 检定，可称为准 t 检定

（quasi t test）或渐进 t 检定（asymptotic t test）方法。当要检定系数 $\hat{\beta}_s$ 为 0 的无效假设时，统计检定量如下：

$$t = \frac{\hat{\beta}_s - 0}{\text{SE}(\hat{\beta}_s)}$$

除了 t 检定外，另一个常用的检定系数方式是沃尔德检定（Wald test），在做单一系数检定时，沃尔德统计检测量就是 t 统计检定量的平方，分布是呈现卡方分配。以前面检定 $\hat{\beta}_s$ 是否为 0 为例，沃尔德统计检定量为：

$$W = \left(\frac{\hat{\beta}_s - 0}{\text{SE}(\hat{\beta}_s)}\right)^2$$

除了可以检定单一系数外，沃尔德检定相对于 t 检定的优势，是它可以应用在较复杂研究假设之上。例如，若要检测两个（或数个）自变项的作用时，假设这两个（或数个）回归系数同时为 0，此时沃尔德统计检定量为：

$$W = \sum_{s=1}^{2} \left(\frac{\hat{\beta}_s}{\text{SE}(\hat{\beta}_s)}\right)^2$$

另外一个常见的研究假设是两个（或数个）自变项的影响力相当，也就是想知道两个系数值是否相等时，此时的沃尔德统计检定量如下：

$$W = \frac{(\hat{\beta}_{s1} - \hat{\beta}_{s2})^2}{\text{VAR}(\hat{\beta}_{s1}) + \text{VAR}(\hat{\beta}_{s2}) - 2\,\text{COV}(\hat{\beta}_{s1}, \hat{\beta}_{s2})}$$

3. 模型系数的意义

在对模型与系数进行过检定后，接着便是对系数值 β 进行诠释。但不论是胜算对数或是机率单元模型，类别反应的事件机率 P_i 与自变项间都是呈现非线性的关系，所以模型系数的诠释方式也与线性回归不同。简单来说，我们不能如同线性回归时般，说在其他条件不变的情况下，自变项增加（或减少）一单位，事件机率增加（或减少）β 单位。由于在胜算对数与机率单位模型中，β 分别代表的是胜算对数 [即 $\ln(P_i/1 - P_i)$] 与常态等价离差 [即 $\Phi^{-1}(P_i)$] 的变动，因此两模型的 β 系数所代表的影响值在诠释上的意义都不大；若要观察自变项单位变动的边际效果，两个模型都需要改由事件机率对自变项做偏微分来取得。

如前所述，胜算对数跟机率单元模型的机率其实就是累积机率函数，其

形式可以用一般化表示为：

$$\Pr(y_i = 1 \mid x_i) = F(x_i'\beta) \qquad (3-4)$$

其中 F（.）在胜算对数模型中代表对数分配的累积机率函数 Λ（.），在机率单元模型则是常态分配的累积机率函数 Φ（.）；若想知道事件预期机率相对于特定自变项 x_s 的改变，便可将式（3-4）与之偏微分，其结果为：

$$P_i = \frac{\partial \Pr(y_i = 1 \mid x_i)}{\partial x_s} = \frac{\partial F(x_i'\beta)}{\partial x_s} = \left\{ \frac{\mathrm{d}F(x_i'\beta)}{\mathrm{d}(x_i'\beta)} \right\}\beta_s = f(x_i'\beta)\beta_s \qquad (3-5)$$

其中 f（.）代表机率密度函数，带入胜算对数模型可得：

$$\frac{\partial \Pr(y_i = 1 \mid x_i)}{\partial x_s} = \phi(x_i'\beta)\beta_s = \frac{\exp(x_i'\beta)}{[1 + \exp(x_i'\beta)]^2}\beta_s = P_i(1 - P_i)\beta_s \qquad (3-6)$$

式（3-5）换成机率单元模型则是：

$$\frac{\partial \Pr(y_i = 1 \mid x_i)}{\partial x_s} = \phi(x_i'\beta)\beta_s \qquad (3-7)$$

从式（3-6）与式（3-7）的结果可以观察到事件机率偏微分后的两项特点，其一，特定 x_s 对机率所造成的边际效果除了与本身系数 β_s 有关外，由于牵涉机率密度函数，其他自变项的值与系数也都会受影响，所以自变项对机率产生的作用无法如线性回归般一目了然；其次，也是更重要的，胜算对数跟机率单元模型借此修正了 LPM 模型最为人诟病的问题，也就是让自变项对事件机率的影响非固定不变，而是当机率密度函数愈大时（也就是愈接近最大值 0.5 时），自变项影响的边际效果愈强。

（四）小结

本节主要是介绍分析二分类别依变项时，最常见的胜算对数跟机率单元两种模型；需要留意的是，由于它们专门用来处理名目资料是两分类的状况，为有别于其他多分类别时所采的模型，在原文上除了 Logit/Probit 外，也有人习惯称为 Binary Logit/Probit 或 Binomial Logit/Probit，这些都跟本节所介绍的相同。另外，胜算对数跟机率单元两模型分别采用的对数分配及常态分配，均是呈现对称的分布形态，加上转换后的链接函数均与变项属性呈现线性关系，所以两者估算结果非常接近。但若要直接比较两者系数，需了解标准化下两种分配形式的变异数并不一致，除非纳入变异数差异否则系数无法直接比较。不过根据 Amemiya（1981）的分析，Logit 系数乘以 0.625 会趋近于 Probit 所估出的系数，也就是当以相同架构估算同组资料时，$\hat{\beta}_{\text{Probit}} \cong 0.625\hat{\beta}_{\text{Logit}}$。

最后值得一提的是，除了上述这两种模型可以处理二分类别变量外，还有其他放宽对称分布形态的模型可供选择，像双对数模型（log log model 或 weibull model）、互补双对数模型（complementary log log model）等均属之。在双对数模型下的预期机率是：

$$Pr(y_i = 1) = \exp\left[-\exp(x_i'\beta)\right]$$

而在互补双对数模型时则是：

$$Pr(y_i = 1) = 1 - \exp\left[-\exp(x_i'\beta)\right]$$

不过这些统计模型在社会科学领域的实际运用较少，有兴趣读者可参考 Agresti（2002）、McCullagh 与 Nelder（1989）等研究的说明。

三　多分类别模型

上一节介绍的胜算对数及机率单元两个基本模型，都是立基于依变项是属于二分类别资料所建构出来的分析方法。但在一般日常生活中，行为者所面临的离散选项的类别属性，常是包括三个或以上的多分类反应。例如，选举时选民对于不同政党（或候选人）的抉择、消费者购物时对于不同品牌产品的选择、民众对于不同职业的抉择，甚或是平常所选择的交通运输工具等，均具有多重类别的选项属性。本章接下来，便开始介绍当研究者在处理的资料具有这类性质时，如何仰仗其他的回归模型来加以分析。

在不同多分类别的模型当中，最基本就属始于 Theil（1969，1970）提出的多项胜算对数模型（multinomial logit）。多项胜算对数模型在社会科学领域的使用相当广泛，加上后续许多进阶模型皆以此作为基础，所以它可视为各种多分类别模型的基本模型。本节除详细说明它的内涵外，也将介绍 McFadden（1973）据此进一步发展出的条件式胜算对数模型。两者差异主要是在处理的自变项形态有所不同，但对计算选项机率所假设的残差分布则完全一致，所以也有学者将两模型一同视为广义的多项胜算对数模型。

参考方块 3－1

Daniel McFadden 是美国著名计量经济学家，1937 年 7 月 29 日出生于美国北卡罗来纳州的罗利市（Raleigh，NC），1956 年毕业于明尼苏达大学物理系，1962 年获该校经济学博士学位。曾任教于麻省理工学院、耶鲁大学、加州大学柏克莱分校等学校，现任职加州大学柏克莱分校经济学系讲座教授和计量经济实验室主任。由于他在离散选择模型原理和方法上的重大贡献，2000 年时与另一学者 James Heckman 同时荣获诺贝尔经济学奖的殊荣。

McFadden 对计量方法的贡献，主要是拓展计量经济学在个体经济理论上的应用。早期计量经济学受凯恩斯学派与新古典经济学派论战的影响，焦点多放在总体经济问题之上，以探讨国民经济为主体的经济行为。近代随着个体统计数据愈来愈丰富，个人、家庭或厂商等个体经济决策及其影响因素，重获计量经济学界的关注，而 McFadden 发展用以分析个体行为的理论和方法，便是现代个体计量经济学领域中最为重要的一环。

在许多离散选择模型的发展上，McFadden 最为人熟知的贡献是他所提出的条件式胜算对数模型，用以分析依附选择（choice specific）变数的影响。此外，为改善离散选择模型面临的不相关选项独立性（IIA）假设，他也与一些学者分别建构出巢状胜算对数模型（nested logit）、混合多项胜算对数模型（mixed logit）等更进阶的分析模式，近年来这些模型已在交通运输、住宅选择等研究领域广受肯定与运用。除了实际的统计模型外，McFadden 容易让人忽略但同样重要的贡献，是将这些离散选择模型与原本个体经济的概念连结起来。在此之前，个体选择所进行的实证研究尚缺乏经济理论的支持，McFadden 回归到个体经济理论的基本假设，以个体选择某一特定选项方案是力求效用的最大化为准，提出效用函数中的随机变化来开发跟阐述这些离散选择模型，此一模式现已成为多元选项模型分析架构的主流。

（一）多项胜算对数模型

根据 Long（1997）的归纳，理解多项胜算对数模型（Multinomial Logit，MNL）的方式有很多种，包括机率模式、胜算模式及离散选择模式等多种途径。其中，由 McFadden（1973）提出的离散选择模式，是以经济学中个体选择效用极大化为基础，由于 McFadden 将 MNL 模型进一步发展成接下来要介绍的多种类别资料模型，本文接着便以他的效用极大化模式切入各个模型架构。

根据 McFadden 的看法，个体行为者对于各种可替代选项方案的决策模式，会以所能获得的效用作为参考基准；也就是当一个理性的行为者面临有许多种可供选择的方案时，他（她）会综合考虑个人偏好、各种选项方案特性以及社会经济特性等因素，并且在比较各种方案的效用之后，选择可以让其达到效用最大化（utility maximization）的选择方案。依据这样的概念，行为者 i 选择替代方案 j 的效用函数 U_{ij}，可表示如下：

$$U_{ij} = V_{ij} + \varepsilon_{ij}$$

式中显示，选项方案 j 所能带给行为者 i 的效用 U_{ij} 包含两个成分，一个是 V_{ij}，代表效用中可以衡量的部分，另一个要素 ε_{ij} 则是效用的随机误差项，当中包括不可观察到的效用、可观察到效用的衡量误差、函数指定误差、抽样误差或变数选定误差等不可控制的因素。

MNL 模型下行为者的选择机率，便是从各方案的效用函数而来。当行为者 i 面临所有的选项集合 j 时，行为者 i 选择方案 j 的机率 P_{ij}，取决于选择该项方案所带来效用的多寡。以不同可替代选项方案中 j 与 k 两选项来看，两者之间谁给行为者的效用愈大，行为者选择该方案的机率就愈大，此一概念的数学形式表示如下：

$$
\begin{aligned}
P_{ij} = \Pr(U_{ij} > U_{ik}) &= \Pr(V_{ij} + \varepsilon_{ij} > V_{ik} + \varepsilon_{ik}) \\
&= \Pr(\varepsilon_{ij} - \varepsilon_{ik} < V_{ij} - V_{ik}) \quad \forall j, k \in J, \quad j \neq k
\end{aligned}
\tag{3-8}
$$

如同其他类别资料的回归模型一样，MNL 模型接下来需根据对误差项分配做出假定来进行机率估算；McFadden（1973）对此证明出要推导出合理的 MNL 结果，效用函数的随机误差项 ε_{ij} 需是第一型极端值分配（type I extreme value distribution），也可称之为 Gumbel 分配或双指数分配（double exponential distribution)。在标准第一型极端值分配状况下，平均数是常数 Euler-mascheroni constant（趋近 0.58），众数是 0，标准差是 $\pi/\sqrt{6}$，误差项的机率密度函数与累积机是率密度函数分别为：

$$f(\varepsilon_{ij}) = \exp(-\varepsilon_{ij}) \cdot \exp\left[-\exp(-\varepsilon_{ij})\right]$$
$$F(\varepsilon_{ij}) = \exp\left[-\exp(-\varepsilon_{ij})\right]$$

在确认效用误差项呈现第一型极端值分配形态后，便可据此回到式（3－8）中以 ε_{ij} 与 ε_{ik} 的累积密度函数计算出行为者 i 选择方案 j 的机率，详细演算过程可参考 McFadden（1981）、Hausman 与 McFadden（1984）、Ben-Akiva 与 Lerman（1985）等的介绍，从结果来看其机率为：

$$P_{ij} = \frac{\exp(V_{ij})}{\sum_{j=1}^{J} \exp(V_{ij})} \tag{3－9}$$

假设可衡量的效用 V_{ij} 与行为者个人属性的自变项具线性关系，此时观察到的效用函数为：

$$V_{ij} = x_i{}'\beta_j$$

将之置入式（3－9）便可求知一般熟悉的 MNL 模型估算机率：

$$P_{ij} = \Pr(y_i = j \mid x_i) = \frac{\exp(x_i{}'\beta_j)}{\sum_{j=1}^{J} \exp(x_i{}'\beta_j)} \tag{3－10}$$

需要注意的是，式（3－10）所推估出的机率有参数无法辨识（identification）的问题，也就是若将原先的参数 β_j 换成另一数值带入原式中，会得出同样的机率估计值。为解决这项辨识问题，最常使用的方式是研究者选定其中一组选项为基准，将参数估计值限制为 0，假设选项一（$j=1$）是基准选项，此时设定 $\beta_1 = 0$，式（3－10）可改成完整版的：

$$\Pr(y_i = 1 \mid x_i) = \frac{1}{1 + \sum_{j=2}^{J} \exp(x_i{}'\beta_j)}$$
$$\Pr(y_i = j \mid x_i) = \frac{\exp(x_i{}'\beta_j)}{1 + \sum_{j=2}^{J} \exp(x_i{}'\beta_j)}, \quad j > 1 \tag{3－11}$$

得知各选项的机率后，接着便是以最大概似法来找出各项参数，在多元选项模型中，求取最大化的对数概似函数为：

$$\ln L = \sum_{i=1}^{N} \sum_{j=0}^{J} d_{ij} \ln \Pr(y_i = j) \qquad (3-12)$$

其中 d_{ij} 为一个标示变项（indicator variable），当选项方案 j 被行为者 i 选到时它为 1，其他情况则是 0，也就是 $y = j$ 时 d_{ij} 为 1，除此之外 d_{ij} 都是 0。此一对数概似函数的设定在多分类别模型的求解过程中多半相同，后文不再赘述。

最后是关于资料呈现的方式，上面虽已推算出模型中各选项的机率，但在呈现分析结果时，仍与一般回归一样是以自变项系数 β 为主要对象。承式（3 - 11）以选项一为基准选项，将两式相除并取对数后可得：

$$\ln \left(\frac{\Pr(y_i = j)}{\Pr(y_i = 1)} \right) = x_i' \beta_i \qquad (3-13)$$

由式（3 - 13）可知 MNL 模型中的系数，主要是衡量某一个选项方案相对于对照基准选项机率的对比，所以结果会是各自变项最终会出现（$j - 1$）组选项的系数估计值。此外值得一提的是，若选项方案仅有两个时，也就是 $j = 2$ 时，因为 $\Pr(y_i = 1) = 1 - \Pr(y_i = 2)$，此时 MNL 模型与两分类的 Binary Logit 结果完全一致，换言之，Binary Logit 可以看做 MNL 模型下的一种特例。

（二）条件胜算对数模型

MNL 模型虽是处理依变项具多元类别属性最常见的模式，但在使用上有许多限制，本节首先讨论它在处理自变项上的条件以及 McFadden 依 MNL 架构所发展出的条件式胜算对数模型（Conditional Logit，CLGT）；另一个对使用 MNL 模型较为严苛的限制，即所谓不相关选项独立性的假设，则会在下节做介绍，而第五节便继续介绍不受该假设限制的其他多元类别回归模型。

要了解 CLGT 模型需从自变项的不同特性说起，一般我们所处理的自变项虽可能影响依变项的变化，但另一方面它并不受该行为者最终选择方案的影响，也就是它独立于行为者的最终决定，这类型的变量可称为个人专属变项（individual specific variable）。但经济学家在做交通运输研究时发现，许多自变项的选取是依附在行为者的选项之上；举例来说，假设我们要调查台北上班族选取交通工具的原因，每位受访者有搭捷运、坐公交车跟开汽车等三种选项。由于通勤时间的长短常是决定上班族最终决定采用哪种交通工具的主因，所以除了询问受访者的交通工具选项外，同时也需搜集每位受访者采取三种不同工具所花的通勤时间，只是最终选定的时间变量会取决于该受访者的交通选项而定。像交通工具耗时多寡这类自变项便称之为依附选择变项（choice specific variable），与一般个别专属变项的意义截然不同，而且这是在多元类别资料分析中所独见的状况。

为了克服 MNL 模型无法分析自变项具依附选择属性的问题，McFadden 在 MNL 架构上提出 CLGT 模型来配合这类型变量的分析。理解 CLGT 模型估算的方式，从可衡量效用函数的设定观之，若自变项具有选项属性时，表示会受选项 j 的影响而改变，原先的 x_i 便不足以代表，此时可衡量效用 V_{ij} 与依附选项自变量间的线性关系变为：

$$V_{ij} = z_i{}'_j \alpha$$

其中自变项 z_{ij} 为行为者 i 选择第 j 个选项属性的向量，α 则为衡量变量影响效果的参数向量。将上述效用函数带回式（3-9），便可得到 CLGT 模型中行为者选择某一选项方案的预期机率为：

$$P_{ij} = \Pr(y_i = j \mid z_{ij}) = \frac{\exp(z_i{}'_j \alpha)}{\displaystyle\sum_{j=1}^{j} \exp(z_i{}'_j \alpha)} \qquad (3-14)$$

CLGT 与 MNL 两模型不仅对选项的机率估计值非常类似，两者对误差项分配的假设也一样，同样是呈现独立且相同分配（independent and identical distribution，IID）的第一型极端值分配，并据此以其累积机率密度函数来计算其选项机率。除此之外，两个模型采最大概似法所用的概似函数亦同，如式（3-12）所示。不过两者的估算结果有截然不同的表现方式，MNL 模型的 β_j 系数基本上是依据不同选项方案所估算而来，会依每个 j 选项的结果估计出一组参数估计值；与 MNL 模型估算的结果相较，CLGT 模型最

大的特色是 z_{ij} 代表依附在行为者所选方案为准之效用变项，无论最后选择的替代方案结果为何，也不论可供行为者选择的方案究竟有多少，这类型的自变项仅会估计出一组 α 系数，以代表某一自变项在各选项间的共同效用。

  表 3 – 3 引用王鼎铭（2003）对 2001 年"立委"选举选民投票行为所做的分析，来做说明 CLGT 模型估算系数的特性。就每位选民而言，该届选举他（她）可以投票的选项包括国民党、民进党、亲民党及台联等四个主要政党参选者，也就是 y_i 有四种选项类别，多元类别资料的形态相当清楚。在自变项上，则是仅考虑选民"统独"、环保、社福、改革等四项政策偏好对投票的影响，每项政策再依投票的空间理论（spatial theory）与方向理论（direction theory）区分出选民与四个政党的距离（distance）与乘积（product）。由于空间与方向理论是假定选民在选择任何一个政党时，会依该党政策理念所造成的效用来判断政策偏好与立场，因此具有上述依附选择的属性。换句话说，即使选民确有评估各个政党所带给他（她）的政策效用，但最后政策变数的选取是以他（她）最后投票的对象而定。从结果来看，无论是国、民、亲、台联哪几个政党选项相较，每项政策仅出现一个 α 估计值，代表该政策的影响也只有一个（注意表 3 – 3 中距离与乘积是依不同理论所设定的不同政策变项）。

表 3 – 3 2001 年"立委"选举的投票行为分析

	条件式胜算对数模型	
	α	SE(α)
"统独"距离	– 0.042	(0.008)**
"统独"乘积	0.040	(0.007)**
环保距离	– 0.020	(0.010)
环保乘积	– 0.000	(0.009)
社福距离	0.016	(0.013)
社福乘积	0.035	(0.009)**
改革距离	0.009	(0.010)
改革乘积	0.015	(0.006)*
LR $\chi2$	302.43	
P – 值 > $\chi2$	0.00	
Pseudo R^2	0.18	

注：括号内为标准差，* $P < 0.05$；** $P < 0.01$。

不过在多数社会科学的研究架构下，单纯采用依附选择变项的例子毕竟不多。例如刚才举台北上班族选交通工具的例子，除了工具 的耗时因素外，可能还要同时考虑行为者的所得（假设有钱人不喜欢搭大众交通工具）、性别（假设男性较偏好开车）等因素，此时的控制变项便同时包含依附选择与个人专属这两种属性的自变项。若遇到这种状况，单纯地使用 CLGT 模型并无法满足，而是需要一个可以同时纳入两种变项类型的统计架构，这除了可视为一种广义的 CLGT 模型外，由于在特性上是整合了 MNL 与 CLGT 两种模型，也可视为离散选择模型中的混合模型（mixed model）（Greene，2003），此时预期机率的公式如下：

$$P_{ij} = \mathrm{Pr}(\, y_i = j \mid x_i, z_{ij}) = \frac{\exp(x'_i \beta_j) + \exp(z'_j \alpha)}{\sum_{j=1}^{J} \exp(x'_i \beta_j) + \sum_{j=1}^{J} \exp(z'_i \alpha)}$$

从此一混合模型的机率公式可看出，最大的特色便是同时纳入依附选择变项 z 与个人专属变项 x 两种类型，并将不同性质的系数同时呈现出来。换言之，除了 CLGT 模型所计算出的 α 系数外，也会如 MNL 模型依每个 j 选择的结果，估计出一组 β 估计值。

为清楚表示这种混合模型的特质，我们再回到前面举的投票行为例子来看。除空间理论所提供的研究假设与变项架构吻合依附选项特性外，其他投票学说与理论也需一并考虑。例如，选民政党倾向、省籍等因素，便是在台湾选举文献常见影响投票行为的控制变量，而这类变量毫无疑问的均属个人专属变项。表 3 - 4 为王鼎铭（2003）研究中的另一个分析结果，除前述的政策偏好外，再增加选民政党倾向、性别、年龄、教育程度、所得水准及省籍等六种个人专属变项，此一模式即为 MNL 与 CLGT 两种模型混合测量的结果。

（三）小结

由于 MNL 模型的计算单纯并且容易理解，因此在各学术领域的应用相当广泛。以政治学领域的选举研究为例，由于单计不可让渡选制的施行，"国会"及地方议会选举经常出现许多参选人竞逐复数席次的席位，因此在实证分析选民投票选择参选人（或政党）这一课题上，MNL 模型可说

表 3 – 4　台湾选民投票行为分析（2001 年"立委"选举）

	混合模型	
	α	SE(α)
"统独"议题距离	– 0.015	(0.010)
"统独"议题向量	0.008	(0.004) *
经济环保距离	– 0.013	(0.012)
经济环保向量	– 0.004	(0.005)
社会福利距离	– 0.004	(0.015)
社会福利向量	0.007	(0.005)
改革安定距离	– 0.006	(0.012)
改革安定向量	0.004	(0.004)

	国民党/民进党		亲民党/民进党		台联/民进党	
	β	SE(β)	β	SE(β)	β	SE(β)
国民党认同	1.665	(0.438) **	0.827	(0.542)	0.445	(0.772)
民进党认同	– 1.723	(0.312) **	– 2.587	(0.568) **	– 2.027	(0.461) **
亲民党认同	0.364	(0.415)	1.690	(0.460) **	– 1.900	(1.109)
男性	– 0.217	(0.255)	– 0.289	(0.324)	– 0.040	(0.419)
所得	– 0.023	(0.047)	0.031	(0.061)	0.117	(0.080)
教育	0.060	(0.061)	0.109	(0.082)	– 0.005	(0.106)
年龄	0.007	(0.011)	0.012	(0.014)	– 0.016	(0.019)
外省	0.288	(0.466)	0.640	(0.491)	0.128	(0.880)

LR $\chi^2 = 461.33$

P – 值 $> \chi^2 = 0.00$

Pseudo $R^2 = 0.33$

注：括号内为标准差，$^* P < 0.05$；$^{**} P < 0.01$。

是相关研究探索时的重要工具。至于 CLGT 模型的实证运用，受限于理论架构需符合变量的设定，一般常见于经济学从事交通运输的研究。在选举研究领域除了本节提到的空间投票理论是一重要实例外，社会心理学派提出会影响投票行为的政党认同（party identification），虽长期被认定是属于个人特性的变项，但也有像 Merrill 与 Grofman（1999）等学者提出它具有依附选择的性质，应该改用 CLGT 模型来分析该变项。

最后要强调的是，MNL 与 CLGT 模型除了处理的自变项的形态有所不同外，两者对计算选项机率所假设的残差分布完全一致，模型因残差分布所受的限制也一样，广义来说并无差别，所以本章后续将两模型视为一般的多项胜算对数模型，以区别于其他采不同残差分布的多分类别回归模型。

参考方块 3－2

  源自 Downs（1957）的空间投票理论（spatial theory of voting）主张选民是理性的，以其效用的最大化决定投票取向，而选民的效用与候选人的政策距离呈现渐降关系，也就是双方立场距离愈近，选民效用愈大，所以选民会在众多候选人中选择与他的政策理念最接近的人选。由于Downs 的空间理论是假设效用偏好与政策距离的远近相关，所以又可称为趋近理论（proximity theory）。另外由 Rabinowitz 与 MacDonald（1989）提出的另一种空间模型，称为方向理论（direction theory），虽仍维持着传统空间理论的理性假设，却不认为理性的选民会依照与候选人政策距离的远近，来做效用的评估或投票的准则。方向论者认为选民无法完全辨别自己或候选人政策的确切位置，多数的选民仅能就候选人相对位置进行分析，所以候选人的政策只要不超出可接受的范围，候选人政见的方向与强度，才是决定选民是否投票给他/她的关键。

  在实际检测两种理性投票理论上，许多学者提出可供验证的整合架构，这里以 Lewis 与 King（2000）模型的简化版本为例，选民的效用函数可设定为：

$$U_{ij} = \sum_{k=1}^{K} \beta_{1k}(v_{ik}^2 + c_{ijk}^2) + \sum_{k=1}^{K} \beta_{2k}(2 \cdot v_{ik} \cdot c_{ijk}) + \varepsilon_{ij}$$

其中 i 代表各个选民，j 是不同的政党选项，k 则是代表不同的政策议题。v_{ik} 是选民 i 对议题 k 的政策偏好位置，c_{ijk} 则是选民 i 所知的政党 j 对于 k 议题的立场或政见。$v_{ik}^2 + c_{ijk}^2$ 为政策的距离变项（length variable），测量选民与政党对政策议题偏好的远近，以观察趋近理论的效度；$2 \cdot v_{ik} \cdot c_{ijk}$ 则为政策的数量乘积（scalar product），用来测量选民与政党之间有关政策议题方向的强弱。当某项政策 k 的影响要满足趋近理论的假设时，政策差距愈小愈好，所以最重要的是 $\beta_{1k} < 0$；而要是如方向理论所预期的话，乘积变项则是要愈强愈佳，此时政策的系数是期待 $\beta_{2k} > 0$。

> 从空间理论的分析架构可知，无论是距离变项抑或数量乘积，均是以选民所选政党政策理念所造成的效用来判断的，也就是选民评估的政策是依所支持政党带来的效用而定，所以对空间理论而言政策议题的影响方式是属于依附选择变项。也因此，多数空间投票论者认为在此一理论的架构下，不应以一般的多项胜算对数模型来执行。

四　不相关选项独立性

不论是 MNL 或 CLGT 模型，都需满足一项重要条件，即各选项间的关系必须是不相关的，而且是独立的替代选项，也就是供行为者选择的各选项必须符合所谓的不相关选项独立性，否则会有参数估计不一致的问题。IIA 所带来的估算问题，近来广受学界瞩目，并引发对相关模型进一步的探索与应用。

IIA 的概念简单来看，是假定行为者的选择或偏好，并不会因其他替代选项的加入或退出而改变（王鼎铭，2003：189）。MNL 与 CLGT 受限于此一条件可从两模型估算出机率的胜算比窥知。透过上一节 MNL 与 CLGT 模型机率的估算式，可以换算出两模型中选择 m 和 n 两选项机率相除的胜算比分别是：

$$\frac{P_{im}}{P_{in}} = \frac{\exp(x_i'\beta_m) \big/ \sum_{j=1}^{J} \exp(x_i'\beta_j)}{\exp(x_i'\beta_n) \big/ \sum_{j=1}^{J} \exp(x_i'\beta_j)} = \exp[x_i'(\beta_m - \beta_n)]$$

$$\frac{P_{im}}{P_{in}} = \frac{\exp(z_m'\alpha) \big/ \sum_{j=1}^{J} (z_{ij}'\alpha)}{\exp(z_n'\alpha) \big/ \sum_{j=1}^{J} \exp(z_{ij}'\alpha)} = \exp[(z_m' - z_n')\alpha]$$

很明显的，MNL 与 CLGT 模型的胜算比结果显示出行为者选择 m 和 n 两选项方案的机率，与他们对其他可替代的选项方案的参数完全无关。此一现象代表即使有另外新的选项加入，或有旧的选项退出，选择 m 跟 n 两方案的机率仅会等比例的改变，对此 Train（2003）便将 IIA 的这种特性称为等比替换（proportional substitution）。

针对 MNL 模型所形成的 IIA 限制，McFadden 认为 IIA 所造成的偏误源自研究对象，在同质群体中 IIA 特性是成立的，但在异质群体中此特性则不会成立，是以 IIA 是否被违反，并不是来自选项本身，而是来自模型设定与分析对象的问题。也因如此，McFadden 建议研究者在使用 MNL 模型前，需确定选项类别彼此具清楚的差异性，而且对行为者而言这些类别也确实是相互独立的。

除了对选项内涵要有先验的认知外，针对 IIA 的限制，使用 MNL 模型还应搭配后续的检测。在不同检验 IIA 的方法中，首推 Hausman 与 McFadden（1984）提出的郝斯曼检定。此一检定的内涵并不复杂，其主旨在认定如果某一选项确实与其他选择结果无关，则排除该选项后对原参数的估算结果便不会造成系统性的改变。郝斯曼检定统计检定值的形式可表示如下：

$$HM = (\hat{\beta}_R - \hat{\beta}_F)'(\hat{V}_R - \hat{V}_F)^{-1}(\hat{\beta}_R - \hat{\beta}_F)$$

其中 R 代表删除某些选项方案组合后的受限制资料，F 代表完整选项组合的全部资料；$\hat{\beta}_R$、$\hat{\beta}_F$ 分别代表 R 与 F 选项方案估计值的向量，$\hat{V}_R$、$\hat{V}_F$ 则是 R 与 F 选项方案集合的共变异矩阵。此一检定值趋近于卡方分布，自由度是共变异矩阵相减后的秩（rank）。由于郝斯曼检定的虚无假设是不同选项资料的系数结果一致，其结果与一般检定的理解不同，统计值须呈现不显著的结果方能符合 IIA 的性质，万一检定值达显著水准反而显示该模型违反 IIA 假设。

郝斯曼检定的检定效力强且计算简单，因此在相关研究中的应用相当广泛。不过由于郝斯曼检定的检定值包含了两个相近共变异矩阵相减的反函数，不仅数值极为敏感，也可能会有负数的情况。对此，Small 与 Hsiao（1985）提出另一种常见于检定 IIA 的方式，通称为 Small-Hsiao Test。此一检定是根据前述的概似比检定为基础，延伸发展出的一种进阶的检测法，简单来说是依据所有选项集合与受限制选项集合所估算出的最大概似值，以两者的差异来判别模型的参数估算值是否违背 IIA 假设。详细的设定与检定值公式，可参考 Small 与 Hsiao（1985）、Zhang 与 Hoffman（1993）等研究的讨论。

五　修正 IIA 限制的多分类别模型

如前所述，一般胜算对数模型的误差项均假设为第一型极端值分配，并呈现各自独立且同质的 iid 分布；但也因为误差项的这种特性，使得据此计算出的选项机率先天上会受到不相关选项独立性（IIA）的限制。诚如上一节的讨论，若估算结果未能满足此一假设时，模型的估计值会有参数不一致的问题。IIA 的前提除了是一种统计问题外，许多学者认为它更是对行为者决策模式的一种假设，代表行为者要认知各选项间并无替代性；这种先验条件除了非常主观与严格外，也常不能吻合经验世界的实况，因此折损一般胜算对数模型应用上的价值。面对这个情况，万一 IIA 检定又无法通过时，此时势必要寻求新的统计模型，本节便提出几种不受这项限制者的多分类别回归模型。

由于 IIA 的问题源自误差项分布的假设，根据 Train（2003）的归纳，可以排除 MNL 模型的第一型极端值分配基本上有三种方法，一是采一般极端值模型（generalized extreme value models，简称 GEV 模型），二是多项机率单元模型（multinomial probit），三是混合胜算对数模型（mixed logit）。本节分别介绍这几种模型的内涵，不过一般极端值模型仅说明当中最常见的巢状胜算对数模型（nested logit），而多项机率单元模型与混合胜算对数模型机率的完整估算公式需以多重积分（multiple integral）表示，加上辨识的限制与函数设定的多变性，本节也仅就其基本架构做初步介绍。

（一）　巢状胜算对数模型

针对 IIA 所带来的挑战，包括 McFadden（1978）在内的许多学者发展出另一种特别的分析方式，称为巢状（或群组式）胜算对数模型（nested logit）。由于 NL 模型选项组的归类，类似于由上至下的分析树形图来进行划分，因此也有人称为层级胜算对数模型（hierarchical logit）。NL 模型架构的特性，是将母群选项集（choice set）中的所有选项，根据选项间的相似度及特性，汇整成具不同变异程度的次级选项组（或巢，nets）。以王鼎铭（2008）分析台湾 2005 年"选举修宪任务型国大"为例，选民投票选项因各政党"修宪"立场的不同，基本上可分成四类：赞成"修宪"的泛蓝（国民党）、赞成"修宪"的泛绿（民进党）、反对"修宪"的泛蓝（新党及亲民党）及反对"修宪"的泛绿（台联及建国党），由于可依"修宪"立场区分出不同选项的群组特性，此时选民类似树状决策的架构如图 3 - 1 所设定。

参考方块　3 - 3

　　为更清楚了解 IIA 的重要性，这里以 2000 年台湾大选为例来做说明。当年主要有三组较具实力的候选人，陈水扁（民进党）、连战（国民党）及宋楚瑜（无党）三强鼎力。假设原先支持三者的人数比例都各占三分之一，用机率来表达就是选民投给三人的选择机率是一样的，$P_陈 = P_连 = P_宋 = 1/3$，此时两两候选人相比的胜算比都是 1，即 $P_陈/P_连 = 1$、$P_陈/P_宋 = 1$、$P_连/P_宋 = 1$。在一般多项胜算对数模型下，无论是有其他候选人加入竞逐或有人退出选战，原先这些候选人间的胜算比并不会改变，这便是 IIA 假设的基本内涵。

　　不过从台湾政治实际的状况来看，当年另有民进党脱党参选的许信良加入战局，他所获得的选票虽不多，但由于会瓜分一些泛绿选票，陈水扁跟其他候选人选择机率对比的结果会受一定程度的影响；换言之，有许信良这一选项的加入，这时原先的胜算比结果应会产生 $P_陈/P_连 < 1$、$P_陈/P_宋 < 1$ 的变化。再假设另一种更显著的影响状况，若当时从国民党出走的宋楚瑜最后退出选举，学理跟经验上会引起泛蓝的弃保效应，原先支持宋楚瑜的选民会策略性的将选票转向支持另一位泛蓝候选人连战，此时若产生选票完全移转，则 $P_陈 = 1/3$、$P_连 = 2/3$，两者胜算比会变成 $P_陈/P_连 = 1/2$。事实上即便不是完全移转，只要原先宋楚瑜的选票不会均分给陈、连两人，选项的胜算比一定会与原先数值不同，如此便违反 IIA 的假定。正由于此一假设与许多实证经验跟理论相违，使得一般胜算对数模型在使用上受到相当程度的限制。

　　透过不同属性选项的归类，NL 模型中的选项具备两种特性：①同一群组中任两选项机率的胜算比会独立其他选项；②不同群组的任两选项机率的

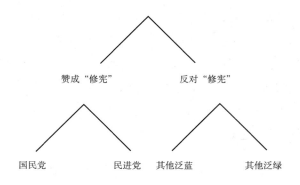

图 3 – 1　2005 年 "修宪" 投票的群组式结构

胜算比，则会受到这两群组其他选项的影响。换言之，透过不同群组的分类，可使 IIA 的条件仅局限于群组内特定选项间的选择，而不同群组间的选项本质上没有 IIA 的性质，以借此宽松 IIA 的严谨限制；而这种部分放宽 IIA 的形式，Train（2003）称之为跨群组选项间的不相关群组独立性。

为进一步探讨 NL 模型的内涵，可延续图 3 – 1 两层次的决策架构，从行为者 i 的选择选项方案 j 的效用函数 U_{ij} 来看，此时可观察到的效用可分成两个成分，假设 W_{il} 代表群组，Z_{ij} 代表选项：

$$U_{ij} = W_{il} + Z_{ij} + \varepsilon_{ij}$$

其中下层（或第二层）j 选项属于上层（或第一层）l 群组之一，$j \in J$，J 为选项总数，$l \in L$，L 为群组总数。W_{il} 代表的上层效用会受影响群组的变量而改变，Z_{ij} 则是直接受选项变量的影响。至于效用函数的残差项，在 NL 模型中的设定与一般胜算对数模型下的第一型极值分布稍有不同，采独立且单极的一般极值分配（简称 GEV 分配），且容许同一群组的残差可以相关，不同群组选项间的残差则相互独立不相关。由于 NL 模型采用这种一般极值分配来计算选项机率，所以可被视为一般极值模型（GEV 模型）的一种类型。

至于 NL 架构下估算机率的方式如同效用函数一样，可视为两种机率的结合。此时行为者 i 选择 j 的机率，是 l 群组任一选项在被选中的机率与选取 l 群组前提下选中相乘的结果，简单来说就是选项条件机率乘以群组边际机率的结果，可用 $P_{ij} = P_{ij \mid l} \times P_{il}$ 来表示，其中 P_{ij} 是选取 l 群组的机率，

$P_{ij|l}$则是在 l 群组的前提下选取 j 选项方案的机率，两者相乘可得知行为者 i 选择 j 的机率 P_{ij}。由于选项与群组各有其效用函数，从此可看出 NL 模型的特色，是以各层的结构来分别进行估算，这种形式可称为解构的胜算对数分析。从其推算结果来看，两个层次的机率分别是：

$$P_{ij|l} = \frac{\exp(Z_{ij})}{\sum_{j=1}^{J} \exp(Z_{ij})}$$

$$P_{il} = \frac{\exp(W_{il} + \tau_l I_{il})}{\sum_{l=1}^{L} \exp(W_{il} + \tau_l I_{il})}$$

其中 I_{il} 称为群组结构中第 l 群组的包容值（inclusive value），其公式为：

$$I_{il} = \sum_{j=1}^{J_l} \exp(Z_{ij})$$

τ_l 则是包容值对应的参数估计值，而 J_l 代表特定群组 l 下的选项集合。NL 模型中包容值的重要性，在于它是佐证的分类过程与选项群集是否妥适的重要指标，根据 McFadden（1981，1984）的说明，包容值的参数必须介于 0 和 1 之间，模型的估算结果方可吻合随机效用最大化的原则，若是没有满足这个区间，显示模型可能有设定错误的问题。此外，若参数值愈接近 0，代表次群组内各选项间之相关性愈高，反之若估计参数接近 1，表示次群组内各选项间相互独立并无相关，此时便是符合 IIA 假设。万一所有群组的包容值参数均等于 1 时（$I_{il} = 1$，$l = 1$，2，$\cdots$，L），一般极值分配会变成第一型极值分配，条件机率与边际机率相乘后演算的结果会发现，NL 模型与一般的胜算对数模型并无差别。

参考方块 3 - 4

　　一般极端值模型除了本节介绍的基本双层次巢状胜算对数模型外，如果选项分类结构合适，可扩展到三层甚至更多层的形式，这些多层次的巢状胜算对数模型，可参考 McFadden（1978）、Ben-Akiva 与 Lerman（1985）等文献。不过无论是双层或多层形式的巢状胜算对数模型，每个选项方案限制只能出现一次在单一群组，但万一有选项的特性会出现在不同群组的状况时，则基本的巢状胜算对数模型便不适用。这种重叠群组或重叠巢（overlapping nests）的状况在实际生活经验时常出现，例如运输研究在归纳通勤族选择上下班交通工具时，除可将与人共乘跟自行开车两选项放置同一群组外，由于共乘又与坐大众交通工具一样缺少时间弹性，所以与其他大众交通群组也有相关，此时共乘选项的性质便属于可以重叠于不同群组之间。

针对重叠群组的问题，一般极端值模型中有许多进阶模型可以处理。例如 Bierlaire（1998）提出所谓交叉巢状胜算对数模型（cross-nested logit），专门处理单一选项同时出现在多个不同群组的状况。此外，为同群组内的选项彼此相关程度完全一样的问题，Chu（1989）提出成对组合胜算对数模型（paired combinatorial logit），将所有选项以成对组合的方式两两置入同一群组，使每个选项会隶属 $J-1$ 个群组（J 是选项总数），并测量选项间相似度参数以考虑所有成对组合的相关性。至于 Wen 与 Koppelman（2001）提出的一般化巢状胜算对数模型（generalized nested logit），则是结合相关模型的优点，它除了让每一选项可以同时属于不同群组外，更容许选项在不同群组的比重相异，所以不像成对组合胜算对数模型只比较两两选项组合，而是考虑到所有选项群组可能的排列组合。上述的这几种模型，与 NL 模型一样均采一般极值分配来设定残差项分配及计算选项机率，所以都统称为一般极端值模型（Train，2003）。

最后再回到王鼎铭（2008）分析任务型"国大"投票的结果，以说明 NL 模型解构式胜算对数的特性。如图 3-1 所示，选民"修宪"投票的第一层决策为赞成或反对"修宪"两个不同群组，第二层才是不同政党选项，且各有不同的效用函数。先从影响"修宪"选择的解释变量来看，主要是选民对四项"修宪"议题的支持程度，包括立委人数减半、公民投票纳入条文、"立委"选制改为单一选区两票制以及废除"国民大会"等四项"修宪"条文的支持度；至于政党选择的解释变量，除基本的选民性别、年纪、省籍、教育水准等控制变项外，还包括沿袭一般选举理论的政党认同、"统独"偏好及族群认同等几项影响投票行为的变量。根据 NL 模型分析分层决策的特性，可以解构出两层胜算对数结果如表 3 - 5 所示。

表 3 - 5 2005 年"修宪"选举之群组式胜算对数分析[①]

	"修宪"选择(赞成/反对)	
	β	(SE)
"立委"减半	0.19	(0.15)
公投"入宪"	0.13	(0.13)
选制变革	0.37	(0.13)**
废除"国大"	0.01	(0.15)

	政党选择					
	民进党/国民党		泛蓝/国民党		泛绿/国民党	
	β	(SE)	β	(SE)	β	(SE)
男性	0.24	(0.37)	− 7.89	(18.17)	13.01	(24.93)
年纪	− 0.01	(0.01)	0.73	(1.36)	0.01	(0.66)
外省籍	− 1.48	(0.74)*	− 22.90	(44.45)	− 38.04	(73.50)
教育水准	0.01	(0.05)	− 1.51	(3.71)	− 0.05	(2.39)
泛蓝认同感	− 1.60	(0.20)**	1.26	(6.00)	− 63.23	(111.8)
泛绿认同感	1.51	(0.19)**	2.14	(8.04)	45.87	(80.78)
"独立"倾向	0.12	(0.26)	− 3.70	(11.01)	8.80	(18.56)
中国人认同	− 0.85	(0.73)	− 23.31	(46.14)	− 23.54	(57.14)
台湾人认同	1.22	(0.43)**	18.84	(38.74)	84.32	(146.6)

	τ	(SE)				
包容值(I)	τ	(SE)				
赞成"修宪"	0.02	(0.04)				
反对"修宪"	0.78	(0.64)				
N = 672						
Level = 2						
LR χ^2 = 1100.36 P - 值 $> \chi^2$ = 0.00						
log likelihood = − 381.41						

注：括号内为标准误，* 代表 $P < 0.05$；** 代表 $P < 0.01$。

表 3 - 5 最上面一层的系数是影响"修宪"选择的结果，四项议题仅选制变革具统计显著水准，表示"修宪"方案中关于选举制度的改革方案，才是

真正驱动选民做出第一层支持"修宪"决定的主要动力，第二层是影响政党选择的系数结果。值得说明的是，选民"统独"偏好在这次"修宪"选举并未如一般选举左右投票意向，主要是因 2005 年"修宪"的议题性相当明确，没有太多意识形态的干预，加上采比例代表制没有偏激参选人在竞选，使得国、民两党都明确支持"修宪"的前提下，"统独"偏好在这次选举并未产生作用。另外更需注意的是政党认同、族群认同等重要变项仅在同群组的国、民两党选项间产生影响，而不影响选民做跨群组的泛绿与国民党或泛蓝与民进党间的决定。这不同于一般所熟悉的台湾政治光谱特性，却佐证了依"修宪"立场划分不同群组的必要性。简单来说，2005 年选举时对选民最大的影响不是在政党的光谱，而是各政党不同的"修宪"立场，影响选民跨群组选择的因素是建构在"修宪"议题，而政党选择变项的影响力仅内化于各次群组内的选择。

（二）多项机率单元模型

根据 Train（2003）的归纳，一般的 MNL 模型除了因为 IIA 而有选项方案互相替换（substitution patterns）的问题外，它还有另外两项限制，一是无法表现出随机偏好的变动（random taste variation），二是无法应用在定群追踪资料（panel data）。以 NL 模型为代表的 GEV 模型虽可解决 IIA 的问题，但若要同时处理另外两项限制，则需凭借本小节介绍的多项机率单元模型（multinomial probit，MNP）或是下一小节介绍的混合胜算对数模型。

虽然 MNP 模型复杂并且需靠模拟法估算参数，但在学界起源不算短，早自 Hausman 与 Wise（1978）、Daganzo（1979）已有系统整理出模型的架构。MNP 模型处理 IIA 的问题是直接更改误差项的分布形式，使之与相同且独立的第一型极值分配脱钩，而将选择效用的误差项改为呈现多变量常态分布（multivariate normal distribution）。若从行为者的选择效用 U_{ij} 观之，与 MNL 模型一样分为可观察到的效用 V_{ij} 与无法观察到的随机误差项 ε_{ij} 两部分，由于误差项在此设定为联合常态分配，MNP 模型下行为者 i 选择方案 j 的效用函数 U_{ij} 可表示为：

$$U_{ij} = V_{ij} + \varepsilon_{ij}, j = 1,2,\cdots,J[\varepsilon_{i1},\varepsilon_{i2},\cdots,\varepsilon_{iJ}] \sim N(0, \sum)$$

该式显示误差项的联合分布（joint distribution）呈现多变量常态，平均数为 0，共变异矩阵为 $\sum$，$\sum = [\sigma_{jk}]_{j,k=1,2,\cdots,J}$，以显示会随不同行为者不同选项方案而变动的特性，此时残差之密度函数可表示为：

$$\phi(\varepsilon_i) = \frac{1}{(2\pi)^{\frac{J}{2}} |\sum|^{\frac{1}{2}}} \exp\left(-\frac{1}{2}\varepsilon_i' \sum{}^{-1} \varepsilon_i\right)$$

由此来看，MNP 模型基本上就是透过了多变量常态分布，允许残差项彼此可以不完全独立且不相同，不仅充分表现出行为者的实际选择行为，更可借此排除 IIA 的限制，可说是最一般化的模式。

在确定残差项呈现多变量常态分配的特性后，便可据此推估出选项的预期机率。MNP 模型机率的完整计算公式复杂，以效用函数模式的概念来看，某一选项 j 会被挑中，代表对该行为者而言，U_{ij} 所带来的效用大于其他选项的效用，所以行为者 i 选择 j 的机率即为其他选项方案与 j 的效用差均为负的机率，据此 MNP 模型的预期机率可用一般化的公式来诠释：

$$
\begin{aligned}
P_{ij} &= \Pr(U_{ij} > U_{ik}) \\
&= \Pr(V_{ij} + \varepsilon_{ij} > V_{ik} + \varepsilon_{ik}) \\
&= \mathrm{SI}(V_{ij} + \varepsilon_{ij} > V_{ik} + \varepsilon_{ik})\phi(\varepsilon_i)d\varepsilon_i \quad \forall\, j,k \in J, \quad j \neq k
\end{aligned}
\tag{3-15}
$$

其中 $I(.)$ 是指标函数（indicator function），用来确认括号内情形成立，如果括号中的情况成立时为 1，若没有当中选取方案效用较大的情况则是 0。

式（3-15）其实仅是一般计算累积机率运算的模式，例如，若设定 ε_i 是呈现对数分配，此时将 $\phi(\varepsilon_i)$ 换成 $\lambda(\varepsilon_i)$ 进行运算，便可得出第三节 MNL 模型下预期的选择机率。不过在 MNP 模型下，由于异质性与多变量常态分布的假设，对误差项 ε_i 进行的积分不是所谓的封闭形态（closed form），$\phi(\varepsilon_i)$ 没有特定的形式。此项限制不仅使得模型的完整机率公式无法简单呈现，更使得 MNP 模型无法直接采最大概似法对积分项进行估算。此时需改采参数模拟的方式进行，由于这是在最大概似法的过程中增加了模拟的步骤，其参数校估方式可称为最大模拟概似法（maximum simulated likelihood）。

（三） 混合胜算对数模型

混合胜算对数模型（mixed logit，MXL）的概念在 1980 年代的实证研究便出现过，但由于形式的多样，到了 McFadden 与 Train（2000）才进行系统性的整理，且原先常用的名称叫混合多项胜算对数模型（mixed multinomial logit），直至 Train（2003）后才有现行较通用的混合胜算对数模型。即便如此，现在在称谓上仍有学者习惯把它叫做随机参数胜算对数模型（random parameters logit）（如 Greene，2003）、随机系数胜算对数模型（如 Louviere et al.，2000）或误差成分胜算对数模型。

MXL 模型与一般多项类别模型不同的特色是，它所估算的系数并非固定常数而是一种随机参数，会依不同行为者的不同属性而异。以 Revelt 与 Train（1998）、Train（1997）等从随机参数的设定来看 MXL 模型，其随机参数 β_i 包含固定的平均系数 b 及不可观测的随机个人异质偏好 e_i，由于 β_i 无法实际测量到，此时模型实际上可说是在估算 β_i 的分布状况。将这个架构带入行为者 i 选择 j 选项的效用函数，可得：

$$
\begin{aligned}
U_{ij} &= V_{ij} + \varepsilon_{ij} \\
&= x'_{ij} \beta_i + \varepsilon_{ij} \\
&= x'_{ij}(b + e_i) + \varepsilon_{ij} \\
&= x'_{ij} b + x'_{ij} e_i + \varepsilon_{ij}
\end{aligned}
$$

由于 $x_i{'}_j$ 代表的是一种与 ε_{ij} 互不相关的误差项，因此可将 MXL 模型的效用函数改成下列较常见，并且强调误差成分的形式：

$$
U_{ij} = x'_{ij} b + \eta_{ij} + \varepsilon_{ij}
$$

MXL 模型最关键的特征，便是 η_{ij} 与 ε_{ij} 两项随机误差的设定。其中 ε_{ij} 的分布仍属相同且独立的第一型极值分布，与 MNL 模型的假设一致。至于另一残差 η_{ij} 彼此具异质性并容许与选项相关，会随着不同行为者与不同选项而改变；最重要的是，η_{ij} 实际分布可依不同研究旨趣与学理进行设定，没有限制特定的分配形态。除了可像 MNP 模型假设为常态分布外，也常有研究设定为对数常态分布、均匀分布或是三角分布（triangular distribution）等。借由这样的残差结构可以看出，MXL 模型与 MNP 模型一样，是透过相关性与异质性的误差项设定，使得模型放宽了对 IIA 的限制。

MXL 模型虽开放残差项 η_{ij} 可以有不同分布的可能性，但模型的预期机率仍可用一般形式表示如下：

$$P_{ij} = \int L_{ij}(\beta_i) f(\beta_i \mid \theta) d\beta_i$$

其中 $L_{ij}(\beta_i)$ 是在特定参数下的胜算对数，其值为：

$$L_{ij}(\beta_i) = \frac{\exp(x'_{ij}\beta_i)}{\sum\limits_{j=1}^{J}(x'_{ij}\beta_i)}$$

而 $f(.)$ 是根据不同分配状况下的机率密度函数，须注意的是此时的选择机率是取决于描述 β_i 分配的平均值、共变异等参数值 θ，所以是用 $f(\beta_i \mid \theta)$ 来表示 β_i 的密度函数。由于 MXL 模型拥有两种不同的误差分配来定义机率密度函数，此一函数可视为混合的机率分布。

最后值得一提的是，MXL 模型与 MNP 模型的积分式一样属于开放模式（open form），不像一般模型在参数校估出来之后，无须透过数值积分技术即可直接算出机率，而且此时机率的多重积分无法透过准确的最大概似法完成，所以 MXL 模型参数校估方式也需采最大模拟概似法来完成。

（四）小结

上述 NL、MNP 与 MXL 三种模型各有千秋，从处理 IIA 问题的角度来看，除非改采进阶的一般极值模型，基本的 NL 模型仅放宽部分选项的替代形式，特定群组中的选项仍受 IIA 的限制，加上无法处理定群追踪资料及个体异质性的问题，使它在这几种模型看似较居劣势。不过 NL 模型是当中唯一属封闭模式的模型，可较精准估算出选项机率，MNP 与 MXL 模型都需采最大模拟概似法，估计出的参数虽具一致性与渐进有效性，但由于将机率的概似函数转换为对数的关系，其概似值是偏误的，只是随着模拟次数的增加偏误会变小。换句话说，使用 MNP 与 MXL 这两个模型特别需要依靠较多的样本来支持模拟次数，方可使估计值能趋一致性。

至于 MNP 与 MXL 两模型相较，McFadden 与 Train（2000）认为透过残差项分布的设定，MXL 模型的结果可以趋近任何一种满足效用极大化的离散选择模型，特别是当系数呈常态分布时便可趋近 MNP 模型；相对来看 MXL 模型不像 MNP 模型局限于系数需具常态分布的假设，他们也因此认为 MXL 模型使用上较 MNP 模型更具弹性。再从演算过程的难易来相较，两模型模拟时随机抽取的途径不同，当 MXL 模型分配的向度少于选项数量时，其模拟过程使用的向度会比 MNP 模型少，由于多重积分的维度数会增加模拟结果聚合的困难，所以他们认为此时 MXL 模型参数的计算与校估会较 MNP 模型来得简单。

六　次序类别资料的回归模型

到目前为止所讨论到的模型，无论是采两分类或多分类的类别资料，都是建构在选项之间无先后、高低等顺序的形式之上。当类别变项中出现高低的排列次序时，此时的资料类型具有所谓的次序尺度，具这种尺度特性的类别变项则称之为次序变项，本节便是探讨当依变项是次序变项时，所该采取的回归分析方法。

次序尺度的资料在社会科学领域日益普遍，这与愈来愈多的研究采用调查资料来做分析息息相关。例如，问卷设计常提出一段叙述来询问受访者的态度与意见，并提供有顺序性的李克特量表，像是"非常同意""同意"、"既不同意亦不反对""不同意""非常不同意"等五类让受访者填答，这便是一种典型的次序变项。面对这类型资料，我们可由高至低或由低至高，依序编码选项成 0、1、2、3、4 来加以估算。对于这类型次序变项的理解，一般咸认是一个或多个连续变项定位成一个特定次序变项值的单一性转换；简单来说，受访者对于提问的实际见解是潜在不可测的，同时更是一种对该问题同意程度的连续变量，透过次序变项的设计将之转化成数个程度有别的选项。

正由于次序变项的概念与潜在的连续变项密不可分，早期许多研究认为即使依变项具次序尺度，仍旧可采连续或等距变量使用的线性回归来做分析。不过使用这种方法，是假设该次序变项相邻的两个类别都是等距的，也就是上述"非常同意"到"同意"的距离，与"同意"到"既不同意亦不反对"的距离相同，并以此类推。此一假定不仅相当严苛也不易认定，Winship 与 Mare（1984）便从理论及实证分析，整理出线性回归应用在次序依变项上的偏误结果。

目前惯用于分析次序变项的统计模型主要有两种，一个是有序机率单元模型（OP），另一个是有序胜算对数模型（OL），由于两者的相关性很高，Long（1997）统称两者为次序回归模型，本节便是介绍这种回归模型的内涵与架构。

（一）次序资料的潜在变项模式

次序回归模型多是以潜在变量的分析形式加以理解，这从最早 Aitchison 与 Silvey（1957）提出相关模型开始，便是广为使用的分析架构。假设 y^* 是不可测的潜在连续变项，范围从 $-\infty$ 到 ∞，而确实可观察到的次序变项 y 与 y^* 间的关系是：

$yi = 0$	若	$y_i^* \leqslant \mu_0$
$= 1$	若	$\mu_0 < y_i^* \leqslant \mu_1$
$= 2$	若	$\mu_1 < y_i^* \leqslant \mu_2$
$\vdots$		
$= J$	若	$\mu_{J-1} \leqslant y_i^*$

其中 μ 称为临界值或分界点，由于这些可观察到已分组的变项是连结潜在连续变项跟次序变项间的关联性，因此一些统计学家也称这种次序回归模型为分组连续模型（grouped continuous model）。值得注意的是，当次序选项 $J = 1$ 时，临界值仅有一个 μ_0，代表可将潜在变量纳为二分类，此时的推论结果与第二节两分类资料的回归模型完全一致。

由于临界值都是未知参数，需借由潜在变项 y^* 回归结构的系数估算而来，所以下一步骤是提出 y^* 与自变项呈现的回归结构模式；由于 y^* 为一个假设性的连续型变量，两者间会呈现一般线性关系如下：

$$y_i^* = x_i'\beta + \varepsilon_i$$

与前面的模型一样，x 是自变项的向量，β 是回归系数的向量；为了估算 y^* 的回归式，两种最常见于次序变项回归误差项的分配假定，一是常态分配，另一是对数分配，前者估算方式便称之为 OP 模型，后者则是所谓的 OL 模型。

与一般类别资料的分析一样，次序资料的回归模型也着重在各类别对应自变量所产生的机率，一旦上述误差的形式确定后，便可据此计算不同观察值的机率。由于两种模型概念与计算过程相当类似，本节接着以 OP 模型为例，显示各个次序结果的机率：

$$
\begin{aligned}
\Pr(y_i = 0 \mid x_i) &= \Pr(y_i^{*} \leqslant \mu_0) \\
&= \Pr(x_i{}'\beta + \varepsilon_i \leqslant \mu_0) \\
&= \Pr(\varepsilon_i \leqslant \mu_0 - x_i{}'\beta) \\
&= \Phi(\mu_0 - x_i{}'\beta) \\
\Pr(y_i = 1 \mid x_i) &= \Pr(\mu_0 < y_i^{*} \leqslant \mu_1) \\
&= \Pr(\mu_0 < x_i{}'\beta + \varepsilon_i \leqslant \mu_1) \\
&= \Pr(\mu_0 - x_i\beta < \varepsilon_i \leqslant \mu_1 - x_i\beta) \\
&= \Phi(\mu_1 - x_i\beta) - \Phi(\mu_0 - x_i\beta) \\
\Pr(y_i = 2 \mid x_i) &= \Pr(\mu_1 < y_i^{*} \leqslant \mu_2) \\
&= \Pr(\mu_1 < x_i\beta + \varepsilon_i \leqslant \mu_2) \\
&= \Pr(\mu_1 - x_i\beta < \varepsilon_i \leqslant \mu_2 - x_i\beta) \\
&= \Phi(\mu_2 - x_i\beta) - \Phi(\mu_1 - x_i\beta)
\end{aligned}
$$

依此类推，$\Pr(y_i = j \mid x_i) = \Phi(\mu_j - x_i{}'\beta) - \Phi(\mu_{j-1} - x_i{}'\beta)$

最高类别 J 时，$\Pr(y_i = J \mid x_i) = 1 - \Phi(\mu_{J-1} - x_i{}'\beta)$

　　各次序选项的机率算出后，接着便可用最大概似法对 μ 及 β 进行估算，其求取最大化的对数概似函数与一般名目类别资料模型一样，可以下列形式表示：

$$
\ln L = \sum_{i=1}^{N} \sum_{j=0}^{J} d_{ij} \ln \Pr(Y_i = j)
$$

其中 d_{ij} 是标示变项，当 $y_i = j$ 时为 1，其他情况为 0。

（二）　参数的辨识与诠释问题

　　在实际使用这两种次序回归模型之前，需特别注意的一点是，两种模型在估算选项机率时会面临的辨识限制。之所以会产生这种模型参数无法辨认的问题，就在于临界值 μ 与系数 β 都是用来定位观察到的选项 y_i 对应于潜在变项 y_i^{*} 的位置，是以没有一个特殊的参数组合可以将模型的概似函数最大化。简单来说，以潜在变项归纳出的回归模型若没有先对一些参数进行条件限制，以最大概似法对 $\hat{\mu}$ 及 $\hat{\beta}$ 进行演算将无法得到特定的结果。

　　为了处理此一先天的限制并能顺利将概似函数最大化，次序变项回归模型最常使用的限制式，是假设一个临界值为固定常数。一般教科书在介绍相关模型或是统计软件的内建程序都是采此方式，而且除非另行说明，多半直接内定第一个临界值，也就是前述公式内的 μ_0 为 0。准此，只需将上述的前两个选项机率稍作调整，其余公式均不变动；以限制第一个临界值为 0 的 OP 模型为例，选项机率的公式可调整如下：

$$
\begin{aligned}
\Pr(y_i = 0 \mid x_i) &= \Phi(-x_i'\beta) \\
\Pr(y_i = 1 \mid x_i) &= \Phi(\mu_1 - x_i'\beta) - \Phi(-x_i'\beta) \\
\Pr(y_i = 2 \mid x_i) &= \Phi(\mu_2 - x_i'\beta) - \Phi(\mu_1 - x_i'\beta) \\
\Pr(y_i = j \mid x_i) &= \Phi(\mu_j - x_i'\beta) - \Phi(\mu_{j-1} - x_i'\beta) \\
&\vdots \\
\Pr(y_i = J \mid x_i) &= 1 - \Phi(\mu_{J-1} - x_i'\beta)
\end{aligned}
\tag{3-16}
$$

除了定位外，诠释次序回归模型的系数时也需特别留意。前述名目变项的模型系数虽不能呈现自变项与选项机率间的边际效果，但至少透过统计检定可以确定两者间具有正向或负向关系；然而在次序回归模型的分析，系数正负符号并不一定可以确知自变项的影响方向。继续以 OP 模型的式（3-16）为例，从顺序最低跟最高的两选项来看，选项机率对某变量的偏微分结果分别是：

$$
\frac{\partial \Pr(y_i = 0 \mid x_i)}{\partial x_k} = -\phi(x_i'\beta)\beta_k
$$

$$
\frac{\partial \Pr(y_i = J \mid x_i)}{\partial x_k} = \phi(\mu_{J-1} - x_i'\beta)\beta_k
$$

由于机率密度函数 $\phi(.)$ 都是正数，当 β_k 为正向时，选择最低选项的机率 $\Pr(y_i = 0 \mid x_i)$ 会降低，同时最高选项机率 $\Pr(y_i = J \mid x_i)$ 则产生与 β_k 同样的正向作用。不过除了这两种选项外，位于当中的其他顺序选项则会有边际效果不确定的状况，从选项机率的偏微分的结果来看：

$$
\frac{\partial \Pr(y_i = j \mid x_i)}{\partial x_k} = [\phi(\mu_{j-1} - x_i'\beta) - \phi(\mu_j - x_i'\beta)]\beta_k
$$

由于此时偏微分的改变取决于两个机率密度函数的差，即 $\phi(\mu_{j-1} - x_i'\beta) - \phi(\mu_j - x_i'\beta)$ 的结果，所以即使 β_k 为正向但边际效果仍可能是负值。简单来说，β_k 为正数时仅可确定减少最低选项跟增加最高选项的机率，却无法预估对中间选项机率的影响。由于此时模型的边际效果会由所有变量的值 $x_i'\beta$ 来共同决定，一般常见以变量的平均值来计算偏微分结果或是直接估算出选项预期机率，以图表方式呈现预期机率相对于不同自变项的变动。

（三）小结

OP 与 OL 这两个模型的原始架构，分别由生物统计学家 Aitchison 与 Silvey（1957）与 Snell（1964）率先提出，不过不像 OP 模型惯用潜在变量的模式来推演，OL 模型除了可采上述潜在变项的途径外，也可直接以累积机率的对数比来做分析，此一推算程序可参考 McCullagh（1980）等。透过累积机率的对数比虽与本节的结果相同，但需注意此时学者习惯称之为比例差异模型或累积对数模型。

最后要强调的是，两种次序回归模型估算各个次序类别的机率，都可视为以两个临界值累积机率函数的差，并据此以最大概似法对参数进行估算；也由于常态分配与对数分配的分布状况相当类似，两种方式算出的系数虽无法直接比较，但累积机率的值会有相当类似的结果。至于实务上究竟应选用哪一种模型的时机，端看研究者的方便，除非有的研究资料特别强调误差项的分配，否则两者并无优劣之分。

七　总结

本章介绍多种处理类别变项的离散选择模型，当采用这类回归模型进行分析时，除了必须确实掌握它们特有的质性依变量资料特性外，更要清楚判别所观察类别资料的内在机率结构，以适当函数具体呈现出其内在机率结构的系统规律性，以连结其他适切的自变项以进行分析（黄纪，2000）。本章所介绍的二分类别、多分类别、次序类别等模型的内容，均按此一原则来进行系统性的归纳，希冀裨益读者了解各种模型的架构内涵。而要实际运用于各种社会科学的探究，接下来重要的工作便是选用统计软件包（当然也可自行撰写程序）来进行资料的运算。不过由于各软件语法不一，有些功能与指令也不断更新，本章有限篇幅无法仔细比较，以下仅就笔者对几种重要统计软件的了解，简单介绍它们在统计分析上的功能以及后续读者可以自行参考的教材。

先从多数读者熟悉的统计软件 SPSS 讲起，它是 Statistical Product and Service Solution 的缩写，早自 1968 年便开始研发，1992 年后开发出的视窗版使用接口相当容易上手，只要使用视窗内的下拉式选单选取指令功能，便可轻松执行相关统计程序，在统计分析功能上也相当完备。除一般线性回归外，虽然本章介绍的一些类别统计模型也可使用 SPSS 来进行分析，不过一般认为在变异数分析（SPSS 具备测试多种特殊效应的功能）及多变量分析（如多变量变异数分析、因素分析、辨别分析等）为其强项。对此套软件有兴趣者除可参见原厂网页外（http：//www.spss.com），也可参考邱皓政（2006a，2006b）、吴明隆（2009）等书的详细说明。

另一开发时间较晚但也同受欢迎的软件，是在 1985 年研发出来的 Stata。Stata 不仅具备 SPSS 的统计分析功能，最大优势在于对类别资料的分析具有相当的便利性，本章介绍的各种类别资料模型以及 IIA 检定，Stata 几乎均可以进行。此外，Stata 提供许多模型估算后解释回归模型参数结果的指令（例如，可以检视机率单元模型的边际效果、胜算对数模型的胜算比等），可以帮助研究者较轻松解读相关参数的意义。Stata 的指令主要是采传统直接输入语法的方式进行，有建构视窗接口及软件内的"help""search"和"link"等功能来提示所需的指令选项及下载新的统计程式档，相关资料可参见原厂网址（http：//www. stata. com/）。关于类别数据分析时的使用指令，除可参考 Stata 使用手册外，也可参考 Long 与 Freese（2006）、Hamilton（2009）等所写的专书。

最后是最有名的统计软件 SAS，它是由北卡罗来纳州立大学两位教授于 1960 年代末共同研发的，是目前相关软件中功能最强的。SAS 主要是由许多可以配合的套装模块所组成，用户可以透过 SAS 程序的编辑，进行大规模的资料运算，其中 SAS/Graph 模块所提供的绘图功能，是其他统计软件所不及的。不过 SAS 必须使用其特殊的程序语言来输入，使得在撰写各种类别资料模型时较为繁琐，同时除错及修正过程也较费时；此外 SAS 的价格昂贵，且需经每年授权后才能使用，这都是此一软件在使用上的限制。相关资料除可参见原厂网页（http：//www. sas. com），Allison（1991）、Stokes

等人（2000），以及王国川（2004），彭昭英、唐丽英（2005）等对该软件
有详细介绍。

参考书目

王鼎铭（2003）《政策认同下的投票效用与选择：空间投票理论在不同选举制度间的比
　　较》。《选举研究》，10（1），131－166。

王鼎铭（2004）《选民为什么会支持黑金？一个理性妥协的解释》。《选举研究》，
　　11（1），93－134。

王鼎铭（2008）《修宪议题与政党偏好的交织：任务型国大选举比例代表制的投票分
　　析》。《台湾政治学刊》，12（2），213－250。

王国川（2004）《图解 SAS 视窗在回归分析上的应用》。台北：五南。

吴明隆（2009）《SPSS 操作与应用——多变量分析实务》。台北：五南。

邱皓政（2006a）《量化研究与统计分析——SPSS 中文视窗版资料分析范例解析》（第三
　　版）。台北：五南。

邱皓政（2006b）《量化研究与统计分析——SPSS 中文视窗版资料分析范例解析》（基础
　　版）。台北：五南。

黄纪（2000）《质变量之计量分析》。谢复生、盛杏湲（主编）《政治学的范围与方法》
　　（页387－411）。台北：五南。

彭昭英、唐丽英（2005）《SAS 1－2－3》。台北：儒林。

Agresti, Alan（1996）. *An introduction to categorical data analysis.* New York：Wiley. Agresti,
　　Alan（2002）. *Categorical data analysis.* New York：Wiley.

Aitchison, John, & Silvey, Samuel D.（1957）. The generalization of probit analysis to the
　　case of multiple responses. *Biometrika*, *57*, 253－262.

Allison, Paul D.（1991）. *Logistic regression using the SAS system：Theory and application.* Cary,
　　NC：SAS Institute.

Amemiya, Takeshi（1981）. Qualitative response models：A survey. *Journal of Economic
　　Literature*, *19*（4）, 481－536.

Ben-Akiva, Moshe, & Lerman, Steven（1985）. *Discrete choice analysis：Theory and application to
　　travel demand.* Cambridge, Massachusetts：The MIT Press.

Ben-Akiva Moshe, & Bolduc, Denis（1996）. *Multinomial probit with a logit kernel and a general
　　parametric specification of the covariance structure.* Working paper, Massachusetts Institute of
　　Technology.

Berkerson, Joseph（1944）. Apply of the logistic function to bio-assay. *Journal of the American
　　Statistical Association*, *39*, 357－365.

Bierlaire, Michel（1998）. Discrete choice models. In Martine Labbe, Gilbert Laporte,

Katalin Tanczos, & Philippe Toint (Eds.), *Operations research and decision aid methodologies in traffic and transportation management* (pp. 203 – 227). Spinger Verlag, Heidelberg, Germany.

Chu, Chaushie (1989). A paired combinational logit model for travel demand analysis. *Proceedings of Fifth World Conference on Transportation Research*, *4*, 295 – 309.

Daganzo, Carlos (1979). *Multinomial probit: The theory and its application to demand forecasting.* Academic Press, New York.

Downs, Anthony (1957). *An economic theory of democracy.* New York: Harper and Row.

Gill, Jeff (2001). *Generalized linear models: A unified approach.* Thousand Oaks, CA: Sage.

Greene, William H. (2003). *Econometric analysis* (5th ed.). Prentice Hall.

Hamilton, Lawrence C. (2009). *Statistics with stata: Updated for version 10.* Belmont, Calif.: Thomson/BrooksCole.

Hanushek, Erik A., & Jackson, John E. (1977). *Statistical methods for social scientists.* New York: Academic Press.

Hausman, Jerry A., & McFadden, Daniel (1984). Specification tests for the multinomial logit model. *Econometrica*, *52*, 1377 – 1398.

Hausman, Jerry A., & Wise, David (1978). A conditional probit model for qualitative choice: Discrete decisions recognizing interdependence and heterogeneous preferences. *Econometrica*, *46*, 403 – 426.

Lewis, Jeffrey B., & King, Gary (2000). No evidence on directional vs. proximity voting. *Political Analysis*, *8*, 21 – 33.

Long, J. Scott (1997). *Regression models for categorical and limited dependent variables.* Thousand Oaks, Calif.: Sage Publications.

Long, J. Scott, & Freese, Jeremy (2006). *Regression models for categorical dependent variables using stata* (2nd ed.). College Station, TX: Stata Press.

Louviere, Jordan, Hensher, David A., Swait, Joffre D., & Adamowicz, Wiktor (2000). *Stated choice methods: Analysis and application.* Cambridge: Cambridge University Press.

McCullagh, Peter (1980). Regression model for ordinal data. *Journal of Royal Statistical Society*, *42*, 109 – 142.

McCullagh, Peter, & Nelder, John A. (1989). *Generalized linear models.* London: Chapman and Hall.

McFadden, Daniel (1973). Conditional logit analysis of qualitative choice behavior. In Paul Zarembka (Ed.), *Frontier in econometrics* (pp. 105 – 142). New York: Academic Press.

McFadden, Daniel (1978). Modeling the choice for residential location. In A. Karquist (Ed.), *Spatial integration theory and planning models.* Amsterdam: North-Holland Press.

McFadden, Daniel (1981). Econometric models for probabilistic choice. In Charles F. Manski & Daniel McFadden (Eds.), *Structural analysis of discrete data with econometric applications.* Cambridge, Mass: MIT Press.

McFadden, Daniel (1984). Econometric analysis of qualitative response models. In Zvi

Griliches & Michael D. Intriligator (Eds.), *Handbook of econometrics*, *Vol. 2*. Amsterdam: North-Holland.

McFadden, Daniel, & Train, Kenneth (2000). Mixed multinomial logit models for discrete response. *Journal of Applied Econometrics*, *15*, 447 – 470.

McFadden, Daniel, Train, Kenneth, & Tye, William B. (1977). An application of diagnostic test for the independence from irrelevant alternatives property of the multinomial logit model. *Transportation Research Record*, *637*, 39 – 46.

Merrill, Samuel III. , & Grofman, Bernard (1999). *A unified theory of voting*. Cambridge University Press.

Nelder, John A. , & Wedderburn, Robert W. M. (1972). Generalized linear models. *Journal of the Royal Statistical Society*, *Series A*, *135* (Part 3), 370 – 384.

Rabinowitz, George, & MacDonald, Stuart E. (1989). A directional theory of issue voting. *American Political Science Review*, *83*, 93 – 121.

Revelt, David, & Train, Kenneth (1998). Mixed logit with repeated choices: Households' choice of appliance efficiency level. *Review of Economics and Statistics*, *80* (4), 647 – 657.

Small, Kenneth A. , & Hsiao, Cheng (1985). Multinomial logit specification tests. *International Economic Review*, *26* (3), 619 – 627.

Snell, E. J. (1964). A scaling procedure for ordered categorical data. *Biometrics*, *20*, 592 – 607.

Stokes, Maura E. , Davis, Charles S. , & Koch, Gary G. (2000). *Categorical data analysis using the SAS system* (2nd ed.). Cary, NC: SAS Institute.

Theil, Henri (1969). A multinomial extension of the linear logit model. *International Economic Review*, *10*, 251 – 259.

Theil, Henri (1970). On the estimation of relationships involving qualitative variables. *American Journal of Sociology*, *76*, 103 – 154.

Train, Kenneth (1997). Mixed logit models for recreation demand. In Catherine King & Joseph Herriges (Eds.), *Valuing the environment using recreation demand models*. New York: Elgar Press.

Train, Kenneth (2003). *Discrete choice method with simulation*. Cambridge University Press.

Walker, Joan, & Ben-Akiva, Moshe (2002). Generalized random utility model. *Mathematical Social Sciences*, *43*, 303 – 343.

Wen, Chieh-hua, & Koppelman, Frank S. (2001). The generalized nested logit model. *Transportation Research*, *35*, 627 – 641.

Windmeijer, Frank (1995). Goodness of fit measures in binary choice models. *Econometric Reviews*, *14*, 101 – 116.

Winship, Christopher, & Mare, Robert D. (1984). Regression models with ordinal variables. *American Sociological Review*, *49*, 512 – 525.

Zhang, Junsen, & Hoffman, Saul D. (1993). Discrete-choice logit models: Testing the IIA property. *Sociological Method and Research*, *22* (2), 193 – 213.

延伸阅读

1. Alan Agresti 的 *An introduction to categorical data analysis*，是推荐给有兴趣钻研类别资料读者的第一本书。二分、多分类及顺序尺度的类别资料模型都有介绍，而且虽然 Agresti 仅专注在胜算比模型，他介绍了本章没有提到的广义线性模型及对数线性模型，以及列联表的分析模式。有兴趣的读者更可借此继续阅读 Agresti 所写的另一本进阶专书：*Categorical data analysis*。

2. J. Scott Long 的 *Regression models for categorical and limited dependent variables* 一书，是相关课程常采纳的教材。除基本的类别资料模型均有涵盖外，Long 亦触及计次变项（count variable）的卜瓦松回归。而本书的特色，是详细说明各模型系数的估算、诠释及检定方式，条理非常清晰。此外，对实际使用 Stata 软件操作有兴趣的读者，可借由本书继续研读 Long 与 Freese（2006）的另一本著述。

3. Kenneth Train 撰写属较进阶的 *Discrete choice method with simulation*。本书旨在响应一般胜算比模型受到不相关选项独立性限制的因应之道，有系统的介绍可以避免误差项采第一型极端值分配的三类类别依变项模型，包括一般极端值模型、多项机率单元模型及混合胜算比模型等都有详尽说明。

4. William H. Greene 所写的 *Econometric analysis*。Greene 与 Train 一样都属于进阶教材，只是 Greene 涵盖的内容不限于类别依变项的模型，各类统计模型均有详细的数学推导公式，自 1993 年初版以来再版多次，是公认计量经济理论的经典教材。虽然本书范围极广，不过各版当中均有一独立篇章介绍不连续选择模型（discrete choice model），可供本章读者进一步参考。

第四章
结构方程模型[*]

一　前言

　　结构方程模型（structural equation modeling，SEM）为多变项分析方法之一，目的在提出变项间关系的可能模型，以解释观察变项间的共变数（covariance）。变项间的关系一向是研究者有兴趣之议题，但每一种统计分析方法有其关注的资料特性，有的统计方法关注资料的平均数，譬如ANOVA 与 MANOVA，有的统计方法针对变项间的相关系数发展，譬如因素分析（factor analysis）（Spearman，1904），SEM 欲探讨的则是变项间的共变数。虽然研究者进行资料分析时，关心的主要为理论模型之建构或者验证，希望借以描述有兴趣的变项间关系，然若能知悉各种统计方法处理的资料特性，则有助于研究设计之规划，以收集适用之变项。因此，当研究者运用SEM 分析资料时，表示研究者想要了解变项间的共变量是如何产生的？研究者即根据理论或以往研究结果尝试提出可能的变项间关系模型，以解释变项间的共变数。

　　本文将以吴治勋等人（2008）的研究为例，于文中穿插引用该文，以说明结构方程模型之目的与应用历程。阅读本文时，读者若能同步阅读该

---

　*　本文承蒙吴治勋博士、陈淑惠教授、吴英璋教授慨允同意提供其研究论文作为结构方程模型
　　应用之范例，并蒙刘长萱教授、瞿海源教授，以及区雅伦、陈淑萍、黄柏侣、李庚霖、陈柏
　　邑、林子尧同学对此章初稿提供许多宝贵意见，让本章得以更臻完善，于此特申谢忱。

文，当有助于了解如何运用 SEM 响应研究议题、分析资料以及撰写 SEM 研究报告。该研究针对青少年创伤经验提出"地震暴露—社会关系—创伤后压力反应"的假设模式（Earthquake Exposure-Social Relation-Posttraumatic Stress Model，ESP 模式），希望借由该模式，了解"九二一"地震后，受创地区青少年的灾难暴露经验，如何影响其社会关系与创伤后压力反应，运用 SEM 验证 ESP 模型。在资料收集上，该研究以"青少年地震暴露指标""加州大学洛杉矶分校创伤后压力症候群指标量表青少年版—修台湾中文版"以及"台湾儿童及青少年关系量表"三个量表测量青少年的反应，根据研究参与者的填答，每一位青少年有 12 个变项的分数。针对 12 个变项的资料，除了计算个别变项的平均数、标准差外，亦可估算 12 个变项间的共变数。当研究者运用 SEM 分析资料时，即表示研究者想提出这 12 个变项间关系的可能模型，以说明变项间的共变量如何产生。

因此，结构方程模型关心的基本问题是：研究变项间的共变量如何产生？变项间有什么样的关系以致会有不同程度的共变量？如果 A、B 两个变项间有高的共变量，是因为 A 带动 B，是因为 B 影响 A，还是两者互相影响呢？抑或两者共同受到另一变项 C 的影响呢？相关理论与研究结果提供哪些立论基础？举例而言，如果态度与行为两个变项间有高的共变量，是因为态度影响行为，行为影响态度，还是两者互相影响呢？研究者可以就其对该研究问题的了解，提出解释变项间关系的假设模型（hypothesized model），结构方程模型即能评估研究者所提出的假设模型是否能充分解释由实证资料中所估计的变项间的共变数矩阵。如果模型所隐含的变项间的共变量矩阵，与由样本资料估计的共变数矩阵相当接近，则研究者所提出的假设模型可作为解释变项间关系的可能模型之一。反之，如果由模型所隐含的变项间的共变量矩阵，与由样本资料估计的共变量矩阵差距相当大，则研究者所提出的假设模型恐即无法充分解释观察变项间的关系，研究者需要从理论或实证研究的结果，另行提出可能解释变项间关系的模型。简言之，结构方程模型的目的乃由研究者根据理论提出变项间关系的假设模型，以解释与探讨变项间的共变量矩阵。由于结构方程模型可以协助研究者检验研究理论，此方法不仅在相关理论上有长足的发展，且有愈来愈多各领域的研究者以之进行资料分析（Hershberger，2003）。

> **参考方块　4-1：以结构方程模型分析资料之首问**
>
> 　　请问：研究者有兴趣于提出可能模型以了解与解释研究变项间的共
> 变量吗？
>
> 　　回应：如果不是，恐不宜采用 SEM。

　　结构方程模型的形成源自 1970 年代（Bentler，1986），在发展的早期，有许多不同的名称，譬如：causal modeling，covariance structure analysis（CSA），covariance structure model（CSM），factor analytic simultaneous equations model（FASEM），这些不同的名称皆指出 SEM 的特征。Causal modeling 在目前已经很少为研究者采用，然而，此名词的出现其实反映了研究者对 SEM 分析变项间因果关系的期待。在心理学或其他社会科学领域中，研究者很多时候对变项间的因果关系相当关注，然而囿于研究伦理等考虑，无法直接操弄变项以探讨变项间的因果关系，而仅能收集变项间的相关资料。由于以 SEM 分析资料时，研究者能够提出变项间关系的假设模型，例如 A 影响 B，B 影响 C，故令一些运用 SEM 的研究者以为如此即能得知变项间的因果关系。然而，因果推论其实并非统计方法可以提供的，因果关系之界定与推论乃需仰赖研究者由其他资讯判断（譬如变项发生的时间先后关系、以往研究之结果等），因之，causal modeling 一词目前乃鲜少再为研究者采用，以避免研究者以为运用了此统计方法分析资料即能证明因果关系的谬思。

　　其他两名词 covariance structure analysis 与 covariance structure model 中的 covariance 即指出 SEM 想要分析的主要乃为变项间的共变量，且 SEM 相关统计理论之推导亦是立基于共变数矩阵，而 structure 一字即点出此方法欲探讨变项间的结构关系。FASEM 则更清楚地指出 SEM 的两个重要元素，一为因素（factor），一为多元方程式模型（simultaneous equations model）。FASEM 中的 FA 指出 SEM 的假设模型可以含纳无法直接观察到的因素（factors），或称潜在变项（latent variables），而多元方程式则指出 SEM 的假设模型乃包括多条方程式的组合，变项间关系即是由这些方程式来表征。因之，结构方程模型可视为因素分析与多元方程式的结合，或是因素分析与径路分析（path analysis，PA）的组合。径路分析为 Sewell Wright 在 1920 年代提出（Wolfle，1999），借由多条描述变项间关系的方程式来分析变项间的相关，其与 SEM 不同之处在于所分析的变项皆为观察变项，未考虑无法直接观察的潜在变项。既然 SEM 是因素分析与径路分析的组合，径路分析即为 SEM 的特例，而由于 SEM 在模式评估上之发展，研究者一般现今多以 SEM 进行径路分析。

（一）结构方程模型之图示

图形之呈现有助于 SEM 分析，本小节乃简要说明 SEM 之图示。结构方程模型可包括观察变项（observed variables）与潜在变项。观察变项为研究者直接可自研究对象收集的资料，譬如研究对象在忧郁量表各题目的反应或智力测验分量表上的分数。潜在变项的概念则源自 Spearman（1904）提出的因素分析，为研究者所假设的无法直接测量之理论性变项，能影响研究对象在观察变项上的反应，譬如个体在忧郁因素上的高低程度会影响其在忧郁量表题目之填答，又如一个人智力之高低会影响其在智力测验分量表之分数。SEM 的分析常以图示方式表示研究变项之性质与关系，借之建构研究者假设的模型。在表征上，通常以圆形或椭圆形代表潜在变项，以方形或矩形代表观察变项，以单箭头直线表征两变项间之影响关系，而以双箭头曲线表示两变项间的共变关系。表 4-1 即列出各符号及其表征之意义。

表 4-1　SEM 常用之图形符号及其表征之意义

图形符号	表征意义
□	观察变项
○	潜在变项
$X \rightarrow Y$	X 影响 Y
$X \frown Y$	X 与 Y 之间具共变关系

图形之建构可协助研究者进行结构方程模型。以图 4-1 的假设模型为例，图中的模型有三个圆圈标示为 F_1、F_2 与 F_3，分别代表三个潜在变项（即因素），各潜在变项分别影响三个观察变项，其中潜在变项 F_1（如学业成就表现）与 F_2（如成就动机）间为共变关系，两者共同影响第三个潜在变项 F_3（如职业成就）。图中的 9 个矩形代表 9 个观察变项，于此模型中，

此 9 个变项乃用以反映三个因素之指标。譬如，研究者可自学业成就测验中选择三个分量表，称之为 X_1、X_2 与 X_3，以之反映个人的学业成就表现。在此模型中，每一个观察变项同时受潜在变项与对应之误差 (E) 影响。

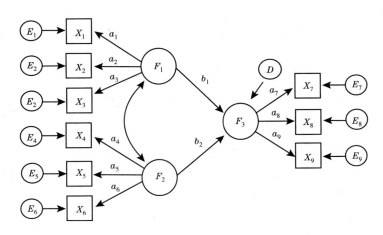

图 4 - 1　结构方程模型之例

结构方程模型亦会将变项区分为内生（endogenous）变项与外生（exogenous）变项，此两者也可称为依变项与自变项，两类变项的差别在于研究者在所建构的假设模型中，是否尝试解释该变项的影响因子。研究者在模型中尝试解释其影响因子的变项称为内生变项，研究模型中研究者未解释其影响因子的变项则称为外生变项。以图 4 - 1 的假设模型为例，最右边的潜在变项 F_3 为内生变项（受 F_1、F_2 与 D 影响），所有的观察变项 $X_1 \sim X_9$ 亦是内生变项（受对应的 F 与 E 影响），研究者在建构的模型中尝试去解释这些变项的影响因子，图 4 - 1 中左边的两个潜在变项 F_1 与 F_2，以及所有的残差或误差 (D 与 E) 则为外生变项，研究者未在假设模型中说明其影响因子。

结构方程模型分析中所提出的假设模型包括许多的参数，SEM 的参数包含两类：第一类为描述变项间影响关系的系数，可为外生变项对内生变项的影响，也可为内生变项彼此间的影响，如图 4 - 1 中的 9 个因素负荷量 $a_1 \sim a_9$（外生或内生潜在变项对内生观察变项之影响），以及 F_1 与 F_2 对 F_3 的两个系数 b_1 与 b_2（外生潜在变项对内生潜在变项的影响）；第二类参数为模型中所设定之外生变项的变异数与共变数，如图 4 - 1 模型中 F_1 与 F_2 的变异数与共变数（共 3 个参数），以及残差的变异数（共 10 个参数，包括 $E_1 \sim E_9$ 的变异数与 D 的变异数）。因此，图 4 - 1 的假设模型一共包含了 24 个参数。

图 4 - 1 的假设模型包括 10 条方程式，9 条为描述观察变项与潜在变项之关系，譬如：$X_1 = a_1{}^* F_1 + E_1$、$X_2 = a_2{}^* F_1 + E_2$、$X_7 = a_7{}^* F_3 + E_7$，另一条为描述潜在变项间之关系：$F_3 = b_1{}^* F_1 + b_2{}^* F_2 + D$。由此模型之 10 条方程式，即能推导出此假设模型所假设的 9 个观察变项间的共变量是如何来的。譬如，根据图 4 - 1 的模型，观察变项 X_1 与 X_2 的共变数即为 $a_1{}^* a_2{}^*$ Var（F_1），X_1 与 X_4 的共变数为 $a_1{}^* a_4{}^*$ Cov（F_1，F_2）（Var 代表变异数，Cov 表示共变量）。因此，只要研究者得知假设模型中的参数数值，即可根据假设模型所描述的变项间关系计算该模式所隐含的变项间的共变数矩阵（implied covariance matrix），此矩阵乃由模型的参数估计值推算出来的变项间共变量矩阵，故又称重建的共变数矩阵（reproduced covariance matrix 或 fitted covariance matrix）。上例中，如果 a_1、a_2、a_4、Var（F_1）、Cov（F_1，F_2）的估计值分别为 0.7、0.6、0.5、2、0.4，则由模型所重建之 X_1 与 X_2 的共变数为 0.84（0.7 × 0.6 × 2），X_1 与 X_4 的共变数为 0.14（0.7 × 0.5 × 0.4），此二数值可能与样本资料估计的共变量相近或具差异。是故，结构方程模型即针对观察变项间的共变量矩阵，尝试由理论或实证研究结果提出假设模型以解释变项间的共变量，而该模型中的参数一旦估计出来后，即可由这些参数估计值回估此模型所隐含的观察变项的共变量矩阵（即根据理论重建的共变量矩阵）。如果研究者建构的模型能充分解释变项间的共变关系，则由样本资料估计所得的共变量矩阵会与重建的共变量矩阵相当接近，若两矩阵相去甚远，则该假设模型与资料的适合度（model-data fit）欠佳，不适宜用以解释观察变项间之关系。

结构方程模型可假设的模型相当具有弹性，可包括径路分析（见图 4 - 2）、验证性因素分析（confirmatory factor analysis，CFA，见图 4 - 3）、高阶因素分析（如图 4 - 4）等模型。径路分析以多条方程式描述变项间的关系，然其模型仅有观察变项而未假设有潜在变项。图 4 - 2 的径路分析模型共包含 3 条方程式，高中学业成就 = 社经背景 + 认知能力 + 残差，大学成就动机 = 社经背景 + 高中学业成就 + 残差，大学毕业后职场表现 = 高中学业成就 + 大学成就动机 + 残差。验证性因素分析是结构方程模型的重要特例，常为研究者运用以了解测量变项与欲表征之因素间的关系。CFA 主要描述观察变项与潜在变项间的关系，因此潜在变项间皆设为共变关系。图 4 – 3 的 CFA 模型共包括 9 条表征观察变项与因素间关系的方程式。图 4 – 4 的二阶因素分析假设四个一阶因素受另一个二阶因素 *F* 影响，一阶因素间的共变来自同受该二阶因素影响，此模型包括 16 条方程式。譬如，研究者可能认为一个智力测验包括语文推理、量数推理、抽象推理与短期记忆四个一阶因素，而此四个一阶因素均同时受一个人智力（二阶因素 *F*）高低影响，研究者可依据理论建构此模型，复以实征资料检视该理论之合宜性。

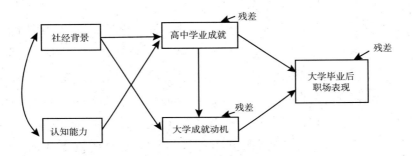

图 4 – 2　径路分析之例

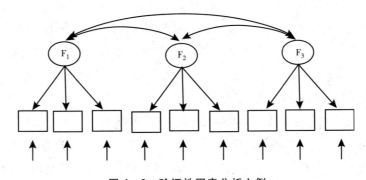

图 4 – 3　验证性因素分析之例

（二）SEM 分析之前置考量

就如同许多多变项分析方法，在进行结构方程模型分析之前，研究者需要先了解与检测欲分析的资料，包括样本的代表性、变项的分配、变项间的关系、是否有极端值、是否有遗漏资料，等等。需要了解变项的分配特性乃因后续进行参数估计时，需要考虑变项的分配，变项的分配会影响研究者实

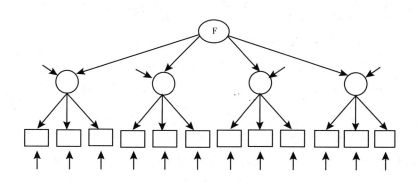

图 4 - 4　二阶因素分析之例

行的目标函数（objective function，或称 fitting function、discrepancy function）与参数估计方法。结构方程模型分析的主要标的是共变量矩阵，共变量可以描述变项间的线性关系，但未必能充分捕捉变项间的非线性关系。如果研究者能了解变项间具备线性或非线性关系，则能减少建构变项间关系以界定假设模型时之偏误。极端值可能影响共变量矩阵的数值，因此有极端值出现时，研究者需要判断该数值是否为合宜的资料，抑或有资料输入等错误。多变项分析由于收集的变项相当多，难免出现遗漏值，遗漏值的处理即可能影响分析的结果，因此需加留意。

　　由于结构方程模型之统计理论乃为大样本理论，因此如何决定样本人数乃研究者关注之议题。样本数之讨论可由三个角度考虑，最小样本数、样本数对自由参数数目之比值与检定力分析（power analysis）（如 MacCallum，Browne，& Sugawara，1996；Muthén & Muthén，2002）。虽然有研究者（如 Holbert & Stephenson，2002；Barrett，2007）提出最小样本数 200 的看法，然许多研究者并不同意，而认为需要考虑假设模型中自由参数的数目（如 Bentler & Chou，1987；Tanaka，1987；Nevitt & Hancock，2004；Bentler，2007；Goffin，2007；Steiger，2007；Kline，2011）。譬如，针对常态分配之变项，Bentler 与 Chou 提出样本人数至少为自由参数数目 5 倍的经验法则，Kline 则建议样本人数最好是自由参数数目的 20 倍，然 10 倍可能是较为实际可行的建议。样本数如何取决最宜，目前尚无定论，研究者可由多种方法估计所需样本数，基于 SEM 大样本理论之考虑，研究者在可能范围内，可尽量多收集样本资料。

结构方程模型之分析可分为五步骤：模型设定（model specification）、模型辨识（model identification）、模型估计（model estimation）、模型适合度评估（model evaluation）、模型修正（model modification）。研究者在进行 SEM 分析前，需先由理论或以往研究结论说明所假设的模型为何（模型设定），之后需要考虑所界定的模型是否能得到合宜的单一组估计值（模型辨识），如若模型界定与辨识可以接受，则可进一步实际估计模型中参数的数值（模型估计），在得到参数估计值后，即可进行模型的适合度评估，评估由参数估计值所计算而得的共变量矩阵（即重建之共变量矩阵）与由样本资料估计之共变量矩阵两者的差距。如果两者差距极微，则研究者所假设的模式可作为变项间关系的一种解释，但如果两个矩阵差异颇大，则表示研究者假设的模式与资料颇有差距，研究者可就研究目的考虑是否需要修正之前提出的模式，如果觉得需要，则进入模型修正步骤。简言之，结构方程模型可视为验证性因素分析与径路分析的结合，或是验证性因素分析与多元方程式模型的整合，研究者根据理论与文献提出解释变项间关系的模型，结构方程模型即在研究者提出的假设模型下，估计模型中设定的参数，协助研究者评估所提出的模型，以了解该模型是否能充分解释研究者在实证研究中所收集到的变项间共变数。以下即一一介绍结构方程模型分析之各步骤。

二　模型设定

研究理论是研究者进行结构方程模型之模型设定时最重要的依据，研究者乃根据相关的理论，及过去的研究结果界定变项间的关系，提出假设模型，以解释变项间的共变关系。研究者宜在论文中清楚说明所界定的变项间关系，及其论述之基础。以图 4-1 的假设模型为例，研究者宜说明 F_1 与 F_2 影响 F_3 的理论基础，以及 $X_1 \sim X_3$ 为 F_1 之测量变项，或称指标（indicators），$X_4 \sim X_6$ 为 F_2 之测量变项，$X_7 \sim X_9$ 为 F_3 之测量变项的理论或实证研究结果。

结构方程模型所界定的模型可分为两部分：测量模型（measurement model）与结构模型（structural model）。测量模型关注的是观察变项与潜在变项间的关系，亦即研究者所采用的观察变项是否能充分反映欲测量的潜在变项，是否为潜在变项的最佳指标。在测量模型中，研究者需要明确界定每一个潜在变项影响哪些观察变项，由于测量模型的重点在于观察变项与潜在变项间的关系合宜与否，因此潜在变项间通常设为共变关系，此即为一般所谓的验证性因素分析模型。上述图 4 – 3 之模型即是图 4 – 1 模型所隐含的测量模型，为一个三因素的 CFA 模型。结构模型指的是潜在变项间所设定的模型，以图 4 – 1 的模型为例，其结构模型即为一包含两个预测变项的多元回归模型（$F_3 = b_1 \times F_1 + b_2 \times F_2 + D$）。由于结构方程模型分析的重点常在于潜在变项间的关系，有些研究者（Anderson & Gerbing，1988）乃建议在进行结构方程模型分析时，可先评估该假设模型的测量模型是否与资料适合，在测量模型合宜的情况下，再进一步进行包含结构模型之整体模型的适合度评估，以免因为测量变项不恰当而导致假设模式与资料的适合度不佳。

当研究者提出假设模型，设定模型后，即决定了此模型包括哪些参数。如前所言，结构方程模型的参数包含两类：第一类为描述变项间影响关系的系数，第二类为模型中所设定之外生变项的变异数与共变量，这些参数可以进一步区分为固定参数（fixed parameters）与自由参数（free parameters）。固定参数的数值由研究者事先设定，在模型估计过程中无须估计其数值，自由参数的估计值则需透过模型估计步骤估算。

由于假设模型中之潜在变项乃假设性的变项，进行结构方程模型时，需要先界定潜在变项的尺度（scale），潜在变项的测量单位若未界定，则会产生无数多组解的状况，而无法得到合宜的结果。潜在变项通常借由设定其变异数或者某因素负荷量为定值（即设为固定参数，数值通常设定为 1）来界定其尺度。外生之潜在变项可借由此二方法界定单位，而内生之潜在变项因为受残差影响，一般皆由设定某因素负荷量为定值来界定尺度。以图 4 – 1 之模型为例，研究者可借由设定 F_1 与 F_2 之变异数均为 1 来设定此二外生潜在变项的尺度，另外借由设定 F_3 至其测量变项（$X_7 \sim X_9$）之一的因素负荷量为定值（如将 F_3 对 X_8 的因素负荷量设为 1）来界定内生潜在变项 F_3 的尺度。当参数被设为固定数值时，此等参数即为固定参数，这些参数的数值乃被设定为固定数值而无须估计，其余需要估计其数值的参数则为自由参数。故图 4 – 1 假设模型的 24 个参数包含 3 个固定参数与 21 个自由参数，图 4 – 2 的假设模型包含 12 个参数（分别为 6 个径路系数、5 个变异数与 1 个共变量），图 4 – 3 的模型包含 21 个自由参数，图 4 – 4 的模型包含 28 个自由参数。

虽然结构方程模型提出之初，乃采验证性（confirmatory）之观点，主要目的在验证研究者所提之模式是否为合宜的假设，然在实际运用上则包括三种不同之研究情境或策略（Jöreskog，1993；MacCallum & Austin，2000）：①模式验证（strict model confirmation），②模式比较（model comparison），③模式产生（model generation）。模式验证取向之目的在检测研究者所提出的模式与资料是否一致，研究结果可指出所假设的模型是否为可能的解释模式，即便所提出之模型与资料不符，研究者未必有兴趣或需要修正原来提出之模式，因其研究旨趣仅于探究建构之假设模型是否可能表征实际的研究现象，是否得以合理解释研究对象所展现的变项间关系。模式比较的重点在于比较研究者所提出之数个可能模型，看其中哪一个假设模型与资料最为适合，最宜解释观察变项之共变量矩阵。模式产生之作法则在提出假设模型后，修正该模型直到模型与资料的适合度合宜。然运用 SEM 以产生模型时，因为乃以同一个样本估计参数与修正模型，经过修正后的变项间关系未必亦出现于其他样本，研究者宜另外收集新的资料进行交叉验证（cross validation），检视修正后的模型是否亦与新样本的资料适合，以免所发展出来的模型仅能解释原来的共变量矩阵，而无法类推至研究母群。

在模型设定时需要注意的一点是，研究者应了解其他可能模型（alternative models）的存在。研究者提出的假设模型，乃变项间关系的多种可能解释之一，即便该模型与资料相当适合，足以解释变项间的共变量，也可能亦有其他模型与资料相当适合而得以合宜解释变项间的共变量矩阵。因此，研究者在设定模型时，最好能考虑是否有其他可能模型亦可解释变项间的共变关系。

结构方程模型除了可分析单一样本的资料外，也可同时分析数个独立样本（multiple group models）。复以图 4 – 1 之假设模型为例，假设 F_1 为学业成就表现，F_2 为成就动机，F_3 为职业成就。研究者除了欲了解三个变项间的关系外，可能进一步想了解这样的模式会不会有性别差异，此时，研究者可收集男性样本与女性样本的资料，分别计算两样本的共变量矩阵以进行两组群之结构方程模型分析。在多样本分析中，研究者可依其研究问题与兴趣，进行不同的比较。譬如，学业成就表现对职业成就（$F_1 \rightarrow F_3$）的影响在男女两组群是否一样？多样本结构方程模型分析的常用情境之一为量表测量恒等性（measurement invariance）之检验，借以了解量表分数在不同群体之意义是否相同，有兴趣的读者可参阅 Meredith（1993）或 Vandenberg 与 Lance（2000）等文献。

综言之，结构方程模型的模型设定具有相当的弹性，径路分析、验证性因素分析等均为其特例，模型的设定可针对单样本或者多样本进行，亦可将平均数纳入分析（有关平均数之分析将简述于后），然研究者宜注意是否有其他可能模型亦可合宜地解释变项间的共变关系。在分析策略上，除了模型验证取向外，研究者亦可进行模型比较，或修正原提出之假设模型以建构与资料适合之模型，此时最好能收集新样本以交叉验证修正后模型之适合度。无论研究者采取何种策略取向运用结构方程模型，仍需要以研究理论为最重要的模型建构与分析之基础，充分掌握研究主题之文献，深入了解相关研究成果，及其业已累积之知识。

参考方块　4-2：以吴治勋等人（2008）研究为例说明"模型设定"步骤要项

该研究欲检测 ESP 模型，作者将其图标于该文的图 1，以利读者了解其模型。文章的前言即说明 ESP 模式源自 Robert S. Pynoos 等人提出的儿童面对创伤压力之发展模式概念架构，并进一步详细说明 ESP 模式中各路径之理论与文献基础，以及为何需要分别比较男生与女生之理由。具体说明于下。

针对文中图 1 的 ESP 模式，前言的①说明地震暴露程度为何影响创伤后压力反应，②阐述社会关系与创伤后压力反应的关系，并由文献归纳论述为何需要将社会关系分为支持性与伤害性两个向度，③说明主观与客观灾难暴露程度对社会关系的影响，④主要由以往文献论述在讨论灾难暴露、社会关系、创伤后压力反应时，为何需要将性别纳入考虑，⑤则综整上述论述的变项间关系，简述地震暴露程度、社会关系、创伤后压力反应三个主要概念的测量，以及 ESP 模式具体提出的变项间正负向影响关系。最后说明该研究即欲检视此模式能否适当解释青少年灾难暴露、社会关系与创伤后压力反应间的关系，并希望此研究结果能提供未来青少年灾后协助之基础。

提醒：应用 SEM 时，研究者需清楚说明假设模型所论述之变项间关系的理论与文献基础，当说明充分时，读者经由阅读文中变项间关系之论述，应能自行建构出研究者所假设的模型。研究者亦宜充分利用 SEM 之图示，以助读者了解所建构的模型。

三 模型辨识

模型辨识的历程在于将假设模型中需要估计数值的自由参数表征为变项间共变数矩阵元素的函数，以检视模型中假设的自由参数解是否唯一。如果研究者所提出的假设模型有多组解，在多组解中，研究者要采用哪一组解呢？此时该模型无法清楚呈现变项间的关系，称为无法辨识（not identified 或 nonidentifiable），因之，在结构方程模型中需要考虑模型辨识之问题。模型辨识的实际做法（亦即将自由参数表征为共变量矩阵元素之函数）相当复杂，亦有研究者发展模型辨识之充分或必要条件等，有兴趣的读者可参阅 Bollen（1989）、Kline（2011）或 Long（1983），此处仅提出一些一般研究者可检视的实证原则。

模型能辨识的一个必要条件是假设模型的自由度（df）大于或等于 0（$df \geqslant 0$）。模型的自由度为资料点的个数，亦即观察变项共变量矩阵中非重复元素的个数，减去自由参数的数目。当假设模型包含 p 个观察变项时，资料点的个数为 $p(p+1)/2$。图 4-1 的假设模型共有 9 个观察变项，其共变量矩阵中共有 45（$9 \times 10/2$）个非重复的元素（9 个变异数与 36 个共变量），由于该模型有 21 个自由参数，故其自由度为 24（45－21）。为熟悉自由度之算法，读者若有兴趣可检视图 4-2 至图 4-4 模型之自由度，三者分别为 3（15－12）、24（45－21）、50（78－28）。然由于自由度大于等于 0 只是模型能辨识的必要条件，故能辨识的模型其自由度必定大于或等于 0，但自由度大于或等于 0 未必表示假设模型可以辨识。当假设模型的自由度恰为 0 时，此模式称为恰能辨识模型（just-identified model），此时资料点的个数等同于自由参数的数目，研究者可推导出各个参数与共变量矩阵元素间的函数，假设模型与资料适合，研究者其实并未进行任何模式检验。因此，进行结构方程模型时，研究者一般会检视自由度是否大于 0（$df > 0$）。当一个潜在变项有三个测量变项时，单就此部分的模型而言，此模型乃恰能辨识模型，自由度为 0，因此一般会建议每个潜在变项最好至少有 3 个测量指标，以使该部分模型能予辨识。倘若一个潜在变项仅有两个测量变项，如果仅考虑此部分模型，其 $df < 0$，乃为无法辨识。故此，在设定模型时，如果潜在变项仅有两个测量变项，则该潜在变项一定需要设定为与其他变项有关，否则便无法辨识。然若仅有二测量变项的因素与其他因素间实际上并无实质关系，则在模型估计时仍可能出现无法辨识的问题。

由于实际将各个自由参数化为共变量矩阵元素之函数对一般结构方程模型应用者而言甚难，研究者可运用以下一些实证方法检测模式是否可能有辨识问题（Bollen，1989）。

1. 模式自由度是否大于 0？

2. 检查各个潜在变项的尺度是否已适当地设定？

3. 参数估计值的标准误是否可估算出？数值是否合宜？

4. 可尝试采用不同的起始值（starting values）（有关起始值的说明请见下一节"模型估计"），看是否得到一样的参数估计值？

5. 可将参数估计值重建之共变量矩阵作为输入矩阵进行 SEM 分析，看参数估计值是否维持一样？

6. 可将样本拆为两个次样本分别进行结构方程模型分析，比较两个次样本的模式参数估计值是否相似？

以上检视模型辨识之做法可协助研究者了解所建构的模型是否可能有辨识问题，然而出现这些现象时，譬如参数估计值的标准误无法估算，未必是模式辨识有问题，也有可能是参数估计迭代过程的问题。

四 模型估计

一旦研究者由理论设定研究模型，亦初步检视模型辨识议题后，即可进入模型估计的步骤，估计每一个自由参数的数值（称为参数估计值）及其标准误。如前所描述，结构方程模型中有两个共变量矩阵，由研究资料估计之样本共变数矩阵（通常以 S 代表），以及由模式参数衍生而得之重建共变数矩阵（通常以 Σ 表示，$\Sigma = \Sigma\,(\theta)$，其中 θ 为所有参数所形成之向量）。进行结构方程模型分析时，研究者乃在考虑研究理论下，希望其提出之模型所隐含的共变量矩阵 Σ 能与样本共变量矩阵 S 相当接近。因此，在模型估计的过程即会针对某一函数求取最小值，该函数称为目标函数。目标函数乃一描述 S 与 Σ 两个矩阵间差异的函数。举例而言，最小平方系列估计方法之目标函数为：

$$F = (s - \sigma)'\,W(s - \sigma),$$

其中 s 与 σ 分别为 S 与 Σ 矩阵中非重复之元素所形成的向量，W 为加权矩阵（weight matrix）。模型估计过程即经由迭代程序，尝试找出使得目标函数达到最小值的参数估计值，亦即使两个矩阵差异的函数值 F 臻于最小之参数估计值。

目标函数取决于两个因素：①研究者对观察变项分配的假设，以及②采行的参数估计方法。观察变项的分配可为多元常态分配、椭圆分配（elliptical distribution）、任意分配（arbitrary distribution），参数估计方法包括最大概似法（maximum likelihood method，ML）、未加权最小平方法（unweighted least squares method，ULS）、广义最小平方法（generalized least squares method，GLS）、重复加权最小平方法（reweighted least squares method，RLS）等。不同的变项分配假设与估计方法之组合，即有不同之目标函数，上述最小平方系列目标函数 F 内之 W 即因之而不同。以下列出两个常为研究者采用的目标函数：多元常态分配假设下之最大概似估计法与广义最小平方法的函数。模型估计即是借由提出参数 θ 的估计值，尝试求取目标函数的最小值；由此二函数可知，最小值的数值，乃取决于 Σ 与 S 两矩阵的差异，当 Σ 与 S 两个矩阵愈接近时，函数值即愈小，两个矩阵差异大时，函数值即不可能非常小。

$$F_{\mathrm{ML}} = \ln\,|\,\Sigma\,| + \mathrm{tr}(S\Sigma^{-1}) - \ln\,|\,S\,| - p,$$
$$F_{\mathrm{GLS}} = 0.5\,\mathrm{tr}\left[\,(I - \Sigma S^{-1})^2\right],$$

其中 ln 为自然对数，|.| 为矩阵行列式（determinant），tr 为矩阵之迹（trace），p 为观察变项之个数。

研究者在进行结构方程模型前，需先了解各个观察变项的分配，基本的作法乃检视各观察变项的偏态（skewness）与峰度（kurtosis）系数，以决定观察变项为常态分配或非常态分配，借之假设合宜的观察变项分配，与选用合适之参数估计方法。最大概似法是研究者最常采用的方法，该方法的目标函数乃在观察变项符合多元常态分配假设下推导而得（Bollen，1989）。然而，实证资料未必能符合常态分配之假设，也因之许多研究者探讨最大概似法之稳健性（robustness），以了解 ML 仍可适用之违反常态分配之情境。然研究者对于常态分配之假设在什么范围内的偏态与峰度具有强韧度的看法未必一致，Muthén 与 Kaplan（1985，1992）认为如果偏态与峰度约在 ±1 以内，则可将之视为常态分配，此时可选用常态分配假设下的 ML 或 GLS 估计方法，然有研究者觉得若偏态在 2 或 3 以内，峰度为 7 或 10 以内（Weston，Gore，Chan，& Catalano，2008；Kline，2011），基于常态分配之参数估计方法仍具强韧度。如果观察变项严重偏离常态，研究者可假设变项分配为 arbitrary distribution，然而于此假设下，估计参数时需要计算变项的四级动差，因而需要较常态分配假设为大的样本数，此大样本数之需求亦因之限制其实际可应用性。研究者亦可在评估模式时考虑以 Satorra-Bentler scaled statistic（Bentler & Dudgeon，1996）代替传统的卡方检定（有关卡方检定的说明请见"模型评估"一节），以 robust standard errors 代替一般的标准误。当观察变项为点数资料时，如五点量表等，研究者可考虑采用多序列相关（polychoric correlation）及其对应之加权矩阵进行分析，然此时需要较大的样本数方能得到合宜的参数估计值（Bollen，1989；Jöreskog & Sörbom，1993）。

　　结构方程模型之参数估计方法一般均需实行迭代的程序，以求取函数的最小值。在迭代的过程中，研究者需要先提供一组参数估计值作为起始值，一直迭代至达到函数最小值，此时即可得到模型参数之估计值 $\hat{\theta}$（$\hat{\theta}$ 代表所有参数估计值所形成之向量）。SEM 的软件一般均会自动提供起始值，然如果软件提供之起始值不当，研究者即需自行设定参数的起始值。此外，软件亦会设定迭代次数的上限，如果迭代过程未收敛，表示函数尚未达到最小值，研究者可考虑增加迭代次数或改变起始值。唯有函数收敛时之参数估计值方可进一步评估与进行解释。

> **参考方块　4－3：以吴治勋等人（2008）研究为例说明"模型估计"步骤**
>
> 　　该文于"研究方法"中清楚呈现研究样本、测量变项与统计分析方法之细节。首先，研究者说明研究参与者之组成与遗漏资料之处理方式与相关分析，接着描述三个量表的内容、题数、测量方式以及由之所建构的此研究分析之 12 个变项，读者由其说明可了解观察变项与潜在变项间的关系。接续在后的为此研究的统计分析方法，研究者说明此研究依其研究目的实行 SEM 分析资料，分析的资料为共变量，应用的软件、参数估计方法（ML）与用于模式评估之参照指标。研究者于此清楚说明如何设定各个潜在变项的尺度，以及在模式中加入正负向关系残差间共变的理由。对于选用 ML 估计方法是否合宜，研究者未于此处说明，然随即于研究结果首段描述统计的部分说明变项的偏态与峰度系数。文中同时分别表列男女生在 12 个变项的标准差与相关系数矩阵，有兴趣之读者即可根据所提供的样本统计量进行资料分析，或者重复此研究之分析，检验此研究所得之结果。
>
> 　　提醒：研究者宜清楚说明研究样本、用以反映潜在变项的观察变项、观察变项之测量与分配、参数估计方法、采用之软件等，细节请参后文七（一）"结构方程模型研究报告之撰写"一节。

　　结构方程模型由于愈来愈广为不同学门之研究者应用，相关软件开发蓬勃，目前较常为研究者使用的包括 AMOS、CALIS、EQS、LISREL、Mplus、Mx 等。各个软件除了可分析基本结构方程模型之外，亦各有其特点。虽然软件之发展常以让研究者易于使用为重要前提，研究者仍宜详读所使用软件之使用手册，了解相关细节，以避免误用（Steiger，2001）。

　　综言之，在模式估计步骤，研究者需检视变项之分配，考虑变项分配与参数估计方法以决定选用之目标函数。一般结构方程模型之参数估计需运用迭代历程，研究者需注意迭代历程是否收敛，必要时可改变参数估计的起始值与迭代次数，以求取模型参数之估计值及其标准误等分析结果。

五　模型评估

模型评估的目的在于评估研究者提出之假设模型是否能充分解释观察变项的共变量矩阵，亦即目标函数之数值是否够小，样本共变量矩阵 S 与由参数估计值重建之共变量矩阵 $\hat{\Sigma}$（$\hat{\Sigma} = \Sigma\,(\hat{\theta})$）是否够接近。假设模型之评估可就各参数的估计以及整体模式与资料的适合度进行评估，然唯有当假设模型与资料适合时，方适合进一步解释模型参数估计值的意义。当假设模型与资料适合度不佳时，表示此假设模型无法充分解释变项间的关系，此时所得的参数估计值即无法合宜地描述变项间的关系，因之不宜进行解释。

（一）参数之评估

模型参数可由模式参数估计值的正负符号与数值是否合理，以及标准误的数值是否合宜来评估。如果出现不恰当解（improper solutions），譬如变异数小于 0、相关系数的绝对值大于 1，则研究者需要检视模型之设定是否合宜或是样本资料有无问题。由于不同软件对不恰当解的处理方式不一，研究者宜由软件手册了解所使用软件对不恰当解之处理方式。一般 SEM 软件的报表会列出各参数的估计值及其标准误，以及两者相除的检定统计量，该检定的虚无假设与对立假设分别为 H_0：$\theta = 0$ 与 H_1：$\theta \neq 0$，亦即检定该参数 θ 在母群的数值是否为 0。因结构方程模型之理论为大样本理论，该检定统计量在大样本时为一 t 分配，此时 t 分配的自由度相当大，而 t 分配在自由度极大时趋近 z 分配（标准常态分配），故一般研究者乃以 1.96 为临界值（假设 $\alpha = 0.05$）检定该参数是否为 0。然如前所言，参数之评估需在模型与资料适合的情形下才宜进行，亦即研究者所建构的模型能充分解释变项间的共变量，为变项间关系的可能解释之一时，方适宜进一步检视参数估计值与说明其意义。

（二）残差共变数矩阵

在整体模型评估上，研究者可由残差共变数矩阵（residual covariance

matrix）与标准化残差矩阵（standardized residual matrix）、卡方检定、适合度指标（fit indices）来评估。残差共变量矩阵为样本共变量矩阵与重建共变数矩阵之差（S－$\hat{\Sigma}$），残差值为正表示假设模型低估了变项间之共变量，残差值为负值则表示假设模型高估了变项间的共变关系，如果假设模型与资料适合极佳，则残差共变数矩阵之元素的数值皆会极小而接近 0。然由于各观察变项的变异数不同，同样数值的残差未必表示相似程度之适合，因此，研究者可进一步检视标准化残差矩阵，该矩阵为将残差共变量矩阵标准化后所得。如同残差共变量矩阵，如果假设模型与资料适合，则标准化残差的数值应会接近 0。若标准化残差矩阵中有元素数值相当大，则研究者可检视在设定假设模型时，是否忽略或过度设定其对应之观察变项间的关系。

（三）假设模型之卡方检定

结构方程模型之统计理论乃奠基于大样本理论，就如上述之参数检定，当样本够大时，参数检定之检定统计量方为 t 分配。在整体模式评估上，当样本数够多且变项分配假设合宜时，样本人数减一（$N-1$）乘以目标函数之最小值（F_{min}）为一卡方分配，自由度为 $p(p+1)/2-q$，其中 p 为观察变项个数，q 为需估计之自由参数的数目。此检定的虚无假设与对立假设分别如下。

虚无假设：所假设的模式能充分解释变项间的共变关系，即 $\Sigma = \Sigma(\theta)$。

对立假设：母群共变数矩阵为任何对称之正定矩阵（positive definite matrix）。

当虚无假设为真时，（$N-1$）F_{min} 在样本人数极大且变项分配之假设合宜时为一卡方分配。然此检定对样本人数相当敏感，样本人数过低时，（$N-1$）F_{min} 未必为卡方分配；而当样本人数非常大时，函数最小值可能相当小，亦即假设模型重建之共变量矩阵与样本观察变项之共变量矩阵非常接近，但却因为样本人数极大，提高了卡方检定量的数值，致使卡方检定拒绝研究者所提出的模型，以为该假设模型无法充分解释变项间的共变量矩阵。而且，卡方检定之值亦受观察变项之分配影响，如果观察变项的实际分配偏离所使用之目标函数假设的分配，$(N-1)$ $F_{\min}$ 亦未必为卡方分配。由于卡方检定值受样本人数与分配假设之影响，以之进行之统计检定未必能合宜反应假设模型是否可解释变项间关系，不同的适合度指标乃陆续被提出，以作为假设模型与数据适合度评估之参考。

（四）适合度指标

结构方程模型之适合度指标种类相当多，其中有些指标以基本模型（baseline model）作为比较的基准，以检视假设模型较基本模型在模式适合上的增益量为多少，故称为增益性适合度指标（incremental fit indices），譬如 normed fit index（NFI，Bentler & Bonett，1980）、Tucker-Lewis index（TLI，Tucker & Lewis，1973，或称 NNFI，nonnormed fit index，Bentler & Bonett，1980）、relative noncentrality index（RNI，McDonald & Marsh，1990）、comparative fit index（CFI，Bentler，1990）、incremental fit index（IFI 或称 Δ_2，Bollen，1989）、relative fit index（RFI 或 ρ_1，Bollen，1989）即属此类。虽然研究者可自行设定基本模型，一般乃以独立模型（independence model）为比较基准，独立模型假设观察变项间皆为零相关，故其模型之参数仅含各观察变项之变异数，对应之卡方检定的自由度为 p（$p-1$）$/2$［即 p（$p+1$）$/2-p$］。兹以增益性适合度指标 NFI 为例说明增益之概念。NFI $=$ $(\chi_i^2-\chi_M^2)/\chi_i^2$，其中 χ_i^2 为独立模型之卡方检定值，χ_M^2 为假设模型之卡方检定值。如果观察变项之间实际上具共变关系，则 χ_i^2 的数值一般会相当大，因为独立模型与资料之适合度会极低。由 NFI 之估计式可知，NFI 乃以 χ_i^2 为基础，评估相对于独立模型之卡方检定值，假设模型卡方值减少的比率，亦即，相对于独立模型，假设模型之适合度改进了多少。对其他适合度指标之定义或估计式有兴趣之读者可参阅 Bollen（1989）、Jöreskog 与 Sörbom（1993）、Kaplan（2008）、Kline（2011）等文献。

绝对性适合度指标（absolute fit indices）直接评估假设模型与资料之适合程度，而未运用基本模型，于此即以 SRMR（standardized root mean square residual）（Bentler，1995）为例说明。SRMR 指标乃先将残差共变量矩阵（亦即样本共变量矩阵与由假设模型重建之共变量的差异）标准化，求取标准化残差矩阵中未重复元素之平方值的平均数，然后再将该平均数开根号。

此一指标即直接表征样本共变量矩阵与由假设模型重建之共变量矩阵的差异，亦即资料与假设模型两者之适合情形，而未应用其他参照模型。其他绝对性适合指标尚包括 goodness- of-fit index（GFI，Jöreskog & Sörbom，1993）、adjusted GFI（AGFI，Jöreskog & Sörbom，1993）、critical N（CN，Hoelter，1983）、root mean square error of approximation（RMSEA，Browne & Cudeck，1993）等。考虑 $(N-1)$ F_{min} 之卡方检定统计量易受样本人数与变项分配影响而未必为卡方分配，有些研究者亦将其归于此类，当作一描述性指标而非统计检定（Jöreskog & Sörbom，1993）。

面对各适合度指标之数值，研究者如何判断假设模型与资料的适合度如何呢？在适合度指标发展之初，研究者一般由经验法则建议可用的切截点。譬如，0.9 就被视为许多指标的切截点，包括 CFI、GFI、NFI、NNFI 等；CN 的建议切截点为 200（Hoelter，1983），如果 CN > 200 表示模型与资料适配；RMSEA 之数值若小于 0.05 表示适配非常良好，0.05～0.08 表适配良好，然若高于 0.1 则表示适配不佳（Browne & Cudeck，1993）。然而，晚近直接检视不同切截点与模式适配之研究（Hu & Bentler，1999）则发现有些切截点可能需要更高，譬如，CFI、NNFI 的切截点需提高至 0.95，RMSEA 则小于 0.06 方表示假设模型与资料适配。Hu 与 Bentler 提出双指标组合之模型评估策略（two-index strategy），同时检视 SRMR 与其他指标之适配情形，如果两指标均显示假设模型与资料适配，则研究者较有信心得以所建构的模型解释观察变项间的共变关系。运用双指标评估策略时，SRMR 的切截点可设于 0.09，RMSEA 的切截点可设于 0.06，NNFI、CFI、IFI 等指标的切截点则可设于 0.95。运用适合度指标评估假设模型与资料之相符程度时，切截点其实仅是某个参照点，而且相关之研究多数均为模拟研究，模拟研究之结论其实受限于所模拟的情境，包括模型之特性、样本大小、估计方法、观察变项之分配等。因此，研究者恐不宜将过去研究所建议的切截点数值当作一个非常绝对的标准来进行结构方程模型之模式评估，宜以多指标的数值配合其他资讯（如参数估计值是否合理等），评估假设模型与资料之适合度。

上述适合度指标皆为对单一模型之整体评估指标，如果欲比较多个不同的可能模型时，研究者可以检视各个模型的前述适合度指标。比较多个模型时，这些模型可能有不同的参数数目，因此宜同时考虑模型之适合度与参数数目，此时，常为研究者采用的有 AIC（Akaike information criterion，Akaike，1987）、CAIC（consistent AIC，Bozdogan，1987）、ECVI（expected cross-validation index，Browne & Cudeck，1989）等指标。以 AIC 为例，AIC $= \chi^2 + 2q$，其中 χ^2 为假设模型之卡方值，q 为模型中自由参数的数目，此指标同时考虑整体模式适合度与自由参数之数目，如果适合度佳，卡方值会低，但若该模型却甚为复杂，亦即包含许多个自由参数，则其 AIC 数值亦不会很低。因此，运用此等指标时，乃比较各假设模型的数值，数值愈低的模型与资料的适合度愈佳。

（五）卡方差异检定

进行结构方程模型分析时，研究者有时希望系列性地比较模型，在原本的假设模型上，陆续加上限制（constraints 或 restrictions），以检视更精简的模型是否亦能充分解释观察变项间的共变关系。以图 4-1 的模型（称之 M_0 模型）为例，如果研究者从以往研究结果发现 F_1 与 F_2 对 F_3 的影响程度相近，研究者可限制此二参数相等，亦即加上 $b_1 = b_2$ 的限制，形成另一假设模型（称之 M_1 模型）。此时其中一模型（M_1）为另一模型（M_0）加上限制（$b_1 = b_2$）后所形成的模型，两者即称为巢状模型（nested models），研究者可以卡方差异检定（chi-square difference test）进行巢状模型之评估。再以图 4-1 之模型另举一例说明巢状模型。如果研究者由以往针对测量变项的研究发现 F_1 对三个测量变项之影响程度相近，此时，亦可形成另一假设 a_1、a_2、a_3 三者均相等的模型（称为 M_2 模型），此模型在图 4-1 之模型另加上两限制条件（$a_1 = a_2$ 与 $a_1 = a_3$），与原来图 4-1 之模型 M_0 亦为巢状模型。

卡方差异检定目的在检视所加上之限制是否成立，故其虚无假设为所加上之额外限制成立，对立假设为这些限制未必成立。运用卡方差异检定时，需要进行两回结构方程模型分析，分别估计限制较少（M_0）与限制较多（M_1 或 M_2）之两模型的卡方检定值，两检定值之差在样本人数大时为一卡方分配，自由度为对参数所加上限制的数目，亦即两个模式自由度之差。因此，检定 $b_1 = b_2$ 限制是否成立之两卡方值之差异为自由度为 1 之卡方分配，

检定 F_1 三个测量变项之因素负荷量是否相等的卡方差异值为自由度为 2 之卡方分配。进行卡方差异检定时，需要注意限制较少之模型（如例中之 M_0）需为可接受之模型（Yuan & Bentler，2004），如此两卡方值之差异在大样本下方为卡方分配。如果两个卡方值的差异不显著表示更精简的模型（如 M_1 或 M_2）与样本资料的适合度与更复杂的模型（M_0）没有显著差异，因此即可以精简模型来解释变项间之共变量。如果两个卡方值的差异达到显著，表示对参数设限后，模型与资料之适合度变差，包含较多参数的模型（M_0）方能合宜解释变项间的共变量矩阵。

卡方差异检定常为研究者用来检视测量工具是否具备测量恒等性（Steenkamp & Baumgartner，1998；Vandenberg & Lance，2000），亦可用以检定特定参数数值。除了检定参数是否为 0 外，研究者基于相关理论或研究发现，可能有兴趣了解某参数的数值是否为一特定数值（譬如图 4 - 1 模型中之 b_2 是否为 0.7），亦即 $H_0: \theta = c$ 与 $H_1: \theta \neq c$，c 为特定数值，此时则需使用卡方差异检定，进行两回结构方程模型分析。第一回将该参数设为自由参数，求取卡方检定之数值，第二回将该参数设为研究者有兴趣的定值 c（如图 4 - 1 模型中之 $b_2 = 0.7$），由于此参数变为固定参数，此时之卡方检定值会较第一回分析之卡方值为高或接近，两者之差值为自由度为 1 之卡方分配。进行卡方差异检定时，同样的，研究者需要注意限制较少之模型（第一回之模型）需为可接受之模型，如此两卡方之差异值在大样本下方为卡方分配。

（六）模型评估注意事项

模型评估是结构方程模型分析中重要的一环，Bollen 与 Long（1993）曾编辑专书讨论此主题，虽然不同研究者对卡方检定与各种适合度指标之运用的看法未必一致，但他们整理出研究者具有共识之五点意见。

1. 模型评估之最佳指导原则乃是研究者对研究主题理论与实证研究结论之了解，即便统计资料无以拒绝假设模型，该模型若无坚实之理论支持亦不具重要意义，研究者对研究主题内容之掌握在进行结构方程模型分析时乃具无以取代之重要性。

2. 由于卡方检定统计量之性质，研究者不宜单单凭借卡方检定评估假设模型与资料的适合度。

3. 没有哪一个指标是唯一最佳的模型适合度评估指标，研究者宜报告多个指标的资料。

4. 除了检视整体模型与资料之适合度外，研究者不应忽略模型之其他部分，包括参数估计值是否合宜、是否有不恰当解等，亦应将之纳入考虑以评估假设模型之适合度。

5. 如若合宜，研究者最好能同时考虑数个可能模型，以了解哪一个假设模型对资料的解释程度可能最佳。

针对结构方程模型之模型评估，于此有一点提醒：研究者在模型评估过程中，有可能为了得到与资料适配之模型而频频更改模型，检视适合度指标，因而误失研究主旨。结构方程模型之应用乃欲协助研究者对研究主题的实质内容有更进一步之了解，而非仅仅希望提高模型之适合度，故仍宜以实质理论为重要依据与考虑，而非仅仅追求高度的模型适配。

参考方块 4–4：吴治勋等人（2008）研究中与"模型评估"及分析结果相关之论述

该研究在"研究结果"中首先简述观察变项的描述统计分析结果，继之说明 ESP 模式的整体适配结果，由之推论 ESP 模式对于男女青少年皆为解释创伤暴露经验与社会关系和创伤后压力反应关系的可能模式。于此模式可据以解释 12 个观察变项间关系的前提下，研究者接着分别呈现男女生样本模型估计所得的标准化参数估计值与标准误的数值，说明变项间的正负向关系与是否具统计上之显著性，以及所得研究结果在现象上的意义。

提醒：研究者宜说明模型评估实行指标之数值及其结论，亦即假设模型能否充分解释变项间之共变关系。如若假设模型为变项间关系的可能解释之一，则宜进一步呈现原始参数估计值或标准化估计值与估计值之标准误等，并说明参数估计值的特性与解释其意义。如若假设模型适合度低，则不宜对参数估计值多作解释。

六　模型修正

　　研究者以理论为基础提出的假设模型可能与资料适配，亦可能适合度不佳。当适合度不佳时，如果研究者希望探究原来提出的理论模型需要如何修正方能更适当地解释观察变项间的共变量，以增进对研究主题内容之了解，研究者可考虑修正原来的假设模型。然而，如果研究者进行结构方程模型之初乃仅为验证所提之假设模型，亦即采模式验证策略，则未必需要修正模型。倘若研究者希望修改模型，可参考以下讯息判断假设模型可能需要修正之处。然而，任何模型之修正，不宜盲目地由统计数值引导，而应考虑理论与实质意义之合宜性。

　　1. 残差共变数矩阵：研究者可检视残差共变量矩阵，或者标准化残差矩阵之元素，以了解有哪些残差值较大。绝对值较大之残差值表示目前之假设模型未能合宜解释这些变项间的共变，或者高估变项间的共变，或者低估变项间的共变，研究者即可考虑针对相关变项修正模型。以图 4-2 的假设模型为例，如果研究者发现"认知能力"与"大学毕业后职场表现"的残差共变量为正值且极大，则可能表示两变项间有一些关系未在原来的模型中界定，研究者可参的文献考虑是否适合增加参数，譬如，加入"认知能力"至"大学毕业后职场表现"的径路系数，以描述"认知能力"对"大学毕业后职场表现"之影响。

　　2. 参数是否为 0？如前所言，各参数估计值除以其对应之标准误所得之值，可检定该参数是否显著不等于 0。如果该检定不显著，即检定结果无法拒绝该参数在母群中参数值为 0 的假设，表示或可将该参数设定为 0，而自假设模型中移除该自由参数。面对未达统计显著性之结果，研究者可考虑删除不显著之自由参数，以精简模型。然而，倘若理论或以往研究发现该参数显著，只是无法在目前的研究中发现同样的结论时，研究者有时会选择仍然保留不显著之参数，惟进一步在研究报告中讨论与以往研究不同之结果，待累积更多后续研究成果后，再厘清该参数之特性。举例而言，进行 CFA 模型检定时，研究者可能发现以往研究认为重要的指标变项之因素负荷量不显著，此时研究者可能因为希望能与以往研究比较而仍保留该指标变项。复以

图 4-2 之假设模型为例，如果研究者发现"社经背景"与"认知能力"的共变数在统计上不显著，表示两者间关系薄弱，此时研究者可考虑假设两变项无关，亦即将两者之共变量改设为 0，删除该自由参数。然若以往研究或理论均认为两者应有关系，则研究者也可选择将此不显著的参数暂时保留于假设模型中，待未来研究再进一步探究。

3. MI（modification index）（Jöreskog & Sörbom，1993）与 LM 检定（Lagrange Multiplier test）（Bollen，1989；Bentler，1995）：假设模型之所以需要修正，通常乃因适合度不佳，模型之卡方检定值偏高，研究者可考虑增加模型中的自由参数，以提升模型之适合度。MI 与 LM 检定的目的即在提供讯息，协助研究者借由尝试增加假设模型中之自由参数，以降低模型对应之卡方值，提高模型与资料之适合度。因此，MI 与 LM 检定乃针对假设模型之固定参数，估计如果将参数改设为自由参数时，卡方检定值可能会下降的数值。MI 为针对各个固定参数估计，其分配为一个自由度之卡方分配。LM 检定则可针对个别参数或数个参数同时估计卡方检定值之改变量，其检定值为卡方分配，自由度为由固定参数改设为自由参数的数目。以图 4-1 的模型为例，此模型包括许多数值设为 0 的固定参数，如 F_1 与 F_2 对所有 F_3 的观察变项的影响在模型中均被设定为 0。如果 $F_1 \sim X_9$ 的 MI 为 10.6，则表示若研究者增加由 $F_1 \sim X_9$ 的系数，将原本设定为 0 的该参数改设为自由参数，则模型的卡方检定值约略会下降 10.6，研究者可就其对研究内容与理论之了解，决定增加此参数是否合宜。MI 或 LM 检定的结果若不显著，表示增加这些自由参数对卡方检定值没有显著影响，未能提升对观察变项间共变量的解释。研究者经由 MI 或 LM 检定的结果修正模型时，不宜盲目地依据其数值大小改变模型，而应考量所修正之处是否合宜与具实质意义。

4. Wald 检定（Wald test）（Bollen，1989；Bentler，1995）：Wald 检定与 MI 和 LM 检定的作用相反，乃针对假设模型中之自由参数，估计如果将自由参数改设为固定参数（通常意指将其参数值设定为 0，亦即删除该径路或共变关系）时，卡方检定值可能提高多少，Wald 检定同样可针对个别参数或数个参数同时估计卡方检定值之改变量。此检定统计量亦为卡方分配，自由度为改设为固定参数的参数数目。当 Wald 检定不显著时，表示减少自由参数成为更精简的模型，并不会影响模式适合度，研究者可由理论与实证知识判断，考虑是否可将假设模型适度精简。

5. 期望之参数改变量（expected parameter change，EPC）（Kaplan，1989）：研究者亦可参考 EPC 的数值考虑修改模型之方向。EPC 的数值显示如果该参数变为自由参数时，参数值可能的改变量，预期之改变量如果相当大，研究者可考虑是否要将之改设为自由参数。

结构方程模型的模型估计乃同时估计假设模型中的所有参数，模型任何部分之修正均有可能影响其他参数之估计值。因此，修正模型时，如果研究者在增加自由参数的同时，亦想删减其他参数，建议研究者可先保留欲删减之参数，先行评估增加参数之影响后，于必要时再删除原来欲移除的参数。

进行模型修正时有两点需要注意。首先，模型修正仍需以研究者对研究主题的内容知识为判准原则，不宜单依统计资料盲目修正模型。再者，如果可以，研究者宜收集新的样本以确认修正后的模型与新样本资料的适合度，以免修正后的模型仅适用于原来之资料而无法类推至研究母群。就如 Bollen 与 Long（1993）的提醒，结构方程模型分析之目的在于增进对知识内容之了解，而非仅要寻找与资料可适配的模型。另外，模型是否适于修正，其实亦与所研究领域的成熟度有关。相当成熟的研究主题业已累积许多理论知识与实证研究结果，研究者根据这些背景知识建构模型，如若要修正重要的变项间关系，则需提出有力的理由。然而，对发展尚未成熟的研究领域，研究者可能仍处于摸索的阶段，尚未能充分了解变项间的关系，而希望借由结构方程模型的分析历程，促进对变项间可能关系的探索与思考，借以提升对研究领域的知识。因此，结构方程模型之应用其实具备相当之弹性，如何方能有效运用此统计方法，以增进研究者对领域知识之了解，端视研究者之研究目的及其对结构方程模型概念之掌握度而定。

参考方块 4−5：吴治勋等人（2008）研究中与"模型修正"相关之论述

该研究之目的在检视 ESP 模式，希望能了解此模式是否能解释青少年灾难暴露、社会关系与创伤后压力变项间的关系，并进一步检视这些变项间关系在男生与女生是否有所不同。研究结果虽发现部分变项间关系与前言之理论预期不符，然研究者在说明所得研究结果后，未进行模型修正，而于该文"总结与讨论"中讨论其可能意义与未来研究之必要，复于文末述及在后续研究可另收集其他样本再行验证。这显示研究者认为当结果与理论预期不符时，应当另以其他样本检验，但囿于该研究资料之有限，乃希望能于后续研究中再行探究。

在该文"总结与讨论"中，研究者首先讨论灾难暴露对社会关系的影响，继之讨论社会关系对创伤后压力反应的影响。在这些讨论中，研究者除针对与预期不一致的变项间关系加以讨论，与以往研究和理论有所对话外，亦阐释申述研究结果之意义。举例而言，当研究者讨论灾难暴露对支持性社会关系的影响时，即点出两者间透过主观地震威胁程度而有的间接关系及其意涵。

提醒：研究者针对 SEM 研究结果宜回归至模型建构时之理论论述，说明讨论与预期相符及不符之处。倘若修正原假设模型，对任何修正之处，研究者应提出修正之实质理由，而不宜以统计资料（例如高 MI 值或低参数估计值）为其唯一依据。如若可行，宜收集新的样本资料，以验证修正后模型之适合度。

七　结构方程模型之报告撰写与注意事项

（一）结构方程模型研究报告之撰写

研究者撰写结构方程模型分析之报告时，应清楚说明理论、方法与结果，以下即列出宜包括之内容（Boomsma，2000；McDonald & Ho，2002；Jackson，Gillaspy，& Purc-Stephenson，2009）。

1. 清楚而完整地说明假设模型之设定，图形之呈现有助于读者了解所假设的模型。

2. 清楚描述观察变项，列出潜在变项之测量指标，说明观察变项与潜在变项之关系。

3. 说明样本收集程序、样本大小及样本组成。

4. 提供观察变项之描述统计量与遗漏值处理方法等，宜包括各变项之偏态与峰度系数，以说明变项之分配。

5. 宜说明分析之矩阵（例如为共变量矩阵或动差矩阵），提供观察变项之样本共变量矩阵，或是变项间之相关系数矩阵加上各变项之标准差，若进行平均数分析则需同时提供平均数资料。倘若未能于论文内提供样本相关统计量，亦宜说明可向作者索取。

6. 宜说明所使用之软件及其版本，以及所选用之参数估计方法。

7. 完整说明分析结果，包括多个适合度指标之数值，如何以其数值评估假设模型，以及参数估计值及其标准误等。

8. 针对任何模型修正之处，需提出为何修正该参数设定之合宜解释。如若可行，宜另收集资料再行验证修正后之模型。

（二）应用结构方程模型宜注意之事项

结构方程模型可以协助研究者检验假设模型，由之了解研究理论是否与实证资料相符，是否有需要修正之处，以提升研究者对知识领域的理解，对学科理论之增进有其独特贡献之处。然而，各种统计方法皆有其适用之情境与限制，研究者在运用结构方程模型时仍有宜注意之处（Cliff，1983；Mueller，1997；Steiger，2001；Kline，2011），兹择要说明如下。

1. 因果关系：变项间的因果关系不是统计方法可以证明的，采用结构方程模型分析资料，即便研究者在图形上画上单箭头之直线，并不表示两变项间即具备因果关系，因果关系需要统计之外的讯息来界定。

2. 假设模型之合理性与理论基础：研究者需要提供充分的讯息，无论是研究理论，或是以往相关研究成果，以支持所提出的假设模型。研究者对研究主题内容之掌握乃有效运用结构方程模型以增进研究知识之关键，因素命名、模型设定、模型修正是否合宜均与之息息相关，因此需要研究者尽量熟悉研究领域之文献，谨慎思考。

3. 其他可能模型之考虑：研究者需要知道其所假设之模型并非唯一能解释资料之模型，可能有其他模型亦能适当地描述变项间的关系，解释观察变项间之共变。

4. 潜在变项之命名：研究者对潜在变项及其测量变项之了解程度相当重要，攸关模型中因素之命名是否恰当。研究者虽然可为潜在变项命名；然而，给予潜在变项某一名称未必表示该潜在变项即是测量其所命名之构念（construct）。研究者宜慎选测量变项，并谨慎为因素命名，以反映其实质意义。

5. 统计理论：结构方程模型之统计理论乃奠基于大样本理论，亦即样本人数需要够大时，相关之统计检定量方符合其理论上之分配。于此，研究者需要注意分析之样本人数，避免样本人数过少之情况。

6. 变项之分配：研究者需要检视观察变项之分配，继之选择合宜之目标函数进行模型估计，以避免因为变项分配之假设不当而影响研究结果之正确性与可信度。

7. 非关“证明”：即便假设模型与资料适合度佳，仅只表示目前无法推翻该模型，并不表示研究者业已“证明”该模型或其所代表之理论成立。

8. 假设模型之可重复性：研究者若修正假设模型，需要说明理由，且最好能收集新的资料再予验证。科学知识之进展仰赖研究者发现新的研究结果，然而任何新发现均需要其他研究重复检视与验证，仅只为单一研究支持之假设模型未必能充分增进研究知识之累积。

八　总结

结构方程模型之应用乃基于研究理论与文献提出假设模型，研究者检视模型是否能辨识，估计模型所含之自由参数的数值，继之评估假设模型与资料之适合度，必要时再对假设模型予以修正。结构方程模型除应用于单一母群，亦可用于多组群之状况，比较组群间之差异。此外，结构方程模型其实可延伸至有平均数的模型（mean structure analysis），然此时要注意的是，分析的不再是变项间的共变量矩阵，而是分析动差矩阵（moment matrix）。其实，共变数矩阵本身即为动差矩阵，只是共变量矩阵乃是以平均数为中心之动差矩阵［譬如：$E(X-\mu_X)(Y-\mu_Y)$，其中 E 为期望值，μ_X 与 μ_Y 分别代表 X 与 Y 变项的母群平均数］。当结构方程模型之分析考虑平均数时，即不再将平均数先行减去，而是分析将平均数纳入之动差矩阵，以 0 为中心计算变项间的动差［如：E（XY）］。将平均数纳入分析时，研究者可探究与平均数相关的研究议题，譬如：同一因素的平均数是否随时间改变？不同年龄层的因素平均数是否相异？此外，研究者近来亦将结构方程模型延伸至多种资料形态的模型，包括成长曲线模型（growth curve models）（Bollen & Curran，2006）、多层次分析模型（multilevel models）（Heck，2001；Kaplan，2008）等，使得结构方程模型之应用更为多元。Stapleton 与 Leite（2005）曾分析多门结构方程模型课程的授课大纲，提供结构方程模型各种相关主题之参考文献，有兴趣的读者可以参阅。

结构方程模型提供研究者检视理论与实证资料是否相近的机会，对学门知识之进展有莫大的帮助，因之愈来愈广为研究者采用。有鉴于其应用性之普遍提高，相关软件之发展乃力求用户能够容易上手（user-friendly），以利建构模型进行分析。然而，Mueller 于 1997 年即注意到结构方程模型软件朝用户易于运用之方向发展所产生的影响，而呼吁结构方程模型之应用者应该回归结构方程模型的基本面，需要留意结构方程模型之哲学与统计议题，以及所立基之假设，并以内容知识与理论为进行分析之引导原则。同样的，数年之后，Steiger（2001）鉴于结构方程模型软件以及入门介绍性书籍之以用户导向为重的发展，再次提出对结构方程模型应用与教育之隐忧。晚近，Lei 与 Wu（2007）亦思及结构方程模型软件对用户友善，使之容易操作，可能是福，亦可能为祸。结构方程模型乃一复杂之统计分析方法，有许多统计理论上宜注意之点，使用者倘以软件使用为重，而未曾充分接受结构方程模型相关统计理论之教育，则在应用结构方程模型时，恐将宛如 Steiger 所言 "Driving fast in reverse" 之比喻。扎实之结构方程模型课程乃为适当与合宜运用结构方程模型所必须具备的条件。

参考书目

吴治勋、陈淑惠、翁俪祯、吴英璋（2008）《台湾九二一地震灾难暴露对青少年创伤后压力反应及社会关系的影响之性别差异研究》。《中华心理学刊》，50，367 - 382。

Akaike，Hirotugu（1987）. Factor analysis and AIC. *Psychometrika*，*52*，317 - 332.

Anderson，James C.，& Gerbing，David W.（1988）. Structural equation modeling in practice：

A review and recommended two-step approach. *Psychological Bulletin*, *103*, 411 – 423.

Barrett, Paul (2007). Structural equation modeling: Adjudging model fit. *Personality and Individual Differences*, *42*, 815 – 824.

Bentler, Peter M. (1986). Structural modeling and psychometrika: A historical perspective on growth and achievements. *Psychometrika*, *51*, 35 – 51.

Bentler, Peter M. (1990). Comparative fit indexes in structural models. *Psychological Bulletin*, *107*, 238 – 246.

Bentler, Peter M. (1995). *EQS structural equations program manual*. Encino, CA: Multivariate Software.

Bentler, Peter M. (2007). On tests and indices for evaluating structural models. *Personality and Individual Differences*, *42*, 825 – 829.

Bentler, Peter M., & Bonett, Douglas G. (1980). Significance tests and goodness of fit in the analysis of covariance structures. *Psychological Bulletin*, *88*, 588 – 606.

Bentler, Peter M., & Chou, Chih-ping (1987). Practical issues in structural modeling. *Sociological Methods & Research*, *16*, 78 – 117.

Bentler, Peter M., & Dudgeon, Paul (1996). Covariance structure analysis: Statistical practice, theory, and directions. *Annual Review of Psychology*, *47*, 563 – 592.

Bollen, Kenneth A. (1989). *Structural equations with latent variables*. New York: Wiley.

Bollen, Kenneth A., & Curran, Patrick J. (2006). *Latent curve models: A structural equation perspective*. Hoboken, NJ: John Wiley.

Bollen, Kenneth A., & Long, J. Scott (Eds.). (1993). *Testing structural equation mod- els*. Newbury Park, CA: Sage.

Boomsma, Anne (2000). Reporting analyses of covariance structures. *Structural Equation Modeling*, *7*, 461 – 483.

Bozdogan, Hamparsum (1987). Model selection and Akaike's information criterion (AIC): The general theory and its analytical extensions. *Psychometrika*, *52*, 345 – 370.

Browne, Michael W., & Cudeck, Robert (1989). Single sample cross-validation indices for covariance structures. *Multivariate Behavioral Research*, *24*, 445 – 455.

Browne, Michael W., & Cudeck, Robert (1993). Alternative ways of assessing model fit. In Kenneth A. Bollen & J. Scott Long (Eds.), *Testing structural equation models* (pp. 136 – 162). Newbury Park, CA: Sage.

Cliff, Norman (1983). Some cautions concerning the application of causal modeling methods. *Multivariate Behavioral Research*, *18*, 115 – 126.

Goffin, Richard D. (2007). Assessing the adequacy of structural equation models: Golden rules and editorial policies. *Personality and Individual Differences*, *42*, 831 – 839.

Heck, Ronald H. (2001). Multilevel modeling. In George A. Marcoulides & Randall E. Schumacker (Eds.), *New developments and techniques in structural equation modeling*. Mahwah, NJ: Lawrence Erlbaum.

Hershberger, Scott L. (2003). The growth of structural equation modeling: 1994 – 2001. *Structural Equation Modeling, 10*, 35 – 46.

Hoelter, Jon W. (1983). The analysis of covariance structures goodness-of-fit indices. *Sociological Methods & Research, 11*, 325 – 344.

Holbert, R. Lance, & Stephenson, Michael T. (2002). Structural equation modeling in the communication sciences, 1995 – 2000. *Human Communication Research, 28*, 531 – 551.

Hu, Li-tze, & Bentler, Peter M. (1999). Cutoff criteria for fit indexes in covariance structure analysis: Conventional criteria versus new alternatives. *Structural Equation Modeling, 6*, 1 – 55.

Jackson, Dennis L., Gillaspy, J. Arthur, Jr., & Purc-Stephenson, Rebecca (2009). Reporting practices in confirmatory factor analysis: An overview and some recommendations. *Psychological Methods, 14*, 6 – 23.

Jöreskog, Karl G. (1993). Testing structural equation models. In Kenneth A. Bollen & J. Scott Long (Eds.), *Testing structural equation models* (pp. 294 – 316). Newbury Park, CA: Sage.

Jöreskog, Karl, G. & Sörbom, Dag (1993). *LISREL 8: Structural equation modeling with the SIMPLIS command language.* Chicago: Scientific Software International.

Kaplan, David (1989). Model modification in covariance structure analysis: Application of the expected parameter change statistic. *Multivariate Behavioral Research, 24*, 285 – 305.

Kaplan, David (2008). *Structural equation modeling: Foundations and extensions* (2nd ed.). Thousand Oaks, CA: Sage.

Kline, Rex B. (2011). *Principles and practice of structural equation modeling* (3rd ed.). New York: Guilford.

Lei, Pui-wa, & Wu, Qiong (2007). Introduction to structural equation modeling: Issues and practical consideration. *Educational Measurement: Issues and Practice, 26*, 33 – 43.

Long, J. Scott (1983). *Covariance structure models: An introduction to LISREL.* Beverly Hills, CA: Sage.

MacCallum, Robert C., & Austin, James T. (2000). Applications of structural equation modeling in psychological research. *Annual Review of Psychology, 51*, 201 – 226. (See references on p. 204 for other reviews of SEM applications.)

MacCallum, Robert C., Browne, Michael W., & Sugawara, Hazuki M. (1996). Power analysis and determination of sample size for covariance structure modeling. *Psychological Methods, 1*, 14 – 149.

McDonald, Roderick P., & Ho, Moon-Ho R. (2002). Principles and practice in reporting structural equation analyses. *Psychological Methods, 7*, 64 – 82.

McDonald, Roderick P., & Marsh, H. W. (1990). Choosing a multivariate model: Noncentrality and goodness of fit. *Psychological Bulletin, 107*, 247 – 255.

Meredith, William (1993). Measurement invariance, factor analysis and factorial invariance. *Psychometrika, 58*, 525 – 543.

Mueller, Ralph O. (1997). Structural equation modeling: Back to basics. *Structural Equation*

Modeling, *4*, 353 – 369.

Muthén, Bengt O. , & Kaplan, David (1985). A comparison of some methodologies for the factor analysis of non-normal Likert variables. *British Journal of Mathematical and Statistical Psychology*, *38*, 171 – 189.

Muthén, Bengt O. , & Kaplan, David (1992). A comparison of some methodologies for the factor analysis of non-normal Likert variables : A note on the size of the model. *British Journal of Mathematical and Statistical Psychology*, *45*, 19 – 30.

Muthén, Linda K. , & Muthén, Bengt O. (2002). How to use a Monte Carlo study to decide on sample size and determine power. *Structural Equation Modeling*, *9*, 599 – 620.

Nevitt, Jonathan, & Hancock, Gregory R. (2004). Evaluating small sample approaches for model test statistics in structural equation modeling. *Multivariate Behavioral Research*, *39*, 439 – 478.

Spearman, Charles (1904). "General intelligence," objectively determined and measured. *American Journal of Psychology*, *15*, 201 – 293.

Stapleton, Laura M. , & Leite, Walter L. (2005). A review of syllabi for a sample of structural equation modeling courses. *Structural Equation Modeling*, *12*, 642 – 664.

Steenkamp, Jan-Benedict E. M. , & Baumgartner, Hans (1998). Assessing measurement invariance in cross-national consumer research. *Journal of Consumer Research*, *25*, 78 – 90.

Steiger, James H. (2001). Driving fast in reverse : The relationship between software development, theory, and education in structural equation modeling. *Journal of the American Statistical Association*, *96*, 331 – 338.

Steiger, James H. (2007). Understanding the limitations of global fit assessment in structural equation modeling. *Personality and Individual Differences*, *42*, 893 – 898.

Tanaka, Jeffrey S. (1987). "How big is big enough?" : Sample size and goodness of fit in structural equation models with latent variables. *Child Development*, *58*, 134 – 146.

Tucker, Ledyard R. , & Lewis, Charles (1973). A reliability coefficient for maximum likelihood factor analysis. *Psychometrika*, *38*, 1 – 10.

Vandenberg, Robert J. , & Lance, Charles E. (2000). A review and synthesis of the measurement invariance literature : Suggestions, practices, and recommendations for organizational research. *Organizational Research Methods*, *3*, 4 – 70.

Weston, Rebecca, Gore, Paul A. Jr. , Chan, Fong, & Catalano, Denise (2008). An introduction to using structural equation models in rehabilitation psychology. *Rehabilitation Psychology*, *53*, 340 – 356.

Wolfle, Lee M. (1999). Sewell Wright on the method of path coefficients : An annotated bibliography. *Structural Equation Modeling*, *6*, 280 – 291.

Yuan, Ke-hai, & Bentler, Peter M. (2004). On chi-square difference and z tests in mean and covariance structure analysis when the base model is misspecified. *Educational and Psychological Measurement*, *64*, 737 – 757.

延伸阅读

1. Bollen，Kenneth A．（1989）．*Structural equations with latent variables*. New York：Wiley.

   此书为 SEM 重要进阶著作，适合希望对 SEM 的原理与统计理论有深入了解的读者阅读。

2. Kaplan，David（2008）．*Structural equation modeling：Foundations and extensions*（2nd ed.）. Thousand Oaks，CA：Sage.

   此书为 SEM 进阶著作，论述 SEM 的原理与统计理论，以及 SEM 模型之延伸，包括多层次 SEM 与潜在成长曲线模型。

3. Kline，Rex B．（2011）．*Principles and practice of structural equation modeling*（3rd ed.）. New York：Guilford.

   此书为 SEM 介绍性入门著作，文字浅显易读，对 SEM 实际运用之议题多有着墨，应用 SEM 之研究者应能从中获益许多。

4. Long，J. Scott（1983）．*Covariance structure models：An introduction to LISREL*. Beverly Hills，CA：Sage.

   此书主要以 SEM 常用的 Jöreskog-Keesling-Wiley 模式介绍 SEM，虽年代较久，然对 SEM 之重要概念与推导均清楚说明，乃介绍 SEM 之极精简扎实著作。

5. Schumacker，Randall E.，& Lomax，Richard G.（2010）．*A beginner's guide to structural equation modeling*（3rd ed.）. New York：Routledge.

   此书为 SEM 之入门书籍，以简易的方式呈现 SEM，引领读者了解 SEM 的要素，适合初学者阅读。

第五章

多层次分析

一　前言

　　社会科学和行为科学的研究，常对探讨个人生活环境对其知识、态度和行为的影响，或对个人知识、态度和行为的改变如何受到生活环境的影响等议题有兴趣。因此，有愈来愈多的研究所收集和必须分析的资料，都不是个人或生活环境单一层次的资料，而是包括个人和生活环境多个不同层次的资料，而且这种资料都具有阶层式或巢状的（hierarchical or nested）结构关系。譬如，一个研究抽出十个样本县市，每个县市抽样 50 个样本小区，且每个小区随机抽样 100 个受访者；或一个青少年的研究样本来自 100 个学校，每个学校抽样 5 个班，每班约有 30 个学生接受访问；或某一个教学介入性计划的效果评估研究，其研究资料收集自 50 个学校，每个学校有 5 个班级，每个班级的全部学生，每个学生又都有 6 个时间点的结果变项（如考试成绩）之测量等。这些研究的资料皆属阶层式或巢状结构资料形态。

　　当然，一个研究者所需要分析的阶层式结构资料会有几个层次，或资料收集过程中考虑收集几个层次的阶层式结构资料，与研究者所关心的研究议题或研究议题提问的方式有密切的关系。同一个研究变项（如个人特质变项）在阶层式结构资料分析中，会使用于哪个层次，并不是固定不变的，而是会因阶层式结构资料的形态而定。如研究者分析 50 个小区，每个小区100 个人的两阶层资料，个人变项是属于第一层次，小区变项则属于第二层次。不过，前述的介入性计划效果评估研究，其第一层资料是每个人的 6

159

个时间点的测量资料，个人变项却是第二层次的变项了。因此，在不同研究旨趣下的不同阶层式结构资料，同样是个人变项，却可能被纳入不同层次的分析单位。

此外，在生活环境对个人知识、态度和行为影响的研究愈来愈受重视的情形下，研究者要面临处理阶层式结构或巢状结构的研究资料，可能是最简单的两个层次，或是较复杂的三个层次，甚至是更多的研究层次。所以，研究者必须理解研究议题和研究资料涉及阶层式结构时，研究议题如何发问，如何使用多层次分析法，如何选择适切的多层次模式及如何诠释分析结果，才能使研究问题得到正确的回答。

本章的目的即在介绍处理阶层式结构资料之多层次分析法（multilevel analysis），讨论其使用的时机、分析的资料准备、模式的设定与意义、模式的估计与诠释，以满足社会科学和行为科学探究个人生活环境及其生活环境，对个人知识、态度和行为及其变迁的影响之研究分析需要。

（一）多层次分析的需要性

当研究者需要处理具有阶层式结构资料时，为何需要采用多层次分析法？多层次分析法优于传统上所使用的分析方法吗？过去社会科学研究中，对于具有阶层式结构资料（以两层次结构为例）之处理，依分析单位（unit of study）的不同，最常见的处理方式可以归纳为三大类（Hannan，1971）。

1. 统合方法（aggregation approach）。

2. 个体层次分析法或非统合分析法（disaggregation approach）。

3. 交互作用模式分析法（interaction approach）。

阶层式结构资料常依分析单位的不同，被区分为第一层次（或个体层次，micro-level）和第二层次（或总体层次，macro-level）；或是分为第一层次（最低层次）、第二层次（中间层次）和第三层次（最高层次）。以两层次资料作为说明基础。统合方法是将阶层式结构资料的第一层次变项统合成（aggregated）第二层次的变项来分析。譬如，将学生的学测成绩，以班为单位，加总转换为每班的平均成绩。研究的自变项和依变项都是这样的处理，然后再探讨总体层次的自变项如何影响总体层次的依变项，这就是统合方法的分析。如果研究者在研究议题上只对总体层次的现象有兴趣，那么，以统合方法来分析阶层式结构资料并无不妥之处。只是研究者需要了解，资料统合后的总体层次变项的信度取决于总体层次单位内，个体层次之观察体数目。

　　不过，采用统合方法处理阶层式结构资料可能存在下列七种问题。

　　1. 资料由个体层次统合到总体层次，其资料所代表的概念意义可能已经不同于原来个体层次的意义。如组织员工对"组织工作环境的反应"之个体层次的概念，统合到总体（组织）层次则会转变成"组织气候"的意义，但组织气候却已经不是原来个体层次概念的测量意义。

　　2. 可能忽略了原始资料的共变异数结构，而导致完全不一样的研究结论。在总体层次的一个分析单位内，自变项对依变项的影响可能都是正向的，但是将资料统合为总体层次时，却发现总体层次（群体间）的自变项对依变项的影响却可能是负向的。

　　3. 统合方法会使得"个体层次的自变项影响效果如何因环境脉络变项（总体层次）而不同"之研究提问，无法获得回答。亦即采用统合方法处理阶层式资料，研究者会失去探讨跨层次变项交互作用（个体层次自变项和总体层次环境脉络变项之交互作用项）的研究可能。如个人教育对志愿性社会参与的影响是否受到小区依附（community attachment）的影响，这种研究提问是属于跨层次交互作用的研究议题，而统合方法无法对此研究问题进行回答。

　　4. 如果研究资料只收集了少数团体的阶层式结构资料，采用统合方法处理，会因为总体层次单位数太少，而无法进行生活环境脉络影响的深度分析。

　　5. 使用统合方法过程中，会丢掉个体之间的差异性。如果只以变项平均数作为总体层次（团体）的测量，则可能无法掌握同一群体内的个体间之异质性。

　　6. 采用统合方法处理阶层式资料，不仅造成个体信息流失，也造成研究假设的检定力下降。

　　7. 若研究者将统合方法（总体层次）所得到的研究结论，推论到个体层次的概念间关系，则造成了区位谬误（ecological fallacy）的问题。如总体层次的分析发现"居民拥有大学教育比例愈高的邻里，其参与志工的比例愈高"，结果推论为"拥有大学教育者，其参与志工的机会大"。显然的，这样的研究结论推论犯了区位谬误。

　　第二种常见的处理阶层式结构资料的方法，是为个体分析法或称为非统合方法，亦即研究者完全忽略阶层式结构资料的总体层次，只针对个体层次资料进行分析的方法。非统合方法在处理资料层次的方向上，与统合方法正好相反，前者只分析个体层次研究命题，而后者则只分析总体层次研究命题。与统合方法一样，非统合方法处理阶层式结构资料的结果，也会产生一些问题。

　　1. 阶层式结构资料处理中，忽略了总体层次的存在，会造成分析单位数膨胀，导致错误结论。譬如，要探讨年长的法官是不是比年轻的法官容易将人判刑？于是抽样 50 个法官，每个法官抽出他所负责的 20 个判例进行分析。这个例子中，法官为总体层次，每个判例为个体层次。总共需要分析的判例为 1000 个。如果研究者以 1000 个案例作为分析，探讨法官之间的差异，即使同一个法官所处理的案例都是独立的，这样的处理也已经使得原本只有 50 个独立的观察体（法官），膨胀为 1000 个独立观察体。以非统合的方法来探讨总体层次间的差异（between-group difference），观察体数目膨胀导致估计标准误变小，使得原本母体年长与年轻法官并没有差异存在，却可能得到两者有差异的研究结论。

　　2. 以非统合方法处理具有阶层式结构资料，可能忽略了总体层次的同一个分析单位内，个别观察体之间的非独立性，而将所有观察体视为独立的。当阶层式结构资料的非独立性被忽略后，变异数没有被分离出总体单位内（within- group）和总体单位间（between-group）的变异数，以非统合的方法分析总体层次单位内的差异（within-group difference）可能高估，导致估计标准误变大，进而造成一个为真的虚无假设容易被拒绝，使得研究者做出错误的研究结论。

　　3. 若研究者将非统合方法个体层次概念间的关系，推论为总体层次概念间的关系，则犯了原子式谬论（atomistic fallacy）。如果抽样自异质性高的母体之阶层式资料，若忽略总体层次，将资料视为抽样自同质性的母体资料加以分析，那么个体层次所分析出来的研究结论，势必与母体内异质性团体所存在的真实现象不同。譬如，人力资本愈高，则劳动市场报酬愈高。如果不同地区之劳动市场异质性很高，则前述的研究发现就不适合推论到所有地区之劳动市场，否则就犯了原子式谬论。

而常见的第三种处理阶层式结构资料的方法，是为交互作用模式分析法。当阶层式结构资料中，总体层次的群体数不多（3～5个）时，研究者为探讨"自变项影响效果的群体间差异性""调整前或调整后群体平均数之群体间差异性"，常使用群体虚拟变项及群体虚拟变项与个体层次的自变项之交互作用项于线型模式中。经由交互作用项的显著性，判断个体层次的自变项影响效果（自变项对依变项的影响）有无群体间差异。如果交互作用项之参数，经统计检验结果是有别于 0 的话，表示该自变项对依变项的影响效果，有群体间差异。以交互作用模式分析阶层式结构资料，仍然可能有下列的问题。

1. 虽然这样的分析，可以了解自变项影响效果是否有群体间差异，但是，研究者仍然没办法知道到底是由群体的哪些环境脉络因素之差异所造成的。

2. 群体虚拟变项的参数显著性，可以让研究者判断不同团体的未调整平均数或调整平均数（即群体别常数项）是否有群体间差异。同样的，如果群体虚拟变项参数是显著的，反映群体平均数是有群体间差异，但是研究者还是无法确定是由什么群体环境脉络变项所造成的影响。

3. 上述包含交互作用的线型模式中，群体虚拟变项的个数为总体层次单位数减一，交互作用项个数为群体虚拟变项的个数和研究者拟探究之"自变项效果可能有群体差异"的自变项个数之乘积。所以，当探讨的群体数增加时，交互作用线型模式中的自变项个数会增加相当快，使得以交互作用线型模式处理群体数多的阶层式结构资料变得没有效率。当然，如果只是少数几个群体的比较研究，研究者可以采用交互作用项的线型模式，但缺点是无法了解为何群体间会有差异。

如上述，对于阶层式结构的资料，不论是采取统合方法或非统合方法处理资料，可能产生上述统计上和概念上的问题；而使用交互作用项的分析又只能适用于少数几个群体的比较，且无法回答生活环境或环境脉络对特定自变项影响效果的差异。不过，了解到底是群体的什么环境或脉络因素所造成的影响（包括自变项影响效果或群体平均数有群体差异）却往往是研究者的研究兴趣或目的所在。因此，研究者需要更有效率，同时又能达成研究议题解答的资料分析方法。多层次分析不仅可以将阶层式结构资料之个体层次和总体层次的概念，同时纳入一个分析中，也可以有效率地分析相当多的群体数。在研究议题的提问上，"自变项影响效果有无群体间差异？若有差异，是不是某些群体环境脉络因素所影响"，同时"群体平均数有无群体间差异？若有差异，是否由某些群体环境脉络因素所影响的"等研究问题，都可以经由多层次分析方法来加以处理和回答。

（二）多层次资料的取得

当然，多层次分析处理的研究议题形式和相对应的阶层式结构资料类型相当多元，无法逐一列举。但多层次分析在社会科学研究上的使用愈来愈普遍，在各种学术期刊论文中使用的频率也愈来愈高。研究者若能掌握研究议题的提问形式、多层次分析资料结构和分析模式的配合要领，多层次分析实用性较高。

基本上，多层次分析特别适合处理阶层式结构和丛集结构（clustered structure）的资料。阶层式结构资料通常由研究者针对研究母体采用多段式抽样（multistage sampling）所取得的资料。譬如，在教育学研究中，研究者先就较高层次抽出样本单位（如学校），接着再由样本学校抽出样本学生，或是由样本学校，再抽出样本班级，最后收集样本班级中的所有学生或再抽出样本学生。家庭学研究里，研究者先抽出样本家庭，在访问家庭里所有成员或夫妻成员。医护研究里，研究者抽样医院，再抽样医生及所有跟诊的护士，再抽样出病人。

丛集结构的资料来自研究者针对研究母体采取丛集抽样（cluster sampling）或分层抽样。在大规模的调查研究中，基于资料收集之调查成本的考虑，常采用丛集抽样方法。另一种丛集结构资料，是同一个受访者或受试者多次的重复性量测资料，或是长期追踪研究设计下的收集资料。

地理或空间单元常是丛集抽样的抽样单位，而居住在同一个地理空间的人，在研究的现象上，会比居住在其他区域的人，相似性来得高。同样的，同一个受试者的重复量测结果之间，也有相当高的关联性。即同一个受访者多波的资料间（对同一个变项而言）会有相当高的相依性存在。这种现象都是研究资料不独立的特性，此种非独立的资料特性称之为丛集效果。丛集效果会导致传统线型回归系数的估计标准误变小，结果产生具有显著性结论假象。

二　多层次分析模式

多层次分析是一种可以处理阶层式资料或丛集结构资料的统计分析方法，在许多学术领域都已经广泛地被使用。在不同的学术领域使用的名称不同，常见的名称有：阶层线型模式、随机系数模式、混合效果模式、共变量结构模式和成长曲线模式（Snijders & Bosker，1999；Raudenbush & Bryk，2002；Luke，2004）。虽然名称不同，但是都是处理阶层式结构资料的方法，本章以多层次分析称之，必要时再使用其他的名称。多层次分析有多种不同的模式形态，不过，基本上，可以归纳为两大类：多层次回归分析和共变量结构多层次模式。本章主要讨论多层次回归分析，并以两层次分析模式为例子，说明阶层分析的理论与应用。

（一）两层次分析基本模式

基本上，多层次分析的第一层次模式都是回归方程式，可以是线型，也可以是非线型，只是每个群体（第二层次的分析单位）都有一个回归模式；而第二层次则进一步分析第一层次的回归参数是否有群体间的差异及是否为群体特性变项的影响；第二层次的模式也是回归模式的形式。这是最常见的多层次模式。简言之，多层次分析的目的是从多个层次的自变项所形成的函数关系，预测最低层次（第一层次）依变项结果的分析方法。譬如，研究者想要探讨小孩的特性（如性别、家庭社会经济地位、有无补习等）和小孩就读的班级特性（如班级大小、班级竞争指数、能力分班与否等）如何影响小孩的数学测验成绩。在这例子中，研究者同时考虑了小孩特性（第一层次自变项）和班级特性（第二层次自变项）对小孩数学测验成绩（第一层次的依变项）的影响。但是，因为多个小孩的资料来自同一个班级，而同一个班级的小孩的数学成绩，除了小孩自己的智力和投入学习的努力度影响外，也受到数学老师的教学方式与投入度、同学间的竞争气氛和班级能力属性等因素的影响，因此，同一个班级小孩的数学测验成绩并不完全独立。基于第一节所讨论的阶层式结构资料的分析问题，所以，最好的方式是采用多层次分析法来处理资料，以达到研究问题正确和有效地回答。

　　为了简化多层次分析的说明，底下将仅以一个小孩特性变项和一个班级特性变项作为模式说明，然而，在真实研究中，通常是多个解释变项的考虑。其中每个小孩的数学测验成绩，为两层次分析中第一层次方程式的依变项（以 Y_{ij} 表示），小孩的特性变项为第一层次模式中的自变项（以 X_{ij} 表示）。β_{0j} 和 β_{1j} 代表第 j 班的两个参数，分别是截距和斜率。截距代表其数学测验的平均数，而斜率代表小孩特性 X 变项对数学测验成绩的影响效果。而第二层次方程式是以各班级（群体）第一层次的截距和斜率分别为依变项，班级特性为第二层次的自变项（以 W_j 表示）。这个简单的两层次分析模式可以说明如式（5 - 1）：

$$第一层次: Y_{ij} = \beta_{0j} + \beta_{1j} X_{ij} + e_{ij}$$

$$第二层次: \beta_{0j} = \gamma_{00} + \gamma_{01} W_j + u_{0j}$$
$$\beta_{1j} = \gamma_{10} + \gamma_{11} W_j + u_{1j}$$

（5 - 1）

其中 Y_{ij} 为第 j 个班级的第 i 个学生的数学测验成绩。这个多层次模式不仅呈现了自变项和依变项的关系，也清楚地呈现了多层次模式的特质。第一层次的模式和回归分析是相似的，所不同的地方是每个第二层次的分析单位（班级），都需要估计一个这样的方程式。亦即每个班级都有一组参数（此例为 β_{0j}，β_{1j}）表达常数项及自变项对依变项的影响。式（5 - 1）中 β_{0j} 为班级的数学测验成绩平均数，β_{1j} 为班级 j 之小孩自变项 X_{ij} 对依变项的影响效果（以下简称 X 变项效果），而 e_{ij} 为每个小孩数学测验成绩中，不为模式所解释的部分，也是每个小孩数学测验成绩中的随机部分。事实上，每个班级的数学测验成绩平均数（常数项 β_{0j}）不见得相同，甚至会有班级差异。每个班级的 X 变项效果（斜率 β_{1j}）也是不一定相同，甚有明显的班级差异。研究者会有兴趣的问题是"为什么每个班级的同一个参数估计值（如截距或斜率）会不相同、是什么班级特性所造成的影响、或是其差异是否可以从某些班级特性加以解释"这样的研究好奇，导致了第二层次的分析需要。

　　第二层次方程式的依变项分别为各班级的截距项（数学测验成绩平均

数 β_{0j}）和斜率（X 变项效果 β_{1j}）。它们分别受到班级自变项（W_j）（即第二层次分析单位的自变项）之影响。方程式中的 γ_{00} 代表在控制班级特性变项 W_j 的影响后，母体所有班级的数学测验成绩的总平均数，γ_{01} 代表班级特性变项 W_j 对数学测验成绩班级平均数的母体影响效果，而 u_{0j} 为班级 j 的平均数没有被模式解释的部分，也是班级平均数的随机部分。同样的，γ_{10} 代表在控制班级特性变项 W_j 的影响后，班级 X 变项效果（β_{1j}）的母体所有班级平均数，即 X 变项效果的母体平均数；γ_{11} 代表班级特性 W_j 对 X 变项效果的母体影响系数，而 u_{1j} 则是班级 j 之 X 变项效果没有被模式解释的部分，也是班级 j 之 X 变项效果的随机部分。这些参数的意义的理解对多层次分析结果的诠释相当重要。

多层次模式式（5-1）的随机项有两个部分，即第一层次的 e_{ij} 和第二层次的 u_{0j} 与 u_{1j}。其中假定 $e_{ij} \sim N(0, \sigma^2)$，同时假定：

$$E(u) = E\begin{bmatrix} u_{0j} \\ u_{1j} \end{bmatrix} = \begin{bmatrix} 0 \\ 0 \end{bmatrix}$$

及

$$\text{Var}(u) = \text{Var}\begin{bmatrix} u_{0j} \\ u_{1j} \end{bmatrix} = \begin{bmatrix} \tau_{00} & \tau_{01} \\ \tau_{10} & \tau_{11} \end{bmatrix}$$

这表示多层次分析模式假定第一层次随机项符合常态分配，平均数为 0，变异数为 σ^2；第二层次的随机项 u_{0j} 与 u_{1j} 平均数也都是 0，变异数分别为 τ_{00} 和 τ_{11}，共变异数为 $\tau_{01} = \tau_{10}$。τ_{00} 表示每个班级平均数之间的变异数大小，τ_{11} 表示每个班级 X 变项效果之间的变异数。同时 $\tau_{01} = \tau_{10}$ 表达的则是班级平均数和 X 变项效果之间的共变异数，它可以进一步被转换为相关系数，以呈现班级平均数和 X 变项效果两者间关系之强弱。有时候，多层次分析中第一层次的截距（有时称为初始值）与斜率（有时候称为改变率）的关系，是研究者关心的焦点之一，因此，截距与斜率两者关系的理解和掌握很重要。

式（5-1）的多层次分析模式可以将第二层次的方程式代入第一层次的方程式中，而得到所谓的混合效果模式（mixed-effect model）或混合模式（mixed model），如式（5-2）所示：

$$Y_{ij} = \underbrace{\gamma_{00} + \gamma_{10} X_{ij} + \gamma_{01} W_j + \gamma_{11} W_j X_{ij}}_{\text{固定效果部分}} + \underbrace{u_{0j} + u_{1j} X_{ij} + e_{ij}}_{\text{随机效果部分}} \qquad (5-2)$$

167

式（5-2）混合效果模式是以单一的方程式，清楚地呈现模式中固定效果部分和随机效果部分的组成方式。从式（5-2）可以看出多层次分析模式实际上包含了固定效果和随机效果，因此，它又被称为混合效果模式。多层次分析或混合效果模式之固定效果部分是与 γ 有关的部分，包括第一层次自变项、第二层次自变项及两者的交互作用项的效果部分。随机效果部分则是与 e 和 u 有关的部分，是没办法从第一层次自变项、第二层次自变项及两者交互作用项所解释的部分。

具体而言，多层次分析中有两种不同层次的随机项，包括第一层次的随机项 e_{ij}，还有第二层次的 u_{0j} 与 u_{1j}，u_{0j} 指第二层分析单位之结果变项（班级数学测验成绩）平均数的变异数，u_{1j} 是第二层分析单位内之自变项对结果变项影响效果（班级 X 变项效果）的变异数。多层次分析中，第二层次方程式的各随机项之变异数，提供各群体平均数和 X 变项效果有无群体间差异的重要讯息外，各随机项之间的共变异数也提供了群体平均数与 X 变项效果之间共变或相关的讯息。当研究者有需要回答这类问题时，需要针对这部分的参数估计结果进行检验。

式（5-1）和式（5-2）的多层次模式有理解上和解释上的不同方便性，式（5-1）是比较直接，可以理解不同层次的依变项与自变项的关系，但式（5-2）对固定效果和随机效果的展现方式比较清楚。当分析的层次多（如三个层次）时，则以式（5-1）来呈现研究的变项关系会比较直接和清楚，但使用式（5-2）对固定效果和随机效果的来源，提供比较容易理解的线索。因此，这两种多层次模式呈现的方式最好都能交替使用，以达到对多层次分析的掌握和解释，但本章将采式（5-1）说明模式意义及应用实例。

在多元回归分析中，当研究者要探讨"一个自变项对依变项的影响效果，是否因为另一个自变项层次的不同而有所不同"时，研究者需要将两个自变项交互作用项纳入分析后，并检验其影响参数是否显著有别于 0，以作为判断。而在多层次分析中，对应的研究问题是"X 变项效果（第一层次）是否因为 W 变项（第二层次）的不同而有所不同"多层次模式中，固定效果包括第二层次的自变项（班级特性）、第一层次的自变项（小孩特性）和两者的交互作用项之影响效果。其组成方式和回归分析者是相似的，只是多层次分析的交互作用是跨层次的效果。不论是回归分析或多层次分析，其实所回答的研究问题是相同的，只是如前所述，多层次分析所能处理的群体数大得多，而且多层次分析可以进一步确认"群体环境脉络变项如何影响各群体之平均数或第一层次自变项的影响效果"。

通常，研究者在使用多层次分析时，需要考虑四类最根本的问题。

1. 研究资料结构有几个层次？研究者的研究提问涉及几个层次？一般而言，研究者的研究提问涉及愈多个层次的概念，则需要愈多层次的资料。但是，较为常见的研究层次不是两个层次，就是三个层次。超过三个层次的分析，理论上没有问题，但是实务上不容易得到统计软件包的分析支持。同时，研究层次愈多，所需要的总样本数也会增大许多，研究资料收集成本也会偏高。

2. 每个层次要考虑几个及哪几个自变项？这问题与研究命题的发展和研究假设检验的需要有关，而不是由分析过程中，以尝试错误的方式所寻找出来的，更不是在分析过程中，寻找有显著性的自变项而来的。最好是在研究议题和理论发展的引导下，决定该使用哪些自变项。

3. 研究者要决定最低层次方程式之截距和斜率，是否都需要作为较高层次模式的依变项？同时要决定需不需要考虑其随机项。这个考虑也是需由研究者根据研究企图和研究假设来引导决定。

4. 各层次的变项概念是否使用正确？多层次分析中，不同层次的自变项分别属于不同分析单位的概念，研究者不能误放到不适当的层次，或做了不同分析单位层次的测量或概念命名，否则会造成研究概念和所属的分析单位不配的混淆情形。

虽然多层次分析模式有许多不同的形式，但是一般研究者都会采用三类系列性（或具巢状结构者）的模式分析，如表 5-1 所示，包括：

1. 未限制模式（unconstrained model）。

2. 随机常数项模式（random intercepts model）。

3. 随机常数项斜率模式（random intercepts and slopes model）。

虽然研究者在进行研究分析时，都已经决定多层次分析的每个层次方程式，同时会考虑几个自变项和要不要考虑随机变项等，但是研究者仍需要进行上述这三种模式的分析，以便进行模式间的比较分析，并确定下列五类有关的问题。

1. 在各层次都不考虑任何解释变项时，各群体平均数之间是否存在差异？其差异性有多大？若以依变项的总变异数来看，会有多少比例是属于群体间的差异？

2. 群体平均数之间的差异是否可以由研究者所关心的群体自变项加以解释？

3. 除了群体平均数差异探讨之外，个体层次的自变项是如何影响其依变项？

4. 在考虑了个别差异的影响后，各群体的调整平均数是否还有群体间的差异？同时，各群体的 X 变项效果是否有群体间的差异？

5. 若各群体的调整平均数和 X 变项效果都有群体间差异，其差异是否可以由研究者所关心的群体变项所解释？

上述这些问题，研究者可以循序地检视分析结果，以得到研究者所关心的研究命题之回答。底下将再针对表 5－1 中多层次分析各模式加以扼要说明，以清楚模式的使用和模式的比较。

（二） 常用的多层次分析模式类型

在介绍多层次分析模式的比较之前，先介绍常见的三类不同的两层次模式之意义、使用和解释重点（Raudenbush & Bryk，2002）。首先，第一类模式是未限制两层次模式（以 M1 表示）。这个未限制两层次模式是一个最简单的两层次模式，通常被当做基础模式（baseline model），与其他的模式结果进行比较，以检验相对应的研究假设。其两层次模式和混合效果模式如表 5－1 中 M1 列所示。不论在第一层次或在第二层次中，这个两层次模式都没有考虑影响因素于方程式中。因为 γ_{00} 是母体所有群体的总平均数，是一个固定值，所以没有变异数。另外，两个不同层次的随机项彼此独立（假定条件），共变异数为 0 [即 Cov（u_{0j}，e_{ij}）＝0]，所以未限制的两层次模式中，依变项 Y 的变异数可以分解为两个部分，如式（5－3）所示：

$$\text{Var}(Y) = \text{Var}(\gamma_{00} + u_{0j} + e_{ij}) = \text{Var}(u_{0j}) + \text{Var}(e_{ij}) = \tau_{00} + \sigma^2 \quad (5-3)$$

表 5 - 1　常见的三类（五种）多层次分析模式的意义和使用比较

模式类别	多层次分析方程式	混合效果模式	说　明	注　记
M1. 未限制模式	L1: $Y_{ij} = \beta_{0j} + e_{ij}$ L2: $\beta_{0j} = \gamma_{00} + u_{0j}$	$Y_{ij} = [\gamma_{00}] + [u_{0j} + e_{ij}]$	相当于单因子随机效果变异数分析。第一层次和第二层次皆未考虑影响因素。	通常当做基础模式，以估计群体间变异数的比例，并作为模式比较之用。
M2. 随机常数项模式	L1: $Y_{ij} = \beta_{0j} + e_{ij}$ L2: $\beta_{0j} = \gamma_{00} + \gamma_{01} W_j + u_{0j}$	$Y_{ij} = [\gamma_{00} + \gamma_{01} W_j] + [u_{0j} + e_{ij}]$	常数项（个别团体平均数）作为第二层次的依变项。第二层次考虑了影响因素。	研究焦点在第二层次的自变项。第二层次方程式有随机项。
	L1: $Y_{ij} = \beta_{0j} + \beta_{1j} X_{ij} + e_{ij}$ L2: $\beta_{0j} = \gamma_{00} + u_{0j}$ L2: $\beta_{1j} = \gamma_{10}$	$Y_{ij} = [\gamma_{00} + \gamma_{10} X_{ij}] + [u_{0j} + e_{ij}]$	相当于单因子随机效果的 ANCOVA。第一层次考虑了影响因素。常数项和斜率都作为第二层次的依变项，但斜率未考虑第二层次影响因素。	常数项方程式有随机项，但斜率方程式没有随机项。
M3. 随机常数项斜率模式	L1: $Y_{ij} = \beta_{0j} + \beta_{1j} X_{ij} + e_{ij}$ L2: $\beta_{0j} = \gamma_{00} + u_{0j}$ L2: $\beta_{1j} = \gamma_{10} + u_{1j}$	$Y_{ij} = [\gamma_{00} + \gamma_{10} X_{ij}] + [u_{0j} + u_{1j} X_{ij} + e_{ij}]$	随机效果回归模式。常数和斜率都作为第二层次的依变项。第二层次考虑了影响因素。	此模式允许第一层次的常数项和斜率随第二层次的不同而不同，即都有随机项，但没有考虑第二层次的影响因素。
	L1: $Y_{ij} = \beta_{0j} + \beta_{1j} X_{ij} + e_{ij}$ L2: $\beta_{0j} = \gamma_{00} + \gamma_{01} W_j + u_{0j}$ L2: $\beta_{1j} = \gamma_{10} + \gamma_{11} W_j + u_{1j}$	$Y_{ij} = [\gamma_{00} + \gamma_{01} W_j + \gamma_{10} X_{ij} + \gamma_{11} W_j X_{ij}] + [u_{0j} + u_{1j} X_{ij} + e_{ij}]$	常数项和斜率分别为第二层次的依变项。第二层次和第一层次都考虑了影响因素。	此模式允许第一层次的常数项和斜率随第二层次不同而不同，亦即有随机项，同时也考虑第二层次的跨层次交互作用。也是所谓的交互作用模式。

如前面的随机项之分配假定，u_{0j} 的变异数为 τ_{00}，是第二层次分析单位（班级）的平均数之间的变异数。这相似于变异数分析中的组间变异量（between variation），因此，可以称之为群体间变异数（between-group variance）。而 e_{ij} 的变异数为 σ^2，是第一层次分析单位（小孩个人）相对于所属个别群体平均数的变异数，因此，可以称之为群体内变异数（within-group variance）。换言之，两层次模式之依变项变异数是由群体间变异数和群体内变异数所组成。

基本上，群体间变异数比例高低是研究者判断"群体间差异与否"的依据。若群体间变异数不显著（或等于0），那表示各群体平均数之间没有差异，就没必要进一步探讨"为什么群体平均数之间会有差异"的问题。换言之，若各群体平均数之间没有差异，则进一步探究哪些群体间的环境脉络差异所造成，并不具有实质的意义。实际上，研究者经由此模式之随机项变异数估计结果，进行 $H_0: \tau_{00} = 0$ 的检验，以为判断。若虚无假设被拒绝，则群体平均数之间有差异，就有进一步分析"什么环境脉络差异可以解释群体平均数之间的差异"的必要性。反之，如果此虚无假设 H_0 不被拒绝，则表示群体平均数之间没有差异。

同一群体（班级）内，其所属观察体（小孩）的依变项关联性可由群体内相关系数（intraclass correlation coefficient，ICC）加以衡量，如式（5-4）所示。这里英文"class"是指第二层次的群体。

$$ICC = \tau_{00}/(\tau_{00} + \sigma^2) \qquad (5-4)$$

另外，研究者也可以透过群组间变异数占全部变异数的比例之高低，掌握母群体组间平均数差异是否显著。母体群组间变异数占全部变异的比例（以 η 表示），其计算方式如式（5-5）所示。

$$\eta = \frac{\tau_{00}}{(\tau_{00} + \sigma^2)} \times 100\% \qquad (5-5)$$

群体内相关系数 ICC 的计算公式正好等于第二层次分析单位之间的母体变异数所占比例值（η）。虽然 ICC 的数值与群组间变异数比例是相同的计算公式，但是意义上差别很大，应留意使用。另外，这里所说的是母体班级间变异数并不是样本班级间变异数，进一步讨论请参见 Snijders 与 Bosker

（1999：16－21）。

　　第二类模式为随机常数项模式，它包含两种不同形式的模式。这两种模式的共同点是：第一层次的模式之参数都成为第二层次的依变项，但其差异在于解释变项的考虑是纳入第一层次，还是纳入第二层次中。随机常数项模式的第一种模式中，第一层次并没有考虑解释变项，每个受访者的依变项都是其所属群体的平均数加上个人的差异（随机项）。同时，每个群体（班级）的平均数可能不同，它是总平均数（grand mean）加上每个群体 W_j 变项的影响，再加上群体的特殊性（随机项）。研究者使用这种模式的目的在解析第二层次分析单位（群体或班级）的特性（如 W_j 变项）是否影响其群体平均数，同时也理解除了 W_j 群体特性变项之外，其群体平均数是否还有其他的影响因素存在（视误差项变异数是否显著有别于 0 而定）。若此模式的误差项变异数显著地有别于 0，表示 W_j 群体变项之外，还有其他的群体变项造成群体平均数之间的差异，至于是哪些群体变项的影响则待进一步确定。随机常数项模式的第二种模式，第一层次考虑了个人层次（小孩）解释变项（X_{ij}）的影响。因为纳入了一个解释变项，因此，每个群体第一层次的截距 β_{0j} 和斜率 β_{1j} 进一步作为第二层次模式的依变项。此时，截距代表控制解释变项（X_{ij}）的影响后的群体平均数（group mean），斜率则代表每个群体之 X 变项效果。但第二层次模式的目的是分析在控制解释变项（X_{ij}）的影响后的群体平均数之间是否有差异存在（也是透过误差项变异数的显著性来决定），同时因为斜率作为依变项的方程式并没有加入随机项，因此方程式中假定了每个群体之 X 变项效果是没有群体间的差异。当然，是否引入这样的假定条件，则决定于研究理论上的考虑。

　　第三类模式称之为随机常数项斜率模式（random intercepts and slops model）。第三类模式也包含了两种，这两种模式的第一层次都考虑了解释变项，且第一层次的截距和斜率项都进一步作为第二层次的依变项，也都考虑了随机变项。两种模式的差别在于前者的第二层次没有引入解释变项，但后者有引入解释变项。随机常数项斜率模式中第二层次的方程式数目等于第一层次方程式中所使用的自变项个数加一（常数项方程式）。基本上，多层次分析中的第一层次若考虑自变项的影响，且其各群体 X 变项效果在第二层次又纳入解释变项的考虑，就相当于研究者对"X 变项效果是否因第二层次的自变项之不同而有所不同"的研究问题有所关切。从其混合模式中可以看到两层次自变项的交互作用项 $W_j X_{ij}$ 于方程式中，因此，这个模式又称为跨层次交互作用模式。其实，这个模式处理的研究问题和多元回归分析时考虑两个自变项的交互作用是相同的，只是在多层次分析中，这个交互作用的两个自变项是分别属于两个不同的分析层次，是跨层次的交互作用而已。

基本上，上述的三类（五种）两层次模式都是研究者在多层次分析中，常常使用来适配（fit）其研究资料，并进行模式间的比较，以检验相对应的研究假设，同时，也会特别比较第二层次随机项变异数的变动，以说明模式间差别之变项的贡献。上述的讨论为了方便说明模式的意义，因此在两个层次中都仅以一个自变项的方程式作为说明。然而，实际的研究中，研究者在多层次的方程式中，通常会依据研究的旨趣和研究假设检验的需要，而纳入不同个数的自变项。另外，在进行上述不同模式间的比较时，除了注意自变项系数的统计显著性变化之外，可以比较两个巢状模式之第二层次随机项的变异数之变动比例如式（5-6），以说明两个巢状模式间所差别的变项之影响。

$$\lambda = \frac{(\tau_{00}^{(1)} - \tau_{00}^{(2)})}{\tau_{00}^{(1)}} \times 100\% \qquad (5-6)$$

其中 $\tau_{00}^{(1)}$ 和 $\tau_{00}^{(2)}$ 分别为两个巢状模式中第二层次常数项方程式之随机项变异数，且 $\tau_{00}^{(1)}$ 来自使用较少自变项的模式，$\tau_{00}^{(2)}$ 则来自使用较多自变项的模式。

（三）多层次分析模式估计与选择

多层次分析模式的参数估计方法，最常见的是最大概似估计法（ML）和限制最大概似估计法（restricted maximum likelihood，REML）。在模式假设下，使用 ML 与 REML 所产生的模式参数估计值可使所有样本观察值同时出现的机率为最大，这两种估计法最大的差别在于模式中随机效果的变异数是如何被估计的程序不同而已，对于固定效果的参数估计是完全一样的。进言之，ML 在估计随机项变异数时，其自由度为 n，即观察体数，未对因固定效果估计而消耗掉之自由度进行调整，故其所产生的估计值并非最佳不偏估计。REML 则对这个问题进行调整，其自由度为 $n-k-1$，其中 n 为观察体数，k 为第一层次模式中所使用的自变项个数，故又称之为残差最大概似估计法（residual maximum likelihood），其随机项的变异数估计比 ML 的估计有较小的误差量。由于 REML 能产生随机项变异数是不偏估计值，因此，一般多建议使用 REML 进行估计。不过，当第二层次的样本数很大（大于30）时，这两种估计方法的结果差距不大（Snijders ＆ Bosker，1999；Raudenbush ＆ Bryk，2002）。

使用多层次分析时，研究者常进行模式中单一参数的检定和模式间的比较分析，其常进行的参数检验和检定方法，说明分别如下。

1. 固定效果之参数（即 γ 参数）显著性检定

多层次分析中固定效果的参数显著性检定，与回归分析的回归系数显著性检定相似。将固定效果参数估计值除以其估计标准误，得到 t 值，其自由度为 $J-p-1$，其中 J 为第二层次的分析单位数，p 为第二层次模式中的所使用的自变项个数。另外，Wald 检定也常被用来检验多层次分析中固定效果参数的显著性检验。

2. 随机项变异数显著性检定

多层次分析中随机项（或随机效果）的变异数显著性检定，有的使用 χ^2 检定（HLM 软件），有的使用 Wald 检定（HLM 以外的软件）（West et al.，2007）。使用 χ^2 检定者是假定随机项变异数的分配为非常态分配，而使用 Wald 检定者则假定其分配状态为常态分配。值得注意的是，随机项变异数以 0 为最小值，是"非常态"分配。如前已述，通常研究者根据随机项变异数的显著性，来判断第二层次分析单位（群体）的平均数，或每个群体之 X 变项效果是否有群体间的差异，或考虑了群体特性变项后，是否还存在其他的解释变项，对群体平均数或 X 变项效果有显著的影响。

3. 模式适配度

多层次分析如同其他的统计分析一样，需要评估所分析的模式与研究资料的适配度。常用的模式适配度（model fit）指标有以下几个。

（1）差异统计量（deviance）即 $-2LL$ [$-2\log$（likelihood）]。一个模式的差异统计量表达研究者所选择的模式与分析资料的适配度程度。差异统计量数值愈大，则模式适配度愈不好。同时，一个分析模式的差异统计量不能直接加以解释，但是它可以被使用于不同模式的比较。两个比较的模式，其差异统计量的差异值和两个模式参数个数差异值的自由度下之 χ^2 检定，可以判断哪个模式适配度比较好。但是，一个使用比较多参数的模式，通常会有较低的差异统计量，而且模式差异统计量愈小，代表该模式的适配度比较好，因此，在使用模式差异统计量作为模式选择的考虑时，最好能参考其他的适配指标。

（2）AIC 指标（akaike information criterion）。AIC $= -2LL + 2p$。

（3）BIC 指标（schwarz's bayesian information criterion）。BIC $= -2LL + p$ ln（N）。其中 $-2LL$ 即模式的差异统计量，p 为模式中参数的个数，N 为样本数。

但是，BIC 指标不是为多层次分析所发展的，因此，样本数到底要使用第一层次或第二层次的样本数则没有定论。Singer 与 Willett（2003）建议使用第一层次的样本数。AIC 和 BIC 的优点是可以使用于两个非巢状模式（non-nested models）的比较，AIC 和 BIC 都是数值愈小模式适配度愈好。值得注意的是，在不同的统计套装软件包中，AIC 和 BIC 的计算公式可能不尽相同，例如，在 AIC 指标的计算中，SAS 与 SPSS 使用随机项变异数参数的个数为 p，R 与 Stata 则使用随机项变异数参数的个数加上固定效果之参数的个数为 p。因此不同统计软件所估算出之 AIC 和 BIC 不能进行比较，需特别注意。

过去文献认为使用 REML 估计时，不能使用模式之差异统计量（deviance statistic），进行概似比检定，以检验不同模式间的固定效果之差异（Verbeke & Molenberghs，2000）。但现今部分学者则认为由于 ML 所产生的估计值为非不偏估计，因此也不宜使用 ML 进行模型比较，而可直接使用 REML 所产生之 AIC、BIC 等模式适配度指标进行模型比较（Gurka，2006；West et al.，2007）。

此外，贝氏统计推论在多层次分析模式上的应用亦逐渐受到重视（Gelman& Hill，2007）。当使用 ML 进行模式估计时，资料必须符合常态分配的假定，当第二层次的分析单位数过小时，常不符合大样本理论（large-sample theory）的假定，而使得统计推论结果不可信，研究者可采用贝氏统计推论进行模式参数估计。不过，在进行贝氏统计推论时，研究者需先对参数的先验分配（prior distribution）有一定的掌握，否则其统计推论结果将有风险。若对参数的先验分配没有掌握时，可以采用经验贝氏估计法（empirical Bayes estimation）估计（Snijders & Bosker，1999；Raudenbush & Bryk，2002；Candel，2006）。此外，贝氏统计推论所产生的信赖区间其解释方法和传统的频次统计学（frequentist statistics）有所不同，因此研究者在使用贝氏统计推论进行多层次分析模式的参数估计时，宜对分析结果留意其解释。

三 多层次分析变项的中心化

（一）变项中心化的必要性

多层次分析里一个很重要的议题就是变项中心化（centering）的问题。当然，变项中心化的问题不是只有在多层次分析中才存在，才需要考虑。事实上，变项中心化的问题在多元回归分析中的自变项转换处理，就已经存在。多层次分析中，变项中心化是将自变项（X）减去一个有意义的常数（如总平均数、个别群体平均数或特定值），做该变项的线性转换过程。这个有意义的常数并不一定是要选择平均数，只是平均数比较常用而已。譬如说：将自变项（X）以总平均数做中心化处理，可以表示如式（5-7）：

$$X'_{ij} = (X_{ij} - \bar{X}..)$$

（5-7）

转换后的 X'_{ij} 成为与总平均数的差异值，而不是原始的测量值。假如这个被中心化的变项为年龄，则中心化以后的变项成为与总体平均年龄的差异值，若为正值，表示该观察体的年龄大于总体的平均年龄；反之，若为负值，表示该观察体的年龄小于总体的平均年龄。

基本上，变项中心化的目的是为了使分析模式常数项估计值有实质的意义。不论是回归分析或是多层次分析的常数项估计值之解释都是假定所有自变项都为 0 的条件下，依变项平均数的估计值。然而，有些自变项为 0 是有意义的，但是有些自变项为 0 是没有意义的，如正式学校教育年数为 0（没有进过学校念书）有其实质的意义；而智力（IQ）为 0 则没有实质的意义（没有人 IQ 为 0）。因此，这些 0 没有实质意义的变项，在多层次模式分析时，若没有做中心化的处理，则分析后的常数项估计值的说明也会出现没有实质意义的情形。因此，在多层次模式中，对于 0 没有实质意义的自变项，都需要将它做中心化的处理，以使常数项估计值的解释有实质的意义。

在多元回归分析中，自变项的中心化并不会影响自变项的参数估计、估计标准误和模式适配度等，但会影响到常数项的估计值。不过，多元回归模式分析的重点比较少放在常数项上，而着重于各个自变项的影响效果上，所以多元回归分析中，自变项中心化并没有常被使用。在多层次分析上，自变项中心化与否，则会影响其常数项参数估计值，而常数项估计值在解释上又相当受到重视，因此，自变项中心化的问题在多层次分析时就很受到重视。

多层次分析中，自变项中心化（由原来的 X 平移为 X'）会导致不同的常数项估计值，如图 5-1 所示。

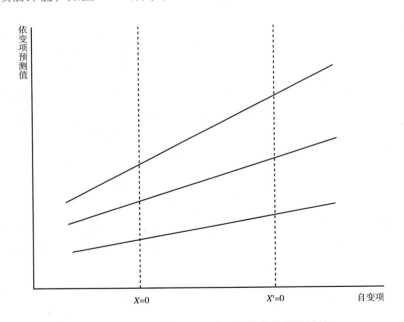

图 5-1　自变项中心化导致不同的常数项估计值

（二）变项中心化的种类与使用原则

多层次分析时，自变项的中心化处理，常见的有三种方式。

1. 以总体平均数的中心化（grand-mean centering）。

2. 以个别群体平均数的中心化（group-mean centering）。

3. 以特定值的中心化（specific-value centering）。

在多层次分析中，以总体平均数的中心化处理可能发生在第一层次的自变项，也可能发生在第二层次的自变项，或同时存在第一和第二层次的自变项。其处理方式是分别将第一层次和第二层次的自变项减去该变项的总体平均数。其次，以个别群体平均数的中心化处理只会存在第一层次的自变项，它是将第一层次的自变项减去受访者所属的个别群体的平均数。第一层次的个别群体平均数中心化处理，可以表示如式（5 - 8）所示：

$$X'_{ij} = (X_{ij} - \overline{X}_{.j}) \qquad\qquad (5 - 8)$$

转换后的 X'_{ij} 已不是原始的测量值，而是与所属群体平均数的差异值。以个别群体平均数的中心化分析结果比以总体平均数的中心化结果，在解释上较难。一般而言，以个别群体平均数的中心化，模式分析的结果会产生不同的参数和变异数估计值。因此，只有在比较强的理论基础上，才考虑使用以个别群体平均数的中心化处理。

至于第三种中心化的处理：特定值的中心化处理，则常出现在长期追踪资料分析时，纳入时间变项作为自变项，同时必须将研究时间的起点设定为 0 时。如一个长期追踪的研究是从小孩 7 岁追踪到 12 岁，而分析时将小孩年龄纳入模式当做自变项，此时，小孩年龄变项需要进行特定值的中心化处理，即需要减去 7（所谓的特定值），好让研究的时间起点设为 0，此时，研究时间的起点设定为比较的基准点；或减去另一个特定值，将研究的时间中间点设定为比较的基准点。这样的处理，都会方便分析结果的解释，不过，都要根据研究需要而为之。

另外，以下六点是多层次分析中自变项中心化使用的一些基本原则。

1. 要不要中心化处理，通常决定于理论上的依据或需要。分析的目标往往决定多层次模式自变项中心化处理的必要性。

2. 任何 0 值没有意义的自变项，都需要中心化的处理。因为这样可以让分析结果的解释有实质的意义。许多李克特尺度量表的测量值都没有 0，因此，其测量的变项纳入分析时就需要做中心化的处理。

179

3. 虚拟变项（dummy variable）或两分类变项（binary variable）必要时也可以做中心化的处理。

4. 在第一层次，以总平均数做中心化处理的模式分析结果，只影响到模式常数项（即模式的截距）的估计。

5. 有些时候，以个别群体平均数的中心化是有用的，但是它的使用最好是基于研究目的或理论上的需要。

6. 长期追踪研究的多层次分析模式，与时间有关的变项纳入分析时，通常需要将该变项减去一个特定值，使研究有兴趣的时间基准点（不一定是研究的时间起点）转换为 0，以方便分析结果的诠释。

（三）变项中心化后的结果解释

多层次分析中自变项中心化的结果之解释很重要，但是不容易掌握。若以式（5-9）的两层次分析模式来看，则 β_{0j} 为调整后的群体 j 平均数。而 γ_{00} 为调整后的总平均数。若没有中心化处理，则 β_{0j} 为未调整的群体 j 平均数，亦即为原来的群体 j 平均数，γ_{00} 为原来所有群体的总平均数：

$$
\begin{aligned}
Y_{ij} &= \beta_{0j} + \beta_{1j}(X_{1ij} - \bar{X}..) + e_{ij} \\
\beta_{0j} &= \gamma_{00} + u_{0j} \\
\beta_{1j} &= \gamma_{10} + u_{1j}
\end{aligned}
\tag{5-9}
$$

若第一层次以其自变项 X 之总平均数和第二层次也以其自变项 W 总平均数分别加以中心化处理，则式（5-10）的多层次分析模式，其 β_{0j} 为当 X 在总平均水准时，群体 j 的调整平均数（adjusted group-mean）。而 γ_{00} 为当 W 在总平均水准时，各群体调整平均数的总平均数。同样的原则也可以运用于解释 β_{1j} 和 γ_{10}。

$$
\begin{aligned}
Y_{ij} &= \beta_{0j} + \beta_{1j}(X_{ij} - \bar{X}..) + e_{ij} \\
\beta_{0j} &= \gamma_{00} + \gamma_{01}(W_j - \bar{W}) + u_{0j} \\
\beta_{1j} &= \gamma_{10} + \gamma_{11}(W_j - \bar{W}) + u_{1j}
\end{aligned}
\tag{5-10}
$$

若第一层次自变项 X 以个别群体平均数做中心化处理，同时将个别群体的平均数纳入第二层次的自变项中，如式（5-11）所示，则这样的变项中心化分析和模式设定方式，可以让研究者将研究的依变项，有效地区分为群体间平均数差异和群体内个别差异的效果。因为 $X_{ij} = \overline{X}_{.j} + (X_{ij} - \overline{X}_{.j})$，前者为个别群体的平均数，后者为个体与其所属的个别群体平均数的差异。使用混合模式，可以清楚看出群组间和群组内的差异效果。这样的中心化或模式设定方式在多层次成长曲线分析时，常使用来将依变项分解为个体平均数水准的效果和个人随时间的变动（相对于个体平均水准）效果。所以，研究者可以根据研究的命题验证的需要和自变项的测量特性，采用合适的变项中心化处理和模式设定，以方便多层次分析结果的解释和达到不同影响效果（群体间和群体内）的分割。

$$
\begin{aligned}
Y_{ij} &= \beta_{0j} + \beta_{1j}(X_{ij} - \overline{X}_{.j}) + e_{ij} \\
\beta_{0j} &= \gamma_{00} + \gamma_{01}(W_j - \overline{W}) + \gamma_{02}X_{.j} + u_{0j} \\
\beta_{1j} &= \gamma_{10} + \gamma_{11}(W_j - \overline{W}) + u_{1j}
\end{aligned}
\tag{5-11}
$$

四 多层次分析实例说明

为说明多层次分析的模式使用和比较情形，本章分析了台湾青少年计划（中研院社会学所）的高中学测成绩受学生因素和班级因素的影响情形。该资料总共收集 2493 位青少年为样本，分布于台北市、台北县和宜兰县样本国中的 81 个班级。由于资料具有阶层式结构，所以学生的学测成绩并不独立，因此，分析时拟采用两层次分析。第一层次为青少年个人，考虑的影响因素为性别（sex）、是否补习（cram school）和父亲教育程度（以 fedu 表之），其中性别（男性 = 0，女性 = 1）和补习与否（有补习 = 1，没补习 = 0）为虚拟变项，父亲教育为 1~5 的等级尺度。而第二层次的分析单位为班级，考虑的解释变项为班级的竞争性，以班级有补习的比例为其代理变项（以 proportion 表之）。其两层次方程式都有考虑自变项时的分析模式，表示如式（5-12）。此例中分析并比较了前述的三类（五个）不同的多层次分析模式。分析结果如表 5-2 所示。

$$
\text{第一层次:} Y_{ij} = \beta_{0j} + \beta_{1j}\text{sex}_{ij} + \beta_{2j}\text{cram school}_{ij} + \beta_{3j}\text{fedu}_{ij} + e_{ij}
$$

$$
\begin{aligned}
\text{第二层次:} \beta_{0j} &= \gamma_{00} + \gamma_{01}(\text{proportion})_j + u_{0j} \\
\beta_{1j} &= \gamma_{10} + \gamma_{11}(\text{proportion})_j + u_{1j} \\
\beta_{2j} &= \gamma_{20} + \gamma_{21}(\text{proportion})_j + u_{2j} \\
\beta_{3j} &= \gamma_{30} + \gamma_{31}(\text{proportion})_j + u_{3j}
\end{aligned}
\tag{5-12}
$$

表 5-2　青少年高中学测成绩之多层次模式分析及自变项中心化与未中心化结果比较

固定效果（系数）	未中心化										中心化					
	M1		M2-a		M2-b		M3-a		M3-b		M2-b		M3-a		M3-b	
	b	s.e	b	s.e	b	s.e	b	s.e	b	s.e	b	s.e	b	s.e	b	s.e
截距 γ_{00}	152.53***	2.64	113.47***	5.57	88.08***	3.06	87.89***	3.05	97.25***	7.22	103.62***	2.55	102.74***	2.51	107.09***	6.05
班级补习比例 γ_{01}			76.23***	9.56					-17.95	13.86					-8.97	12.16
性别 γ_{10}					6.83**	2.26	6.46**	2.26	19.14**	6.04	6.83**	2.26	6.46**	2.26	19.14**	6.04
班级补习比例 γ_{11}									-24.28*	10.58					-24.27*	10.58
补习 γ_{20}					39.15***	3.16	40.51***	3.06	13.66	8.09	39.15***	3.16	40.51***	3.06	13.66	8.09
班级补习比例 γ_{21}									49.79**	14.83					49.78**	14.83
父亲教育程度 γ_{30}					15.53***	1.06	14.85***	1.05	9.84**	3.00	15.52***	1.06	14.85***	1.05	9.84**	3.00
班级补习比例 γ_{31}									8.98	4.85					8.97	4.84
随机效果（变异数成分）																
u_{0j}	472.45***		245.62***		134.84***		87.25		103.13		134.84***		129.33*		143.34*	
u_{1j}							102.13*		85.45*				102.10*		85.45*	
u_{2j}							417.76***		344.28***				417.71***		334.25***	
u_{3j}							13.72*		13.68				13.60*		13.59	
e_{ij}	2937.82		2936.34		2351.48		2230.48		2229.38		2351.48		2230.58		2229.46	
模式适配度																
Deviance	27121.11		27070.04		26492.29		26446.39		26396.32		26492.29		26446.38		26396.29	
Parameters	2		2		2		11		11		2		11		11	
AIC	27125.11		27074.04		26496.29		26468.39		26418.32		26496.29		26468.38		26418.29	
BIC	27127.90		27076.83		26499.08		26483.75		26433.68		26499.08		26483.74		26433.65	

Number of observations: 2493；Number of groups: 81.

模式 M1 是第一层次和第二层次都没有考虑自变项的影响，分析结果 $\hat{\gamma}_{00}$ 为 152.53，这表示学测分数的总平均值（母体）为 152.53，其随机项变异数 $\hat{\mathrm{Var}}(u_{0j}) = \hat{\tau}_{00} = 472.45$，$\hat{\mathrm{Var}}(e_{ij}) = \hat{\sigma}^2 = 2937.82$。学测成绩的变异数中，班级间变异数占 14%，即 $\hat{\eta} = \hat{\tau}_{00}/(\hat{\tau}_{00} + \hat{\sigma}^2) = 472.45/(472.45 + 2937.82) = 0.14$。

模式 M2 - a 是在 M1 的基础模式上，再加上第二层次引入班级竞争性之解释变项，结果发现学测成绩的班级平均数受到班级竞争性的影响（因为 $\gamma 01$ 是显著地有别于 0），即班级竞争性愈高，则班级的平均数愈高。同时，班级竞争性可以解释班级平均数变异数的 48%［$\lambda = (\tau_{00}(\mathrm{M1}) - \hat{\tau}_{00}(\mathrm{M2a}))/\hat{\tau}_{00}(\mathrm{M1}) = (427.45 - 245.62)/427.45 = 0.48$］。模式 M2 - b 则在第一层次考虑了三个解释变项，但在第二层次只有截距项考虑随机项，但没有考虑解释变项，分析结果显示青少年女性、有补习和父亲教育程度愈高，则其学测成绩愈高（因为 γ_{10}、γ_{20} 和 γ_{30} 三个参数都是显著的）。同时，在考虑了性别、补习与否和父亲教育后的班级学测平均数仍然有班级间的差异（因为第二层次截距项方程式的变异数显著地有别于 0）。进一步分析性别、是否补习和父亲教育对学测成绩的影响效果，有没有班级间的差异，则可以使用模式 M3 - a 加以分析。结果发现，不仅性别、是否补习和父亲教育在班级内都有显著的影响（因为 γ_{10}、γ_{20} 和 γ_{30} 三个参数都是显著的），而且其影响效果都有班级间的差异（因为第二层次的 u_{1j}、u_{2j} 和 u_{3j} 三个随机项的变异数都是显著地有别于 0）。最后，模式 M3 - b 则分析班级学测平均数和性别、是否补习与父亲教育对学测成绩在班级的影响效果，是否因为不同的班级竞争性而有所不同。模式 M3 - b 的分析结果显示：性别、是否补习和父亲教育在班级内都有显著的影响，但是只有性别与是否补习的班级影响效果，因班级的竞争性不同而有所不同。同时，性别与是否补习的班级影响效果，在考虑了班级竞争性的脉络环境的影响后，仍然还有班级间之差异。显然的，性别与是否补习的班级影响效果的班级间差异，并没有办法完全由班级竞争性加以解释，因此，除了班级竞争性以外，应该还有其他的班级脉络环境因素有所影响，但是目前的分析上无法确定是什么班级环境脉络的影响。如果以 AIC 和 BIC 值来作为模式选择的指标，则所分析的五个模式中，以 M3 - b 模式的 AIC

和 BIC 值最小，因此，模式选择上可以考虑选择 M3 - b 模式作为最后的模式选择。

为了进一步讨论变项中心化处理对多层次模式估计的影响，表 5 - 2 中特别呈现了变项中心化处理的分析结果。分析中，仅对父亲教育变项进行中心化处理，即父亲教育由原来的测量尺度（1 ~ 5 等级尺度）减一，新测量变为 0 ~ 4 的等级尺度，结果使得父亲教育程度为 0 时，代表父亲没有接受过正式教育。这样在解释上，比较符合实际的概念意义。理论上，多层次分析中的虚拟自变项也可以做中心化处理，但是在解释上必须特别留意。在此例中，性别和补习与否这两个变项并没有做中心化的处理。表 5 - 2 中有关变项中心化后的多层次分析（包括原分析模式 M2 - b、M3 - a 和 M3 - b）结果显示，如前面的讨论，只有模式的截距项估计值有所改变，而所有的斜率项参数估计值，都与未中心化之对应模式结果没有差别。多层次分析中的自变项中心化处理，不会影响研究结论，但是其在解释上比较符合概念的实质意义。多层次分析的自变项中心化处理相当重要。参考方块 5 - 1 是另一个两层次分析的研究实例。

参考方块 5 - 1：两层次分析的研究实例

为了了解青少年时的志愿性团体参与是否影响成年时的政治参与，McFarland 与 Thomas（2006）在以美国国家教育长期研究（NELS）和青少年健康长期研究（Add Health）资料库之资料，分析青少年的课外活动参与如何影响其成年的政治参与。NELS 有详细的青少年学校外的志愿性团体参与的讯息，Add Health 则有青少年在校内的许多志愿性团体（学生社团）参与的讯息。

NELS 是 1988 年针对一群学校的八年级学生所进行的研究，并在 1990 年、1992 年、1994 年和 2000 年分别进行后续的追踪资料收集。McFarland 与 Thomas 此研究是以 NELS 五波都有参与的受访者为分析对象。最后的分析样本为 10827 人，分别来自 1476 个不同的高中。

　　另一个分析的资料取自 Add Health 资料库。Add Health 研究是针对七年级至十二年级的全国代表性样本所进行之研究，也是一个长期的追踪研究。该资料库的资料允许研究者探究学生先前的活动对其后续行为的影响情形。McFarland 与 Thomas 使用第一波和第三波的 Add Health 研究资料。第一波于 1994 到 1995 年之间，针对 14738 个七年级至十二年级的学生所收集的研究资料；第三波的追踪研究则于 2001 至 2002 年进行，最后有 11015 个第一波被研究的学生在家里接受调查访问，此时他们年龄在 18 至 26 岁。

　　McFarland 与 Thomas 所采用的分析模式为两层次分析法，分析模式如下：

$$Y_{ij} = \beta_{0j} + \beta_{1j}(\text{student characteristics})_{ij} + \beta_{kj}X_{kij} + \varepsilon_{ij} \qquad (1)$$

$$\beta_{0j} = \gamma_{00} + \gamma_{01}(\text{school characteristics})_j + \cdots + \delta_{0j} \qquad (2)$$

其中，

Y_{ij} 为第 j 个学校的第 i 个受访青少年的成年时之政治参与

β_{0j} 为第 j 个学校的依变项（成年政治参与）平均数

β_{1j} 为第 j 个学校的学生特性（如志愿性社团参与）对依变项的影响效果

X_{kij} 为第 j 个学校的第 i 个受访青少年之志愿性社团参与以外的变项

　　每个学校的 β_{0j} 可能不相同，它是一个随机效果，可能受到学校特性的影响，如第（2）式所示。γ_{00} 为全部受访者的成年政治参与的平均值，而 γ_{01} 则为学校特性对其平均政治参与的影响效果。另外，$\beta_{1j}, \cdots, \beta_{kj}$ 则假定没有学校间的差异，因此，原论文将相对应的方程式予以省略。

　　此研究资料由于青少年资料镶嵌于学校，具有阶层式结构，所以同一个学校的学生其变项可能受到学校的影响，因此可能具有丛集性，并不符合最小平方回归分析所假定的观察体资料独立的特性，因此，作者在进行此研究时，因资料的特性关系，所以采用两层次分析法。详细的分析结果讨论，请参阅 McFarland 与 Thomas（2006）。

五　多层次分析的进阶应用

（一）类别依变项的多层次分析模式

前面所讨论的多层次分析，依变项都是连续性变项，不过，多层次分析也适用于依变项为两类别、多类别、顺序类别和计数资料的分析。广义线型模式以胜算比回归分析依变项为两类别的影响因素，以多类别胜算比回归分析多类别依变项的影响因素，以顺序性胜算比回归分析有顺序类别依变项的影响因素，以 Poisson 回归分析计数的依变项（count variable）的影响因素。同样的，多层次分析的第一层次的模式设定方式也是决定于依变项的测量性质。多层次分析仍然适用于处理前述的这些不同测量层次的变项。除了第一层次的模式设定有所差别以外，其余的层次的模式设定方式都是和前面讨论一样的原则。因此，研究者可以根据其研究依变项的测量层次之特性，选择模式设定的方式。现在统计套装软件都已经提供了这类模式分析的选择，使用上也很方便。参考方块 5 - 2 为类别依变项的多层次分析之研究实例。

参考方块　5-2：类别依变项之两层次分析研究实例

Mandel 与 Semyonov（2006）使用 22 个工业化国家的资料，探讨这些国家的福利政策如何影响妇女劳动参与和其职业成就。换言之，作者们检验工业化国家之"与有子女家庭有关的福利政策"对妇女经济活动和其劳动市场位置的影响。作者们所分析的资料为从 Luxembourg Income Study（LIS）中选取 22 个工业化国家的研究资料，每个国家的资料都包括 1990 年代 25 至 60 岁的男女性人口之特性及其劳动市场参与的特性讯息。此研究资料也具有阶层式结构特性，因此，作者采用多层次分析法，其中个人层次的分析模式捕捉经济活动的预测，依变项分别为是否有劳动参与、是否为管理位置或是否为女性职业（female-typed occupation），自变项则包括性别（女性 =1）、婚姻地位（已婚 =1）、教育（学术学位 =1）、子女数和是否有学龄前小孩（有 =1）。第二层次为

国家层次，其模式则以每个国家的第一层次的影响效果作为依变项，进一步探究国家的"与有子女家庭有关的福利政策"（以 WSII 表示）的影响效果。其实际的分析模式如下：

$$\log \text{odds}(\text{LFP})_{ij} = \beta_{0j} + \beta_{1j}(\text{gender})_{ij} + \beta_{kj} X_{kij} \tag{1}$$

$$\beta_{0j} = \gamma_{00} + \gamma_{01}(\text{WSII})_j + \gamma_{02} Z_j + v_{0j} \tag{2}$$

$$\beta_{1j} = \gamma_{10} + \gamma_{11}(\text{WSII})_j + \gamma_{12} Z_j + v_{1j} \tag{3}$$

$$\beta_{kj} = \gamma_{k0} + \gamma_{k1}(\text{WSII})_j + \gamma_{k2} Z_j + v_{kj}(k = 2,3,4,5,6) \tag{4}$$

其中，

$\log \text{odds}(\text{LFP})_{ij}$ 为第 j 个国家的第 i 个受访者的劳动市场参与与否的成败比（odds）的对数值

β_{0j} 为第 j 个国家的依变项平均数（劳动参与率的成败比之对数值）

β_{1j} 为第 j 个国家的男女性之劳动参与 $\log \text{odds}(\text{LFP})_{ij}$ 的影响效果

X_{kij} 则为性别以外的其他个人自变项

因为第一层次方程式式（1）为逻辑回归方程式，所以式（1）没有随机变项。式（1）的逻辑回归系数分别为第二层次方程式中的依变项，分别受到国家之家庭相关福利措施和国家层次的特性变项（Z）的影响。v_{0j}，$\cdots$，v_{kj} 则分别为第二层次各方程式中的随机项。

　　作者们对于工业化国家与"有子女家庭相关的福利政策"对妇女经济活动和其劳动市场位置的影响之研究旨趣，是透过 γ_{01}，γ_{11}，$\cdots$，γ_{k1} 的显著性来加以探究。研究分析结果显示：工业化国家的家庭福利措施，确实提高了女性的劳动市场参与和进入公部门工作的机会，但是并没有使得女性容易进入管理的位置，反而使女性更容易从事于所谓的女性职业。这个研究发现提供了工业化国家的家庭福利政策对职业妇女劳动参与和劳动结果的影响有力证据。详细研究内容请参阅 Mandel 与 Semyonov（2006）。

（二）　三层次分析模式

　　随着研究议题的不同，研究者所收集分析的资料，涉及的分析层次不一定会只有两个层次，有时候需要使用到三个层次，或甚至更多层次。假如研究者有兴趣的议题是：学生的数学竞试成绩是否受到学校环境特性的影响，其研究资料收集来自全台湾 100 个国中学校，每个学校 5 班，每个班有 30 个学生参加数学竞试的成绩。同一班的学生的竞试成绩不一定彼此独立，因为可能受到班级特性的影响，而同一个学校的班级，其竞试结果也不一定彼此独立，可能受到学校环境特性的影响。因此，研究者需要选择多层次分析，以便考虑研究资料的非独立性特性。同时，需要选择三层次分析模式，其中第一层次为学生，第二层次为班级，第三层次为学校。其分析模式可以式（5 – 13）表示：

$$第一层次：Y_{ijk} = \beta_{0jk} + \beta_{1jk} X_{ijk} + e_{ijk}$$

$$第二层次：\beta_{0jk} = \gamma_{00k} + \gamma_{01k} W_{jk} + u_{0jk}$$

$$\beta_{1jk} = \gamma_{10k} + \gamma_{11k} W_{jk} + u_{1jk}$$

$$第三层次：\gamma_{00k} = \lambda_{000} + \lambda_{001} Z_k + v_{00k} \tag{5 – 13}$$

$$\gamma_{01k} = \lambda_{010} + \lambda_{011} Z_k + v_{01k}$$

$$\gamma_{10k} = \lambda_{100} + \lambda_{101} Z_k + v_{10k}$$

$$\gamma_{11k} = \lambda_{110} + \lambda_{111} Z_k + v_{11k}$$

其中为 Y_{ijk} 第 k 个学校的第 j 个班级之第 i 个学生的数学竞试成绩。X_{ijk} 为第 k 个学校的第 j 个班级之第 i 个学生的特性变项作为解释变项，W_{jk} 为第 k 个学校的第 j 个班级的特性变项，而 Z_k 为第 k 个学校的特性变项。第一层次模式中的 β_{0jk} 和 β_{1jk} 分别为第 k 个学校的第 j 个班级的平均成绩和其 X 变项效果。第二层次方程序中的 γ_{00k} 为第 k 个学校所有班级的平均数，γ_{01k} 为第 k 个学校班级特性变项 W_{jk} 对班级 X 平均成绩影响的所有班级平均效果。而 γ_{10k} 是第 k 个学校所有班级的 X 变项效果之平均值，γ_{11k} 则为第 k 个学校之班级特性变项 W_{jk} 对班级 X 变项效果的所有班级平均效果。第三层次各模式中的截距项为各参数的所有学校的平均值，斜率为学校特性变项 Z_k 对第二层参数的影响效果。e、u 和 v 分别代表第一、第二和第三层次各方程式中的随机项。三层次分析的估计结果之解释必须在对各参数的意义能掌握的情况下，才容易完成，否则可能因解释不清楚，而影响了研究结论的正确性。参考方块 5 – 3 为三层次分析的研究实例。

参考方块　5-3：三层次分析研究实例

许多研究皆发现：女性为多的工作薪资相对地不利，但是另有研究也发现：美国许多都会区的男女性工作所得差距，有相当大的差异性。Cohen 与 Huffman（2003）之研究探讨美国劳动市场层次的职业性别区隔是否恶化了女性为多的工作（female-dominated jobs）之女性薪资的不利性，同时也探究性别组成与工作内部（within-job）的男女性薪资差异的关联性。由于研究资料中个人的工作，镶嵌于工作层次的分析单位中，同时，工作的分析单位又镶嵌于劳动市场中，具有三层次的阶层式结构，因此，他们采用了三层次分析法，以分析个人、工作和劳动市场中女性薪资（与男薪资相较）的不利性。研究分析的第一层次为个人层次、第二层次为工作层次（jobs level）是由职业和行业（occupation-industry）交叉而得。而第三层次为劳动市场（labor markets）层次，以都会区为劳动市场的代表。研究使用美国 1990 年普查资料的 5% 抽样之公共资料文件为分析资料，第一层次个人观察体为 1920100，第二层次的工作单位数为 62322，第三层次的劳动市场单位数为 261。其实际的分析模式如下：

$$Y_{ijk} = \pi_{0jk} + \pi_{1jk}(\text{female})_{ijk} + \pi_{2jk} a_{1ijk} + \cdots + \pi_{mij} k_{amijk} + e_{ijk} \qquad (1)$$

$$\pi_{0jk} = \beta_{00k} + \beta_{01k}(\text{proportion female})_{jk} + \beta_{02k}X_{2jk} + \cdots + \beta_{0qk} X\, qjk + r_{0jk} \qquad (2a)$$

$$\pi_{1jk} = \beta_{10k} + \beta_{11k}(\text{proportion female})_{jk} + \beta_{12k}X_{2jk} + \cdots + \beta_{1qk}X_{qjk} + r_{1jk} \qquad (2b)$$

$$\beta_{00k} = \gamma_{000} + \gamma_{001}(\text{occupational integration})_k + \gamma_{002} W_{2k} + \cdots + \gamma_{00s} W_{sk} + u_{00k} \qquad (3a)$$

$$\beta_{01k} = \gamma_{010} + \gamma_{011}(\text{occupational integration})_k + \gamma_{012} W_{2k} + \cdots + \gamma_{01s} W_{sk} + u_{01k} \qquad (3b)$$

$$\beta_{10k} = \gamma_{100} + \gamma_{101}(\text{occupational integration})_k + \gamma_{102} W_{2k} + \cdots + \gamma_{10s} W_{sk} + u_{10k} \qquad (3c)$$

$$\beta_{11k} = \gamma_{110} + \gamma_{111}(\text{occupational integration})_k + \gamma_{112} W_{2k} + \cdots + \gamma_{11s} W_{sk} + u_{11k} \qquad (3d)$$

其中 Y_{ijk} 为第 k 个劳动市场的第 j 项工作中的第 i 个工作者工资的对数值。π_{0jk} 为第 k 个劳动市场的第 j 项工作的常数项（平均薪资，对数值）；π_{1jk} 为个人层次的性别效果，即男女性薪资的差异；a_{mijk} 则为 M 个个人层次的控制变项，π_{2jk}，$\cdots$，π_{mjk} 为其对应的回归系数。所有的控制变项都是经过总平均数（grand mean）的中心化处理；e_{ijk} 为个人层次的随机项。π_{1jk}为研究特别有兴趣的参数，因为它捕捉工作内部（within job）男女性薪资的差异，同时，π_{0jk}则为在控制变项平均数水准下的男性平均薪资。

第二层次方程式中，β_{00k}为劳动市场 k 的所有工作（jobs）的截距项，β_{01k}为劳动市场的工作中女性比例对平均薪资（π_{0jk}）的影响效果；同样的，β_{10k}为劳动市场 k 的所有工作（jobs）的男女性薪资平均差异，β_{11k}为劳动市场 k 的工作中女性比例对男女性薪资差异（π_{1jk}）的影响效果。

第三层次方程式中的截距项（γ_{000}，γ_{010}，γ_{100}，γ_{110}）分别为所有劳动市场的工作之平均数或平均影响效果。另外，（γ_{001}，γ_{011}，γ_{101}，γ_{111}）则分别表示劳动市场的职业整合性对第二层次参数的影响效果。

基本上，透过这样的分析，研究者可以有效地回答男女性薪资差异在劳动市场层次、工作层次（职业—行业层次）和个人层次的差异情形，以确实掌握男女性薪资不平等的真正所在。若在三个层次暂时不考虑任何解释变项时，则研究者可以将工作者薪资之变异数分解为劳动市场层次、工作层次（职业—行业层次）和个人层次的变异数，借此研究者可以掌握每个层次的薪资变异数比例，并且作为考虑解释变项之模式的比较基础。详细研究内容请参阅 Cohen 与 Huffman（2003）。

（三）多层次成长曲线模式的运用

如果研究者所要分析的资料是每个受访对象多个时间点上的现象变化（如身体质量指数 BMI、忧郁指数或学习成果指标），而且探讨的重点在于哪些因素会影响受访对象的结果变项之变化、变动轨迹或成长轨迹（growth trajectory），则多层次分析是合适的分析选择。在这样的研究旨趣之下，受访对象可能是个人，也可能是组织，更有可能是其他的分析单位。无论是哪一种受访对象，每个受访对象都有多个时间点的结果变项和不随时间变动的变项（time-invariant variable）和随时间变动的变项（time-varying variable）之解释变项的收集。此时，多层次分析可以是两层次模式，也可能是三层次模式。要采用两层次或三层次模式决定于两个主要条件：研究问题焦点和资料收集的特性。研究兴趣的焦点所在，将会影响两层次或三层次分析模式的选择。如果研究问题焦点是在受访对象本身因素的影响之回答，则采用两层次模式即可。倘若研究者的问题意识是在关心受访对象所处的环境脉络因素（contextual factors）的影响，或是更进一步关心受访者本身因素的作用如何受到所处的环境脉络的影响，则需要选择三层次的分析模式才行。当然，前述模式的选择尚需要收集不同层次的变项资料。

无论是两层次或三层次的成长曲线模式，其第一层模式都是捕捉每个受访对象多个时间的依变项如何受到时间的影响，亦即这一层次的分析资料是受访者—时间资料（subject-time data）。通常将同一个受访对象的多个时间之结果变项视为时间变动的函数，其关系形态可以是时间的线型函数、二次方函数（quadratic function）或是多段式函数（piecewise function）。结果变项与时间的函数关系，也决定于研究的现象本身和研究者的研究好奇。现以最完整的三层次模式作为说明，如式（5–14）所示：

第一层次：$Y_{ijt} = \left[\beta_{0ij} + \beta_{1ijt}\right] + \left[\beta_{2ij}X_{ijt}\right] + e_{ijt}$

第二层次：$\beta_{0ij} = \gamma_{00j} + \gamma_{01j}X_{ij} + u_{0ij}$

$\beta_{1ij} = \gamma_{10j} + \gamma_{11j}X_{ij} + u_{1ij}$

$\beta_{2ij} = \gamma_{20j} + u_{2ij}$

第三层次：$\gamma_{00j} = \lambda_{000} + \lambda_{001}W_j + v_{00j}$

$\gamma_{01j} = \lambda_{010} + \lambda_{011}W_j + v_{01j}$

$\gamma_{10j} = \lambda_{100} + \lambda_{101}W_j + v_{10j}$

$\gamma_{11j} = \lambda_{110} + \lambda_{111}W_j + v_{11j}$

$\gamma_{20j} = \lambda_{200} + \lambda_{201}W_j + v_{20j}$

（5–14）

其中 Y_{ijt} 为第 j 个群体的第 i 个受访对象之第 t 个时间的结果变项。X_{ijt} 为第 j 个群体的第 i 个受访对象之随 t 时间变动的解释变项，而 X_{ij} 则为第 j 个群体的第 i 个受访对象不随时间 t 变动的解释变项，W_j 代表第 j 个群体的群体特性变项，作为解释变项。e、u 和 v 分别为第一、第二和第三层次的随机项。第一层次模式的第一个括号所表示的是线性的时间函数，研究者可以根据所需要的时间函数形态加以调整，而第二个括号部分所需要纳入受访对象会随时间变动的解释变项，这部分有需要时才使用。有兴趣的读者可以参阅

Singer 与 Willett（2003），Duncan、Duncan 与 Strycker（2006），Hedeker 与 Gibbons（2006），Schnabel 与 Baumert（2000）和 Preacher 等人（2008）。

 参考方块　5-4：成长曲线多层次分析研究实例

许多社会都面临离婚率和同居率的上升，使得许多小孩生活于继父母家庭或非常态性家庭，造成小孩经历家庭转型环境的机会增加，可能进而影响这些家庭小孩到了青少年时期的学业成就。Sun 与 Li（2009）发表了一篇研究论文，探究后离婚家庭稳定性对青少年学业表现改变的影响。两位作者以 7897 位国家教育长期研究资料库的三波追踪资料，比较经历父母离婚后家庭转换的青少年和生活在父母离婚后较稳定的家庭之青少年，其学业表现的差异。每个样本青少年有三波学业表现的测量，分别测量于样本青少年 14、16 和 18 岁的时候，由于研究资料具有阶层式的结构，同时，为了掌握青少年的学业表现的变化，和青少年及家庭特性如何影响其学业表现的变化，因此，作者们采用了成长曲线的两层次分析。其分析模式如下所示：

$$Y_{ti} = \pi_{0i} + \pi_{1i}(a_{ti} - 14) + e_{ti} \tag{1}$$

$$\pi_{0i} = \beta_{00} + \sum \beta_{0a} X_{0ai} + r_{0i} \tag{2a}$$

$$\pi_{1i} = \beta_{10} + \sum \beta_{1a} X_{1ai} + r_{1i} \tag{2b}$$

其中 Y_{ti} 为样本青少年 i 在时间 t 的学业表现，π_{0i} 为样本青少年 i 在第一波受访时（即 14 岁时）的学业表现量测值，π_{1i} 为样本青少年 i 在 14 岁至 18 岁之间的学业表现年变动量，而 e_{ti} 为样本青少年 i 在时间 t 学业表现的随机项。式（1）中 a_{ti} 为样本青少年 i 在时间 t 的年龄，减去 14 是一种中心化的处理。因为第一波的资料收集于样本青少年 14 岁时，因此，这样的中心化处理，使得式（1）的青少年学业表现成长曲线以其 14 岁时为时间起点。其次，层次二的两个方程式分别以样本青少年的学业表现成长曲线的起点值和改变率为依变项，受到样本青少年的个人特性和家庭特性（特别是父母离婚后的家庭稳定性）（即 X_{ai} 变项）的影响。

分析结果显示：相对于生活在父母离婚后较稳定的家庭之青少年，经历父母离婚后家庭转换的青少年其学业表现，包括数学和社会学科的成绩进步都比较慢。在家庭结构转换过程中，家庭资源的差异和变动是一个青少年学业表现的重要影响因素。此研究也发现：经历父母离婚后家庭转换不稳定环境的青少年，女孩的学业表现进步低于男孩。详细的研究内容请参阅 Sun 与 Li（2009）。

（四）多层次结构方程模式的运用

前面所介绍的所有多层次分析，都是假定所有变项（包括依变项和各层次的自变项）都是单一测量，而且没有考虑测量误差的状况。但是在社会科学研究中，研究者所探讨的现象常常都是抽象的概念，往往需要采用多个测量，同时也需要考虑其测量误差。因此，每一个抽象概念都是一个因素，由多个测量变项（或指标）所测量，同时还有测量误差。结构方程模式是处理这样的抽象概念之间的结构关系的分析方法。随着结构方程模式在社会科学研究上的普遍运用，加上研究者所分析的资料常常具有阶层式结构特性，使得多层次结构方程模式的需要性愈来愈高。但是要详细介绍多层次结构方程模式的使用方法，已经超过本章的篇幅，建议有兴趣者参阅 Bollen 与 Curran（2006），Duncan 等人（2006），Raykov 与 Marcoulides（2006）。

（五）多层次分析法运用于对偶资料分析

愈来愈多的社会科学研究需要处理对偶资料，多层次分析已经被使用于处理对偶资料，以有效达到研究问题的回答。以家庭社会学研究为例，研究者常常需要同时处理夫妻对偶资料，以避免单独使用先生或太太资料分析结果，会有可能偏离家庭作为一个整体分析单位的现象事实。式（5－15）和式（5－16）是两种不同形式的多层次分析模式，可以运用于分析夫妻对偶资料。假如研究者探讨 500 对夫妻婚姻质量（或婚姻满意度）的变化，而且夫妻两个人分别都是研究探讨的对象，每一年夫妻都接受访问，连续进行了 7 年。这样的研究资料是夫妻对偶资料，又是长时间的追踪研究，因此，多层次分析模式是适合分析这样的研究议题和具有阶层式结构资料的分析方法。式（5－15）的第一层模式分析单位是个人－时间，所呈现的是个人婚姻品质的变化轨迹，其变动的趋势是以线型成长趋势来处理，研究者可以根据需要选择不同形式的时间变化趋势函数。第二层次的分析单位个人（夫或妻），因此，γ_{00j} 为第 j 对夫妻的研究开始时的婚姻质量平均分数，γ_{10j} 为第 j 对夫妻的研究期间婚姻品质每年改变量的平均分数，且 u_{0ij} 和 u_{1ij} 分别为个别成员的随机误差项（相对于对偶夫妻的平均值）。第三层次的分析单位则为对偶夫妻，其依变项为对偶夫妻的研究开始时的婚姻质量平均分数（截距项）和研究期间婚姻品质每年改变量的平均分数（斜率项）。λ_{000} 为对偶夫妻研究开始时的婚姻品质总平均数，而 λ_{000} 为对偶夫妻研究期间婚姻品质每年改变量的总平均。其随机误差项为每对对偶夫妻的误差项（相对于总平均数）。

式（5－15）是以三层次模式分析对偶夫妻的婚姻品质变化，但是式（5－16）的两层次模式也一样可以处理相同的资料，只是两种多层次模式所能回答的研究问题有些不同。式（5－16）的第一层次以妻和夫两个虚拟变项，将对偶夫妻的婚姻品质成长曲线结合于一个模式中。β_{w0i} 和 β_{w1i} 是妻子的婚姻品质成长曲线的截距和斜率，而 β_{h0i} 和 β_{h1i} 则是先生的婚姻品质成长曲线的截距和斜率。其第二层次的四个方程式分别为妻子（前两个方程式）与先生（后两个方程式）的第一层次之截距和斜率作为依变项之模式。因为对偶夫妻分别有各自的随机误差项，因此，可以由其第二层次随机项的变异共变异矩阵的估计和计算，提供对偶夫妻婚姻质量化变化的关系，即妻子和先生婚姻品质成长曲线的截距和斜率四个参数之间的相关情形。这个议题有时候是研究者有兴趣的，但是式（5－15）的多层次分析模式中的参数却没有办法回答到这个问题。

$$第一层次 : Y_{ijt} = \beta_{0ij} + \beta_{1ij}(\text{time})_{ijt} + e_{ijt}$$

$$第二层次 : \beta_{0ij} = \gamma_{00j} + u_{0ij}$$

$$\beta_{1ij} = \gamma_{10j} + u_{1ij} \tag{5-15}$$

$$第三层次 : \gamma_{00j} = \lambda_{000} + v_{00j}$$

$$\gamma_{10j} = \lambda_{100} + v_{10j}$$

第一层次：$Y_{it} = (wife)_{it} [\beta_{w0i} + \beta_{w1i} (time)_{it}]$

$+ (husband)_{it} [\beta_{h0i} + \beta_{h1i} (time)_{it}] + e_{it}$

第二层次：$\beta_{w0i} = \gamma_{w00} + u_{w0i}$

$$\begin{aligned} \beta_{w1i} &= \gamma_{w10} + u_{w1i} \\ \beta_{h0i} &= \gamma_{h00} + u_{h0i} \\ \beta_{h1i} &= \gamma_{h10} + u_{h1i} \end{aligned}$$

(5 - 16)

如果在别的研究议题之对偶夫妻资料的分析上，研究者假定夫妻会有一样的成长趋势时，则可以选择比较简单的式（5-15）来分析资料。式（5-16）比较具有分析弹性，可以回答夫妻的成长曲线参数之间有无关系。但是分析模式较具弹性，也有参数估计上的代价。当研究者没有兴趣了解夫妻的差异时，因为式（5-16）使用比较多的参数，因此会产生研究假设检定力下降的问题。据此，多层次分析模式适合处理研究中的对偶资料。不同的多层次分析模式，可以同时处理同一个阶层式结构的对偶资料，但是每一种多层次模式都具有其参数使用及其意义上的特殊性，所以，研究者需要根据研究议题回答上的需要，选择合适的多层次模式来处理其对偶资料。多层次分析应用于对偶资料的处理相当多样化，有兴趣读者请参阅 Atkins（2005）及 Kenny、Kashy 与 Cook（2006）。

六　总结

不论是经由研究者自行进行研究设计而收集的研究资料，或者是使用现有的资料库作为研究的基础资料，研究者经常要面对研究资料具有阶层式结构，所有最底层的研究观察体资料并不独立，不符合使用需要独立条件下的多元回归分析。过去，虽然研究者常采用统合方法或非统合方法分析具有阶层式结构的资料，但是这些方法都存在一些潜在的问题。为克服这些问题，多层次分析是一种可以处理具有阶层式结构资料的统计分析方法。

多层次分析法看起来是多阶段式的分析方法，但是实际上现在的统计套装软件都采用一段式的整合估计，同时估计固定效果和随机效果。更新的估计方法之发展，使得多层次分析可以适用于非连续性依变项和非常态性资料的处理，也可以进行阶层式结构资料中具有缺失值的分析处理。

研究者在考虑进行多层次分析时，常常会面临数个不同问题的思考和决定。

1. 研究需要多层次分析吗？

2. 研究需要几个层次的分析？

3. 研究中解释变项是要引入第一层次或者要放在第二层次？

4. 每个层次的方程式需要几个自变项？

5. 样本数足够进行多层次分析吗？

基本上，这些问题都需要基于研究者的研究核心议题、提问的方式和资料结构等因素所共同决定。

追踪研究资料、潜在变项之结构方程模式、对偶研究和涉及不同形态的阶层式结构资料之研究，愈来愈普遍，使得多层次分析的需求与发展愈来愈多元，也愈来愈迅速。多层次分析在许多不同的学术领域之研究中，也愈来愈常见。譬如，整合分析、空间分析和测验或量表的试题反应理论模式分析，也都因为研究议题和分析资料具有阶层式结构的关系，而于研究中发展和使用了多层次分析模式。另外，多层次分析参数估计方法，除了最大概似估计外，也有贝氏估计法的发展。多层次分析的第一层次之依变项也由仅处理一个变项的模式，朝向同时处理多个依变项的多变项模式发展，并配以潜在变项模式处理模式中自变项有缺漏资料的分析方向。本章所讨论的内容，只是多层次分析入门的基本概念，相当多的深入内容之讨论，则有赖读者进一步阅读多层次分析的专书或进阶的相关论文。

参考书目

Atkins, David C. (2005). Using multilevel models to analyze couple and family treatment data: Basic and advanced issues. *Journal of Family Psychology*, *19*, 98–110.

Bollen, Kenneth A., & Curran, Patrick J. (2006). *Latent curve models: A structural equation perspective*. Hoboken, New Jersey: John Wiley & Sons, Inc.

Candel, Math J. J. M. (2006). Empirical bayes estimators of the random intercept in multilevel analysis: Performance of the classical, morris and rao version. *Computational Statistics & Data*

Analysis, *51*, 3027 – 3040.

Cohen, Philip N. , & Huffman, Matt L. (2003). Individuals, jobs, and labor markets: The devaluation of women's work. *American Sociological Review*, *68*, 443 – 463.

Duncan, Terry E. , Duncan, Susan C. & Strycker, Lisa A. (2006). *An introduction to latent variable growth curve modeling: Concepts, issues, and applications* (2nd ed.). Mahwah, New Jersey: Lawrence Erlbaum Associates, Publishers.

Gelman, Andrew, & Hill, Jennifer (2007). *Data analysis using regression and multilevel/ hierarchical models*. Cambridge, New York: Cambridge University Press.

Gurka, Matthew J. (2006). Selecting the best linear mixed model under REML. *The American Statistician*, *60* (1), 19 – 26.

Hannan, Michael T. (1971). *Aggregation and disaggregation in sociology*. Lexington, Mass: Lexington Books.

Hedeker, Donald, & Gibbons, Robert D. (2006). *Longitudinal data analysis*. Hoboken, New Jersey: John Wiley & Sons, Inc.

Kenny, David A. , Kashy, Deborah A. , & Cook, William L. (2006). *Dyadic data analysis*. New York: A Division of Guilford Publications, Inc.

Luke, Douglas A. (2004). *Multilevel modeling*. Thousand Oaks, CA. : Sage Publications, Inc.

Mandel, Hadas, & Semyonov, Moshe (2006). A welfare state paradox: State interventions and women's employment opportunities in 22 countries. *American Journal of Sociology*, *111*, 1910 – 1949.

McFarland, Daniel A. , & Thomas, Reuben J. (2006). Bowling young: How youth voluntary associations influence adult political participation. *American Sociological Review*, *71*, 401 – 425.

Preacher, Kristopher, Wichman, Aaron L. , MacCallum, Robert C. , & Briggs, Nancy E. (2008). *Latent growth curve modeling*. Thousand Oaks, CA. : Sage Publications, Inc.

Raudenbush, Stephen W. , & Bryk, Anthony S. (2002). *Hierarchical linear models: Applications and data analysis methods* (2nd ed.). Thousand Oaks, CA. : Sage Publications, Inc.

Raykov, Tenko, & Marcoulides, George A. (2006). *A first course in structural equation modeling* (2nd ed.). Mahwah, New Jersey: Lawrence Erlbaum Associates, Publishers.

Schnabel, Kai Uwe, & Baumert, Jurgen (2000). *Modeling longitudinal and multilevel data: Practical issues, applied approaches and specific examples*. Mahwah, New Jersey: Lawrence Erlbaum Associates, Publishers.

Singer, Judith D. , & Willett, John B. (2003). *Applied longitudinal data analysis: Modeling change and event occurrence*. New York: Oxford University Press, Inc.

Snijders, Tom A. B. , & Bosker, Roel J. (1999). *Multilevel analysis: An introduction to basic and advanced multilevel modeling*. Thousand Oaks, CA. : Sage Publications, Inc.

Sun, Yongmin, & Li, Yuanzhang (2009). Postdivorce family stability and changes in Adolescents' academic performance: A growth-curve model. *Journal of Family Issues*, *30*, 1527 – 1555.

Verbeke，Geert，& Molenberghs，Geert（2000）. *Linear mixed models for longitudinal data.* New York：Springer.

West，Brady T.，Welch，Kathleen B.，& Galecki，Andrzej T.（2007）. *Linear mixed models：A practical guide using statistical software.* Boca Raton：Chapman & Hall/CRC.

延伸阅读

若读者对多层次分析的进阶应用有进一步之兴趣，可参阅下列研究论文。

1. 谢雨生、吴齐殷、李文杰（2006）《青少年网络特性、互动结构和友谊动态》。《台湾社会学》，11，175－236。

   此论文以多层次分析法探讨青少年友谊动态的影响，并将个体（青少年）和总体（班级）特性纳入研究考虑。采用依变项为顺序性类别变项的两层次分析，对非连续性依变项的多层次分析应用和解释，提供了一个很好的研究实例。

2. Barber，Jennifer S.，Murphy，Susan A.，Axinn，William G.，& Maples，Jerry（2000）. Discrete-time multilevel hazard analysis. *Sociological Methodology*，30，201－235.

   作者们介绍事件史分析法的危险模式（hazard models）和多层次分析模式的结合应用，讨论处理非连续时间多层次危机模式的估计方式，也说明将随时间变动的变项和不随时间变动的变项纳入模式的方式，并配合实例说明资料的准备和实际的分析。

3. Raudenbush，Stephen W.，Johnson，Christopher，& Sampson，Robert J.（2003）. A multivariate, multilevel rasch model with application to selfreported criminal behavior. *Sociological Methodology*，33，169－211.

   社会科学研究中常需要使用 Rasch Model 或试题反应理论，处理行为、态度和信仰的测量，作者介绍如何使用多变项之多层次分析法，结合 Rasch Model 的实际应用，以犯罪行为测量为实例说明。

4. Vermunt，Jeroen K.（2003）. Multilevel latent class models. *Sociological Methodology*，33，213－239.

   作者介绍多层次分析如何与潜在类别分析模式（latent class models）

结合，以分析具有阶层结构的类别变项之研究资料。对于进阶的多层次分析方法，是一个很好的发展方向。

5. McLeod，Jane D.，& Fettes，Danielle L. （2007）. Trajectories of failure：The educational careers of children with mental health problems. *American Journal of Sociology*，*113*，653 – 701.

作者们使用潜在类别成长曲线模式（latent growth mixture models）分析有心理健康问题的小孩之教育发展情形。这是结合成长曲线模式和潜在类别模式，以分析具有阶层结构的追踪研究资料之研究实例。

第六章
多向度标示法

一　前言

多向度标示法（Multi Dimensional Scaling，MDS）涵盖了数种多变量资料分析的方法。广义来说，凡利用资料在几何空间中的表征（例如距离、投影、角度等），呈现资料内部的特性或结构的方法都可以称为多向度标示法。换言之，研究者希望透过 MDS 显示出资料内的连续结构（度量、向度、因素等），而非离散结构（群集、分割、分类等）。狭义地讲，MDS 由物件彼此的相似度，在低向度的空间中找出这些物件的对应点，而对应点在此空间中彼此的距离反映出物件的相似或相异程度。本章主要采用此狭义的定义来介绍 MDS 的原理及应用，但同时加入和 MDS 相关的一致性分析方法。

Torgerson（1952）最早有系统地说明 MDS 的资料收集及分析流程，并撰写 TORSCA 软件协助应用分析（Young & Torgerson，1967），学界已视 Torgerson 为 MDS 之父。但早在 1938 年 Richardson 便以摘要形式说明利用成对距离（pairwise distances）可以建立物件之间的关系，Young 与 Householder（1938）也证明中心化之后的物件距离矩阵必须为半正定，才可在欧氏空间标示出物件之间的关系。由于物件能被标示为度量空间（metric space）上的点，三点之间的距离必须满足三角不等式，Torgerson（1952，1958）及 Messick 与 Abelson（1956）建议将受试者主观的相近量测加一常数，以满足相近量测间的三角不等式，使得物件在欧氏空间彼此的距离，可视为相似程度。物件彼此之间的相似度只反映出相对位置，而非绝对位置；理论上可以固定某个物件为参考点去找出其他物件的相对位置，但是如果所选择到的物件恰好处在靠近物件整体结构的边缘，则所得到的结果有可能扭曲整体结构，所以参考原点通常为所有点的矩心。Torgerson（1958）及 Carroll 与 Chang（1970）分别从几何和代数的观点，说明物件相似矩阵经双中心化处理后，即可找到以矩心为原点，物件彼此间的内积矩阵，此矩阵可直接进行奇异值分解得到物件的坐标位置。此程序理论完整及运算过程清楚，度量（metric）MDS 借此得以蓬勃发展形成全盛时期；此期间重要的发展尚包括 Attneave（1950）提出使用非欧氏距离的模型。

Shepard（1962a，1962b）与 Kruskal（1964）将度量 MDS 进一步地延伸到非度量（nonmetric）MDS，利用资料或相近量测中次序（ordinal）关系重建资料的相似度讯息，此发展使得 MDS 得以广泛地被应用于心理学以外的其他领域。另外 Coombs（1964）提出"去折"（unfolding）原理来诠释受试者对物件偏好的潜在机制，将物件和受试者同时标示于相同的空间，其中受试者距离物件的远近反映出他（她）对物件偏好的程度。传统 MDS 通常分析的是受试者平均的相近或相异矩阵，个别差异 MDS 分析"加权平均"的矩阵，并保留个别受试者的特色。Carroll 与 Chang（1970）介绍了个别差异 MDS，并发展 INDSCAL（INdividual Difference SCALing）程序来分析一系列个别受试者的矩阵。在这个时期度量、非度量、去折及个别差异分析的算法蓬勃发展，并广泛应用于社会科学界。

MDS 可借由最大概似估计法检定模型、估计参数的信赖区间及决定多向尺度空间的向度个数（Ramsay，1977，1982；Takane，1978，1981）。借由对资料分配的假设，可将适用于探索性资料分析之传统 MDS，进一步延伸至验证性资料分析的范畴，相关文献可进一步参考延伸阅读 1。

另外设限的（constrained）MDS 发展，使得研究者可以对于模型参数或整个空间结构做特定的限制，例如，限制参数值必须相同（Bentler & Weeks，1978）或物件在多向度尺度空间中的点必须是坐落在球面上（Spherical MDS；Lê & Bentler，1980）。MDS 历经了 Torgerson（1952，1958）、Shepard（1962a，1962b，1966）、Kruskal（1964）、Young（1970）、Takane（1978，1981）、de Leeuw（1977，1988）及其他多位学者不断在方

法上的改进，更趋完备。现今除被广泛地应用于社会科学及心理学界外，尚推广至化学、生态学、经济学以及营销学等应用领域。

二　核心步骤

（一）相近资料的产生

Borg 与 Groenen（2005）提出应用 MDS 的四个主要目的：对资料做视觉上的检视和探索、检定物件背后可用以区辨其差异的结构或基准、探索决策或反应背后的心理面向及结构与建构相似度判断的模型。MDS 能具有如此众多功能，在于它适用于广泛的资料形态。以下我们将适合 MDS 分析之相近资料（proximity data）形态，简单区分为相似度资料和偏好资料两类来说明。

1. 相似度资料

收集物件彼此间的相似或相异程度的资料，可透过判断作业或非判断作业。

（1）判断作业的资料

受试者可经由实验情境，直接比较不同心理刺激之间的相似度；举例来说，早期心理实验在收集"物件"相近量测的资料时，常是直接请受试者将物件彼此之间相似程度刻画在评等量尺（rating scale）上。物件可以广泛地包括无生命的物件（例如心理实验中刺激、对事物的态度、社会政策），有生命的个体（人、动物）或任何研究者所感兴趣的题材。相近量测资料测量物件彼此之间的接近程度，通常以相似度或相异度两种资料形态来诠释。例如 Broderson（1968）在他的实验中让 50 位受试者看 10 个大小不同且有画出半径的圆，并请受试者写出不同圆的相似程度（从 1 = 最小的相似度到 7 = 最大的相似度）。他因此得到这 50 人平均的相近度矩阵，且假设相似判断的背后机制属物件彼此间的市街距离，而收集到的资料也支持此假设模型。

另两种实验资料是所谓的混淆资料（confusion data）及分群资料（sorting）。当一种心理刺激会被混淆或误认为是另一心理刺激，或者两心理刺激被多数受试者分在同一群，可视为这两个刺激彼此较为相似的一种指标。这类资料根据每个受试者的判断，可以定义出该受试者主观认定物件彼此之间的相似程度，而依此可制造出这些物件间的指标矩阵，以反映两物件间是否易被混淆或多数被分在同一群的机会。如果每个受试者只进行一次实验程序，则他（她）的指标矩阵中的数字充满 0 和 1。倘若每个受试者进行多次的判断实验，则指标矩阵中的数字代表的是试验中物件被选择相似于物件的次数。如果实验过程有很多受试者参与，则可以定义受试者的平均指标矩阵，再进行 MDS 分析。混淆资料的最大特色是它不一定是对称矩阵，MDS 中的非对称模型，可处理不对称资料矩阵（Chino，1978；Constantine & Gower，1978）。

（2）非判断作业的长方形资料

除了直接透过实验或问卷来量测物件相似度的资料外，MDS 其实可以更广泛地应用在收集到的长方形矩阵资料。令 Y 为一般 n 个物件在 p 个变项上的长方形资料矩阵，此类资料经过转换后也可产生相近矩阵，并透过 MDS 分析将 n 个物件展示在多维空间中。此 p 个变项的资料尺度可能是名目、次序、等距或比率，随着资料尺度的不同，所选用的标示法也有所不同，MDS 的功能在清楚地呈现资料背后的连续结构，倘若研究者认为如此假设对于分析的资料不适合，则可考虑采用适合离散结构的群集分析法来诠释物件的相似度。由于这 p 个变项资料的量尺或有不同，研究者可以定义出不同的相似度（similarity）或相异度（dissimilarity）指标。部分学者认为 MDS 试着找出物件之所以被判断为相近背后潜在的结构或机制，倘若对于物件已经收集了很多的变项资料来反映出物件在这些变量上的差异，或与 MDS 原来的立意不符，故在心理学或社会学等领域仍较常使用直接判断的作业量测。但在营销学等应用领域上，有许多例子利用长方形矩阵资料来量测物件相似度。

对于量化资料而言，多变量的资料点间的"距离"可视为一种衡量相似度的工具，若距离愈近，则表示彼此间的相似程度愈高、差异愈小。因此距离可用来定义相异度，距离愈小，相似程度愈高，则相异程度也跟着愈小。反之距离愈大，则相异程度也跟着愈大。针对不同资料形态所定义的相似或相异度，可参考 Cox 与 Cox（1994）及 Borg 与 Groenen（2005）。常见的有欧氏距离、市街距离、Bray-Curtis 相似性指标以及相关系数。Bray-Curtis 相似性指标常在植物学及生态学中用来衡量两个不同群落之间生物的相异度。Bray-Curtis 相似性指标等于将两群落中各群落特有的物种个数除以两群落中所有的物种个数，所以 Bray-Curtis 指标介于 0 和 1 之间，且值愈大代表两群落间的相似度愈大。市街距离则被认为适用于资料中的这些变项在描绘物件之明显不同而可区分的面向时（例如，几个变项在反映物件"大小"而其余在描绘其"方位"）。因着领域或应用的不同，分析时可以用来定义相似或相异度的函数就可能有所不同。

MDS 的资料输入以物件彼此的相异度为主，δ_{rs} 又称为相近量测，实验若收集相似度资料，必须转换为 δ_{rs} 后才可进行 MDS 分析。例如，在利用相关系数（ρ_{rs}）来定义量化资料的相异度时，我们发现相关系数本身较适合用来反映相似程度，意即相关愈高，表示两物件的相似度也愈大。故在定义相异度 δ_{rs} 时，可以利用 $\delta_{rs} = 1 - \rho_{rs}$ 这个简单的转换。由于两物件的相异量测的值愈小，它们在对应的空间中的距离也较小，所以一般使用上，通常需要将相似度资料 ρ_{rs} 转换成相异性资料 δ_{rs}，才可输入 MDS 分析。常见的转换有：

（1）$\delta_{rs} = 1 - \rho_{rs}$

（2）$\delta_{rs} = c - \rho_{rs}$，其中 c 是一个常数

（3）$\delta_{rs} = \{2(1 - \rho_{rs})\}^{1/2}$

转换目标是使得 $\delta_{rs} \geq 0$ 且与 ρ_{rs} 呈负相关。然而研究者可视研究问题的需要选择适用的或其他合理的转换。

2. 偏好资料

MDS 也可用来分析偏好性（preference），以了解决策或反应背后可能的机制。此类资料可简单区分成相对偏好或绝对偏好；相对偏好资料形态多数为成对比较和排序。每个受试者偏好物件的选项，可以定义出该受试者对这些物件彼此之间的排序，而依此可造出这些物件间的优势矩阵（dominance matrix）。受试者如果只进行一次的排序，优势矩阵中的数字若不是 0 则是 1。倘若受试者进行多次的比较或排序，则优势矩阵中的数字代表的是试验中物件 r 被选择优于物件 s 的次数。如果有很多受试者的资料，则可以定义出受试者的平均优势矩阵。绝对偏好判断则可能是要受试者针对每个物件将

偏好程度反应在评等量尺上，例如 1 代表非常不喜欢，而 7 代表非常喜欢。不论是相对或绝对的偏好资料，都可以用 MDS 来探索决策或反应背后的心理向度及结构。

前述利用 $n \times p$ 长方形资料矩阵 Y 来定义物件间的相近矩阵，因为它的行和列分别代表 n 个不同的物件及反映物件特质的 p 个变项，我们称这样的 Y 是双模态、双面向的资料矩阵。相对来讲，直接收集受试者两两相似判断的 $n \times n$ 相近矩阵或偏好资料所得到的优势矩阵，由于其行列皆物件，所以定义为单模态、双面向的资料矩阵。如果把多位受试者的资料都叠起来，矩阵不仅增加了受试者这个向度，也增加了受试者与物件不同的模态，故称所得的资料为双模态、三面向的资料矩阵。如此利用模态（mode）及面向度（way）将不同的资料矩阵区分，好处在根据资料矩阵选择适用的 MDS 分析模型。例如分析 50 个受试者 10×10 的相近度资料矩阵（双模态、三面向的），一方面可以将 50 个矩阵平均成单一的相近矩阵，再进行 MDS 分析，而得到这群人平均的相似判断的几何表征；另一方面可采个别差异 MDS 分析三面向的资料矩阵，本章稍后将介绍此三面向资料矩阵的分析方法。在很多情况下所收集到的资料来自多位而非单一受试者，而为了得到某些物件之间的几何表征，最简单的做法是直接从受试者对这些物件的反应而得到双模态、双面向的资料矩阵。例如，我们想研究消费者对几种产品的偏好，借此了解影响这些偏好背后的产品特质（例如价钱、规格等）。可行的做法是问 N 个消费者对于这 n 个产品的偏好程度，再根据受试者对于这些产品间偏好程度的相近矩阵进行 MDS 分析。但影响产品偏好的特质未必能在所得的 MDS 结果中清楚地呈现出来。较好的做法是增加产品特质（例如价钱、规格等）这个模态，收集到受试者×物件×特质之间的三模态、三面向的资料矩阵。如此一来，可透过 MDS 分析在空间中呈现这些物件的被偏好程度与这些产品特质间的关联（Borg & Groenen，2005）。

如同前节所说，MDS 希望能在较低向度的空间中，用几何表征反映出资料中物件的相似关系，而最常见的几何表征为空间中点与点之间的距离。令 d_{rs} 代表此低维空间中物件 r 和物件 s 的距离（为了视觉上容易直接检视，多半选用二维或三维空间），则 MDS 的目的在找到一个转换 f 使得：

$$d_{rs} \approx \hat{d}_{rs} = f(\delta_{rs})$$

其中 $\hat{d}_{rs} = f(\delta_{rs})$ 称为物件 r 和物件 s 的差异量测（disparity）。也就是说，我们希望在此低维空间中所定义出的物件间的距离 d_{rs}，能与由物件间的相异量测 δ_{rs} 转换过的差异量测 $\hat{d}_{rs} = f(\delta_{rs})$ 愈接近愈好。如此几何表征中的距离就能反映出物件之间的相似或不相似程度。然而根据不同表征空间中距离的定义 d_{rs}、转换函数 f 以及 d_{rs} 和 $f(\delta_{rs})$ 之间差异或损失函数的选择，便产生了不同特性之几何表征与解释。

（二）距离测度的定义

在定义低维空间中的距离测度 d_{rs} 时，令 $n \times q$ 长方形矩阵 X 代表 q 维空间 T 中（$q < p$）此 n 个物件的坐标位置，也就是以 $\mathrm{x}_r = (x_{r1}, x_{r2}, \cdots, x_{rq})^{\mathrm{T}}$ 来表示物件 r 在此空间中的坐标向量。在定义不同的距离测度时，d_{rs} 必须满足以下三个性质：

1. $d_{rs} = d_{sr}$

2. $d_{rs} \geqslant 0$，并且 $d_{rs} = 0 \Leftrightarrow r = s$

3. $d_{rs} \leqslant d_{rk} + d_{sk}$

对于相近量测 δ_{rs} 来讲，不需满足上面的性质 3。例如 Bray-Curtis 相似性指标可用来定义相异度，却因不满足性质 3 而不能用来定义距离 d_{rs}。文献中使用最多的是欧氏距离和市街距离。其中欧氏距离因为直接对应到空间中连接两点的线段长度，有其视觉上的直观而最为常见。市街距离被认为适用于背后反映物件差异之面向可以被分辨得较为清楚时，例如心理刺激的大小和方位这两个面向，相较于亮度和饱和度或其他面向，是比较容易被区分开来的。所以当物件或心理刺激的差异仅是它们的大小和方位时，则可以考虑使用市街距离来得到它们的几何表征；反之，倘若物件间的这些面向并不能被明显区分开来时，例如它们的差异仅在亮度和饱和度，在这种情形下欧氏距离则常有比较好的几何表征结果（Arabie，1991；Shepard，1991）。

（三）相近量测的转换

在连结相近量测（δ_{rs} 或 ρ_{rs}）和差异量测 $\hat{d}_{rs} = f(\delta_{rs})$ 时，可以考虑不同

的转换函数 f。根据选用之 f 函数性质之不同，文献中将 MDS 分类为度量多向度标示法和非度量多向度标示法两类。其中度量 MDS 使用连续单调的函数 f 来做转换，而在大部分的应用上，研究者大多选用指数或线性函数。最常见的是等距 MDS，即 f 为线性转换 $f : \delta_{rs} \rightarrow a + b \cdot \delta_{rs}$，传统的 MDS 即是属于此类。非度量 MDS 则是考虑其他具备某些量尺特性的函数。例如，任何保留原本相近量测次序关系的单调函数 f；也就是说，转换函数 f 只需要满足如果 $\delta_{ij} \geqslant \delta_{rs}$，则 $f(\delta_{ij}) \geqslant f(\delta_{rs})$ 的条件。一般对于相同的相异量测 $(\delta_{ij} = \delta_{rs})$ 的处理，可分为两种，一种是如果 $\delta_{ij} = \delta_{rs}$，则 $f(\delta_{ij}) > f(\delta_{rs})$、$f(\delta_{ij}) = f(\delta_{rs})$ 或 $f(\delta_{ij}) < f(\delta_{rs})$ 皆可。另一种强（strong）单调转换是要求如果 $\delta_{ij} = \delta_{rs}$，那么 $f(\delta_{ij}) = f(\delta_{rs})$。因为非度量 MDS 仅要求保留原来相近量测的大小顺序，能找的单调函数 f 范围及可能性就复杂多了，早期的研究中 Kruskal（1964）与 Guttman（1968）即分别提出不同的迭代算法来找 f，为往后非度量 MDS 奠定了重要的基础。

（四）损失函数的选择

MDS 主要在找出物件在多维空间中的坐标位置，使得坐标点之间的距离（d_{rs}）能反映出物件间的相近程度。目标是希望转换过的相近量测 $f(\delta_{rs})$ 和低维空间中的距离测度 d_{rs} 之间的差异愈小愈好，故需定义两者的差异或损失函数（loss function）。首先，最直接的损失函数即最小平方误差，又称为压力系数（stress，或称应力）：

$$\text{Stress} : \sum_{(r,s)} \left[d_{rs} - f(\delta_{rs}) \right]^2$$

若该系数愈小，表示物件在空间的相对距离与原相近量测资料适配度愈好，故压力系数愈小愈好。但是如果直接看压力值的大小，因为会受到所使用单位的影响，无法进行跨研究之间的比较。为了避免受到单位的影响，所以把压力标准化（normed）得到下列 Stress – 1（Kruskal，1964）及 Stress – 2 函数（Kruskal & Carroll，1969）：

$$\text{Stress} - 1 : \left[\frac{\sum\limits_{(r,s)} \left[d_{rs} - f(\delta_{rs}) \right]^2}{\sum\limits_{(r,s)} d_{rs}^2} \right]^{1/2}$$

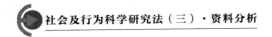

以及

$$\text{Stress}-2:\left[\frac{\sum_{(r,s)}\left[d_{rs}-f(\delta_{rs})\right]^{2}}{\sum_{(r,s)}\left[d_{rs}-\overline{d}..\right]^{2}}\right]^{1/2}$$

上式中 $\overline{d}..$ 为矩阵中所有距离的平均；Stress - 1 和 Stress - 2 唯一不同处在于使用标准化的因子不同。利用平方根来定义压力是为了方便区分不同表征结构之差异。

压力系数表示的是适配不良的程度，且系数值受多种因素影响，这里举出几个较为普遍的因素：

1. 物件的个数：一般来说，个数愈多，压力愈大。

2. 多维标示空间的向度：向度愈高，压力愈小。

3. 资料同值的严重度：一般来讲，资料中相近量测同值的情况愈严重，压力愈小。

4. 度量或非度量 MDS 的选择：因为非度量 MDS 所允许的转换函数较广，往往比度量 MDS 的压力来得小。

当然我们可能单纯利用压力的大小来选择 MDS 向度或选用度量或非度量 MDS 的基准，事实上根据过去 MDS 分析的经验，Kruskal 原则性地提出一些 Stress - 1 在反映适配程度的基准如表 6 - 1 所示。

表 6 - 1　利用 Stress - 1 来反映适配程度的基准

Stress - 1	0.20	0.10	0.05	0.02
适配程度	不佳（Poor）	尚可（Fair）	良好（Good）	绝佳（Excellent）

Kruskal（1964）虽然提出了关于适配度上原则性的建议，但他表示这样的基准有时并不一定是最重要的考虑，而潜在结构或面向的解释力，是选模中不可忽略的重要基准。因此，除了参考 Stress - 1 等这些客观的数值量之外，应考虑 MDS 结果是否在主观解释上提供有意义的讯息，即能支持已知或假设的理论，如此才能使 MDS 满足本文在先前提及的四大应用目的。

除了上面介绍的几种损失函数之外，根据资料的模态和面向度不同，或最佳化的计算程序不同，应用上可考虑使用其他损失函数。在接下来的单元中，将介绍几种常用的 MDS 方法及相关的损失函数。在衡量适配情形时，研究者常会将 $\hat{d}_{rs} = f(\delta_{rs})$ 和 d_{rs} 用散布图呈现，并将二者的关系以回归线画在图中，这样的图称为 Shepard 图（Shepard，1962a，1962b，1966）。另外陡坡图（scree plot）也可用来决定向度大小，陡坡图反映出向度的增加对于适配或解释变异的影响，当陡坡趋于平缓时，表示增加下一个向度并不能有效提高适配或解释变异，急速下降的陡坡，则表示增加下一个向度能明显地降低压力系数。所以它的判断基准是找出陡坡图出现转折弯角的地方，在该弯角以上的向度可保留下来作应用解释。一般而言，如果物件的个数比空间向度还小，那么 MDS 的结果会不稳定。如果相对于特定的向度，物件的个数太小会膨胀或放大适配的程度。Kruskal 与 Wish（1978）建议所选用的物件个数应该大于空间的向度的四倍，也就是说，对一维表征应选用五个物件、二维表征应选用九个物件，依此类推。

（五）几何表征的诠释

MDS 分析后所得的结果通常是物件和（或）受试者在空间中的几何表征。物件坐标点之间的相对位置，可以解释资料中物件的相近关系。一般而言，在空间中代表不同物件的点愈接近，表示他们相似或相近程度愈高。而代表物件的点如果和代表受试者的点愈接近，表示这个物件为该受试者所偏好的程度也较高。另外有一些标示法是使用向量而非点来做几何表征，这时候会利用到投影来反映资料中的物件特质或受试者的偏好程度，故研究者应了解不同 MDS 方法之背后假设与相关模型；在本章实例中，将详细说明点和向量的差别。

除了以距离来反映出物件间的相似程度外，研究者更希望利用 MDS 来找出物件背后可用以区辨其差异的潜在结构，或探索决策或反应背后的心理向度，所以对于 MDS 空间中向度意义的诠释也变得非常重要。要如何找出这些向度的意义，则有赖于透过物件的整体相对位置来寻找，故对于物件的特质与差异愈清楚，要找到这些意义应该愈有利。但是即便如此，也并非每次都能为向度找到非常清楚或明显的定义，所以在选择向度时，应将向度的解释力列入考虑。

三　常用多向度标示法

（一）相似度资料

MDS 发展初期，Schoenberg（1935）和 Young 与 Householder（1938）同时描述对于一个给定的距离矩阵，如何找到原来产生这些距离关系的空间坐标。Torgerson（1952，1958）依据 Young 与 Householder（1938）的理论将相近量测当成距离来看。但是相近量测要满足几何空间距离的条件，必须先满足非退化及三角不等式两个性质，其中非退化指的是任一物件与自己的距离应为零。由于将所有物件间的相近量测加上一个常数并不会影响他们彼此间的相对次序，Torgerson（1952，1958）和 Messick 与 Abelson（1956）主张将受试者主观的相近量测加一常数，以确保相近量测间能满足三角不等式。我们将进行过这些前置作业后产生的相近矩阵表示为 △，而 $\triangle^{(2)}$ 则表示为其平方矩阵，它的对角线元素皆为 0，而非对角线元素则是相近量测平方 δ_{rs}^2。

由于任意的平移旋转都不会对坐标点间的距离有所影响，所以坐标点位置存在所谓的未定性，这里解决这个问题的方法是定义这些点的矩心为原点。根据余弦定理，三点所决定的两向量之间的内积与这两个向量的长度及其夹角有关。经双中心化的处理，可以找出以矩心为原点的内积矩阵，如此一来可以让物件在空间中的几何表征不会因为参考原点选取的不适当而有扭曲的情形。假设 $\mathbf{X}$ 代表 n 个点在 q 维坐标平面上所形成的矩阵，$\mathbf{x}_r = (x_{r1}, x_{r2}, \cdots, x_{rq})$ 代表的是第 r 点的坐标（$r = 1, 2, \cdots, n$）。定义 $\mathbf{D}^{(2)}(\mathbf{X})$ 为欧氏距离平方矩阵，它的对角线元素皆为 0，而它的非对角线元素则是欧氏距离平方 $d_{rs}^2 = (\mathbf{x}_r - \mathbf{x}_s)^T(\mathbf{x}_r - \mathbf{x}_s)$。由推导可得将 $\mathbf{D}^{(2)}(\mathbf{X})$ 的左右各乘矩阵 $\mathbf{H} = \mathbf{I} - 1/n\,\mathbf{11}^T$ 以进行双中心化（其中 $\mathbf{I}$ 是维度为 n 的单位矩阵，而 $\mathbf{1}$ 是元素皆为 1 的向量），再乘以常数 $-1/2$ 便可以得到以矩心为原点的内积矩阵 $\mathbf{B}$。也就是说，

$$-\frac{1}{2}\mathbf{H}\mathbf{D}^{(2)}(\mathbf{X})\mathbf{H} = \mathbf{B}$$

其中 $[\mathbf{B}]_{rs} = b_{rs} = (\mathbf{x}_r - \bar{\mathbf{x}})^T (\mathbf{x}_s - \bar{\mathbf{x}})$，意即为包含以矩心为原点的各点坐标向量的内积矩阵。如果已知 $\mathbf{X}$，则可以得到 $\mathbf{D}^{(2)}$（$\mathbf{X}$），Young 与 Householder（1938）提出了利用 $\mathbf{D}^{(2)}$（$\mathbf{X}$）找回原来的坐标点矩阵 $\mathbf{X}$。古典 MDS 所分析的不是距离平方矩阵 $\mathbf{D}^{(2)}$（$\mathbf{X}$），而是相近平方矩阵 $\triangle^{(2)}$。也就是说，已知相近平方矩阵 $\triangle^{(2)}$，如何找回原来的坐标点 $\mathbf{X}^*$，使得 $\mathbf{D}^{(2)}$（$\mathbf{X}^*$）能与 $\triangle^{(2)}$ 接近，意即：

$$-\frac{1}{2}\mathbf{H}\mathbf{D}^{(2)}(\mathbf{X}^*)\mathbf{H} = \mathbf{X}^*\mathbf{X}^{*\,T} \approx -\frac{1}{2}\mathbf{H}^{(2)}H = \mathbf{B}_\triangle$$

换句话说，在这个步骤中我们必须先对相近平方矩阵 $\triangle^{(2)}$ 进行双中心化来得到 $\mathbf{B}_\triangle$ 矩阵。

为了找坐标点 $\mathbf{X}^*$ 使得 $\mathbf{B}$ 能与 $\mathbf{X}^*\mathbf{X}^{*\,T}$ 接近的方法是对 $\mathbf{B}_\triangle$ 进行特征分解或奇异值分解，$\mathbf{B}_\triangle = \mathbf{Q}\Lambda\mathbf{Q}^T$，其中 Λ 为一大小为 n×n 的对角矩阵，其对角元素为 λ_1、λ_2、$\cdots$、λ_n 并且 $\lambda_1 \geq \lambda_2 \geq \cdots \geq \lambda_n - 1 \geq \lambda_n = 0$。令 Λ_+ 代表前 q 个特征值为对角元素的对角矩阵，$\mathbf{Q}_+$ 代表前 q 个对应的特征向量，则：

$$X^* \approx \mathbf{Q}_+ \Lambda_+^{\frac{1}{2}}.$$

也就是说，所找到的 $\mathbf{X}^*$ 显示这些物件在 q 维 MDS 空间中的点坐标位置，而这些点之间的欧氏距离即可反映出物件间的相近关系。de Leeuw 与 Heiser（1982）和 Mardia、Kent 与 Bibby（1980）证明，如果相近矩阵 $\triangle^{(2)}$ 所对应的 $\mathbf{B}_\triangle$ 为 q 维的半正定对称矩阵，则可以找到 q 维欧氏空间中物件的点坐标，使得它们之间的距离可以满足 $\triangle^{(2)}$ 中的相近量测。利用此法的一大优点是它不需要利用迭代算法来求解，并且不同的空间向度下的 MDS 结果是巢状的。奇异值分解法不仅用于古典 MDS，其实其他的多变量分析方法多数也采此分解法，例如主成分分析、线性区辨分析以及典型相关分析等。

一般来讲，我们常忽略前面提到的前置作业而没有去检查相近矩阵中之元素是否满足三角不等式这个测度性质，在这种情形下，手边资料的相近矩阵在经过转换后，未必能得到半正定的对称矩阵 $\mathbf{B}_\triangle$。遇到这种情形的话，较常见的处理程序是回过头去，将原有的相近矩阵加上一个常数以满足三角不等式，以确保 $\mathbf{B}_\triangle$ 的半正定性。但是要先注意原来相近矩阵对应的 $\mathbf{B}_\triangle$ 是否已具有正定性，因为如果将已具半正定性的矩阵增加一常数可能会得到与原有不同的几何表征，故应先检查其半正定性质。

研究者在衡量利用 q 维空间的点（$q < n$）来解释或还原物件间的结构之程度时，经常会参考此低维表征所解释的数据总变异的比值

$$(\sum_{i=1}^{q} \lambda_i) / (\sum_{i=1}^{n-1} \lambda_i)$$

然而更重要的是希望这些有限的空间向度有应用的诠释意义。

1. 度量多向度标示法

前述古典的 MDS 其实属于度量 MDS 的一种。度量 MDS 可广泛地定义成利用单调的转换函数 f 先对 δ_{rs} 作转换，再采 MDS 分析转换后的相近矩阵，研究者大多选用某些指数和线性函数来当做 f，但原则上 f 只要满足为连续单调的函数就可以了。最常见的是等距 MDS，即 f 为线性转换 $f: \delta_{rs} \rightarrow a + b \cdot \delta_{rs}$。古典 MDS 因为直接将相近量测看成距离测度，或会"加一常数"以满足半正定性质，即 $f: \delta_{rs} \rightarrow \delta_{rs} + c$。

2. 非度量多向度标示法

如果在 MDS 的几何表征当中我们希望能还原的并非原来的相近量测或它的线性转换，而是希望能保留在相近量测中物件相近程度的顺序，意即满足如果 $\delta_{ij} \geq \delta_{rs}$，则 $f(\delta_{ij}) \geq f(\delta_{rs})$ 的条件。但上述对于 $B_\triangle$ 进行奇异值分解的方法不再适用，而要改采在 f 为（连续或非连续）单调转换下找出最佳分解的方法。Shepard（1962a）与 Kruskal（1964）建议在压力系数最小化的迭代过程中，将 f 优化；也就是同时找出对资料最佳的单调转换以及物件在低维度空间中最佳的坐标位置。

3. 个别差异多向度标示法

当所收集到的资料来自多位而非单一受试者，通常第一步是先将每位受试者的资料先转换成相近资料矩阵，接下来最常见的处理就是将这 N 个受试者的相近资料矩阵平均之后再进行 MDS 分析（Tucker & Messick，1963），或者分开对每个受试者进行分析再加以比较。前者的缺点是会失去很多个别差异的讯息，后者则须面对个别受试者的几何结构，彼此差异若太大则不易比较。Carroll 与 Chang（1970）提出利用两个空间来描述这些资料的概念：其中一个空间是这些物件的共同空间，主要在反映这些物件相似度背后的潜在结构，另一空间为个体空间，每个受试者在这个空间的点坐标代表他

（她）个人在建构物件在 MDS 空间中位置时在共同空间中各个向度的权重，由此可以看出受试者间的个别差异，故称此法为个别差异 MDS。

　　个别差异 MDS 假设就受试者 i 来看，他（她）所感受或认知的物件 r 在 q 维空间中第 t 维的坐标可写成 $X_{rti} = W_{it}X_{rt}$，其中 W_{it} 表示受试者 i 对第 t 个向度的权重，权重愈大，代表受试者 i 在决定物件的相似度时，受第 t 个向度的影响愈大。更进一步，W_{it} 的平方为受试者资料的变异中能被第 t 个向度所解释的比例。X_{rt} 则表示物件 r 在 q 维共同空间中第 t 维的点坐标，如此一来，对于物件 r 和 s，他们在受试者 i 的 MDS 下的欧氏距离为：

$$d_{rs,i}(\mathbf{X},\mathbf{W}) = \Big[\sum_{t=1}^{q}(W_{it}X_{rt} - W_{it}X_{st})^2\Big]^{1/2} = \Big[\sum_{t=1}^{q}W_{it}^2(X_{rt} - X_{st})^2\Big]^{1/2}$$

在这里提到的个别差异 MDS 中，个别差异仅反映在受试者对于物件共同空间向度的权重不同。因为权重的不同，就有了每个受试者个别的几何距离结构。而利用物件之共同空间的结构以及受试者在个体空间的权重，可以建构出每个受试者对这些物件的几何表征。

　　针对个别差异 MDS 的多种损失函数和对应的算法已发展完整，当中仍以 Carroll 与 Chang（1970）所提出的 INDSCAL 算法最为普遍，该方法与古典 MDS 皆要求资料中的相近量测为比率尺度。相对来讲，Takane、Young 与 de Leeuw（1977）利用交替最小平方法的技巧所发展出来的算法 ALSCAL（Alternative Least-Square SCALing）可以分析的资料形态可以从名目到比率尺度，甚至资料中可以有遗漏的观测值，所以在进行度量及非度量个别差异 MDS 分析时，适用范围较广。但以往模拟研究显示 INDSCAL 在某些条件下表现得比度量和非度量 ALSCAL 还好。所以 INDSCAL 仍使用的十分普遍。ALSCAL 算法中的损失函数为压力平方（S－stress）：

$$S - stress = \sum_{i=1}^{N}\sum_{r<s}\big[d_{rs,i}^2(\mathbf{X},\mathbf{W}) - f(\delta_{rs,i})^2\big]^2$$

利用 S－stress 仅为了演算上的便利。除了 ALSCAL 之外，de Leeuw（1977）提出的 SMACOF（Scaling by MAjorizing a COmplicated Function；de Leeuw & Heiser，1977；de Leeuw，1988）算法亦是利用此损失函数。SMACOF 的收敛速度较 ALSCAL 快，但由于未被纳入常用统计软件（例如 SAS 或 SPSS）

而未普遍被使用。最近 SMACOF 才逐渐被纳入常用统计工具 R 中（de Leeuw & Mair，2009a），而且演算法也被套用在度量、非度量及个别差异 MDS，发展成熟的 SMACOF 应是 MDS 程序中最佳的选择（Young，1985）。关于 SMACOF 之原理，请参考延伸阅读 2。

4. 应用实例

以上所介绍的三种不同的 MDS 方法属较常使用的多变量分析法，几乎一般多变量分析教科书都包含可供研究者参考的简单原理及应用实例（Rencher，2002；Lattin，Green，& Carroll，2003；Hair et al.，2005；Manly，2005；Johnson & Wichern，2007）。此处仅简单举文献上常引用之例子说明方法的分析功用。Jacobowitz（1975）收集了多位儿童及大学生对于身体的 15 个部位在认知上的相似度资料，资料中受试者针对每一个身体的部位，将他们所认为该部位与其他部位的相似度做排序，这类资料类型是所谓的条件排序资料（conditional rank-order）。例如对于“手”（hand）而言，如果受试者认为与它最相似的身体部位是“手臂”（arm），则“手臂”对“手”而言的排序为一，意即如果排序（rank）值愈小则代表此两部位愈相似，也就是相异性低，所以可以把这些排序资料看成相异性资料。为了简化，以下仅针对 15 位儿童的条件排序数据进行度量以及非度量 MDS，以了解儿童对于这些身体部位认知上的相似性。

如果希望仅用一个 MDS 表征来描述这群儿童对于这些身体部位认知上的相似性，我们可以将所有条件排序资料求平均，再接着对这个平均所得到的相异性资料矩阵采度量 MDS 分析。我们首先利用图 6-1 的陡坡图发现此相似性的背后结构主要有两个维度，此二维表征就解释了 50% 的总变异，倘若将维度增加到三维，解释的总变异则增加 59%，所以在图 6-2 中我们利用这些身体部位在三维空间中的距离来反映它们之间的相似度，并且检视是否此三个维度存在有意义的解释。

从图 6-2 的度量 MDS 中这些身体部位的位置可以发现这些物件在前二维空间中以身体（body）居中地被明显区分出三个群组，这三群分别是头部、手部以及足部的身体部位。其中维度一区分出头部与其他部位，而维度二则是区分出手部与足部。另外维度三则是分别出较尾端（如手和脚）及较不那么尾端（如手肘和膝盖）的部位。

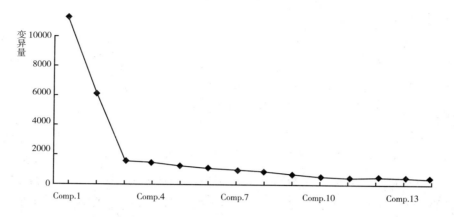

图 6 - 1 身体部位资料的度量 MDS 的陡坡图 （Comp. 代表主成分）

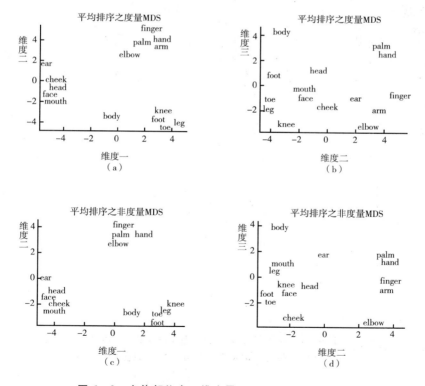

图 6 - 2 身体部位在三维度量 MDS （a）、（b） 及
非度量 MDS （c）、（d） 下的几何表征

倘若利用非度量 MDS 来分析这个平均相异性资料矩阵，且同样考虑三维空间中这些身体部位的几何表征，从图 6 - 2 的非度量 MDS 结果可以看到在前二维的平面上头部、手部以及足部三个群组被更明显的区分开来，然而对于维度三来讲，如果考虑脚（foot）和头（head）的位置则会发现向度三的含义较度量 MDS 的结果不明显。总而言之，透过度量及非度量 MDS 的结果可以认识到儿童在判断或认知身体部位的相似或相异关系时背后的结构。

上面的分析是先将 15 个儿童的排序资料求平均后再进行分析，倘若想进一步探讨这些儿童在判断时是否有明显的个别差异则可以利用个别差异 MDS 分析这些个别的排序资料，图 6 - 3 是个别差异度量 MDS 分析的结果。

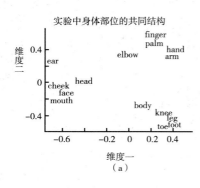

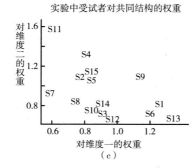

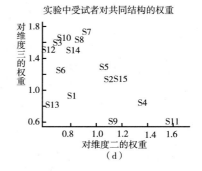

图 6 - 3　身体部位在三维个别差异度量 MDS 的
共同结构及个别权重（S 代表受试者）

经由图 6 - 3 我们可以发现此共同结构与上面分析平均排序资料时所得的三维结构类似，所以维度也有上述的区别头部、手部以及足部等身体部位之结构的含义，但更进一步可以透过个别权重来认识这些儿童在判断相似性上的个别差异。在 Jacobowitz（1975）原始的分析中同时分析了儿童及大学生的资料，他们的结果发现儿童及大学生在判断身体部位的相似性时在权重上有明显的差异。

此应用实例中所使用的是条件排序资料，所以将这些资料进行个别差异 MDS 的做法可能较分析平均的排序资料恰当，另外就度量 MDS 与非度量 MDS 之间的抉择，由于排序资料仅为顺序而非间距尺度，选择非度量 MDS 则较度量 MDS 为佳。但是碍于篇幅，这里省略不呈现个别差异非度量 MDS 分析的结果。如同前面在介绍相似度资料时所述，研究者亦可考虑请受试者利用评等量尺来反映出他们所认知的物件间相似度的强度来得到每个受试者的相似资料矩阵，再进行上面的分析。

（二）偏好资料

前述常见的 MDS 方法较常被运用于分析相似度资料，对于偏好资料，则有更多的做法可产生不同的几何表征。

1. 去折法

去折（unfolding）这个概念在文献中很早就被引介，用来了解偏好判断的行为（Coombs，1964）。当时依据受试者的偏好资料，将物件依序排于某个潜在的连续向度上，并依受试者的理想点的位置来"展开"或"去折"，而得到该受试者对这些物件偏好程度的顺序。也就是说，就单向度的情形而言，是以受试者的理想点为原点，而以物件与其理想点坐标位置差的绝对值来决定该受试者对这些物件的偏好顺序，绝对值愈小的就代表该物件与受试者的理想愈接近，因此对此物件的相对偏好就愈高。举例来说，假设消费者甲和乙对于 {A，B，C，D，E} 五种不同品牌的同种商品的偏好排序如下：甲是 $B > C > A > E > D$；而乙则是 $E > D > C > B > A$，其中 > 表示优于。假设依这些商品的某个特征（例如拼图的复杂性）将它们摆在一个代表其复杂性的向度上，而消费者对于此商品的偏好决定于这个商品的特性是否与他理想中或想要的接近。如果考虑图 6 - 4 中商品及个人理想点的位置，则会发现如果我们将此线段依受试者的理想点的位置"折起来"，会发现甲对于这些商品的偏好依序为 $B > C > A > E > D$。相对来讲，由于理想点的位置不同，乙对于这些商品的偏好则依序为 $E > D > C > B > A$。由此可知，在考虑了个别差异而允许每个消费者或受试者有个别的理想点之后，去折法可找出两组坐标点，一组是商品在空间中依其特征不同而有的几何表征，而另一组则是每个消费者或受试者在这个表征空间中的理想点位置。根据商品点和消费者理想点间的距离可产生出消费者的偏好资料。

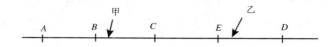

图 6 - 4 单向度上商品及甲、乙两人的理想点位置

如果将这个理想点的想法延伸到多向度的空间，则需在多维的空间中同时找出受试者的理想点的位置以及物件的位置。假设在 q 维共同空间中，X_{rt}（$r = 1$，$\cdots$，n）和 Z_{it}（$i = 1$，$\cdots$，N）分别表示物件 r 和受试者 i 的理想点在第 t 维位置的点坐标（$t = 1$，$\cdots$，q），受试者对这些物件的偏好顺序决定于受试者 i 的理想点和物件 r 的远近距离。最常用的是欧氏距离：

$$d_{ri}(\mathbf{X}, \mathbf{Z}) = \left\{ \sum_{t=1}^{q} (X_{rt} - Z_{it})^2 \right\}^{1/2}$$

度量去折法试着找出 X 和 Z 坐标使得 $d_{ri}^2(\mathbf{X}, \mathbf{Z}) \approx \delta_{ri}^2$，此处 δ_{ri} 是资料中受试者 i 和物件 r 的相近量测。

虽然去折分析的原理直觉而简单，但在实际求物件和受试者的坐标点的过程当中，经常可能会得到所谓的退化解（Takane et al.，1977；DeSarbo & Rao，1984）。退化解指的是资料的适配良好，但却在解释上毫无意义的几何表征。例如常见的退化解是物件和受试者的坐标点完全分开成两群，如此一来任何物件和受试者间的距离都是非常接近或相同的。Kruskal 与 Carroll（1969）提出的 Stress - 2 损失函数即尝试在纾解这个问题，但是发现这样的做法会导致另一类的退化解。其他学者也提出不管是针对转换资料本身（Heiser，1989；Kim，Rangaswamy，& DeSarbo，1999）或损失函数中加入额外的惩罚项（Busing，Groenen，& Heiser，2005）的做法。

2. 向量法

由于将理想点和物件建构在共同空间的去折法经常会遇到退化解的问

题，Tucker 与 Messick（1963）所提出的向量法尝试简化其模型。在向量法中，每个受试者会对应到一个向量，而他（她）对物件的偏好程度不再是反映在距离上，而是决定在物件点在受试者向量上的投影。令 u_{ir} 代表受试者 i 对物件 r 的偏好，根据向量法，u_{ir} 可被表示为 $u_{ir} = Z_i^T X_r$，其中 Z_i 为空间中代表受试者的向量，而 X_r 则是物件 r 在此空间的坐标位置。换句话说，向量法用意在找出 X 和 Z 使得 $U = ZX^T$。虽然看起来向量法和去折法的想法很不相同，但实际上向量法仅是去折法在假设受试者的理想点在离空间中的这些物件无限远的情况下的一种特例。换句话说，如果当物件在 MDS 向度所定义出的特质上值愈大就愈会受到偏好的话，那么向量法应该就比去折法更适合用来刻画偏好选择的几何表征。关于向量法的学理说明及应用，可进一步参考延伸阅读 3。

3. 应用实例

为了改善市场上商品的销售，厂商常常会针对消费者在商品的相关特性上的偏好来做调查。Green 等人（1989）收集了 57 个大学生对于 10 种苏打饮料在 8 个产品特质（attributes）上的排序来说明多向度标示法如何应用于分析此类的偏好资料。这 10 种苏打饮料分别是 Coke、Coke Classic、Diet Pepsi、Diet Slice、Diet 7 – Up、Dr. Pepper、Pepsi、Slice、Tab 和 7 – Up。8 种特质分别是水果味、汽（气）化程度、热量、甜度、解渴、受欢迎、喝后口感、随手程度。

我们实际分析的资料是这 57 个大学生在每个特质上每种饮料的平均排序。虽然分析所得的结果因为资料是由平均排序而来，似乎具有过于显然的等距解的环绕特征（Borg & Groenen，2005），但图 6 – 5 集中于中心的 8 个特质点位置虽然挤在一起，他们与饮料点的相对分布情形仍可提供有意义的解释（Van Deun et al.，2005）。从图 6 – 5 中可以清楚看出这些产品之间的相似性及与这些特质的关系。例如 Pepsi、Classic Coke 和 Coke 都是相较于其他饮料中较为受欢迎且容易取得，所以跟受欢迎和随手程度这两个特质最为靠近。另外一群是 Diet 家族，包括有 Diet Pepsi、Diet 7 – Up、Diet Slice 及 Tab。事实上 Tab 也是在 1960 年代由可口可乐公司推出的 diet 饮料，算是 Diet Coke 的前身。这些饮料的最大共同特质莫过于它们的低热量，故其与热量这个特质最为靠近。图 6 – 5 中的饮料在特质上算是相对接近（所有特质点都集中于中间），但是仍有些特质对某些产品来讲是较为明显的。在解释这些特质点时，可以想象它们是最着重该特质的消费者的理想点，而这些人对于这 10 种饮料的偏好，则会随着饮料与此点的距离而排序出来。例如，对于特别着重饮料有水果味的消费者来说，他们偏好前几种苏打饮料 Slice > 7 – Up > Diet Slice > Dr. Pepper > Diet 7 – Up 等等。

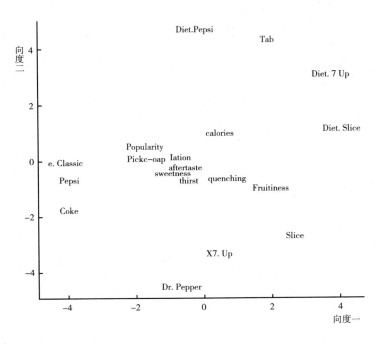

图 6 – 5 10 种苏打饮料资料度量去折（metric unfolding）分析的二向度几何表征

四 相关方法

（一）一致性分析

一致性分析（correspondence analysis）的理论基础和文献中多种方法相通，其中较明显的包括双重尺度法（dual scaling）（Nishisato，1980）、交互平均法（reciprocal averaging；Hill，1973，1974）、质性资料的典型相关分析（canonical correlation analysis on qualitative data）（Murtagh，2005）等。
此方法适用于很多资料形态，例如原始的离散资料、偏好资料、排序资料
等，而使用最多的应该是用在分析列联表。一致性分析也是在较低维的向量
空间中找到代表列联表中的行和列的几何表征，并借图标方式呈现资料中行
及列彼此的关联。在应用上，研究人员经常是根据物件和其特征间的关联来
发展构形图。它可描述变数（特别是名目尺度的变量）之类别的"一致
性"，然后以此一致性为基础来发展构形图，并能将物件和属性同时展示在
一联合空间中。

令 $F = [f_{ij}]$ 代表 I 列 J 行的列联表，

$$f_{i+} = \sum_{j=1}^{J} f_{ij} 、 f_{+j} = \sum_{i=1}^{I} f_{ij} 和 f_{++} = \sum_i \sum_i f_{ij}$$

分别代表第 i 列的个数和、第 j 行的个数和与全表个数的总和，另外将第 i
列的相对频率

$$r_i = \left[\frac{f_{ij}}{f_{i+}} \right] = [r_{j|i}]$$

称为该列的列外廓（row profile），第 j 行的相对频率

$$c_j = \left[\frac{f_{ij}}{f_{+j}} \right] = [c_{i|j}]$$

称为该行的行外廓（column profile）。相对频率

$$\mathbf{P} = [p_{ij}] = \left[\frac{f_{ij}}{f_{++}} \right]$$

是一致性分析主要处理的资料形态，但如果直接针对 $\mathbf{P}$ 来进行标准化后分
析，会首先得到一组只反映出数据中的行或列的频率次数而非与列联表中的
行或列彼此关联性的无效（trivial）结果。为了避免产生这种无意义的分析
结果，通常先需将 $\mathbf{P}$ 做以下处理而定义出

$$S = \left[\frac{p_{ij} - r_i c_j}{\sqrt{r_i c_j}} \right]$$

则 $$\mathbf{S} = \mathbf{D}r^{-1/2} (\mathbf{P} - \mathbf{rc}^{\mathrm{T}}) \mathbf{D}_c^{-1/2}$$

其中

$$\mathbf{r} = [r_i] = [\frac{f_{i+}}{f_{++}}] \ 和 \ \mathbf{c} = [c_j] = [\frac{f_{+j}}{f_{++}}]$$

分别是平均行外廓和平均列外廓的向量，皆称为外廓质量（masses），而 D_r 和 D_c 则分别是以 $\mathbf{r}$ 和 $\mathbf{c}$ 为对角元素的对角矩阵，也就是说，$\mathbf{D}_r \mathbf{1} = \mathbf{r}$ 及 $\mathbf{D}_c \mathbf{1} = \mathbf{c}$。从 $\mathbf{S}$ 的定义我们可以看出，它是将观测到的相对频率矩阵先扣除了独立模型下的期望相对频率，再经过标准化的程序而成，亦即可视为独立模型下的标准化残差矩阵。换句话说，如果该列联表中的行和列是互相独立的，那么处理后得到的 $\mathbf{S}$ 矩阵中该出现无规律且无过多极端的数值。

标准化残差矩阵 $\mathbf{S}$ 的元素平方和

$$\sum_i \sum_j s_{ij} = \sum_i \sum_j \frac{(p_{ij} - r_i c_j)}{r_i c_j}$$

称为惯力（inertia）总和，它和我们在处理列联表资料经常用到的皮尔森卡方统计量 χ^2 之间的关系为惯力总和 $= \chi^2/f_{++}$。如果对 $\mathbf{S}$ 矩阵进行奇异值分解，$\mathbf{S} = \mathbf{U}\Lambda\mathbf{V}^T$，得到对角元素为 $\sqrt{\lambda 1} \geqslant \sqrt{\lambda_2} \geqslant \cdots \geqslant \sqrt{\lambda_q} > 0$ 的向度为 q 的对角矩阵 Λ，以及满足 $\mathbf{U}^T\mathbf{U} = \mathbf{V}\mathbf{V}^T = \mathbf{I}$ 的正规直交矩阵 $\mathbf{U}$ 和 $\mathbf{V}$，则可更进一步证明惯力总和等于 $\lambda_1 + \lambda_2 + \cdots + \lambda_q$。除此之外，惯力总和与列联表中的行和列的关系也可由以下式子看到：

$$惯力总和 \equiv \frac{\chi^2}{f_{++}} = \sum_i \sum_j s_{ij}^2$$
$$= \sum_i \sum_j \frac{(p_{ij} - r_i c_j)^2}{r_i c_j}$$
$$= \sum_i \sum_j c_j \frac{(\frac{p_{ij}}{c_j} - r_i)^2}{r_i}$$
$$= \sum_i \sum_j c_j \frac{(\frac{f_{ij}}{f_{+j}} - r_i)^2}{r_i}$$

也就是说，惯力总和是行外廓（f_{ij}/f_{+j}）与平均行外廓（r_i）的距离平方的加权平均，而且权重恰是每个列的质量（c_j），且每个差异平方都除以该行平均行外廓的值（r_i）。同理也可将惯力总和写成列外廓（f_{ij}/f_{i+}）与平均列外廓（c_j）的距离平方的加权平均，且权重也恰是每个行的质量（ri）且每个差异平方都除以该列平均列外廓的值（c_j），这可以看成是惯力总和在一致性分析图上很重要的几何意义。由于具有几何意义，我们称这些距离为卡方（χ^2）距离。除了能够以此来定义外廓与平均外廓间的卡方距离外，也可以类推至两个行外廓间或两个列外廓间的卡方距离。例如第 j 行外廓和第 j' 行外廓间的卡方距离平方为

$$\sum_i \frac{(c_{i|j} - c_{i|j'})^2}{r_i}$$

接下来我们就可以找出在一致性分析图中列项目（row categories）和行项目（column categories）的坐标如下：

1. 列：主要（principal）列坐标 $\mathbf{G} = [g_{is}] = \mathbf{D}_r^{-1/2}\mathbf{U}\boldsymbol{\Lambda}$，标准（standard）列坐标 $\mathbf{A} = \mathbf{D}_r^{1/2}\mathbf{U}$。

2. 行：主要行坐标 $\mathbf{H} = [h_{js}] = \mathbf{D}_c^{1/2}\mathbf{V}\boldsymbol{\Lambda}$，标准行坐标 $\mathbf{B} = \mathbf{D}_c^{1/2}\mathbf{V}$。

如同一般双轴图（biplot；Gabriel，1971），在选择行坐标和列坐标时常见的有：

1. 对称图：$\mathbf{G}$ 和 $\mathbf{H}$。

2. 不对称图：$\mathbf{G}$ 和 $\mathbf{B}$（列主要）或 $\mathbf{H}$ 和 $\mathbf{A}$（行主要）。

不对称图的好处是当选用主要坐标时，两行或两列间的卡方距离平方在一致性分析图中恰好是那两点的欧氏距离。举两行间的距离来说，

$$\sum_i \frac{(c_{i|j} - c_{i|j'})^2}{r_i} = \sum_{s=1}^{q} [h_{js} - h_{j's}]^2$$

欧氏距离可反映出行与行之间或列与列之间的相似程度。如果两行的行外廓完全一样，则其在图中应为重合的点（亦即距离为 0）。另外，因为奇异向量具有正交性质，可知图中的原点位置其实恰好是行及列的加权矩心。也就是说，对列和行而言，其外廓与平均外廓在对应空间中的距离平方恰好分别是

$$\sum_s g_{is}^2 \text{和} \sum_s h_{js}^2$$

因此，惯力总和可写成这些距离平方的加权和，亦即：

$$\text{惯力总和} \;=\; \sum_j c_j \left(\sum_{s=1}^{q} h_{js}^2 \right) \;=\; \sum_i r_i \left(\sum_{s=1}^{q} g_{is}^2 \right)$$

在考虑每行、每列和每个一致性分析的向度对解释列联表中的惯力总和的贡献时，可以分别利用

$$\sum_j c_j \frac{(c_{i|j} - r_i)^2}{r_i} \;、\; \sum_i r_i \frac{(r_{j|i} - c_j)^2}{c_j} \; \text{以及} \; \sum_i r_i g_{is}^2 \;=\; \sum_j c_j h_{js}^2 \;=\; \lambda_s$$

来计算。而至于如何选取适合的向度使得低向度中点与点之间的关系能接近原本列联表中行之间及列之间的相似度，这个问题相似于在主成分分析中选取向度。主要方向是利用陡坡图并且参考累积解释惯力的比例来决定，而同时也考虑是否选定的最后几何表征中的向度能有合理的解释。一般在应用上，一个较好的一致性分析结果是仅利用少数几个向度就能解释大部分的惯力总和。

一致性分析与 MDS 同样将物件或行列之间的相似关系在较低维的几何空间中以距离表现出来。然而不同的是偏好资料之外的 MDS 直接分析的是物件的单模态、双面向的资料矩阵，因此图中呈现的唯有代表物件的点，而一致性分析则是分析双模态资料并且将数据中的两个模态（列联表的行和列）同时呈现出来。就这点来讲，一致性分析相似于去折法，但是有别于去折法中的两种模态之间的距离可以直接解释，在一致性分析中则只有行之间或列之间的距离可以直接解释，而非代表行和列的点之间的距离。另外就相异性而言，MDS 可应用于前述的任何相异性矩阵，而一致性分析所考虑的相异性则是卡方距离。关于一致性分析是否可被视为 MDS 的一种，学者的看法分歧。但如果广义地将 MDS 定义成所有尺度化及坐标化方法的集合，则显然一致性分析应可被涵盖于此。事实上一致性分析和古典 MDS 都运用奇异值分解法或主成分分析于特定的矩阵，它们之间有着非常密切的关系（Heiser & Meulman，1983）。

（二）多重一致性分析

一致性分析一般而言处理的是双向列联表，如果数据本身有超过两个的类别变项，则需要利用多重一致性分析（Multiple Correspondence Analysis，MCA）探讨列联表之变项间的关联性。但是要将简单一致性分析直接延伸

到多重一致性分析并不容易，由于简单一致性分析适用于双向列联表资料，超过两个的类别变项时，最直接的处理方式是将此资料表现成双向列联表或相近矩阵，以方便后续的分析。这里我们介绍三种常见的方法，但是仅关注所有变项皆是类别变项的情形。

第一种多重一致性分析法是先将资料转换成所谓的指标矩阵，再直接对指标矩阵进行简单一致性分析。指标矩阵是根据受试单位对每个变项或变项项目的选取与否来定义，是以受试单位为列，而行则是所有类别变项或变项项目（categories），如此即包含所有的反应形态。倘若 $\mathbf{M}_g = (M_{g1}, M_{g2}, \cdots, M_{gJg})$ 为第 g 个类别变项（包含 J_g 个反应项目）的指标（$g = 1, \cdots, G$），则 $\mathbf{M}_{ig} = (1, 0, \cdots, 0)$ 表示第 i 个（$i = 1, \cdots, N$）受试单位在第 g 个类别变量的反应项目为 1（亦即 $M_{ig1} = 1$ 且对所有 $k = 2, \cdots, J_g$，$M_{igk} = 0$）。称 $\mathbf{M} = [\mathbf{M}_1, \mathbf{M}_2, \cdots, \mathbf{M}_G]$ 为所有 G 个变项的指标矩阵，令

$$J = \sum_{g=1}^{G} J_g$$

则 $\mathbf{M}$ 为 $N \times J$ 的长方形矩阵。定义 $\mathbf{L}_g = \mathbf{M}_g^T \mathbf{M}_g$，并令 $\mathbf{L}$ 是对角为 $\mathbf{L}_1, \cdots, \mathbf{L}_G$ 这些子矩阵的矩阵。在双中心化后，这里实际进行奇异值分解的矩阵为

$$G^{-1/2} \left(\mathbf{I} - \frac{1}{N}\mathbf{1}\mathbf{1}^T\right)\mathbf{M}\mathbf{L}^{-1/2}$$

第二种多重一致性分析法是将资料进一步转换成所谓的 Burt 矩阵，再对 Burt 矩阵进行一致性分析。Burt 矩阵 $\mathbf{B}$ 是由指标矩阵 $\mathbf{M}$ 建构而成（$\mathbf{B} = \mathbf{M}^T \mathbf{M}$），其对角在线的对角矩阵（$\mathbf{L}_f = \mathbf{M}_g^T \mathbf{M}_g$）显示第 g 个类别变项各反应项目的观测次数，非对角在线的矩阵（$\mathbf{N}_{gg'} = \mathbf{M}_g^T \mathbf{M}_{g'}$）则是显示第 g 个和第 g' 个类别变项项目同时发生或选取的次数矩阵。Gower（2006）指出这里进行奇异值分解的矩阵为

$$\mathbf{L}^{-1/2} \mathbf{M}^T \left(\mathbf{I} - \frac{1}{N}\mathbf{1}\mathbf{1}^T\right)\mathbf{M}\mathbf{L}^{-1/2}$$

并且说明此处所得的奇异值会是对指标矩阵进行奇异值分解所得奇异值的平方。

由于对 Burt 矩阵进行一致性分析时，Burt 矩阵中的对角元素会膨胀外廓间的卡方距离以及惯力总和，所以发展出联合一致性分析（Joint CorrespondenceAnalysis，JCA）来解决这个问题。如果只对 Burt 矩阵的子矩阵中的非对角矩阵进行分析，在只有两个变项（$G = 2$）的情形下，联合一致性分析和简单一致性分析所得的结果会完全一致，所以可算是简单一致性分析很直接的延伸。但是联合一致性分析的结果并非单单只对某一特定矩阵做奇异值分解，而需要较多步骤的算法（Greenacre，1988；Boik，1996；Tatineni & Browne，2000）。所以有时候研究者可以采取对多重一致性分析所得的结果做一些调整，来得到较为适当且接近联合一致性分析的惯力及其对惯力总和的解释比例。基本精神在拿掉 Burt 矩阵中对角的子矩阵对惯力总和的影响，所以，以解释 Burt 矩阵中所有非对角的子矩阵的惯力总和的平均为基准

$$\frac{G}{G - 1}\Big(\operatorname{inertia}(B) - \frac{J - G}{G^2} \Big)$$

而在考虑各向度主要惯力的贡献时，则计算出调整过的惯力为：

$$\lambda_s^{adj} = (\frac{G}{G - 1})^2 (\sqrt{\lambda_s} - \frac{1}{G})^2$$

其中对 Burt 矩阵和指标矩阵来讲，奇异值分解得到的分别是 λ_s 和 $\sqrt{\lambda_s}$（Gower，2006）。也可以由上述两个量的比值来看出各向度主要惯力贡献的比例。这个调整是对于进行多重一致性分析时如何对惯力有较适当的衡量很重要的一步。虽然所得结果仅是接近而不相同于联合一致性分析的结果，但已对原来惯力膨胀的情形有很大改善。幸运的是，这样对多重一致性分析的调整，乃至联合一致性分析都已被纳入可执行一致性分析的软件程序中（Nenadić & Greenacre，2007）。

第三种介绍的多重一致性分析法是非线性主成分分析法或称为类别主成分分析法。非线性主成分分析法试着找到每个类别变项项目的量尺值以达到最佳基准的主成分分析结果。假设我们找到的变项项目的量尺值为 s_1, s_2, $\cdots$, s_G（为了量尺值的可确认性，令 $\mathbf{1}^T \mathbf{L}_g \mathbf{s}_g = 0$ 且 $\mathbf{s}_g^T \mathbf{L}_g \mathbf{s}_g = 1$），则接下来是对量尺化过的资料矩阵 $[\mathbf{M}_1 \mathbf{s}_1, \mathbf{M}_2 \mathbf{s}_2, \cdots, \mathbf{M}_G \mathbf{s}_G]$ 进行主成分分析，希望能找到向度 m 使得下列的值足够大。

$$\sum_{s=1}^{m} \lambda_s \,/\, \sum_{s=1}^{G} \lambda_s$$

其中 $\lambda_1 \geqslant \lambda_2 \geqslant \cdots \geqslant \lambda_G$ 为其特征值。另一种不同的最佳量尺值是希望找到 s1，s2，…，sG 去定义每个列分数，使得这些列分数的平方和之于所有平方总和

$$\frac{s^T M^T M s}{s^T L s}$$

能有最大值。由于此种方法相当于找出让列内分数有最小的变异，所以又称为同质性分析（homogeneity analysis；Gifi，1990）。

上述的三种多重一致性分析的方法，前两种比较是以找出这些变项项目的几何表征并利用它来探讨其关联性的做法，而第三种比较是希望能为变项项目找出"最佳"的量尺值角度下的做法。

下面我们简单举例说明一致性分析的应用。PISA 国际评量计划（The Pro-gramme for International Student Assessment，PISA）是由经济合作暨发展组织（Organization for Economic Co-operation and Development，OECD）所委托的计划，从 1990 年代末开始对 15 岁学生的数学、科学及阅读进行持续、定期的国际性比较研究。这里我们应用一致性分析来探讨 PISA 2000 有关学生自评的电脑精熟识度，与该生是否使用电脑于课业上两者之关系。数据源为澳大利亚、德国及墨西哥三国的电脑熟悉度问卷。我们考虑以下的两个问题是：

甲．跟其他 15 岁的学生比较起来，你觉得自己的电脑能力是
甲一．绝佳　甲二．好　甲三．中等　甲四．差
乙．你多常使用电脑在帮助自己学习学校课程内容
乙一．几乎每一天　乙二．每周数次　乙三．介于每周一次和每月一次之间　乙四．少于每月一次　乙五．从来没有过

在这里我们混合三国的资料来做一致性分析，是假设国与国之间的差异并不显著，若要进一步把国家当成另一变项来分析，则可考虑用多重一致性分析。但碍于篇幅，在此仅介绍一致性分析的结果。在删除了部分不

符合以上作答类型的个人后，表 6 - 2 是此二问题（甲、乙）反应的列联表。

表 6 - 2　PISA 2000 的电脑熟悉度问卷中甲、乙两题作答情形的列联表

甲. 你觉得自己的电脑能力	乙. 你多常使用电脑在帮助自己学习学校课程内容					
	乙一. 几乎每一天	乙二. 每周数次	乙三. 介于每周一次和 每月一次之间	乙四. 少于每月一次	乙五. 从来没有过	和
甲一. 绝佳	59	102	47	27	24	259
甲二. 好	88	201	166	93	57	605
甲三. 中等	28	138	144	118	82	510
甲四. 差	1	6	12	19	22	60
和	176	447	369	257	185	1434

对表 6 - 3 的简单一致性分析得到一维和二维空间对于甲和乙的关联性的表征分别可以解释 86.1% 和 99.3% 的惯力总和。也就是说，这样的二维表征可以充分反映出列联表中甲和乙二问题反应的关联性。更进一步来看，表 6 - 3 报告甲一到甲四和乙一到乙五在二维空间中的的标准坐标和主要坐标。并且得到一致性分析的对称图（图 6 - 6）。称为对称图是其中甲和乙皆以其主要坐标来标示，如此一来，甲一到甲四彼此之间的距离可以看成是这些反应项目之间的相似性。同理，乙一到乙五彼此之间的距离亦有类似解释，但要特别注意甲和乙在对称图之间的距离不能直接拿来解释其相近或关联性。

表 6 - 3　甲一到甲四和乙一到乙五在二维空间中的标准坐标和主要坐标

	对惯力总和贡献（%）	标准坐标 $a_i = (a_{i1}, a_{i2})$	主要坐标 $g_i = (g_{i1}, g_{i2})$
甲一	32.5	(- 1.35, 1.34)	(- 0.39, - 0.15)
甲二	8.5	(- 0.44, - 0.48)	(- 0.13, - 0.55)
甲三	24.9	(0.88, - 0.51)	(0.25, - 0.58)
甲四	34.1	(2.76, 3.41)	(0.80, 0.39)
		标准坐标 $b_j = (b_{j1}, b_{j2})$	主要坐标 $h_j = (h_{j1}, h_{j2})$
乙一	36.1	(- 1.78, 1.28)	(- 0.51, 0.15)
乙二	12.7	(- 0.68, - 0.20)	(- 0.20, - 0.02)
乙三	6.1	(0.22, - 1.18)	(0.06, - 0.13)
乙四	17.5	(1.06, - 0.13)	(0.31, - 0.02)
乙五	27.6	(1.41, 1.81)	(0.41, - 0.21)

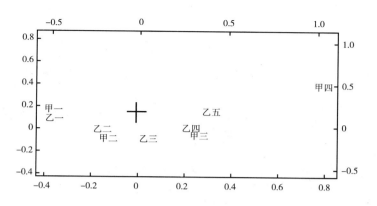

图 6 - 6　PISA2000 的电脑熟悉度问卷中甲与
乙的一致性分析对称图

倘若希望能解释表 6 - 2 中甲和乙的关联，可以使用双轴图。图 6 - 7 的非对称双轴图中甲一至甲四的位置点仍为主要坐标，乙一至乙五则以箭头表示之，箭头之间的夹角反映出这些行之间的（正负）相关性。箭头的长短则表示该行的影响程度，事实上向量为 $\mathbf{b}_j = (b_{j1}, b_{j2}) \cdot c_j^{1/2}$。而在乙问题的第 j 行的选项上的甲一到甲四的外廓更可以由其坐标点投射在表示乙问题的第 j 行的选项向量上而得到。有关双轴图上的距离及投射的解释，请参考 Gower 与 Hand（1996）、Greenacre 与 Hastie（1987）以及 Greenacre（2007）。

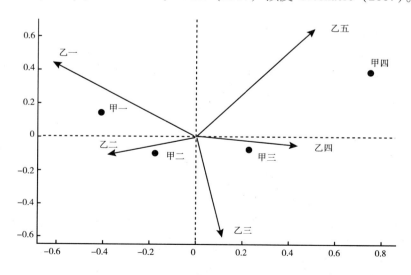

图 6 - 7　PISA2000 的电脑熟悉度问卷中甲与乙的非对称双轴图

另一个看待表 6 - 3 中一致性分析的结果是标准坐标 $a_i = (a_{i1}, a_{i2})$ 和 $b_j = (b_{j1}, b_{j2})$ 分别提供了一套二维的量尺值给甲一到甲四及乙一到乙五。举例来说，如果使用的量尺并非一般的整数编码 $1 \sim 4$ 或 $1 \sim 5$，而是甲 1 = $(-1.35, -0.44, 0.88, 2.76)$ 以及乙 1 = $(-1.78, -0.68, 0.22, 1.06, 1.41)$，如此一来这些学生在甲和乙选项的相关会从 0.278 增加到 0.29，而 0.29 事实上等于第一个主惯力的平方根 $\lambda 1$。这种结果常被使用来检视甲一到甲四或乙一到乙五这些选项间的等距对待。为了方便比较，可将甲 1 和 乙 1 调整为分别与 $1 \sim 4$ 和 $1 \sim 5$ 有相等的全距，也就是说，甲$_1^*$ = $(1, 2.31, 2.63, 4)$ 及乙$_1^*$ = $(1, 2.38, 3.51, 4.56, 5)$ 显示就电脑能力自评而言，绝佳（甲一）和好（甲二）之间量尺值的差以及中等（甲三）到差（甲四）的量尺值的差，似乎比好（甲二）到中等（甲三）的量尺差要大。而就使用频率而言，因原本乙一到乙五给的频率即非等距，故此亦得到支持。由此可知，一致性分析亦可被使用来找出最佳量尺值，尤其在问题存在顺序不明的选项时（如调查中常见的"没意见"选项）。

五　分析软件

由于 MDS 算是已在一个成熟的阶段，很多软件都可以使用来做分析。而这些软件中，不乏一些已被涵盖在常见的统计分析软件中，例如 SPSS 和 SAS。Borg 与 Groenen（2005）详细表列并分析比较各软件的特质及差异，并且提供简单例子来说明几个主要常用的软件如何书写命令文件及执行。如果需要精美的图示，也有数个软件擅长于此，例如，商业软件 NEWMDSX ©、PC - MDS，SPSS 中的 PROXSCAL、ALSCAL 以及 SAS 中的 PROC MDS 程序等等。然而除此之外，仍有一些可使用的软件是在公用领域，且使用简易，故于此多做介绍。

R 系统是由 Ross Ihaka 与 Robert Gentleman 从 S 语言所发展出来，主要是为了统计分析及绘图。它不但是统计软件，也为一种以面向物件为主的程序语言。因为 R 是免费且可以在各种不同的平台上执行（Windows，Mac，Unix，Linux 等），再加上历年来逐渐增多的使用者贡献了目前达数百个扩充套件，R 的使用（尤其在教学上）在统计领域已极为普遍。表 6 - 4 和表 6 - 5 中我们针对本章所提及之方法，说明 R 中可以使用的套件及函数名称。

表 6 - 4　多向度标示法的 R 套件及对应的函数

方法	函数（图书馆或套件）	出处或文献
度量 MDS	cmdscale（stats） smacofSym（smacof）	de Leeuw & Mair,2009a
非度量 MDS	isoMDS（MASS） smacofSym（smacof）	de Leeuw & Mair,2009a
个别差异 MDS	smacofIndDiff（smacof） indscal（SensoMineR）	de Leeuw & Mair,2009a Lê & Husson,2008
去折（unfolding）	smacofRect（smacof）	de Leeuw & Mair,2009a

表 6 - 5　一致性分析的 R 套件及对应的函数

方法	函数（套件）	出处或文献
简单"一致性分析" （Simple CA）	ca（rgl） anacor（anacor） corresp（MASS）	Nenadić & Greenacre,2006,2007 Adler & Murdoch,2006 de Leeuw & Mair,2009b
多重"一致性分析" （Multiple CA）	mjca（ca） mca（MASS）	Nenadić & Greenacre,2006,2007

对于上述的套件，有些是直接可以在 R 环境下即加载或开启（如 MASS），如果不是直接已存在 R 的默认图书馆中，则可利用 install. packages（"套件名称"，repos = "http：//R - Forge. R - project. org"）来从 R - project 的网站上下载，如需要对这些函数有详细的了解，可键入 library（套件或图书馆名称），再利用 help（函数名称）来查询。

六　总　结

一般所称的 MDS 试着由物件的相近量测出发，找出在较低向度的空间中这些物件的对应点，而这些代表物件的点在空间中的距离反映出物件的相似或相异程度。更重要的是利用 MDS 来探索决策或反应背后的心理向度及结构，或者是主要区辨物件差异的特质或基准。就探索的角度而言，MDS

已算是发展至成熟的时期（Takane，2006）。而且跟随着电脑计算的迅速发展，对 MDS 或去折法更有效率、更可靠或可以避免退化解的算法也在持续发展当中。就应用的角度来讲，这些 MDS 的程序不是已经被纳入常用的套装统计软件（如 SAS 及 SPSS），就是可利用的免费开放平台程序语言 R 的套件也逐渐出现，对使用者为一大帮助。

碍于篇幅，本文仅就 MDS 的基本原理及在收集数据或运用 MDS 前需要考虑的几个问题加以说明，无法更详尽地介绍进阶的 MDS 如何可用来检定或验证理论。事实上，根据研究者的理论来对多维空间中的物件点或其距离限制其结构，属于约束 MDS 或验证 MDS 的范围，有兴趣的研究者可以参考 MDS 的几本专书（Kruskal & Wish，1978；Young & Hamer，1994；Cox & Cox，2000；Borg & Groenen，2005）和书中的文献来对其理论及应用实例做更深入的探讨。

相似于 MDS 利用图像表征空间的点和距离来反映物件间的相似程度，群集分析法当中的阶层式群集法则是利用树形图（称为 dendrograms）来表示出物件间的相似程度。例如，相加性树形图（additive trees；Sattah & Tversky，1977；Corter，1996）中，物件用外接的节点或路径端点来代表，而连结这些端点之间的路径长度则用来反映物件间的相异程度。路径具有可加性的这个特性是相加性树状图有别于一般阶层式群集法中所谓超计量的树形图（ultrametric trees）的特点。由于可以直接由路径长度来表示相异程度，在相加性树形图中很容易直接看出物件间的相似关系。由于相加性树形图与 MDS 同样都是在图形中利用距离或长度来反映相异性质，过去研究经常比较两者的优缺点（Sattah & Tversky，1977；Pruzansky，Tversky，& Carroll，1982；Wedel & Bijmolt，2000），Wedel 与 Bijmolt（2000）进一步考虑两者的混合模型。综合来说，对于描述实证资料的相近量测来讲，就配适程度来看两者常常有类似的表现，然而哪一种方法较为合适则取决于物件的结构。如果物件的差异可看成是来自于某几个面向上程度大小的差异，那么物件则较适合用于 MDS 这类用空间表征的方法。例如，像声音这一类可以利用强度和频率来表现出差异的心理刺激。而相加性树形图则较适用于有阶层或演化结构的物件，例如生态学中讨论物种的相似性及分类时。过去的模拟研究显示如果资料是树状结构生成的，相加性树形图的表现较佳，反过来说，如果资料是空间结构生成的，则 MDS 的表现较佳（Pruzansky，Tversky，& Carroll，1982），也就是说，还是可以透过 MDS 及相加性树形图在适配度的比较来找出比较接近资料的生成结构。但是并非适配程度较佳的表征即可视为"正确"的模型，事实上 MDS 和相加性树形图可以同时提供资料中不同却皆有意义的讯息，所以现在学者们视两者为具有互补作用，而非相互竞争的模型（Carroll，1976；Shepard，1980；Ghose，1998）。在软件方面，Corter（1998）所发展的 DOS 版本的 GTREE 程序改进了可以建构相加性树形图的 ADDTREE 软件（Sattah & Tversky，1977），使得执行速度更快，并且可以处理更大笔的资料和更多的物件。所以除了本章所探讨的 MDS 之外，研究者可再利用相加性树形图或其他阶层式群集法中的树形图来探索相近资料中区分或反映出相似度的离散特征或性质。

一般而言，MDS 已属于广泛运用的多变量分析法，故几乎所有常用的多变量分析教科书都有其简单原理及应用实例（Rencher，2002；Lattin，Green，& Carroll，2003；Hair et al.，2005；Manly，2005；Johnson & Wichern，2007）。关于 MDS 的专书方面，Borg 与 Groenen（2005）和 Cox 与 Cox（2000）则提供完整的理论基础，并以应用实例及软件程序说明，读者可配合例子一起阅读。至于一致性分析部分，已有数本 Sage 所出版的小本专书，对一致性分析及多重一致性分析之原理及应用实例有详细介绍。然而对于一致性分析及相关主题最完整的则应算是 Greenacre 与 Blasius（2006）所编著的专书。透过这些专书和实例的协助，期望未来 MDS 及相关方法不仅能广泛地运用在社会及行为科学相关的研究上，亦能帮助了解生态环境、生物科技以及市场营销等。

参考书目

Adler，Daniel，& Murdoch，Duncan（2006）. rgl：3D visualization device system（OpenGL）. R package version 0.68，URL http：//rgl. neoscientists. org/.

Arabie，Phipps（1991）. Was Euclid an unnecessarily sophisticated psychologist? *Psychometrika*，*56*（4），567–587.

Attneave，Fred（1950）. Dimensions of similarity. *American Journal of Psychology*，*63*，516–556.

Bentler, Peter M., & Weeks, David G. (1978). Restricted multidimensional scaling methods. *Journal of Mathematical Psychology*, *17*, 138 – 151.

Boik, Robert J. (1996). An efficient algorithm for joint correspondence analysis. *Psychometrika*, *61* (2), 255 – 269.

Borg, Ingwer, & Groenen, Patrick J. F. (2005). *Modern multidimensional scaling: Theory and applications* (2nd ed.). New York: Springer.

Broderson, U. (1968). *Intra-und interindividuelle mehrdimensionale skalierung eines nach objektiven kriterien variierenden reizmaterials.* Unpublished master's thesis, Christian-Albrechts-Universität.

Busing, Frank M. T. A., Groenen, Patrick J. F., & Heiser, Willem J. (2005). Avoiding degeneracy in multidimensional unfolding by penalizing on the coefficient of varia- tion. *Psychometrika*, *70* (1), 71 – 98.

Carroll, J. Douglas (1972). Individual differences and multidimensional scaling. In Romney N. Shepard, A. Kimball Romney, & Sara B. Nerlove (Eds.), *Multidimensional scaling: Theory and applications in the behavioral sciences* (Vol. 1). New York: Seminar Press.

Carroll, J. Douglas (1976). Spatial, non-spatial and hybrid models for scaling. *Psychometrika*, *41* (4), 439 – 463.

Carroll, J. Douglas, & Chang, Jih-jie (1970). Analysis of individual differences in multidimensional scaling via an N-way generalization of "Eckart-Young" decomposition. *Psychometrika*, *35* (3), 283 – 319.

Chino, Naohito (1978). A graphical technique for representing the asymmetric relationships between N objects. *Behaviormetrika*, *5*, 23 – 40.

Constantine, A. G., & Gower, John C. (1978). Graphical representation of asymmetric matrices. *Journal of Royal Statistical Society-Series C*, *27* (3), 297 – 304.

Coombs, Clyde Hamilton (1964). *A theory of data.* New York: John Wiley & Sons.
Coombs, Clyde Hamilton (1975). A note on the relation between the vector model and the unfolding model for preferences. *Psychometrika*, *40* (1), 115 – 116.

Corter, James E. (1998). An efficient metric combinatorial algorithm for fitting additive trees. *Multivariate Behavioral Research*, *33*, 249 – 272.

Corter, James E. (1996). *Tree models of similarity and association* (Sage University Papers series: Quantitative Applications in the Social Sciences, series no. 07 – 112). Thousand Oaks CA: Sage.

Cox, Trevor F., & Cox, Michael A. A. (2000). *Multidimensional scaling.* Chapman and Hall.

de Leeuw, Jan (1977). Applications of convex analysis to multidimensional scaling. In Jean R. Barra, Francois Brodeau, Guy Romier, & Bernard van Cutsem (Eds.), *Recent developments in statistics* (pp. 133 – 145). Amsterdam, The Netherlands: North- Holland.

de Leeuw, Jan (1988). Convergence of the majorization method for multidimensional scaling. *Journal of Classification*, *5* (2), 163 – 180.

de Leeuw, Jan, & Heiser, Willem J. (1977). Convergence of correction matrix algorithm for multidimensional scaling. In James C. Lingoes (Ed.), *Geometric representations of relational data*. Ann Arbor, Michigan: Mathesis Press.

de Leeuw, Jan, & Heiser, Willem J. (1982). Theory of multidimensional scaling. In Paruchuri R. Krishnaiah & Laveen N. Kanal (Eds), *Handbook of statistics* (Vol. 2) (pp. 285 – 316). Amsterdam: North-Holland.

de Leeuw, Jan, & Mair, Patrick (2009a). Multidimensional scaling using majorization: The R package smacof. *Journal of Statistical Software*, *31* (3), 1 – 30.

de Leeuw, Jan, & Mair, Patrick (2009b). Simple and canonical correspondence analysis using the R. package de Leeuw anacor. *Journal of Statistical Software*, *31* (5), 1 – 18.

DeSarbo, Wayne S., Oliver, Richard L., & De Soete, Geen (1986). A probabilistic multidimensional scaling vector model. *Applied Psychological Measurement*, *10*, 79 – 98.

DeSarbo, Wayne S., & Rao, Vithala R. (1984). GENFOLD2: A set of models and algorithms for the general UnFOLDing analysis of preference/dominance data. *Jour-nal of Classification*, *1* (1), 147 – 186.

Fong, Duncan K. H., DeSarbo, Wayne S., Park, Joonwook, & Scott, Crystal J. (2010). A Bayesian vector multidimensional scaling procedure for the analysis of ordered preference data. *Journal of the American Statistical Association*, *105* (490), 482 – 492.

Gabriel, K. Ruben (1971). The biplot graphic display of matrices with application to principal component analysis. *Biometrika*, *58* (3), 453 – 467.

Ghose, Sanjoy (1998). Distance representations of consumer perceptions: Evaluating appropriateness by using diagnostics. *Journal of Marketing Research*, *35* (2), 137 – 153.

Gifi, Albert (1990). *Nonlinear multivariate analysis*. John Wiley & Sons.

Gower, John C. (2006). Divided by a common language: Analyzing and visualizing two-way arrays. In Michael J. Greenacre, & Jörg Blasius (Eds.), *Multiple correspondence analysis and related methods* (pp. 77 – 105). London: Chapman & Hall/CRC.

Gower, John C., & Hand, David J. (1996). *Biplots*. London, UK: Chapman & Hall.

Green, Paul E., Carmone, Frank J., & Smith, Scott M. (1989). *Multidimensional scaling: Concepts and applications*. Allyn and Bacon.

Greenacre, Michael J. (1988). Correspondence analysis of multivariate categorical data by weighted least squares. *Biometrika*, *75* (3), 457 – 467.

Greenacre, Michael J. (2007). *Correspondence analysis in practice* (2nd ed.). London: Chapman & Hall/CRC.

Greenacre, Michael J., & Blasius, Jörg (2006). *Multiple correspondence analysis and related methods*. London: Chapman & Hall/CRC.

Greenacre, Michael J., & Hastie, Trevor J. (1987). The geometric interpretation of correspondence analysis. *Journal of the American Statistical Association*, *82* (398), 437 – 447.

Groenen, Patrick J. F., Mathar, Rudolf, & Heiser, Willem J. (1995). The majorization approach to multidimensional scaling for Minkowski distances. *Journal of Classifi- cation*, *12* (1), 3 – 19.

Guttman, Louis (1968). A general nonmetric technique for finding the smallest coordinate space for configuration of points. *Psychometrika*, *33*, 469 – 506.

Hair, Joseph F., Black, Bill, Babin, Barry, Anderson, Rolph E., & Tatham, Ronald L. (2005). *Multivariate data analysis* (6th ed.). New York: Prentice Hall.

Heiser, Willem J. (1989). Order invariant unfolding analysis under smoothness restrictions. In Geert De Soete, Hubart Feger, & Karl C. Klauer (Eds.), *New developments in psychological choice modelling* (pp. 3 – 31). Amsterdam: North-Holland.

Heiser, Willem J., & Meulman, Jacqueline J. (1983). Analyzing rectangular tables with joint and constrained multidimensional scaling. *Journal of Econometrics*, *22*, 139 – 167.

Hill, Mark O. (1973). Reciprocal averaging: An eigenvector method of ordination. *Journal of Ecology*, *61* (1), 237 – 251.

Hill, Mark O. (1974). Correspondence analysis: A neglected multivariate technique. *Applied Statistics*, *23*, 340 – 354.

Jacobowitz, D. (1975). *The acquisition of semantic structures*. Doctoral dissertation, University of North Carolina at Chapel Hill.

Johnson, Richard A., & Wichern, Dean W. (2007). *Applied multivariate statistical analysis* (6th ed.). New York: Prentice Hall.

Kim, Chulwan, Rangaswamy, Arvind, & DeSarbo, Wayne S. (1999). A quasimetric approach to multidimensional unfolding for reducing the occurrence of degenerate solutions. *Multivariate Behavioral Research*, *34* (2), 143 – 180.

Kruskal, Joseph B. (1964). Nonmetric multidimensional scaling: A numerical method. *Psychometrika*, *29* (2), 115 – 129.

Kruskal, Joseph B., & Carroll, J. Douglas (1969). Geometrical models and badness-of- fit functions. In Paruchuri R. Krishnaiah (Ed.), *Multivariate analysis* (Vol. II) (pp. 639 – 671). Amsterdam: North-Holland.

Kruskal, Joseph B., & Wish, Myron (1978). *Multidimensional scaling*. Beverly Hills, CA: Sage Publications.

Lattin, James M., Green, Paul E., & Carroll, J. Douglas (2003). *Analyzing multivariate data* (2nd ed.). Duxbury Press.

Lê, Sebastien Y., & Husson, François (2008). SensoMineR: A package for sensory data analysis. *Journal of Sensory Studies*, *23* (1), 14 – 25.

Lee, Sik-yum, & Bentler, Peter M. (1980). Functional relations in multidimensional scaling. *British Journal of Mathematical and Statistical Psychology*, *33*, 142 – 150.

Manly, Bryan F. J. (2005). *Multivariate statistical methods: A primer* (3rd ed.). USA: Chapman and Hall/CRC.

Mardia, Kanti V., Kent, John T., & Bibby, John M. (1980). *Multivariate analysis*. UK:

Academic Press.

Marshall, Albert W. , & Olkin, Ingram (1979). *Inequalities: The theory of majorizations and its applications*. New York: Academic Press.

Messick, Samuel J. , & Abelson, Robert P. (1956). The additive constant problem in multidimensional scaling. *Psychometrika*, *21* (1), 1 – 15.

Murtagh, Fion (2005). *Correspondence analysis and data coding with Java and R*. London: Chapman & Hall/CRC.

Nenadic′, Oleg, & Greenacre, Michael J. (2006). Computation of multiple correspondence analysis, with code in R. In Michael J. Greenacre, & Jörg Blasius (Eds.), *Multiple correspondence analysis and related methods* (pp. 523 – 551). London: Chapman & Hall/CRC.

Nenadic′, Oleg, & Greenacre, Michael J. (2007). Correspondence analysis in R, with two- and three-dimensional graphics: The ca package. *Journal of Statistical Software*, *20* (3). URL http://www.jstatsoft.org/v20/i30.

Nishisato, Shizuhiko (1980). *Analysis of categorical data: Dual scaling and its applications*. Toronto, Canada: University of Toronto.

Pruzansky, Sandra, Tversky, Amos, & Carroll, J. Douglas (1982). Spatial versus tree representations of proximity data. *Psychometrika*, *47* (1), 3 – 24.

Ramsay, James O. (1977). Maximum likelihood estimation in multidimensional scaling. *Psychometrika*, *42* (2), 241 – 266.

Ramsay, James O. (1978). Confidence regions for multidimensional scaling analysis. *Psychometrika*, *43* (2), 145 – 160.

Ramsay, James O. (1982). Some statistical approaches to multidimensional scaling data. *Journal of the Royal Statistical Society*, *Series A (General)*, *145*, 285 – 312.

Rencher, Alvin C. (2002). *Methods of multivariate analysis* (2nd ed.). John Wiley & Sons.

Richardson, M. W. (1938). Multidimensional psychophysics. *Psychological Bulletin*, *35*, 659 – 660.

Saburi, Shingo, & Chino, Naohito (2008). A maximum likelihood method for an asymmetric MDS model. *Computational Statistics & Data Analysis*, *52* (10), 4673 – 4684.

Sattah, Samuel, & Tversky, Amos (1977). Additive similarity trees. *Psychometrika*, *42* (3), 319 – 345.

Sattah, Samuel, & Tversky, Amos (1987). On the relation between common and distinctive feature models. *Psychological Review*, *94* (1), 16 – 22.

Schoenberg, Isaac J. (1935). Remarks to Maurice Fréchet's article ' Sur la définition axiomatique d'une classe d'espace distanciés vectoriellement applicable sur l'espace de Hilbert'. *Annals of Mathematics*, *36*, 724 – 732.

Shepard, Roger N. (1962a). The analysis of proximities (I): Multidimensional scaling with an unknown distance function. *Psychometrika*, *27* (2), 125 – 140.

Shepard, Roger N. (1962b). The analysis of proximities (II): Multidimensional scaling with an unknown distance function. *Psychometrika*, *27*（2）, 219 – 246.

Shepard, Roger N. （1966）. Metric structures in ordinal data. *Journal of Mathematical Psychology*, *3*（2）, 287 – 315.

Shepard, Roger N. （1980）. Multidimensional scaling, tree-fitting, and clustering. *Science*, *210*（4468）, 390 – 398.

Shepard, Roger N. （1991）. Integrality versus separability of stimulus dimensions: From an early convergence of evidence to a proposed theoretical basis. In James R. Pomerantz, & Gregory R. Lockhead （Eds.）, *The perception of structure: Essays in honor of Wendell R. Garner* （pp. 53 – 71）. American Psychological Association, Washington, DC.

Takane, Yoshio （1978）. A maximum likelihood method for nonmetric multidimensional scaling: I. The case in which all empirical pairwise orderings are independent-theory. *Japanese Psychological Research*, *20*, 7 – 17.

Takane, Yoshio （1981）. Multidimensional successive categories scaling: A maximum likelihood method. *Psychometrika*, *46*（1）, 9 – 28.

Takane, Yoshio （2006）. Applications of multidimensional scaling in psychometrics. In Calyampudi R. Rao & Sandip Sinharay （Eds.）, *Handbook of statistics*, *Vol. 26: Psychometrics* （Chapter 11, pp. 359 – 400）. Amsterdam: North Holland.

Takane, Yoshio, & Carroll, J. Douglas （1981）. Nonmetric maximum likelihood multidimensional scaling from directional ranking of similarities. *Psychometrika*, *46*, 389 – 405.

Takane, Yoshio, & Shibayama, Tadashi （1992）. Structures in stimulus identification data. In F. Gregory Ashby （Ed） *Probabilistic multidimensional models of perception and cognition* （pp. 335 – 382）. Hillsdale, New Jersey: Erlbaum Associates.

Takane, Yoshio, Young, Forrest W., & de Leeuw, Jan （1977）. Nonmetric individual differences multidimensional scaling: An alternating least squares method with optimal scaling features. *Psychometrika*, *42*（1）, 7 – 67.

Tatineni, Krishna, & Browne, Michael W. （2000）. A noniterative method of joint corresponding analysis. *Psychometrika*, *65*（2）, 157 – 165.

Torgerson, Warren S. （1952）. Multidimensional scaling I: Theory and method. *Psychometrika*, *17*（4）, 401 – 419.

Torgerson, Warren S. （1958）. *Theory and methods of scaling*. New York: Wiley.

Tucker, Ledyard R. （1960）. Intra-individual and inter-individual multidimensionality. In Harold Gulliksen and Samuel J. Messick （Eds.）, *Psychological scaling: Theory and Application*. New York: John Wiley and Sons.

Tucker, Ledyard R., & Messick, Samuel J. （1963）. An individual difference model for multidimensional scaling. *Psychometrika*, *28*, 333 – 367.

Van Deun, K., Groenen, Patrick J. F., Heiser, Willem J., Busing, Frank M. T. A., & Delbeke, Luc （2005）. Interpreting degenerate solutions in unfolding by use of the vector model and the compensatory distance model. *Psychometrika*，*70*（1），45 – 69.

Wedel，Michel，& Bijmolt，Tammo H. A.（2000）. Mixed tree and spatial representations of dissimilarity judgments. *Journal of Classification*，*17*（2），243 – 271.

Young，Forrest W.（1970）. Nonmetric multidimensional scaling：Recovery of metric information. *Psychometrika*，*35*（4），455 – 473.

Young，Forrest W.（1985）. Multidimensional scaling. In Samuel Kotz，Norman L. Johnson，& Campbell B. Read（Eds.），*Encyclopedia of statistical sciences Vol. 5*（pp. 649 – 659）. New York：Wiley.

Young，Forrest W.，& Hamer，Robert M.　（1994）. *Theory and applications of multidimensional scaling*. Hillsdale，New Jersey：Erlbaum Associates.

Young，Forrest W.，& Torgerson，Warren S.（1967）. TORSCA：A FORTRAN IV program for Shepard-Kruskal multidimensional data analysis. *Behavioral Science*，*12*，498.

Young，Gale，& Householder，A. S.（1938）. Discussion of a set of points in terms of their mutual distances. *Psychometrika*，*3*（1），19 – 22.

延伸阅读

1. MDS 的区间估计与模型检定

   借由假设我们资料中所得的相异量测为空间中物件之距离再乘以或加上一个误差项所构成，可以透过对此误差项的分配假设，利用 MDS 模型之最大概似函数来找参数的点或区间估计。最大概度 MDS 之相关文献可参考 Ramsay（1977，1978，1982）、Takane（1978，1981）、Takane 与 Carroll（1981）、Takane 与 Shibayama（1992）以及 Saburi 与 Chino（2008）。

2. SMACOF 的原理

   de Leeuw（1977）和 de Leeuw 与 Heiser（1977）利用 majorization 这个概念于 MDS 的损失函数的最佳化提出了 SMACOF 演算法。透过 iterative majorization 可以一步步找到令损失函数递减的向量数列去逐渐接近 MDS 解。Majorization 之原理请参考 Marshall 与 Olkin（1979）。Groenen、Mathar 与 Heiser（1995）和 Borg 与 Groenen（2005）则是对 SMACOF 演算法的理论用于 MDS 有详尽的介绍。

3. 向量法的学理说明及应用

   Tucker（1960）及 Tucker 与 Messick（1963）最早提出向量法来分析偏好资料，利用向量来表征个别受试者的偏好。Carroll（1972）、

Coombs（1975）以及 Borg 与 Groenen（2005）比较向量法与去折法来说明两者之间的关系。DeSarbo、Oliver 与 De Soete（1986）进一步将确定性延伸至随机性 MDS 向量法。最近，Fong、DeSarbo、Park 与 Scott（2010）更进一步提出贝氏 MDS 向量法，其中包含利用贝氏方法来选择共同空间的维度及提供参数的点及区间估计。

第七章
固定样本追踪资料分析

一 前言

自 1960 年代末期，社会科学研究者即开始大量应用固定样本追踪资料，分析各类议题。其中部分研究，是运用总体的时间序列、横断面混合资料，分析总体变项间的关系（如各国的失业率与经济成长率的关系）。另一个发展脉络，则是运用个体单位（如个人、厂商、家户）的固定样本追踪资料，探索教育、劳动、家庭等多方面的课题。

固定样本追踪资料研究的兴盛，与固定样本追踪调查的拓展有着密不可分的关系。另一方面，伴随着各类固定样本追踪调查资料库的建置，相关的研究方法也跟着蓬勃发展。因应固定样本追踪资料兼具时间、个体/总体单位两个面向的属性，自 1970 年代初期以来，计量经济及其他社会科学领域的研究者发展出多种估计模型。而其发展状况有随时间而益发精致、成熟的态势。伴随相关研究方法在社会科学领域的散布、发酵，其应用研究愈来愈多。而理论与应用研究的发展，又进一步带动对资料的需求，促使更多研究者投入 大型固定样本追踪调查资料库的建置计划。

在第二节中，将介绍固定样本追踪资料的特性，并说明台湾大型固定样本追踪调查计划的概况。在第三、四节中，将分析固定样本追踪资料的分析方法，包括由计量经济学者发展的固定效果与随机效果模型，以及由教育统计研究者研发的成长曲线分析。在这两节中，除了研究方法的介绍外，也将借由实例说明如何实际应用方法分析资料。至于末节，除总结本章的内容外，也将说明相关资料、分析方法的发展趋势。

二　固定样本追踪资料特性

（一）各类调查资料浅介

调查资料依其搜集方式，可大致区分为下列几种类型。

1. 一次性横断面调查

这类调查是在某个时点，对于不同个体单位进行调查访问所搜集到的资料。所谓的"一次性"调查是指其访视对象不会重复接触，而同样的题项也不会在不同的调查中重复询问。例如，"行政院"主计处 1989 年所做的"人力资源附带专案调查——工作期望调查"，只做过绝无仅有的一次。该次调查即属一次性横断面调查。

2. 重复横断面调查

这类调查的本质是横断面调查，与一次性调查不同的地方，在于这类重复调查会在不同时点的调查中重复询问同样题项。借此，可串连重复题项在不同时点的调查资料，建构所谓的贯时性资料。以"主计处"按年进行的"家庭收支调查"为例，每次调查均询问受访家户的收入、支出等变项，虽然每次均重新抽样，在不同的抽样架构下抽取不同家户进行访问，但其主要的调查问项，历年来并没有多大变化。因此，可就相同题项在不同年份的资料予以串联，得到贯时性资料。另一个例子，是"中央研究院"社会学研究所建置的"台湾社会变迁基本调查"。这项调查自 1983 年即开始逐年进行。在某些调查课题的设计上，是以五年的间隔为原则，每五年就相同主题设计问卷。因而，透过"台湾社会变迁基本调查"不同年份调查资料的串联，亦可建立贯时性资料。由于长期追踪资料兼具调查年份、受访样本出生世代、受访样本年龄等不同的时间面向，不少研究者尝试透过这类资料，分离出时间、世代、年龄三类因素的影响效果（见参考方块 7 - 1 的讨论）。

参考方块 7-1：年龄-时间-世代模型

在社会科学研究中，世代泛指同一时期或同一年份出生的人口。自1970年代起，世代研究愈益受到重视。研究者在看待世代、年龄、时间三项因素时，常设想它们对依变项有不同的影响机制。以特定时点的个人健康状况为例，当时的健康状况可能反映了下列因素的影响。

1. 个人年龄（年龄效果）。

2. 特定时点的经济、医疗环境等整体因素（时间效果）。

3. 个人的出生年份（世代效果；例如特定年份出生的人口，可能经历小儿麻痹或流感大流行）。

以统计语汇来说，研究者感兴趣的是如下模型：

$$Y = \beta_0 + \beta_a \cdot Age + \beta_p \cdot Period + \beta_c \cdot Cohort + \sum_{k=1}^{K} \beta_k X_k + u$$

其中，Y 代表依变项；Age、$Period$、$Cohort$ 分别为年龄、调查年份、出生年份变项，X_k 代表其他解释变项，u 则为误差项。

要自重复横断面调查资料，分离出年龄、时间、世代的影响效果，势必面临一项问题：对个别受访者而言，出生年份与年龄之和恒等于调查年份。如将三个变项一起放入回归式作为解释变项，会有完全的多元共线性问题，无法同时估出回归系数。1970年代起陆续发展出多种方法，设法分析这类的年龄—时间—世代（age-period-cohort，APC）模型。最简单的方法是舍弃年龄、时间、世代三者之一，只关注另外两组变项；部分研究者则在变项设定上动手脚（如将年龄、世代设为虚拟变项，时间设为连续变项）。另有研究者提出，以替代变项（proxy）取代年龄、时间或世代的做法（例如，以各世代的人口数取代世代变项；以各年的失业率取代时间变项）。有兴趣的读者，可参阅 Mason 与 Fienberg（1985）、Glenn（2005）、Winship 与 Harding（2008）等。

3. 固定样本追踪调查

所谓的固定样本追踪调查是指，针对相同样本，持续在不同时点进行问卷调查，所建立起来的资料。与横断面调查最大的不同是，横断面调查中的样本，仅有单一时点的观察资料；而固定样本追踪调查的样本则有多个时点的观察资料。由于这类调查是本章的主题之一，在下文中将做进一步的说明，在此即不再赘述。

4. 轮换样本横断面调查

轮换样本调查（rotating sample）糅合了横断面、固定样本追踪调查两类调查的特性。在轮换样本调查中，有部分样本来自新抽样本，部分样本则是旧有样本。而其样本会以一定的规律轮换。美国按月进行的"当期人口调查"（Current Population Survey，CPS），即属典型的轮换样本调查。其中的样本以 4 - 6 - 4 的方式轮替，新抽样本连续调查四个月，接着停访六个月，再连续调查四个月之后即舍弃不用。而"主计处"自 1978 年起按月办理的"人力资源调查"，是另一个例子。"人力资源调查"是以 2 - 10 - 2 的方式进行样本轮换：新抽样本连续访问两个月，之后中断十个月，再接连访问两个月后即不再访。因此，从时间的横切面来看，轮换样本调查资料固然具有横断面资料的属性；借由轮换样本制度的设计原理，亦可合并不同调查时点的相同样本资料，而得到短期的固定样本追踪资料。

（二）固定样本追踪资料的意义与形态

1. 固定样本追踪资料的形义

在本章中，就固定样本追踪调查、固定样本追踪资料两者加以区分。前者如前一小节所述，是针对相同样本持续进行追访，所建立起来的资料。而后者泛指，针对同一群对象（如个人、家户、厂商、国家等）就不同时点的信息予以搜集，所建构出来的资料。这类资料的来源，除了来自调查（如固定样本追踪调查）之外，国际组织、政府机构等单位经年累月建立的公务统计资料，亦为重要的来源之一。例如，自国际组织逐年搜集的各国统计资料中，可建立具国家、年度两个面向的资料；从政府按时间（如按年、按季、按月等）发布的地区统计资料，可以建立具地区、时间两个面向的资料。这些资料的统计单位可能是较总体或群体性的单位（如国家、县市、县镇市区），但只要有不同时点的观察值，即可建立起具单位、时间两个轴向的固定样本追踪资料。

由于一般的公务统计资料并不是以个体为观察单位的资料，且建置的目的多非基于学术研究需求，由调查研究单位特意建立的固定样本追踪调查，对于学术研究者而言，是更为珍贵的研究素材。近数十年来，固定样本追踪调查资料的建置，有愈益普遍的趋势。学界最早建置的大型追踪调查，可追溯至美国的"威斯康星追踪调查"（Wisconsin Longitudinal Study，WLS）、"国家长期追踪调查"（National Longitudinal Survey，NLS）、"所得动态调查"（Panel Study of Income Dynamics，PSID）等。这些调查执行迄今，均已历经四十年以上的时间。"威斯康星追踪调查"自 1957 年即开始进行，访问对象为当时威斯康星州多所高中的毕业生（多为 1939 年出生）。从高中毕业开始受访迄今，受访者已迈入老年阶段；累积多年的资料，对青少年开始的求学、就业、成家、健康状况变化等生命历程，留下了完整的记录。自 1966 年展开的美国"国家长期追踪调查"，是就不同出生世代的男、女性人口，针对劳动市场参与及其他重要的生命历程，建立长期的观察资料。而 1968 年开始建置的"所得动态调查"，则就个人及其衍生的家户建立长期追踪调查资料库。想了解这几项调查的读者，可造访这几个调查计划的网站（见本章的参考书目），或参阅李唯君（1996）、庄慧玲（1996）、杨李唯君（2008）、Huang 与 Hauser（2010）等文。

2. 固定样本追踪资料的样式

　　对于固定样本追踪资料的样式，在此先用一般化的例子加以说明。首先，假设资料中有 N 个单位，每个单位都有 T 期的观察资料（$T \geq 2$）。换言之，对于其中的第 i 个单位（$i = 1, \cdots, N$），可以观察到其在第 t 期的数值资料（$t = 1, \cdots, T$）。因此，资料中的每个变项，都有单位（i）及时间（t）两个面向。对于资料中的两个变项 x、z，就其第 i 个单位在第 t 期的观察值，在此分别以 x_{it}、z_{it} 表示。

　　假设观察的对象是夫妻所组成的家庭，而每个家庭有持续三个年份的观察资料。在表 7-1 中，列出其中七个家庭的观察资料。表中的第一栏为家庭编号（i），第二栏为调查年份（t），而第三、四栏分别为妻子每周家务工作时数（x）、丈夫每周家务工作时数（z）两个变项。由表中可以得知，共有 7 个家户（$N = 7$），3 个年份（$T = 3$）。因此，每个变项均有 $N \times T = 21$ 个观察值。以第 3 个家庭在第 2 年的观察值为例，该家庭的妻子每周家务时数（x）为 10（小时/每周），而丈夫每周家务时数（z）为 0（小时/每周）；如以数学符号表示，可写为 $x_{3,2}=10$、$z_{3,2}=0$。由表 7-1 的例子，读者当可了解固定样本追踪资料的样式。

表 7-1　固定样本追踪资料的范例

家庭编号(i)	调查年份(t)	妻子每周家务工作时数(x)	丈夫每周家务工作时数(z)
1	1	10	4
1	2	3	10
1	3	7	4
2	1	14	0
2	2	14	3
2	3	14	0
3	1	12	0
3	2	10	0
3	3	7	0
4	1	30	0
4	2	35	25
4	3	21	0
5	1	10	3
5	2	6	3
5	3	10	3
6	1	15	7
6	2	56	4
6	3	15	7
7	1	7	7
7	2	7	7
7	3	0	10

　　在表 7-1 中，每个家庭同样都有三个时点的观察资料。这类时点等长的资料，被称为平衡的固定样本追踪资料。而如果某个家庭有缺漏的资料（如第二个家庭在第三年失联而无法完成追访），则属于不平衡的资料。

　　由前述说明可以了解，不论平衡或不平衡的固定样本追踪资料，每个变项均有单位、时间两个面向。因此，在展现平均数、变异数等统计量时，可呈现个别单位或个别时点的数值，亦即整体样本的数值。以表 7-1 为例，第一个家庭在三个年份平均的妻子每周家务时数为：

$$\bar{x}_{1.} = \frac{1}{T}\sum_{t=1}^{T} x_{1t} = \frac{x_{11} + x_{12} + x_{13}}{3} = \frac{10 + 3 + 7}{3} = 6.67$$

其中，$\bar{x}_{1.}$ 代表第 1 个家庭针对时间取平均的数值。因此，第 i 个家庭 x 变项的平均值可表示为：

$$\bar{x}_{i.} = \frac{1}{T}\sum_{t=1}^{T} x_{it} = \frac{x_{i1} + x_{i2} + x_{i3}}{3}$$

同理，x 变项第 t 年的平均值（对所有家庭取平均）可表示为：

$$\bar{x}_{.t} = \frac{1}{N}\sum_{i=1}^{N} x_{it} = \frac{x_{1t} + x_{2t} + x_{3t} + x_{4t} + x_{5t} + x_{6t} + x_{7t}}{7}$$

而所有样本的平均数，则可表示如下：

$$\bar{x} = \frac{1}{N \times T}\sum_{i=1}^{N}\sum_{t=1}^{T} x_{it}$$

对于变异数或其他统计量，读者亦可比照推想。

（三）台湾大型的固定样本追踪调查

在下文中，将针对台湾较大型的固定样本追踪调查，依建置时间的先后顺序做概略介绍。

1. "中老年身心社会生活状况长期追踪调查"（1989 年开始）

这项由"行政院卫生署国民健康局"（前身为家庭计划研究所）推动的调查（Survey of Health and Living Status of the Middle Aged and Elderly in Taiwan），一开始是与美国密西根大学（University of Michigan）合作，其后则与乔治城大学（George Town University）、普林斯顿大学（Princeton University）合作。1989 年完成的首波调查，访问对象为 60 岁以上的中高龄人口。当时以户籍登记资料中年满 60 岁以上的人口作为母体，采用三阶段分层抽样方法进行抽样，完访的样本约有 4000 笔。这些完访样本，之后以 3 ~ 4 年的间隔进行面访追踪调查。而自 1996 年的调查开始，纳入当时年满 50 ~ 66 岁的人口作为补充样本；自 2003 年的调查起，则加入时年 50 ~ 56 岁的补充样本。至 2007 年为止，对原始样本已完成六波资料搜集。在这项调查中，对中老年人口的家庭组成、健康与医疗利用情况、生活与情感支持、休闲与社会参与、社会福利措施利用情况、经济状况等，做了非常详细的访问。对于中高龄人口的居住安排、健康与医疗利用情况以及两代互动、社会网络等课题，是相当理想的研究素材。

在前述调查中，有一项特殊的附带调查——"老人健康之社会因素与生物指标研究"（Social Environment and Biomarkers of Aging Study，SEBAS）。2000 年的第一波调查，是以"老年身心社会生活状况长期追踪调查"1999 年完访样本为母体，再随机抽样进行调查。在面访问卷中，包含身心健康、认知能力、医疗资源利用、社会网络与支持、重大压力事件、社经状况等题项。除问卷资料的搜集外，也进行健康检查（身高、体重、血压与超音波检查等），并采集血液、尿液等检体。对老人的健康状况、罹患疾病、生物指标等建立客观的测量。完成调查的样本，计有 1500 笔左右。至 2009 年为止，总共完成两波资料搜集。这项调查中，同时涵盖主、客观的健康测量，尤其生物指标信息，是非常罕见而难得的。

2. "华人家庭动态调查"（1999 年开始）

"华人家庭动态调查"（Panel Study of Family Dynamics，PSFD）于创始之初，是以研究计划的方式进行，经费来自"中央研究院"、"国科会"社会科学研究中心、蒋经国基金会等多个单位。在 2004 年"中央研究院"人文社会科学研究中心成立后，才改隶为中心项下主题计划。参与调查设计的研究者，包含经济、社会、心理等领域。主要的访问对象——青中壮年人口，包含多个出生世代，分别于 1999、2000、2003、2009 年进行第一波访问，并以逐年追访的方式进行追踪。2010 年时，受访最久的一批样本已完成了 12 波的访问资料。而自 2003 年起，前述主样本满 16 岁的子女，亦纳入访问对象，以两年的间隔进行追访；而子女样本满 25 岁之后，则视同主样本，以主样本问卷逐年追访。在主样本的问卷中，有一些每年固定询问的核心题组，包含个人健康、工作状况、婚姻与配偶信息、居住安排、与父母/配偶父母的互动、家庭收支情况等。另有一些题组（如家庭观念、心理健康量表），则是采较长的间隔或以不定期方式询问。而在 16～24 岁的子女样本问卷中，基于样本多处于就学阶段，针对教育历程设计了较多题目。

为与其他华人社会进行比较研究，该研究计划于 2004 年与中国社科院人口与劳动经济研究所合作，以台湾的问卷为蓝本，选取出生年次与台湾

1999、2000、2003 年访问对象相同的人口，在福建、浙江、上海三个省市进行面访调查。第二波追访则于 2006 年完成。

3. "台湾青少年成长历程研究"（2000 年开始）

"台湾青少年成长历程研究"（Taiwan Youth Project，TYP）这项追踪调查由"中央研究院"社会学研究所主导，自 2000 年起进行资料搜集。调查的主要对象为台北市、台北县、宜兰县的国中生，包含当时身处国一、国三两个阶段的学生。第一波调查的抽样方式是自前述三个县市先抽学校（共 40 所国中）、次抽班级（国一、国三各抽 81 班），再以中选班级内的学生为访问对象。第一波完访的国一、国三学生样本，分别为 2696、2890 人。其后以 1～2 年的间隔，采自填问卷、电访等方式进行追访。而针对学生的家长与班级导师，也进行了一系列的追踪调查。在 2009 年时，原国一、国三样本分别迈入 22、24 岁左右。此一追踪调查，对于青少年自国中开始的各个教育阶段，乃至迈入社会的生命历程，建立了长期的观察资料。

4. "台湾教育长期追踪资料库"（2001 年开始）

"台湾教育长期追踪资料库"（Taiwan Education Panel Survey，TEPS）经费来源来自"中央研究院"、"教育部"、教育研究院筹备处、"国科会"，由"中央研究院"社会学研究所、欧美研究所共同规划执行。这项始自 2001 年的调查，对当年全台湾国一及高中/高职/五专二年级学生两群母体，依都市化程度、学校类别将学校分层，再分别以先抽学校、次抽班级、再抽学生的方式进行随机抽样，采班级集体自填问卷的方式搜集资料。至 2007 年计划结束为止，原国一样本总计完成四波调查；而原高中/高职/五专二年级的样本，则完成两波调查。除学生之外，这项计划也对学生家长、老师、学校进行问卷资料搜集。

这项调查的特色之一是样本数相当庞大（第一波完访的国中样本有 19975 人，高中职 14606 人，五专 4179 人）。另值得注意的是，该计划除进行问卷调查外，还就学生的分析能力施测，而施测结果可视为学习能力或成果的指标。此外，学校、班级、学生不同层级资料的存在，可让研究者分析学校、班级因素的影响，或对学校、班级等因素加以控制。

尽管这项计划已于 2007 年结束，由政治大学社会学系主导的"台湾教育长期追踪资料库后续调查——教育和劳力市场的连结"计划（简称 TEPS

& Beyond，TEPS - B），自 2009 年起进行样本的后续追踪。其主要的母体，为 2001 年接受 TEPS 首波调查的高中/高职/五专学生样本（2003 年接触时为三年级）。该计划于 2009 年下半年，针对 TEPS 样本，做了初步的电话追踪访问，取得新的住址信息。2010 年底，则对原高中/高职/五专样本进行随机抽样，以面访的方式进行追访（计划网址：http：//tepsb. nccu. edu. tw/）。

5. "儿童及青少年行为之长期发展研究计划"（2001 年开始）

这项调查原先由"国家卫生研究院"建置，2007 年起由该院与"国民健康局"共同规划执行。至 2008 年底，已累积八年的追踪调查资料。这项调查于 2001 年展开时，选取台北市、新竹县国小一年级和四年级的学生为样本，针对这两个出生世代进行长期的资料搜集。在 2001～2006 年期间，因受访学生仍在国小或国中就学，是采班级集体自填问卷的方式搜集资料。自 2007 年时，因原小四样本已自国中毕业并分散各地就学或就业，除到样本就读学校进行资料搜集外，兼采家访的方式进行追踪。历年调查问卷的核心内容包括个人及家庭基本资料、家人互动状况、学校生活情形、健康行为量表、心理健康量表、社会健康量表等。

6. "台湾高等教育整合资料库"（2002 年开始）

此项调查的前身——"台湾高等教育资料库之建置及其相关议题之探讨"计划是在相关机构的补助下，由台湾"清华大学"主导，于 2002、2003、2004 学年度分别完成大专毕业生调查、大一与大三学生调查、大专专任教师调查。而 2005 学年度，除访问大一新生外，并对前述 2003 学年度初次受访的大一学生（2005 学年度为大三学生）进行追踪。2005 学年度之后，由台湾师范大学接手调查，并更名为"台湾高等教育整合资料库"（Taiwan Integrated Postsecondary Education Database，TIPED）。延续前一计划的精神，除以两年的间隔对大一学生进行追访外，并进一步将访问时点延伸至毕业之后（毕业后一年、毕业后三年）。另外，访问对象除大学、二技学生及大专教师外，也进一步扩展至硕、博士班毕业生。

在"台湾高等教育整合资料库"与其前身计划中，多数调查是采普查的方式进行。由于样本数非常庞大，而年轻学子又熟悉网络操作，几乎所有的调查都是透过网络调查进行。因所建构的资料有学校、科系、学生多个层级的资料，在分析学校、科系、老师、学生等因素对个人学业、就业表现的影响时，是非常理想的研究素材。

7. "台湾出生世代研究调查"（2003 年开始）

"台湾出生世代研究调查"（Taiwan Birth Cohort Study，TBCS）计划，是在"国民健康局"的委托下，由台湾大学公共卫生学院进行规划。这项预估为期 20 年的大型调查，是从婴儿阶段即开始进行资料搜集，直至样本成年为止。2003 年底展开的先导调查（pilot study），以 2003 年底出生的婴儿为母体，根据出生通报档的资料进行抽样，随机抽出约 2000 位婴儿作为观察对象。负责田野工作的"国民健康局人口调查中心"，在样本的不同成长阶段（如 6 个月、1 岁半、3 岁、5 岁半等），对样本的主要照顾者进行问卷资料搜集。问卷的内容包含样本的家庭背景、教养情况、健康状况、医疗利用、行为发展评估等。

2005 年展开的正式调查，依循先导调查的进行方式，先对当年出生的婴儿进行随机抽样，再针对婴儿的主要照顾者进行资料搜集。在婴儿满 6 个月时，完成第一波资料搜集，样本数达两万笔以上。其后的追踪方式与先导调查的设计相似，预计持续访问 20 年。由于此一调查的样本数相当庞大，且自婴儿阶段即开始追踪，对于家庭、学校、社会等因素在个人健康、行为发展上所扮演的角色，将会是相当宝贵的研究素材。

8. "特殊教育长期追踪资料库"（2007 年开始）

"特殊教育长期追踪资料库"（Special Needs Education Longitudinal Study，SNELS）自 2007 年初起，正式展开第一阶段为期三年半的调查资料建置计划。第一年进行正式调查的前置作业，第二年（2007 学年度下学期）对学前（3 岁、5 岁）及国小阶段（一、三年级）身心障碍学生，完成第一波调查。除了学前、国小身心障碍学生外，自 2008、2009 学年度下学期开始，分别就国中、高中阶段的身心障碍学生进行追踪调查。在身心障碍学生之外，也针对学生家长、老师、学校行政人员、县市特殊教育承办人员搜集资料。借由这些资料的搜集，可了解身心障碍学生横断面的受教情况以及长期的教育发展状况（详见王天苗，2009）。

前述各项调查的计划网址等信息，可参考表 7 - 2。从上列对台湾大型

表 7-2 台湾重要的大型追踪调查

调查名称	主要调查对象	调查样本	首波访问年份	追踪频率	调查方式	调查单位	计划网址
中老年身心社会生活状况长期追踪调查	中老年人口	主样本:1928年前出生人口 1929~1946年次 1946~1953年次	1989 1996 2003	每3~4年一次	面访	"卫生署"国民健康局	http://www.bhp.doh.gov.tw/bhpnet/portal/Them.aspx?=200712270002 No
华人家庭动态调查	成年人口及其子女	主样本:1953~1964年次 1935~1954年次 1964~1976年次 1977~1983年次 子女样本(主样本16岁以上子女)	1999 2000 2003 2009 2003	每年一次 16~24岁间,每2年一次;满25岁开始,视同主样本,每年一次	面访	"中央研究院"人文社会科学研究中心	http://psfd.sinica.edu.tw/
台湾青少年成长历程研究	国一、国三学生(台北市、台北县、宜兰县)	国一学生 国三学生	2000 2000	每年一次	1.学生问卷(自填/电访) 2.家长问卷(自填/面访) 3.老师问卷(自填)	"中央研究院"社会学所	http://www.typ.sinica.edu.tw/
台湾教育长期追踪资料库	国中、高中职、五专学生	国一学生 高中职二年级学生 五专二年级学生	2001 2001 2001	每1~2年一次	1.综合分析能力测量(自填) 2.学生、家长、老师、学校自填问卷	"中央研究院"社会学所	http://www.teps.sinica.edu.tw/

续表

调查名称	主要调查对象	调查样本	首波访问年份	追踪频率	调查方式	调查单位	计划网址
儿童及青少年行为之长期发展研究计划（台北市、新竹县）	国小学生	小一学生 小四学生	2001 2001	每年一次	1. 学童问卷（自填/面访） 2. 家长问卷（自填） 3. 学童健检资料 4. 学校资源调查表（自填）	"国家卫生研究院"、卫生署国民健康局"	http://cable.nhri.org.tw/
台湾高等教育整合资料库/台湾高等教育资料库之建置及其相关议题之探讨	大学、硕博士班学生	大一学生 大三（含二技）学生 应届毕业生（含大学、硕博士毕业生）	2003 2003 2005	每2～3年一次 每1～3年一次 每年一次	1. 大学、硕博士学生/毕业生（网路自填）问卷 2. 大专教师（网络自填问卷为主）	台湾师范大学教育研究与评鉴中心/"清华大学"	http://www.cher.ntnu.edu.tw/
台湾出生世代研究调查	新生婴儿	新生婴儿	2005	视成长阶段而定（预定至20岁为止）	1. 婴幼儿（儿童）健康照护需求调查问卷（面访） 2. 婴幼儿发展与教养量表（面访） 3. 父母亲自评健康量表（面访）	台湾大学公共卫生学院、"卫生署国民健康局"	—
特殊教育长期追踪资料库	身心障碍学生	3岁组 5岁组 小一组 小三组	2007	每1～2年一次	1. 家长问卷 2. 教师问卷 3. 县市特教行政人员问卷 4. 学校特教行政人员问卷	中原大学特殊教育系	http://snels.cycu.edu.tw/

固定样本追踪调查的浅介可知，在近 20 年间，台湾地区已建立了相当多元的追踪调查资料库，而研究对象更是从襁褓至耄耋之年，涵盖了不同出生世代的人口，是社会科学研究者不可不探的宝山。除固定样本追踪调查外，自轮换样本横断面调查中，亦可建立短期的固定样本追踪资料。在参考方块 7－2 中，以"人力资源调查"为例，说明如何借由这类调查的样本轮换制度，合并相同样本在不同时点的资料。关于其合并资料的特性与限制，可参阅该参考方块的说明。

（四） 固定样本追踪调查资料的特点与限制

1. 固定样本追踪资料的特点

第二小节说明了横断面与固定样本追踪调查的区别。面对这两种类型的调查资料，研究者该何去何从，采取哪类资料进行分析？ Duncan 与 Kalton（1987）认为，研究者该采用什么样的资料，与其研究目的有关。Duncan 与 Kalton 将研究者常做的分析，区分为下面几类。

（1） 就特定时点，针对某个（些）变项（如特性、行为、态度等变项）的统计量进行估计。

（2） 分析某个（些）变项在两个或更多时点间的变化。

（3） 分析某个（些）变项随时间变动的趋势。

（4） 探讨个体研究对象在不同状态间的转换（如个人的就业/失业状态；厂商的营业/关业状态），或分析某种状态持续的时间长短（如个人失业期间；厂商存续期间）。

（5） 分析不同变项间的因果关系。

考虑"家庭收支调查"这类的横断面调查，我们可以想想这类调查可做哪些研究。以 2008 年的"家庭收支调查"为例，该年共搜集到 13776 个家户的资料（参见网站：http：//www. stat. gov. tw/mp. asp）。就这份资料，我们可以估计每个家户的全年平均所得为多少。因此，显然前列第（1）项是这项资料可以做到的。此外，"家庭收支调查"属于重复横断面调查，虽然相同样本不会重复调查，但相同的问项会在不同年份的问卷中出现。由不同年份的调查资料，虽然无法得知个别受访家户的所得变化，却能够分析整体家户的平均所得变化或观察其变动趋势。由此可知，第（2）（3）项是

参考方块　7-2："人力资源调查"跨时合并资料

"主计处"按月办理的"人力资源调查"是台湾最重要的劳动力调查资料。政府按月公布的失业率、劳动参与率等资料，即是依据这项调查搜集到的资料进行统计。而"人力资源调查"虽属横断面调查，其调查方式与美国的"当期人口调查"相近，均采样本轮换方式进行。如第二节所述，"人力资源调查"是以 2-10-2 的方式进行样本轮换。因此，针对同样的受访者做跨时点的资料合并，最多可构筑出四个时点的固定样本追踪资料。

在所有能建构的跨时合并资料中，"相邻两年同一月份"（如 2010/5、2011/5）与"同年相邻月份"（如 2010/5、2010/6）两类资料，是研究用途较广的素材。林季平、于若蓉（2005）与于若蓉、林季平（2006）建置的"人力资源拟追踪调查资料库""人力运用拟追踪调查资料库"，前者是合并相邻月份的"人力资源调查"资料，后者则是合并相邻年份的"人力资源调查"暨其附带的"人力运用调查"资料。目前这两个资料库置于"中央研究院"的调查研究专题中心"学术调查研究资料库"（http：//srda.sinica.edu.tw/），由该单位进行维护、更新、释出（详见林季平、章英华，2003）。

"人力资源调查"的跨时合并资料，虽然仅是短期的固定样本追踪资料（2~4个时点），相较一般的追踪调查资料，仍具有某些优势。首先，自1978年办理以来，问卷内容的更动不大。其次，这是全台湾的调查，且样本数相当庞大。以两个时点的合并资料而言，样本人数约有三万笔，是一般追踪调查难以企及的。

尽管其合并资料挟有样本数庞大等优势，一般追踪调查的样本流失问题，在"人力资源调查"的合并资料中，不仅难以避免，还可能更为严重（参见于若蓉，2002）。一般的追踪调查中，对于搬迁样本，仍会尽可能追访。然而在"人力资源调查"中，一旦受访户迁徙或受访户中的成员迁出户籍，是不会再追访的。因此，研究者应留意这类资料的限制，并慎选研究主题。

重复横断面调查能够分析的课题（如果研究对象不是个体单位的话）。就第（4）项课题，在一次性或重复横断面调查中，除非借由回溯性问项重建样本的历史轨迹（如工作史），否则是难以做到的。但透过轮换样本横断面调查或固定样本追踪调查，则可轻易分析状态转换或持续时间等课题。

至于第（5）项议题，由于"家庭收支调查"属静态资料，可借由资料分析两个变项在某个时点的相关程度；但即使两个变项有相关性存在，并不代表两个变项存有因果关系。举例来看，假设某研究者采用 2008 年"家庭收支调查"资料进行分析，并发现家户的收入、支出之间有正向相关存在。这是否隐含家户收入会影响家户支出呢？要由回归模型或其他分析下断语，并不是件容易的事。主要的关键是，家户收入、支出是同一时点观察到的数值，假设有某种无法观测的因素同时影响两者，即使两者并无因果关系，还是可能有正向相关存在。

不同于横断面资料，固定样本追踪资料中的每笔样本，均有时间、个体/总体单位两个维度。相较横断面资料，固定样本追踪资料更能厘清变项间的因果关系。以下借由一个例子加以说明。在社会中常观察到的一个现象是，身兼母职的职业妇女，其工作收入往往较没有子女者为低。对于这类现象，文献提供了多种解释。首先，有小孩的妇女可能为了照顾子女，造成工作经验的中断或选择能与母职兼容的工作，以致有较低的工作收入。其次，这类妇女需要兼顾工作、子女，可能因无法专注工作而造成生产力下降。第三，身兼母职的受雇女性，可能受到雇主歧视，而有较低的工作报酬。但也有学者指出，身兼母职的职业妇女之所以有较低的收入，并不是生儿育女所导致的，而是肇因于女性本身的特质。其中的一项揣测是：具有事业心的女性可能会选择不生孩子，并在工作上积极进取，而有较高的收入；而不具事业心的女性，则可能选择以家庭为重，而轻忽工作，以致有较低的收入。值得关注的是，在前面所列的四种说法中，前三种都主张生儿育女会导致工作收入的下降；而最末一项则主张，母职与工作收入间并无因果关系，其间的关联是由于其他因素（如事业心）造成。

以图 7 - 1 辅助说明。假设 X 代表前述的"母职"变项，Y 代表"工作收入"变项，而 Z 代表个人特质变项（事业心）。假设 Z 是可以测量的变项，在估计 X 对 Y 影响时，可借由 Z 的控制，得知 X 对 Y 的直接影响效果。但如果 Z 是无法观测的变项，在估计 X 对 Y 的影响时，所得到的影响效果会包含 Z 的中介效果在内，而无法得知 X 对 Y 的真正影响效果。

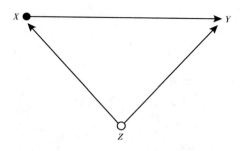

图 7 - 1　变项的因果关系与中介效果

　　Waldfogel（1997）、Budig 与 England（2001）等研究指出，如采用横断面资料分析前述课题，在某些特质（如事业心、家庭感）无从观测的情况下，借由回归模型分析子女对女性工作收入的影响，所得到的估计结果无法确切反映母职所带来的真实影响。相对的，如采用固定样本追踪资料，则可透过适当分析模型的选用，控制个人无法观测的特质，估得母职对工作收入的影响效果。前述两篇论文即透过这样的方式，以美国的资料分析生儿育女对女性工作收入的影响。社会学者 Charles N. Halaby 有类似的主张。他认为因果推论中，最主要的问题来自无法观测因素（如图 7-1 中的 Z）的干扰；借由固定样本追踪资料的运用，这类问题往往可以顺利解决。

　　除了厘清变项之间的因果效果外，固定样本追踪资料有项特点是横断面资料无法做到的（参见 Solon，1989）。由于固定样本追踪资料除横断面外，有时序的轴向在内，可用以分析变项的动态变化。假设某研究者想了解贫穷问题的严重程度，透过一次性的横断面调查，可推估特定时点处于贫穷状态的人口比例；自重复横断面调查，则可分析贫穷人口比例的变化。但借由固定样本追踪调查资料（或由轮换样本横断面调查建立的短期追踪调查资料），才能了解贫穷人口随时间的流动情况。例如，分析某年处于贫穷状态的人口，经过一定时日后，有多少人口脱困，又有多少人口仍陷在贫穷中。亦即，所得的动态变化、贫穷的世代承袭等课题，都无法由横断面资料寻求解答，而需仰赖固定样本追踪资料。

2. 固定样本追踪资料的限制

（1）样本流失问题

虽然固定样本追踪资料有不少优点，在选用这类资料进行分析时，仍应留心其背后的限制。在一般的固定样本追踪调查中，最值得关注的问题莫过于样本流失问题。在追踪调查中，随着一波又一波的追访，受访者可能因为拒访、接触不到（如因搬迁而失联）、去世等原因，从后续调查中散佚。以美国的"所得动态调查"调查为例，在进行到 1983 年时，累积的流失样本占第一波样本的比例已高达 45%；而在 2000 年左右时更高达 70%（见杨李唯君，2008）。样本流失不仅造成后续波次样本数的减少，更严重的问题是，如果流失的样本并非随机流失，可能让样本特性愈来愈偏离第一波样本，而动摇到样本代表性。

在运用固定样本追踪调查资料进行分析时，样本流失是否构成问题，不见得与流失率的高低有绝对关系，重要的是样本流失与研究者所欲分析的课题有没有相关。如果相关性存在的话，忽视样本流失问题，可能会造成估计结果上的偏误。举例来说，如果没有工作的受访者较容易从追踪调查中流失，当研究者想运用固定样本追踪调查分析"工作与否"这项课题时，可能会因为观察到的样本多属有工作的样本，因样本的偏颇而造成估计上的偏误。因此，当研究者想要采用固定样本追踪调查进行分析时，应先留意其研究议题是否可能与样本流失的机制有关。如果答案是肯定的，则应考虑固定样本追踪调查是否恰当或设法以统计方法减缓样本流失带来的偏误（参见于若蓉，2005）。

（2）追踪调查制约问题

在固定样本追踪调查中，随着一波波的追访，受访者的访谈结果可能因先前的访问经验而改变，此即所谓的追踪调查制约问题。受访者答案的改变，可能源自过去的受访经验改变了受访者的态度、行为。例如，前一波访问中提供的讯息（如抽烟人口罹癌的比例），可能改变受访者的态度（如对禁烟政策的态度）或行为（如受访者抽烟的频率）。另一方面，受访者的答题方式，亦可能随着追访的进行而产生变化。例如，由一波又一波的访谈中，受访者会逐渐熟悉每次固定出现的题目。受访者固然可能因此较了解题意，而无须访员多费唇舌；但换个角度，随着访谈一次次的进行，受访者也可能因为对重复受访或一再回答同样的问题生厌，以致敷衍了事而影响资料质量。

■▼ 参考方块 7 – 3：如何透过调查设计防止样本流失

在一般的固定样本追踪调查中，调查设计者多会挖空心思，设计各种各样的机制，设法控制流失率。以"华人家庭动态调查"为例，为让受访者愿意持续参与，除每次访问赠送小额礼物外，亦举办抽奖活动；每年中秋节、受访者生日时，会寄赠贺卡给受访者；特别印制研究成果手册赠送给受访者；尽量找同样的访员访问同一受访者，并借由访员薪奖制度的设计，对追访到拒访样本的访员，给予额外的奖励。另外，为尽量掌握受访者动向，以降低接触不到的可能性，在访问时请受访者提供亲友的联络信息；在寄送贺卡时，请可能搬迁的受访者提供新的住址讯息；对问到搬迁样本联络信息的访员，提供额外的奖励等。

究竟什么样的机制对控制流失率有最好的效果呢？"威斯康星追踪调查"（WLS）惊人的低流失率或许可以提供一些线索。在 1992 年进行的调查中，原始样本仍健在者有 9741 位，其中有 8493 位完成电话访问，完访率高达 87%（参见 Wisconsin Longitudinal Study Handbook，2006）。WLS 的超低流失率，与样本的同质性极高（威斯康星州多所高中的同届毕业生）有关，透过认同上的诉求，可建立受访者长久参与的诱因。

在固定样本追踪调查资料库的建置上，如何缓减前列问题，以维系良好的调查资料质量，是研究设计者必须面对的艰巨课题。在参考方块 7 – 3 中，即自调查设计的观点，探讨如何抑制样本流失的问题。

三 固定与随机效果模型

自 1960 年代兴起的固定效果与随机效果模型，是由计量经济学者发展出来的。在近四十多年间，伴随着固定样本追踪调查的蓬勃发展，这类模型的理论发展也日趋圆熟，已蔚为计量理论的重要支脉之一。尽管经济学界运用这类方法所发表的量化研究极多，时至今日，在社会科学的其他领域，其应用仍相当有限。虽然社会、政治等领域的研究者已开始注意这类方法，但使用的学者仍甚稀少，是相当可惜的（参见 Halaby，2004 的讨论）。因此，本节中将以一整节的篇幅，说明这两种模型的基本架构，并介绍其衍生的分析方法。

（一）固定效果模型

暂时不考虑时间这个面向，假设所分析的资料是单一时点的横断面资料，而研究者共搜集到 N 个人的资料。假设依变项为连续的（y）；除常数项外，有 K 个解释变项（分别为 x_1，$\cdots$，x_K）。对第 i 个人（$i = 1$，$\cdots$，N），可设定如下的回归模型：

$$y_i = \alpha + \sum_{k=1}^{K} \beta_k x_{k,i} + \varepsilon_i \tag{7-1}$$

其中，ε 代表误差项，α 为此一回归式的截距项，而 β_k 为第 k 个解释变项对应的回归系数（$k = 1$，$\cdots$，K）。遵循古典回归模型的设定，假设式（7-1）中的误差项（ε_i）与解释变项（$x_{1,i}$，$\cdots$，$x_{K,i}$）无关，且误差项相互独立且具有相同分配（independent identically distributed，iid）：

$$E(\varepsilon_i) = 0$$
$$\mathrm{Var}(\varepsilon_i) = \sigma_\varepsilon^2$$
$$E(\varepsilon_i, \varepsilon_j) = 0，若\ i \neq j.\ i,j = 1,\cdots,N \tag{7-2}$$

表示任意误差项的期望值为 0，变异数为 σ_ε^2，且任两个观察值间的误差项是无关的。

自前述模型，可以带入时间面向，扩展到固定样本追踪资料。在固定样本追踪资料中，每个变项均具有个体与时间两个面向。假设个人的总数仍维持 N 位，而时间共有 T 期，对第 i 位个人（$i = 1$，$\cdots$，N）在第 t 期（$t = 1$，$\cdots$，T）的观察值，可将对应的回归模型表示如下：

$$y_{it} = \alpha + \sum_{k=1}^{K} \beta_k x_{k,it} + \varepsilon_{it} \tag{7-3}$$

其中，ε 代表误差项，而 α、β_k（$k = 1$，$\cdots$，K）的意义与式（7-1）相同。

同样，依循古典回归模型的设定，假设误差项（ε_{it}）与解释变项（$x_{1,it}$，…，$x_{K,it}$）无关，且误差项相互独立并具有相同分配：

$$E(\varepsilon_{it}) = 0$$
$$\mathrm{Var}(\varepsilon_{it}) = \sigma_\varepsilon^2$$
$$E(\varepsilon_{it}, \varepsilon_{jt}) = 0, 若\ i \neq j$$
$$E(\varepsilon_{is}, \varepsilon_{it}) = 0, 若\ s \neq t \quad i,j = 1,\cdots,N,\ t = 1,\cdots,T \qquad (7-4)$$

式（7-3）中对截距项（α）的假设是，此一参数并不随观察个人的不同而有差别，也不随时间的不同而有差异。在此，进一步放宽此一假设，在回归式中放入因人而异的截距项，进一步改写式（7-3）如下：

$$y_{it} = \alpha + \theta_i + \sum_{k=1}^{K} \beta_k x_{k,it} + \varepsilon_{it} \qquad (7-5)$$

其中，θ_i 为第 i 个人对应的截距项（$i = 1$，…，N）。由于式（7-5）中 α 与 θ_i（$i = 1$，…，N）无法同时被认定，通常会加入一项限制条件，例如：

$$\sum_{i=1}^{N} \theta_i = 0 \qquad (7-6)$$

假设前述古典回归模型的设定，对式（7-5）依旧成立。式（7-5）的样式，即为所谓的固定效果模型。在古典回归模型的假设下，式（7-5）如同式（7-1），可采用最小平方法（ordinary least squares，OLS）估计，得到最佳线性不偏估计式（best linear unbiased estimator，BLUE）。

值得注意的是，在式（7-5）的估计过程中，涉及 N 个截距项（α 与 $N-1$ 个 θ_i）的估计。在一般的固定样本追踪资料中，调查访问的对象往往为数甚众，但观察期间不长。例如，假设有 5000 个人（$N = 5000$），以逐年访问的方式持续访问三次（$T = 3$），如果每人每年均能完访，全部的样本数为 $N \times T = 15000$。要直接借由 OLS 方法从式（7-5）中估计出 5000 个截距项，是不太可行的。因此，一般的统计软件不会直接借由 OLS 方法估计固定效果模型。以下扼要说明实际的操作方式。自式（7-5）的等号两边，可分别针对时间取平均值，而后改写如下：

$$\bar{y}_{i\cdot} = \alpha + \theta_i + \sum_{k=1}^{K} \beta_k \bar{x}_{k,i\cdot} + \bar{\varepsilon}_{i\cdot} \qquad (7-7)$$

式中，$\bar{y}_{i.}$、$\bar{x}_{k,i.}$（$k = 1$，$\cdots$，K）、$\bar{\varepsilon}_{i.}$ 代表各项对应的时间平均值（针对时间加总后再除以 T）。将（7－5）减去式（7－7），可得：

$$y_{it} - \bar{y}_{i.} = \sum_{k=1}^{K} \beta_k (x_{k,it} - \bar{x}_{k,i.}) + (\varepsilon_{it} - \bar{\varepsilon}_{i.}) \qquad (7-8)$$

定义 $y'_{it} \equiv y_{it} - \bar{y}_{i.}$、$x'_{it} \equiv x_{it} - \bar{x}_{i.}$、$\varepsilon'_{it} \equiv \varepsilon_{it} - \bar{\varepsilon}_{i.}$，可得：

$$y'_{it} = \sum_{k=1}^{K} \beta_k x'_{k,it} + \varepsilon'_{it} \qquad (7-9)$$

由于式（7－9）符合古典回归模型的假设，套用 OLS 方法，即可以得到 $\hat{\beta}_k$ 的 BLUE 估计式 $\hat{\beta}_k$（$k = 1$，$\cdots$，K）。进一步运用式（7－6）（7－7），可得到各截距项的估计式如下：

$$\hat{\alpha} = \bar{y} - \sum_{k=1}^{K} \hat{\beta}_k \bar{x}_k \qquad (7-10)$$

$$\hat{\theta}_i = \bar{y}_{i.} - \hat{\alpha} - \sum_{k=1}^{K} \beta_k \bar{x}_{k,i.} \qquad (7-11)$$

其中，

$$\bar{y} = \frac{1}{N \times T} \sum_{i=1}^{N} \sum_{t=1}^{T} y_{it}$$

$$\bar{x}_k = \frac{1}{N \times T} \sum_{i=1}^{N} \sum_{t=1}^{T} x_{k,it}$$

$$\bar{y}_{i.} = \frac{1}{T} \sum_{t=1}^{T} y_{it}$$

$$\bar{x}_{k,i.} = \frac{1}{T} \sum_{t=1}^{T} x_{k,it}$$

（二）随机效果模型

在前述的固定效果模型中，式（7－5）中的 θ_i 被视为不随时间改变的常数项。而在随机效果模型中，则将作为随机变项处理。在此可以想象，如果依变项有某些影响因素不在解释变项中，这些未能捕捉到的因素，即可能反映在随机变项中。据此，重新改写式（7－5）如下：

$$y_{it} = \alpha + \sum_{k=1}^{K} \beta_k x_{k,it} + \theta_i + \varepsilon_{it} \qquad (7-12)$$

对应的误差项可改写为：

$$v_{it} \equiv \theta_i + \varepsilon_{it} \qquad (7-13)$$

其中，ε_{it} 的意义同前，而 θ_i 则是附属于个人的误差项。同样依循古典回归模型，假设随机变项 ε_{it}、θ_i 均与解释变项（$x_{1,it}$，$\cdots$，$x_{K,it}$）无关，ε_{it} 相互独立且具有相同分配［见式（7-4）］，而 θ_i 亦相互独立且具有相同分配：

$$E(\theta_i) = 0$$
$$\mathrm{Var}(\theta_i) = \sigma_\theta^2 \qquad (7-14)$$
$$E(\theta_i, \theta_j) = 0, \quad 若 i \neq j. i, \quad j = 1, \cdots, N$$

此即所谓的随机效果模型。套用一般化最小平方法，可得到具有 BLUE 特性的估计式。而如果假定 ε_{it}、θi 具有特定分配，亦可采用最大概似估计法进行估计。

（三）固定与随机效果模型的选择

自前面的说明可以得知，固定效果与随机效果模型的差异，主要在于式（7-5）θ_i 的设定。在固定效果模型下，θ_i 视作固定的参数；而随机效果模型下，θ_i 看作随机变项。至于什么情况下应采固定效果模型，什么情况下应采随机效果模型，在 Manuel Arellano、Badi H. Baltagi、Cheng Hsiao、Jeffrey M. Wooldridge 等计量经济学者的教科书中都有精辟而深入的讨论。在此，只概略说明原理。

从随机效果模型的设定可以得知，其背后有几项重要的假设。首先，无法观测的随机变项 θ_i 具有相同的分配；其次，解释变项与随机变项 θ_i 无关。如果人与人间有无法观测的差异存在，即可能违反 θ_i 具相同分配的假设；在这样的情况下，固定效果模型会较随机效果模型适切。此外，随机效果模型另一项假设——解释变项与随机变项 θ_i 无关，也未必符合实际情况。举个例子，假设某研究者想探讨教育等因素对薪资的影响，而采用固定样本追踪资料，以随机效果模型分析。在其选择的随机效果模型背后，隐含了个人无法观测的变项（θ_i）与解释变项（如教育）无关的假设。但可以想见的是，个人的薪资，可能与一些无法观测的因素（如能力、成就动机）有关，但这些无法观测的因素，也可能左右个人的教育成就。在此，随机变项

θ_i 与解释变项（教育）的相关，已违反随机效果模型的假设，表示这位研究者的分析方法是有问题的。

因此，选用固定或随机效果模型，关键在于 θ_i 能否视为由相同分配抽出的随机变项以及 θ_i 与解释变项是否相关。在这样的概念下，计量经济学家发展出一些检定方法，用以检测哪一种模型设定较为适切。学界经常使用的 Hausman 检定（Hausman，1978），即在检测 θ_i 与解释变项相关与否：

$$\begin{cases} H_0 : E(\theta_i \mid x_{1,it}, \cdots, x_{K,it}) = 0 \\ H_1 : E(\theta_i \mid x_{1,it}, \cdots, x_{K,it}) \neq 0 \end{cases}$$

Hausman 检定的实际操作，用到了固定、随机效果模型的估计结果——$\hat{\beta}_k^{FE}$、$\hat{\beta}_k^{RE}$（上标 *FE*、*RE* 分别代表固定、随机效果模型）。在虚无假设为真的情况下，Hausman 检定对应的统计量渐近自由度为 K 的卡方分配。因此，如果检定统计量的数值很大，而拒绝虚无假说，表示应采固定效果模型。反之，如果检定结果接受虚无假说，表示应采随机效果模型。

计量经济学者证明，在个体数（N）固定，时间数（T）趋近无穷大的情况下，固定、随机效果模型的估计式是相同的。因此，如果时间数很长，固定、随机效果模型的估计结果会相近，不需要在意选择哪类模型。但在一般的固定样本追踪调查中，累积的调查波数（T）往往相当有限。例如，美国的"国家长期追踪调查""所得动态调查"已是历时相当悠久的调查，但时至今日，也不过累积四十余年的资料，更遑论一般的追踪调查。因此，在一般的研究中，对固定效果与随机效果模型的取舍，的确是一项重要课题。

在实际的应用中，固定、随机效果模型均使用地相当广泛。社会学者 Charles N. Halaby 对 1990 ~ 2003 年刊登于 *American Sociological Review*、*American Journal of Sociology* 期刊的固定样本追踪资料研究，做了相当有系统的归纳、整理。他的研究指出，多数采用跨国—跨年资料的研究，是以随机效果模型作为分析工具。而 Halaby 说明，对于这类以国家为单位的长期追踪资料，时间数（T）往往远超过国家数（N），在固定、随机效果模型估计结果相似的情况下，使用随机效果模型无可厚非。但以个体为观察单位的资料，往往时间数（T）甚短而个体数（N）甚众，确有必要慎重考虑固定、随机效果模型何者适切。Halaby 也注意到，少数研究虽然发现个人效果（θ_i）与解释变项相关，还是使用随机效果模型。对这些方法不当或概念有误的研究，Halaby 提出了相当严厉的批判。有兴趣的读者可以参考他的论文（Halaby，2004）。

（四）基本模型的衍生

自前述的基本模型，可衍生多样的面貌。在这小节中将讨论几种常见的变化。

1. 考虑个人特定的解释变项

在式（7－5）中，可进一步考虑附属于个人而不随时间改变的解释变项（如个人的性别、省籍等），将式（7－5）改写为：

$$y_{it} = \alpha + \theta_i + \sum_{l=1}^{L} \delta_l z_{l,i} + \sum_{k=1}^{K} \beta_k x_{k,it} + \varepsilon_{it} \qquad (7-15)$$

其中，$z_{l,i}$（$l=1,\cdots,L$）为不随时间改变的解释变项，而 $x_{k,it}$（$k=1,\cdots,K$）为随时间改变的解释变项。如果依循固定效果模型，假设式中的 θ_i 为固定的参数，则 θ_i 与 $z_{l,i}$（$l=1,\cdots,L$）间会产生完全的多元共线性，而使 θ_i、δ_l 无法同时被估计出来。

如果随机效果模型的假设成立，θ_i 为随机且与解释变项 $z_{l,i}$（$l=1,\cdots,L$）、$x_{k,it}$（$k=1,\cdots,K$）无关，则仍可沿用 GLS 方法进行估计。考虑复杂一点的情况，如果 θ_i 与 $z_{l,i}$ 解释变项无关，而与 $x_{k,it}$ 相关。亦即，随机效果模型的假设对 $z_{l,i}$ 成立，但对 $x_{k,it}$ 不成立，读者可参阅 Wooldridge（2010）的讨论。

2. 考虑个人与时间效果

在个人效果（θ_i）外，可额外考虑附着于时间的效果。例如，以固定样本追踪资料估计薪资回归式时，可以想象个人在某期的薪资（y_{it}）可能受到时间因素的影响（如景气较佳时收入较高）。如果将时间效果设为 λ_t，再纳入式（7－5）中，该式可改写为：

$$y_{it} = \alpha + \theta_i + \lambda_t + \sum_{k=1}^{K} \beta_k x_{k,it} + \varepsilon_{it} \qquad (7-16)$$

式中的 λ_t 可设定为固定效果或随机效果。如果 θ_i、λ_t 均为固定效果，可参照式（7-6），对 λ_t 加入以下限制条件：

$$\sum_{t=1}^{T} \lambda_t = 0 \qquad\qquad (7-17)$$

同样可仿照前一节介绍的固定效果模型估计方法进行估计。而如果 θ_i、λ_t 均为随机变项，在 θ_i、λ_t 与解释变项无关，且 θ_i、λ_t 各自具有相同分配的假设下，亦可参酌前一小节说明的 GLS 方法进行估计。

前一节介绍的固定、随机效果模型，均可视为式（7-16）的特例，仅将个人效果纳入考虑。读者可以类推，如果式（7-16）不纳入个人效果（θ_i），仅考虑时间效果（λ_t），亦可参照前一小节的分析方法进行估计。

3. 考虑误差项自身相关或异质性

在分析式（7-5）时，不论采用固定效果或随机效果模型，如果误差项的分配不像式（7-4）所描绘的单纯，估计方法就会复杂许多。例如，若当期无法观测的误差项与前一期相关，其间的关系可表示为：

$$\varepsilon_{it} = \rho \varepsilon_{i,t-1} + \zeta_{it}$$

式中，ζ_{it} 为相互独立且具有相同分配的随机变项，而 ρ 为待估计的参数。像这类当期误差项与前一期误差项相关的情况，称为自身相关问题。

另一种常见的情况是，误差项具有异质性。例如，在分析薪资回归式时，可以想见某些人薪资的变异程度与他人有别。像是公务员的薪资水准变异程度不大，但仰赖绩效奖金、分红的就业人口（如推销员、高科技厂商的员工），薪资的变异幅度可能相当大。亦即，误差项 ε_{it} 的变异性因人而异：

$$\mathrm{Var}(\varepsilon_{it}) = \sigma_{\varepsilon,i}^2$$

在此，不拟就这几类模型的估计方法多做讨论。有兴趣的读者可参阅本章所列的参考书籍。

4. 考虑依变项自身的动态影响

在式（7-5）的回归式中，放入的依变项、解释变项均为同一期的。设想一种情况，影响依变项的因素，不只是当期（t）的解释变项，亦包括前一期（$t-1$）的依变项：

参考方块　7-4：如何应用固定效果模型分析既有的公务统计资料?

林欣蓉的一篇论文（Lin, 2006），采用《台闽地区人口统计报告》及《人力资源统计年报》，针对 1979～2002 年台湾 23 个县市的失业率、自杀率、人口特征等资料，建立固定样本追踪资料。其模型设定如式（7-16），观察对象（i）可视为县市，而时间单位（t）为年份。依变项为取自然对数后的自杀率，而最主要的解释变项为失业率。式中的 θ_i 可诠释为无法观察且不随时间改变的县市固定效果（如生活形态等）；λ_t 则为无法观察且不随区域改变的时间固定效果（如景气变化等）。作者采固定效果模型，分析结果发现（Lin, 2006, Table 1），在控制其他变项之下，失业率对自杀率有显著的正向影响（1% 水准下显著）。作者因此推论，失业会导致个人所得减少、心理压力增加，对个人的身体与心理健康带来不利影响，导致自杀的可能性增加。

对于透过既有统计资料建立固定样本追踪资料，林欣蓉的论文提供了相当好的范例。唯在推论或模型设定上仍有一些值得斟酌的地方。首先，作者设定的模型中，假设自杀率仅受当期解释变项的影响。此一设定是否合宜，仍待进一步检测。此外，由失业率对自杀率具正向影响的发现，能否延伸到个人行为，推论个人失业会提高其自杀的可能性，可进一步探索。对于第二项问题，经济学者 Clark（2003）的论文，或可提供一些省思的空间。Clark 的论文采用"英国家户追踪调查"（British Household Panel Survey, BHPS）共七波的资料，区分有工作、无工作两群样本，分别分析个人的心理健康分数，是否受到居住地区失业率的影响。其研究结果显示，对有工作的人口而言，地区性失业率对其心理健康呈显著的负向影响，表示地区性失业率愈高，对其心理健康的影响愈不利；但对没有工作的人口，其影响效果却是相反的。Clark 的研究显示，对于身处不同处境的个人而言，即使面临相同的大环境，仍可能有不同的感受。对就业的人而言，如果周遭有较多的人失业，可能带来较大的心理压力；但对失业的人来讲，看到周遭有更多的人失业，或有助于纾缓压力。

$$y_{it} = \alpha + \theta_i + \eta \, y_{i,t-1} + \sum_{k=1}^{K} \beta_k x_{k,it} + \varepsilon_{it} \qquad (7-18)$$

诸如上式，解释变项包含递延（lagged）依变项的情况，一般称为动态模型。举个例子，假设依变项是个人消费的香烟数量，由于抽烟通常具有成瘾性，当期的香烟消费量可能会取决于前一期的消费量。由于递延依变项有内生性的问题，要分析动态模型，往往相当棘手。有兴趣的读者可进一步参考相关书籍的讨论。

表 7 - 3　固定效果模型范例：夫妻的家务分工

变项名称	家务时数（单位：小时/每周）		妻子/丈夫相对家务
	妻子家务	丈夫家务	
妻子的所得份额（0 - 1）	- 2.961 *** (0.772)	0.260　　(0.454)	- 0.0378 *** (0.0134)
夫妻的所得总额（单位：元/每月）	0.001　(0.001)	- 8.890E - 05 (0.001)	0.0000　(0.0000)
妻子每周工作时数（单位：小时）	- 0.080 *** (0.009)	0.006　　(0.005)	- 0.0007 *** (0.0002)
丈夫每周工作时数（单位：小时）	- 0.001　(0.008)	- 0.027 *** (0.005)	0.0007 *** (0.0001)
妻子健康状况（1 = 健康）	1.151 * (0.678)	- 0.866 ** (0.399)	0.0357 *** (0.0118)
丈夫健康状况（1 = 健康）	- 0.954　(0.712)	0.859 ** (0.419)	- 0.0264 ** (0.0124)
是否有 6 岁或以下子女（1 = 是）	1.635 *** (0.635)	0.506　　(0.373)	- 0.0193 * (0.0110)
是否与丈夫父母同住（1 = 是）	1.426 * (0.727)	- 0.507　(0.427)	0.0117　(0.0127)
是否与妻子父母同住（1 = 是）	- 0.665　(1.709)	0.001　　(1.005)	- 0.0152　(0.0298)
常数项	21.429 *** (0.922)	6.263 *** (0.542)	0.7573 *** (0.0161)
固定效果的联合 F 检定　自由度 = (2203,5312)	2.07 ***	1.98 ***	2.21 ***
模型解释力（R - square）	0.060	0.017	0.036
观察样本数	7525	7525	7525
家庭数	2204	2204	2204

注：括号内为标准误。* p < 0.1，** p < 0.05，*** p < 0.01。
资料来源：本表取自 Chu & Yu（2010，Table 6.8）。

在本节中，仅列出一些固定、随机效果模型的衍生变化，提醒读者在应用这类模型时要多加留意。事实上，前述几种衍生模型又可相互组合，产生更多变化。此外，如果依变项并非连续变项、回归系数可能因人而异，追踪资料分析会更形复杂。想深入了解的读者可参考进阶的书籍、论文。

（五）　分析实例

在此举两个实例，说明前述模型如何应用。其中的一个实例，是应用台湾跨县市—跨年的公务统计资料进行分析（参阅参考方块 7 - 4）。

另一个实例则引自 Chu 与 Yu（2010，Chap. 6）的部分内容。这项研究采用 1999～2005 年"华人家庭动态调查"的追踪调查资料，以固定效果模型控制家庭固定效果，探讨夫妻相对资源对家务分工的影响。该文采用的资料有 2204 个家庭，共计 7525 个观察点（见表 7 - 3 最末两行）。为求简约，在此仅针对该最后一栏的结果加以解读。在该分析模型中，依变项——"妻子/丈夫相对家务"是以下列方式衡量：

$$\frac{\text{妻子每周家务工作时数} - \text{丈夫每周家务工作时数}}{\text{妻子每周家务工作时数} + \text{丈夫每周家务工作时数}}$$

设想家务由妻子全包（丈夫每周家务工作时数 = 0）这类极端的状况，"妻子/丈夫相对家务"的变项值为 1；而若由丈夫全包（妻子每周家务工作时数 = 0），依变项数值为 - 1。由此可知，"妻子 丈夫相对家务"的数值介于 1 与 - 1 之间，数值愈大表示妻子的相对家务分量愈多。至于主要的解释变项——妻子的所得份额，则定义为妻子每月工作收入占夫妻总工作收入的比例，为介于 0 与 1 间的数值。表中其他的控制变项包括夫妻的所得总额、是否有 6 岁或以下子女等。

由最后一栏的估计结果得知，妻子所得份额变项对应的系数估计值为 - 0.0378，而其标准误为 0.0134，对应的 t 检定量为 - 0.0378 / 0.0134 = 2.821，在 1% 的水准下显著异于 0。这表示妻子所得份额对妻子的相对家务分量有显著的负向影响：当妻子对家庭工作收入的贡献愈大，其所分担的相对家务分量愈少。这项结果支持相对资源会影响家务分工的说法。而该表倒数第四行的"固定效果的联合 F 检定"，是指对家庭固定效果估计值所做的联合检定；最末一栏的数值（2.21）在 1% 的水准下显著，表示家庭固定效果是存在的。另外，由表 7 - 3 可以看出，所有的解释变项均是随时间变动的。这也是固定效果模型的一项特征。由于不随时间改变的家庭因素都已反映在家庭固定效果中，如果研究者想在回归模型中放入不随时间改变的家庭变项，势必会与家庭固定效果产生完全的多元共线性，而无法估计出来。

四 成长曲线分析

（一）多层次资料与多层次模式浅介

所谓的阶层性或多层次资料是指某一层级的观察单位可区分为不同群体，而与另一层级的观察单位构成巢状关系。举例来说，如果研究者依照先抽学校，再从中选学校抽班级、中选班级抽学生的方式抽样，可自然的建构起学校—班级—学生三个层次的资料，其中的学校、班级、学生，可分别设定为层次一（level 1）、层次二（level 2）、层次三（level 3）的观察单位。假设有另一位研究者，从多个家庭中，搜集到每个家庭个别子女的资料，可建立起家庭—子女两个层次的资料，而子女、家庭可分别被设为层次一、层次二单位。如果研究者手中拥有固定样本追踪资料，亦可比照前述的多层次资料范例，将时点、个人分别设定为层次一、层次二的观察单位，以多层次结构观想资料。例如，借由固定样本追踪调查，可搜集到一群儿童在不同时点的身高、体重资料，或是一批学生在不同时点的测验评量分数，而建构两个层次的资料。

针对多层次资料，在近二十余年间，学界发展出许多研究方法，如阶层线性模式（hierarchical linear model，HLM）、多层次混合效果模式（multilevel mixed effects model）、多层次线性模式（multilevel linear model）等。这些模式由于发展路径的不同，在分析方法上略有差异。在此，为便于说明，以多层次模式（multilevel model）作为统称。学者指出，传统的"单一层次"分析方法不适合用于分析多层次资料的主因是，古典回归模型假设观察单位彼此是相互独立的；但在多层次资料中，同一群体内的不同单位间会有相关性，但不同群体间的相关性相对微弱。以班级—学生两个层次的资料为例，同一班级的学生与学生往往有相当强的相关存在，而班级与班级间的相关相对较弱。采用多层次模式作为分析工具，不仅容许解释变项的影响效果随群体的不同而有差异，也容许不同层次的解释变项间有交叉影响效果存在。此外，多层次模式可对误差项做弹性设定，区分出单位与群体的变异效果。

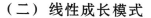

（二）线性成长模式

假设对个别观察个体，研究者取得了其在不同时点的重复观测资料（即固定样本追踪资料）。如同前一小节的说明，可将个人在不同时点的测量串联起来，设定时点、个人分别为层次一、层次二单位，建构起多层次资料。在分析这类资料时，最为社会或行为研究学者关注的课题是：某个变项的成长曲线或成长轨迹为何？在本小节中，将介绍由 Stephen W. Raudenbush 所发展出来的线性成长模式。

1. 线性成长模式的设定

假设研究者观察的对象共有 N 个人，而个人 i（$i = 1$，$\cdots$，N）有 T_i 个时点的观察资料（T_i 具有下标 i，意味不同的人的观察时数可能是不等长的）。要刻画依变项的成长曲线，最直觉的想法，就是以多项式的方式呈现依变项与时间的关系。据此，对个人 i（层次二）于时点 t（层次一）的依变项（y_{it}），层次一模式可表示如下：

$$y_{it} = \beta_{0i} + \beta_{1i} x_{it} + \beta_{2i} x_{it}^2 + \cdots + \beta_{Pi} x_{it}^P + \varepsilon_{it} \tag{7-19}$$

其中，解释变项 x_{it} 可用个人年龄或第一波到时点 t 的时间测量；x_{it}^P 为 x_{it} 变项的 p 次项，而 β_{pi} 为该变项对应的系数（$p = 0$，$\cdots$，P）。假设式中的误差项 ε_{it} 为相互独立的常态分配，且具有共同的平均值、变异数：

$$E(\varepsilon_{it}) = 0, \mathrm{Var}(\varepsilon_{it}) = \sigma^2$$

式（7-19）隐含的一项重要假设是，每个人有不同的成长曲线（由 β_{pi} 具有下标 i 可以得知）。因此，在层次二（个人层次）的模式中，可针对个人 i 的成长曲线参数做如下设定：

$$
\begin{aligned}
\beta_{0i} &= \gamma_{00} + \sum_{q=1}^{Q_0} \gamma_{0q} z_{qi} + u_{0i} \\
\beta_{1i} &= \gamma_{10} + \sum_{q=1}^{Q_1} \gamma_{1q} z_{qi} + u_{1i} \\
\beta_{2i} &= \gamma_{20} + \sum_{q=1}^{Q_2} \gamma_{2q} z_{qi} + u_{2i} \\
&\quad \vdots \\
\beta_{Pi} &= \gamma_{P0} + \sum_{q=1}^{Q_P} \gamma_{pq} z_{qi} + u_{Pi}
\end{aligned}
\tag{7-20}
$$

其中，z_{qi} 为个人属性变项（如性别、家庭背景因素）；γ_{pq} 代表第 q 项属性对成长曲线第 p 次项系数的影响效果；u_{pi} 是平均值为 0 的随机误差项，并假设 u_{0i}，u_{1i}，$\cdots$，u_{Pi} 为联合常态分配。

为便于说明，将式（7-19）简化如下：

$$y_{it} = \beta_{0i} + \beta_{1i} x_{it} + \varepsilon_{it} \qquad (7-21)$$

式中各符号的意义维持不变。在式（7-21）中，β_{1i} 可诠释为个人 i 在观察期间的成长率；而 β_{0i} 则是年龄／观察时间为 0 之下的依变项期望值，可视为个人的原始禀赋。式（7-20）亦可简化为：

$$\beta_{0i} = \gamma_{00} + \sum_{q=1}^{Q_0} \gamma_{0q} z_{qi} + u_{0i} \qquad (7-22)$$

$$\beta_{1i} = \gamma_{10} + \sum_{q=1}^{Q_1} \gamma_{1q} z_{qi} + u_{1i} \qquad (7-23)$$

假设式中误差项 u_{0i}、u_{1i} 的变异数分别为 σ_0^2、σ_1^2，而共变异数为 σ_{01}。借由式（7-21）至（7-23）的估计，可以得到平均原始禀赋（β_0）与平均成长率（β_1）的估计值，并得知原始禀赋与成长率在人际间的变异（σ_0^2 与 σ_1^2）是否显著。此外，可估算原始禀赋与成长率间的相关程度（σ_{01}），并了解个人属性对原始禀赋、成长率的影响（γ_{0q}、γ_{1q}）。

在式（7-21）中，假设年龄／观察时间对依变项的影响是线性的。这项假设可以放宽，考虑二次项或更高次项的影响。但如果观察时点不多（如仅有三四波的资料），要将成长曲线设为高次多项式，会有估计上的困难。因此，较好的策略是选取不大的 P 值。除了 P 值的选取外，研究者可考虑较复杂的设定。例如，放宽依变项为连续变项的假设、放宽误差项相互独立的假设、容许误差项有时序相关或异质性的情况。此外，如果研究者的资料可划分出两个以上的层次（如班级—学生—时点三个层次的资料），亦可视研究目的，做更高层次的模型设定。有兴趣的读者可参阅 Bijleveld 等人（1998，Chap. 5）、Goldstein（2003）、Raudenbush 与 Bryk（2002）等的讨论。

2. 线性成长模式分析实例

吴齐殷等（2008）一文采用的资料源，为该文作者自 1996 年起建置的一项青少年追踪调查资料。该文采用样本从国一到高三计六波的调查资料，共分析了三个实例。其一（页 19～22）是应用阶层线性模式，分析样本忧郁症状的变化轨迹。作者对学生 i 于时点 t 的忧郁分数（y_{it}），设定如下的层次一模式：

$$y_{it} = \beta_{0i} + \beta_{1i} \cdot Time_{it} + \beta_{2i} \cdot Time_{it}^2 + \varepsilon_{it} \tag{7-24}$$

其中，$Time$ 变项代表学生"接受测量的时间点"（由于作者未详细说明这项变项的测量方式，在此依循原文的用语，未加变更），$Time^2$ 则为其平方项。对于式（7-24）中的系数，作者做如下设定：

$$\beta_{0i} = \gamma_{00} + \gamma_{01} \cdot Sex_i + \gamma_{02} \cdot Delinquency_i + \gamma_{03} \cdot Parenting_i + \mu_{0i} \tag{7-25}$$
$$\beta_{1i} = \gamma_{10} + \gamma_{11} \cdot Sex_i + \mu_{1i} \tag{7-26}$$
$$\beta_{2i} = \gamma_{20} + \gamma_{21} \cdot Sex_i + \mu_{2i} \tag{7-27}$$

式（7-25）表示，学生初始的忧郁程度可能会受个人性别（Sex）、早期偏差行为（$Delinquency$）、母亲管教严厉程度（$Parenting$）因素的影响。式（7-26）至（7-27）则表示，忧郁程度的变化轨迹，可能受到性别因素的左右。

以下将吴齐殷等（2008）的部分分析结果列于表 7-4，并就表 7-4 的结果略作说明。首先观察各固定参数的估计结果。从 γ_{01}、γ_{02}、γ_{03} 的估计值得知，女生（性别 = 1）、有偏差行为或母亲管教严厉者，初始的忧郁程度较高。而由 γ_{10} 估计值为负（-0.37）、γ_{20} 估计值为正（0.06）的结果可知，男生样本在国一至高三间的忧郁程度，呈现随时间先降后升的 U 型变化趋势。而由 γ_{11}、γ_{21} 估计值分别为 0.23、-0.04 可知，对于女生样本来讲，时间、时间平方项的影响效果分别为 -0.14（= -0.37 + 0.23）、0.02 [= 0.06 + （-0.04）]。表示女生从国一到高三的忧郁程度亦呈 U 型走势，只是变化不如男生那般明显。其次，就 u_0、u_1、u_2 对应的变异数来看，无论初始的忧郁程度或忧郁程度的变化，在不同学生间均存在明显的变异。

（三）潜在成长模式

前一小节介绍的线性成长模式，归属于阶层线性模式；相较一般的阶层线性模式，只是在层次一的函数形式上多了变化，设为时间的多次项函数。

273

表7-4　线性成长模式范例

参　数	估计值
固定参数	
常数项(β_0)	
常数项(γ_{00})	-2.20**
性别(γ_{01})	0.35**
偏差行为(γ_{02})	0.06**
母亲严厉管教(γ_{03})	0.03**
时间(β_1)	
常数项(γ_{10})	-0.37**
性别(γ_{11})	0.23**
时间平方项(β_2)	
常数项(γ_{20})	0.06**
性别(γ_{21})	-0.04**
误差项变异数	
截距[Var(u_0)]	0.29**
时间[Var(u_1)]	0.22**
时间平方项[Var(u_2)]	0.01**

注：** $p < 0.01$，* $p < 0.05$。

资料来源：本表取自吴齐殷等（2008，页21）表三的模型四。

成长模式的另一支重要脉络——潜在成长模式（latent growth model，LGM），则是运用结构方程式模型的原理进行估计。结构方程式模型既是潜在成长模式的基石，前者的优、缺点自然会传递给后者。就优点来看，潜在成长模式可就设定模型的适合度做检定；这是线性成长模式（或阶层线性模式）并未提供的。以缺点来看，潜在成长模式在资料结构上，要求不同的个人有相同的观察时点数目；在线性成长模式中，则容许个人有不等长的观察时点数目。

在此，以吴齐殷等（2008）的实例说明潜在成长模式的分析方法。吴齐殷等的这个实例（页15~17）与前一小节引介的实例，是采用同一调查资料，观察样本从国一到高三忧郁症状的发展历程。在图7-2中，绘出其模型架构与分析结果（引自原文页16的图一）。其中的依变项，为六波调查中观察到的忧郁分数（分别以忧郁1，…，忧郁6表示）。三个潜在变项分别为起始状态（截距项）、时间变项、时间变项的平方项。另外，其模型考虑青少年早期偏差行为、母亲管教严厉程度两项因素对潜在变项的影响。

图 7-2 的结果证实，样本从国一至高三的忧郁症状变化，并非呈线性成长的形态。

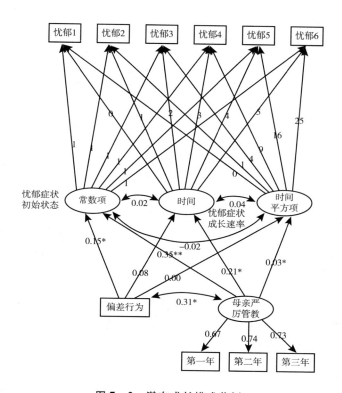

图 7-2 潜在成长模式范例

注：模型的卡方检定值 = 479.63（自由度 = 34，p 值 = 0.00），适合度检
　　定值 = 0.94。
资料来源：本图引自吴齐殷等（2008，页16）的图一。

对于潜在成长模式的种种变化可参考 Duncan 等人（2006）一书。而不论前述哪一类的成长模式，均假设依变项随时间的变化是具有规律的；且套用多项式的设定，能捕捉到依变项变化的趋势。如果此一假设不成立，成长模式即不适用，固定或随机效果模型可能更适合作为分析模型。

五　总结

对于固定样本追踪资料的特性以及这类资料的分析方法，本章做了相当详尽的介绍。针对固定样本追踪资料，第二节谈到这种形态的资料可透过多种方式建构。其中，最重要的来源为固定样本追踪调查。除这类调查外，借由轮换样本横断面调查，亦可就相同样本进行跨时合并，建立起短期的固定样本追踪资料。另外一种常见的资料，是由国际组织、政府机构所建构的时间序列—横断面混合资料。

相较一般的横断面资料，透过固定样本追踪资料，更能让研究者厘清变项间的因果关系或了解变项的动态变化。正因为如此，近四十年来，无论固定样本追踪调查资料的建置或是相关研究方法的发展，在西方学界均有非常快速的进展。自第二节的说明可以了解，台湾的固定样本追踪调查虽开展较晚，但自 1980 年代末期开始，有不少大型的追踪调查计划陆续建置。这些多样的调查资料为研究者提供了丰富的研究素材。

基于固定样本追踪资料兼具时间、个体两个面向的特性，计量经济学者量身打造了固定效果与随机效果模型（见第三节），而教育统计研究者则发展出成长曲线分析方法（见第四节）。在固定效果模型的设定下，只要是个人不随时间变动的因素，无论可观测或不可观测，都会被吸纳到固定效果中；借由个人固定效果的控制，可厘清解释变项对依变项的影响。至于随机效果模型则试图用随机误差项捕捉个人无法观测的因素。在第三节中，讨论了如何在固定、随机效果模型间做选择，也探讨由基本的模型设定出发，可能衍生的各种变化。一个有趣的问题是，固定、随机效果模型，是否仅能用于分析固定样本追踪资料呢？有兴趣的读者，不妨从参考方块 7－5 寻找解答。

对于成长曲线分析，第四节介绍了线性成长模式、潜在成长模式两类方法。由该节的讨论，读者当可了解两种方法各有优点，也各有限制。模式的选用与研究者的分析意图、资料形态有关。然而，不论线性成长模式或潜在成长模式都假设，多项式的设定可捕捉到依变项随时间的变化走势。如果依变项随时间的变化并不规律，或者，研究者关心的议题不是依变项的变化趋势，成长曲线分析即不适合作为分析工具。

限于篇幅，有许多固定样本追踪资料分析方法在前面几节中并未引介。例如，半母数或无母数分析、存活分析。第三、四节介绍的分析方法均属有母数分析（parametric analysis），针对模型的函数形式做了特殊设定（如一

> **参考方块　7－5：固定样本追踪分析法只能用于固定样本追踪资料吗？**
>
> 　　本章在介绍固定、随机效果模型时，是以固定样本追踪资料作为分析的素材。然而，这是否表示固定效果、随机效果模型只能用来分析固定样本追踪资料呢？答案是否定的。事实上，只要资料呈巢状结构，并有两层或两层以上的关系，即可运用固定、随机效果模型进行分析。因此，在介绍多层次模式时举的例子，如学校—班级—学生三个层次的资料，或家庭—子女两个层次的资料，均可用固定效果或随机效果模型分析。
>
> 　　在 Chu 等人（2007）一文中，合并"华人家庭动态调查"于 1999 年、2000 年、2003 年完成的首波调查资料，将受访者及其兄弟姊妹的资料整理为手足资料（sibling data），分析个人的教育成就是否受到手足性别、年龄结构等因素的影响。有趣的是，几乎同一时期发表的 Yu 与 Su（2006），同样采用"华人家庭动态调查"资料，分析手足结构对教育成就的影响。两篇论文在分析方法上的主要差异在于，Yu 与 Su（2006）采用阶层线性模式，而 Chu 等人（2007）则是以 Huber-White 方法调整最小平方法的估计结果。

次式或多项式）。在半母数或无母数分析中，则放宽了这样的假设。对于固定样本追踪资料的半母数或无母数分析方法，可参考 Ai 与 Li（2008）。存活分析也称存续时间模型，可用于分析某种状态持续的时间长短。借由这类模型，能够分析个体在不同状态间（如失业/就业、生病/死亡）的转换，并分析影响状态存续时间的可能因素（参见 Florens et al.，2008；Hosmer et al.，2008）。

　　尽管本章介绍了各种各样的固定样本追踪资料以及相关的分析方法，读者应留意的是，无论是资料的选用或是分析方法的选用，都没有一成不变的原理原则。在进行研究时，审慎评估资料、模型的合宜性，而不囿于手中掌握的资料或分析工具，才是做好固定样本追踪资料研究的不二法门。

参考书目

于若蓉（2002）《人力资源调查合并资料——样本流失问题初探》。《调查研究》，11，5－30。

于若蓉（2005）《样本流失与劳动参与：华人家庭动态资料库的分析》。《调查研究》，18，45－72。

于若蓉、林季平（2006）《"人力资源拟追踪调查资料库"之扩增》，国科会社会科学研究中心研究计划报告书（NSC 94－2420－H－001－012－B9503）。

王天苗（2009）《"特殊教育长期追踪资料库"简介》。《人文与社会科学简讯》，10（3），107－116。

李唯君（1996）《收支动态长期追踪研究起源与发展》。《调查研究》，2，159－178。

吴齐殷、张明宜、陈怡茜（2008）《寻找机制与过程：长期追踪研究的功用》。《量化研究学刊》，2，1－26。

林季平、于若蓉（2005）《"人力资源拟追踪调查资料库"之建构》，国科会社会科学研究中心研究计划报告书（NSC 93－2419－H－001－B9303）。

林季平、章英华（2003）《人力运用拟追踪调查资料库的产生过程、应用现况及未来发展》。《调查研究》，13，39－69。

庄慧玲（1996）《由国外经验看台湾人力资源 panel data 资料库建立之展望》。《经济论文丛刊》，24，413－433。

杨李唯君（2008）《美国收支动态长期追踪调查的近期发展：四十周年回顾》。《调查研究》，23，155－191。

Ai, Chunrong, & Li, Qi (2008). Semi-parametric and non-parametric methods in panel data models. In László Mátyás & Patrick Sevestre (Eds.), *The econometrics of panel data: Fundamentals and recent developments in theory and practice* (3rd ed.) (pp. 451－478). New York: Aprringer-Verlag.

Arellano, Manuel (2003). *Panel data econometrics*. Oxford: Oxford University Press. Baltagi, Badi H. (2008). *Econometric analysis of panel data* (4th ed.). Chichester: Wiley.

Bijleveld, Catrien C. J. H., Kamp, Leo H. Th. van der, Mooijaart, Ab, Kloot, Willem van der, Leeden, Rien van der, & Burg, Eeke van der (1998). *Longitudinal Data Analysis: Designs, Models and Methods.* London: Sage Publications.

Blanchard, Pierre (2008). Software review. In László Mátyás & Patrick Sevestre (Eds.), *The econometrics of panel data: Fundamentals and recent developments in theory and practice* (3rd ed.) (pp. 907－950). New York: Aprringer-Verlag.

Budig, Michelle J., & England, Paula (2001). The wage penalty for motherhood. *American Sociological Review*, 66, 204－225.

Chu, C. Y. Cyrus, Xie, Yu, & Yu, Ruoh-rong (2007). Effects of sibship structure revisited: Evidence from intra-family resource transfer in Taiwan. *Sociology of Education*, *80*, 91 – 113.

Chu, C. Y. Cyrus, & Yu, Ruoh-rong (2010). *Understanding Chinese families: A comparative study of Taiwan and southeast China*. Oxford: Oxford University Press.

Clark, Andrew E. (2003). Unemployment as a social norm: Psychological evidence from panel data. *Journal of Labor Economics*, *21*, 323 – 351.

Duncan, Greg J., & Kalton, Graham (1987). Issues of design and analysis of surveys across time. *International Statistical Review*, *55*, 97 – 117.

Duncan, Terry E., Duncan, Susan C., & Strycker, Lisa A. (2006). *An introduction to latent variable growth curve modeling: Concepts, issues, and applications* (2nd ed.). Mahwah, NJ: Lawrence Erlbaum Associates, Publishers.

Florens, Jean-Pierre, Fougère, Denis, & Mouchart, Michel (2008). Duration models and point processes. In László Mátyás & Patrick Sevestre (Eds.), *The econometrics of panel data: Fundamentals and recent developments in theory and practice* (3rd ed.) (pp. 547 – 601). New York: Apringer-Verlag.

Glenn, Norval D. (2005). *Cohort analysis* (2nd ed.). Thousand Oaks, CA: Sage Publications.

Goldstein, Harvey (2003). *Multilevel statistical models* (3rd ed.). London: Arnold.

Halaby, Charles N. (2004). Panel models in sociological research: Theory into practice. *Annual Review of Sociology*, *30*, 507 – 544.

Hausman, Jerry A. (1978). Specification tests in econometrics. *Econometrica*, *46*, 1251 – 1271.

Hosmer, David W., Lemeshow, Stanley, & May, Susanne (2008). *Applied survival analysis: Regression modeling of time-to-event data* (2nd ed.). Hoboken, NJ: John Wiley & Sons, Inc.

Hsiao, Cheng (2003). *Analysis of panel data* (2nd ed.). New York: Cambridge University Press.

Huang, Min-hsiung, & Hauser, Taissa S. (2010). Tracking persons from high school through adult life — Lessons from the Wisconsin Longitudinal Study. *EurAmerica*, *40*, 311 – 358.

Kasprzyk, Daniel, Duncan, Greg J., Kalton, Graham, & Singh, M. P. (Eds.). (1989). *Panel surveys*. New York: John Wiley & Sons, Inc.

Lin, Shin-jong (2006). Unemployment and suicide: Panel data analyses. *Social Science Journal*, *41*, 727 – 732.

Mason, William M., & Fienberg, Stephen E. (1985). *Cohort analysis in social research: Beyond the identification problem*. New York: Apringer-Verlag.

Mátyás, László, & Sevestre, Patrick (Eds.). (2008). *The econometrics of panel data: Fundamentals and recent developments in theory and practice* (3rd ed.). New York: Apringer-Verlag.

National Longitudinal Survey (NLS). website: http://www.bls.gov/nls/.

Panel Study of Income Dynamics (PSID). website: http://psidonline.isr.umich.edu/.

Raudenbush, Stephen W., & Bryk, Anthony S. (2002). *Hierarchical linear models: Applications and data analysis methods* (2nd ed.). Thousand Oaks，CA：Sage Publications.

Solon，Gary（1989）. Effects of rotation group bias on estimation of unemployment. *Journal of Business and Economic Statistics*，*4*，105 – 109.

Waldfogel，Jane（1997）. The effects of children on women's wages. *American Sociological Review*，*62*，209 – 217.

Winship，Christopher，& Harding，David J. （2008）. A mechanism-based approach to the identification of age period cohort models. *Sociological Methods Research*，*36*，362 – 401.

Wisconsin Longitudinal Study（WLS）. website：http：//www. ssc. wisc. edu/wlsresearch/.

Wisconsin Longitudinal Study Handbook（2006），available from http：//www. ssc. wisc. edu/wlsresearch/.

Wooldridge，Jeffrey M. （2010）. *Econometric analysis of cross section and panel data*（ 2nd ed. ）. Cambridge：The MIT Press.

Yu，Wei-hsin，& Su，Kuo-hsien（2006）. Gender，sibship structure，and educational inequality in Taiwan：Son preference revisited. *Journal of Marriage and Family*，*68*，1057 – 1068.

延伸阅读

1. 相关进阶书籍

（1）固定样本追踪调查

Kasprzyk 等人（1989）一书，对于固定样本追踪调查的研究设计、资料搜集方式、资料管理方法、资料可能存在的问题，乃至资料的应用，都做了相当深入的讨论。对想深入了解这类调查或有志建构相关资料库的研究者来讲，是本很好的参考书籍。

（2）固定效果与随机效果模型

Baltagi（2008）、Hsiao（2003）、Wooldridge（2010）等都是经典的教科书籍。Mátyás 与 Sevestre（2008）编著的书，则针对计量经济研究者使用的各类固定样本追踪资料分析方法（不仅于固定、随机效果模型），做了相当广泛而深入的讨论。前述书籍以 Baltagi（2008）的内容相对浅显，是理想的入门专书。而这些书籍都提供了不少实例可作为应用上的参考。

（3）成长曲线分析/多层次模式

对于阶层线性模式（或线性成长模式），Raudenbush 与 Bryk（2002）说明清晰、实例亦多，是极佳的进阶书籍。至于潜在成长模式，

Duncan 等人（2006）有深入的讨论。这两本书对于实地应用，有相当多的范例可供参考。

2. 相关的电脑软件

（1）固定效果与随机效果模型

Blanchard（2008）对相关的分析软件，做了完整的回溯与比较。其中，包括一般社会科学研究者熟悉的 SAS、Stata 以及计量经济学者常用的 LIMDEP、RATS、TSP、EViews、GAUSS 等。有兴趣的读者可参阅该文的讨论。个人的使用经验较偏好 Stata。Stata 不仅在资料的处理上具有强大的功能，对于固定、随机效果模型及其衍生模型的操作，也具有优越的性能。

（2）成长曲线分析/多层次模式

在 Duncan 等人（2006，pp. 11 – 15）中，对各类多层次模式的统计软件，做了相当完整的介绍与比较。要估计阶层线性模式（或线性成长模式），最适切的自然是采用 Stephen W. Raudenbush 研发的 HLM 软件。至于潜在成长模式，能用来估计结构方程式模式的软件均可采用，如 Mplus、LISREL、Amos 等。有兴趣的读者可参阅 Duncan 等人的整理。

第八章
缺失值处理

一　前言

　　抽样问卷调查中，常见某些问题受试者没有回答、答案不合常理或作答前后互相矛盾；另一方面，政府普查、市场调查、生物实验及生态科学调查中，常出现不可靠的数据，无法在分析中采用。研究资料出现以上状况通称为缺失值或不完整数据。除前述的情况外，产生缺失值的原因很多，多数由不可控制的因素造成。例如，问卷内有些问题比较敏感而涉及个人的隐私，或题干繁琐难懂，受试者拒答；有时访员缺乏一些基本技巧，以致受访者对部分问题无法耐心回答，造成部分数据无法采用，如同缺失。另外，抽样调查中，有时为节省成本或问卷过长，而在抽样设计时，仅让受访者回答一部分问题，称为资料的设计缺失（designed missing）。

　　抽样调查研究中，随机样本来自母体内相似的抽样单位（简单的抽样调查中，可将个别受访者视为一个单位），每一笔单位数据在问卷上，皆有一个数据向量。当缺失资料发生时，往往是向量中某几个元素出现空白（item nonresponse）（Wilks, 1932）；有时，整个单位向量的数据出现空白（unit nonresponse），使得有效样本总数少了一单位。一般言之，如果仅有少数整个单位向量出现空白，忽略这些单位或是加权计算有效样本总数，并不易造成显著的总体评估偏差。但是，基本的困难在于前者，常发生的是某几个元素空白。由于空白的数据和未缺失的数据息息相关，若能利用已经观测的数据，来评估缺失值可能的观测值，就不必舍弃不完整的单位数据，借此增进相关讯息的完整性，减少统计分析的偏误。因此，应用适当的统计方法处理缺失数据，增进总体数据的分析效果，是社会科学研究一项不可省略的工作。

（一）　缺失值的基本问题

在抽样调查中，经常需要评估一个母体特定变项（population characteristic variable）的总数值（total）或平均数值（mean）；如果有缺失数据，它会产生什么问题？假设观测到的部分在母体内的占有比率为 π_c，该部分的理论均值为 μ_c；缺失的部分占有比率为 $1 - \pi_c$，其理论均值为 μ_I。于是，该特定变项的母体均值为 $\mu = \pi_c\mu_c + （1 - \pi_c）\mu_I$。如果，只用观测到的部分变项值来评估母体均值，所产生的偏差为 $\mu_c - \mu = （1 - \pi_c）（\mu_c - \mu_I）$；此时，唯有等式 $\mu_c = \mu_I$ 成立，该偏差才会等于 0。换言之，若观测到的部分变项值、缺失的部分变项值及整个母体均有相同的统计分配，则在此理想条件下，只需用观测部分变项值估计母体的参数，不致造成偏差。此条件是一则简单的充分条件，一般不易成立。接下来，在讨论数据缺失的机制时，我们将该充分条件及其他类似条件，借由这些条件来消除偏差。另外，单位数据若为向量，例如年龄及胆固醇两个变项，如果要评估两者之间的相关系数或者回归函数，则部分年龄或胆固醇指数呈现缺失，也可能造成估计的偏差。如何只用观测到的数据完成适当的评估，也需讨论数据的缺失机制及有效的处理方法。

（二）　数据之缺失形式

如前所述，一笔单位数据通常定义为一个向量，于是，整体样本数据 $Y = （y_{ij}）$ 可以表示为一个 $n \times p$ 矩阵；其中，每一列向量 $y_i = （y_{i1}, \cdots, y_{ip}）$ 代表一笔单位数据，y_{ij} 定义为第 i 笔单位在 Y 中的第 j 项变项值。数据之缺失形式，也可以表示为一个 $n \times p$ 标示矩阵；$M = （m_{ij}）$，标示值 $m_{ij} = 1$ 表示 y_{ij} 有观测值，$m_{ij} = 0$ 表示 y_{ij} 为缺失值。同时，整体样本数据可以表示为 $（Y, M） = \{（y_{ij}, m_{ij}）, i = 1, \cdots, n; j = 1, \cdots, p\}$。如果用"空白"代表缺失数据部分的位置，"阴影"代表有观测值部分，则数据 $（Y, M）$ 之各类缺失形式都可以一览无遗。缺失值多半没有固定的形式，但也有少数缺失形式系根据抽样设计产生，例如文献中经常讨论的形式为：①单调缺失型（monotone）；②互补配置型（file matching）及③因素分析中的潜在因子型（latent factor）。读者可以参考 Little 与 Rubin（2002）。表 8–1 中，空白的位置代表缺失数据，阴影位置代表有观测值。表 8–1（c）中的 f_i 代表第 i 笔单位在潜在因子的估计值。

（a）单调缺失型

y_{11}	y_{12}	y_{13}
⋮	⋮	⋮
$y_{r,1}$	$y_{r,2}$	$y_{r,3}$
$y_{s,1}$	$y_{s,2}$	
⋮		
$y_{n,1}$		

（b）互补配置型

y_{11}	y_{12}	
⋮	⋮	
$y_{r,1}$	$y_{r,2}$	
$y_{r+1,1}$		$y_{r+1,3}$
⋮		⋮
$y_{n,1}$		$y_{n,3}$

（c）潜在因子型

F	Y_1	Y_2	Y_3
f_1	y_{11}	y_{12}	y_{13}
⋮	⋮	⋮	⋮
f_i	f_{i1}	f_{i2}	f_{i3}
⋮	⋮	⋮	⋮
f_n	$y_{n,1}$	$y_{n,2}$	$y_{n,3}$

表 8–1　缺失数据的形式

注：缺失数据的形式中的 f_i 代表第 i 笔单位在潜在因子的估计值。

（三）数据的缺失机制

面对缺失值，首先需要观察数据之缺失形式；接着，检查数据资料发生缺失的原因和几率。将这两件事合并一起评定，可确定数据之缺失机制（missing- data mechanism）。缺失机制可以根据"给定 Y 之下，标示变项 M 的条件分配 $p(M \mid Y, \phi)$ 来鉴定"。此处，$p(M \mid Y, \phi)$ 代表缺失机制函数，简称为缺失率，参数 ϕ 是用来评估该函数模型。一般言之，有三类缺失机制的定义（Little & Rubin，2002）。

1. 完全随机缺失（missing completely at random，MCAR）：数据资料发生缺失若是完全属随机，没有任何明显的缺失理由或机制，称为完全随机缺失。例如上述的标示变项 m_{ij}，若 m_{ij} 的值等于 0 或 1，与任何数据值大小没有关系；则该缺失机制可称为完全随机缺失。此时，对所有的 Y 及缺失机制的未知参数 ϕ（此处，参数 ϕ 与 Y 无关，如同常数）。

$$p(M = 1 \mid Y, \phi) = \text{constant.} \tag{8–1}$$

在这样理想的充分条件式（8-1）之下，前述估计母体总数或均值的例子中，若只用观测到的数据，或舍弃不完整部分的数据，都不会产生估计偏差。

2. 随机缺失（missing at random，MAR）：数据缺失的机制若只依赖观测到的数据，则称为随机缺失。原理上，所有已观测到的值 Y_{obs}、未观测到的值 Y_{mis} 与缺失机制（或控制缺失比率）参数 ϕ 之间，满足下列等式

$$p(M \mid Y, \phi) = p(M \mid Y_{obs}, Y_{mis}, \phi) = p(M \mid Y_{obs}, \phi) \tag{8-2}$$

等式（8-2）成立的情况很多，包括一般调查研究采用的设计缺失类型。例如受访者背景资料的取样成本较低，调查研究可采二重抽样（double sampling，Neyman，1938；Bose，1943），先在母体中抽取够大样本并收集背景数据；而后在该样本中选取小部分样本，执行成本较高如血液或生物标记（biomarker）等的取样；在第二次取样中，"设计的缺失值"系根据观测到的数据值之联合分配，决定其缺失的形式及几率；后者与前者的数值无关，因此是满足等式（8-2）的一种随机缺失。譬如单因子变异数分析（one-way ANOVA）模型中，若假设因子水准之平均值参数为常数，则缺失数据与参数无关，观测到的数据满足等式（8-2），而随机缺失机制成立；若各水准参数为随机变项，则不能满足等式（8-2），而视为非随机缺失，如下所述。

3. 非随机缺失（not missing at random，NMAR）：数据的缺失几率若随着缺失数据值而改变，这类缺失机制定义为"非随机缺失"。此时，对于 Y 及相关缺失率参数 ϕ，$p(M \mid Y, \phi)$ 不能满足等式（8-1）或（8-2）；也就是，$p(M \mid Y, \phi)$ 与 $p(M \mid Y_{mis}, \phi)$ 直接有关。在实务上，经常可见到这类数据。例如申报所得税不实的情况，将不实数据视为缺失时，缺失值多与实际"应该课税的所得收入"有关，或与未观测到的数值 Y_{mis} 有关，此类缺失资料便是由非随机缺失机制产生的。这一类缺失数据之统计分析比较复杂，一般需要针对缺失讯息，另行假设缺失率函数模型 $p(M \mid Y, \phi)$，并对照数据做检定评估（Freedman，1999）。

医学统计研究中，由于暂停实验并检查效果时，母体数据受到删失的（censored）机制，而产生一种非随机性的缺失。假设数据母体之概似函数

模型（包含母体目标参数 θ），与发生数据缺失之函数模型（加入定义数据缺失之参数 ϕ），共同满足下列的比例式：

$$p(Y_{obs}, Y_{mis}, M \mid \theta, \phi) \sim p(Y_{obs}, M = 1 \mid \theta) \cdot p(Y_{mis}, M = 0 \mid \theta, \phi) \qquad (8-3)$$

所谓数据的缺失符合随机删失（random censoring）模型时，即是定义该比例式成立。虽然，数据的观测机制与删失机制是各自独立运作，似乎是满足随机缺失机制；但是，公式（8-3）中 M 等于 0（Y_{mis}）或 1（Y_{obs}），两者之间仅有一者发生，彼此互斥，所以等式（8-2）不能成立。因此，删失数据是由"非随机缺失机制"产生的。在计量经济学与生物统计学之应用中，所定义的删失机制，均含有删失数据讯息，满足式（8-3），同时有适当的数据讯息，评估母体目标参数 θ。

参考方块　8-1：非随机缺失数据，删失数据

一项飞机零件维修检验中，有 13 个相同元件从新产品开始使用，假设我们等候到第 10 件故障时，因为节省时间而停止该实验。如果以 1000 小时为计算单位，一共收集的数据为 {0.22，0.50，0.88，1.00，1.32，1.33，1.54，1.76，2.50，3.00}；同时，有三个数值（大于 3.00）成为删失数据。因为 10 个已观察到的数据呈现平均分散的时段，我们可以假设该零件之随机故障时间呈现指数分配；于是，按照单一参数的指数分配（定义 θ 为指数分配之平均值）及目前的删失数据，可以直接计算该平均值之最大概似估计量：

$$\begin{aligned}
\theta_{MLE} &= \frac{1}{10} \left\{ \sum_{i=1}^{10} y_{(i)} + (13 - 10) y_{(10)} \right\} \\
&= \frac{1}{10} \{14.05 + 3 \times (3.00)\} = 2.305
\end{aligned}$$

其中，$(13-10) y_{(10)}$ 来自于"指数分配样本中的第 10 个数值 $y_{(10)}$，并且根据三个未知缺失数值是大于 $y_{(10)}$"。虽然这一类型删失机制属于非随机缺失，此处最大概似函数估计量的计算法则，与下述插补方法，原理上相似。以上实例的叙述可以参考任何介绍存活统计分析（survival analysis）的课本，如 Smith（2002, Chapter 7）。

二 缺失数据的处理方法

在 1920 ~ 1930 年代，已经知道应用简易单一插补（single imputation）缺失值的方法来帮助分析不完整数据。Yates（1933）在应用最小平方法评估回归模型参数时，曾经比较"单一插补缺失值方法"与"舍弃不完整部分的数据之回归估计方法"是否提供相同的参数统计推论。后者，可以视为一种"不处理缺失值"之方法；换言之，当数据是完全随机缺失时，丢弃不完整部分的数据，于评估模型参数时，并不会改变参数及残差估计量，或产生差异评估的效果。然而，如果不丢弃、亦不插补，直接处理不平衡、不完整的数据，往往造成不适用的解答，理论上亦不健全。Bartlett（1937）采用共轭变异数分析之单一插补缺失值方法，解释残差自由度，他的结论与 Yates 的分析结果相似（Little& Rubin，2002）。其后，Healy 与 Westmacott（1956）建议一种迭代插补缺失值方法（iterative imputation）：首先，假设有一组插补值可使得数据完整，并进行模型参数估计（例如采最小平方回归，同 Yates 插补估计法）；然后，应用所得之参数值，估计一组新的插补值；再重复这两个步骤一次，用新的插补值做完整数据之模型参数估计，并且再用新的参数值估计新的插补值；如此，重复迭代估计，直到模型参数的迭代估计值接近稳定收敛。此法，堪称为早期研究处理缺失值之 EM 演算方法（Expectation-Maximization Algorithm，Dempster et al.，1977），本节将简介 EM 算法的要点。大半个世纪以来，传统研究缺失数据之处理方法，大致可以分为以下三类，然而，基本原理皆为插补缺失值。

（一）数据插补法

对于每一个缺失数据，插补法尝试填补适当的数值；然后，将插补后的资料视同完整数据，做原来计划的统计分析。假设第 i 笔单位的第 j 项之数值为缺失，也就是，y_{ij}（$m_{ij} = 0$）为缺失数据；一般常用"插补单一数值"方法，有时亦会用多重数值插补，以增进分析的参考效果。

1. 均值插补法（mean imputation）：对每一个缺失数据 y_{ij}（$m_{ij} = 0$）进行插补单一数值 $\bar{y}_j$；一般，$\bar{y}_j$ 代表第 j 项所有观测到的变项值之平均数值。

在分层抽样数据中，y_{ij} 来自于 J 个层次（strata）数据样本的某一层次（stratum），于是，对第 k（$k=1$，$\cdots$，J）层次–的每一个缺失数据 $y_{ij}^{(k)}$（$m_{ij}^{(k)}=0$），插补该层次的第 j 项变项 $y_j^{(k)}$ 之平均数 $\bar{y}_j^{(k)}$。

2. 回归插补法（regression imputation）：假设观测到的应变项数据 y_{ij} 及伴随自变项数据 x_{ij} 之间，有适当的回归关系；于是，对每一个缺失数据 y_{ij}（$m_{ij}=0$）可以应用最小平方法，插补单一回归预测值。例如 Yates（1933）、Bartlett（1937）、Anderson（1957）、Wilkinson（1958）与 Buck（1960）的回归模型评估方法，皆是假设（完全）随机缺失的机制下，执行单一回归预测值的插补方法。当随机缺失机制成立，均值插补法往往可以视为回归插补方法的一种特例，例如 X 代表男、女性别，Y 为身高，则单一回归预测值为男生或女生的身高均值。另外，如果自变项 X 有缺失，反应数据 Y 没有缺失，可用一样的回归插补法，得到相似的分析；此时，若假设自变项为非随机变项，则参数及残差均有不偏估计量（Little，1992）。

3. 热（冷）卡插补法（hot/cold deck imputation）：所谓的热卡插补法，是参考背景伴随变项值相似，并且已观测到的数据，随机选择其中之一，替代缺失值（Kalton & Kish，1981）。冷卡插补法往往对缺失数据，随机选用相似条件下曾经观测到的数据（或加入数值调整），用来替代缺失值。文献中，对于这两种插补方法，系统化的理论分析较少，故并非常用的方法。

4. 近邻插补法（nearest neighbor imputation）：近邻密度函数估计法，源自 1950 年代工程数学中应用于分类辨识的一则统计方法。假设某缺失数据 y_{ij} 有观测到的伴随数据 $x_i = (x_{i1}$，$\cdots$，$x_{ik})$ T（例如 k 个背景变项数据），且伴随数据之间有适当的距离函数（metric）；例如，定义距离函数 $d(i,a)$ 为 x_i 及 x_a 之间的极大边距：

$$d(i,a) = \max_k |x_{ik} - x_{ak}|$$

或者，定义为 Mahalanobis 距离：

$$d(i,a) = (x_i - x_a)^T S_{xx}^{-1} (x_i - x_a)$$

此处，S_{xx} 为一个共轭矩阵的估计量。于是，针对缺失数据 y_{ij}（$m_{ij}=0$），由已观测到的数据 $\{(x_a, y_{aj}), m_{aj}=1\}$ 中，选择伴随数据 x_a 距离 x_i 为最小者，并以其 y_{aj} 插补该缺失数据 y_{ij}。这就是所谓的"最近邻插补法"。应用上，可以同时选择一组（如 K 个）距离 x_i 最近的 x_a 值，并以 y_{aj} 的平均值作为插补值，此称为 K – 近邻（均值）插补法（K – nearest neighbor imputation）。另外，在近代一项常用的统计方法观察资料研究（observational studies）（Cochran & Rubin，1973）中，近邻插补法也常常用来作为配对分析及配对插补分析。

（二）加权调整法

传统抽样调查研究中，每一个单位数据的抽样几率 π，代表母体中有 $1/\pi$ 这么多同一类型的单位。假设样本总数为 n，一个母体特定变项的总数值 Θ 可以借用抽样几率加权值来辅助估计（Horvitz & Thompson，1952）：

$$\dot{\Theta}_{HT} = \sum_{i=1}^{n} y_i / \pi_i \qquad (8-4)$$

此处，$\dot{\Theta}_{HT}$（HT estimator）是一个 Θ 的不偏估计量。同理，评估一个母体平均值 μ，也可以用抽样几率加权平均数：

$$\hat{\mu}_w = \frac{1}{n} \sum_{i=1}^{n} w_i y_i, \quad w_i = n \, \pi_i^{-1} / \sum_{k=1}^{N} \pi_k \qquad (8-5)$$

来估计母体平均值 μ；$\hat{\mu}_w$ 也是一个不偏估计量。

1. 缺失几率加权调整：当有缺失数据时，假设除了抽样几率 π_i 之外，单位资料 i 的观察几率为 $\phi_i = p$（$M_i = 1$），观察到的样本总数为 $r = \sum_{i=1}^{n} M_i$，则母体平均值的加权平均估计量为：

$$\hat{\mu}_w = \frac{1}{r} \sum_{i=1}^{r} w_i y_i, \quad w_i = r(\pi_i \phi_i)^{-1} / \sum_{k=1}^{r} (\pi_k \phi_k) \qquad (8-6)$$

此处，观察几率 ϕ_i 往往是未知数，可以选用估计量 $\hat{\phi}_k$ 代入式（8 – 6）以评估 $\hat{\mu}_w$。在实际应用状况下，常用下列两种调整方法。

2. 分组加权调整：假设样本可以分为 J 组；譬如在分层抽样中，数据来自于 J 个层次（J strata）的分组样本。假设第 k（$k = 1, \cdots, J$）组样本数为 $n^{(k)}$，有观察值的样本数为 $r^{(k)} = \sum_{i=1}^{n(k)} M_i^{(k)}$，缺失的样本数为 $n^{(k)} -$

$r^{(k)}$。于是，令 $r = \sum_{k=1}^{J} r^{(k)}$，可以用样本估计量 $\hat{\phi}_i = r^{(k)}/n^{(k)}$（当数据 $y_i^{(k)} = y_i$ 在第 k 组中）代入式（8-6）以评估 $\hat{\mu}_w$。如果，$\pi_i = \pi$ 为一相等几率常数，此式可以化简为"分层抽样观察值的样本平均数"：

$$\hat{\mu}_{st} = \frac{1}{n} \sum_{k=1}^{J} n^{(k)} \bar{y}^{(k)}, \bar{y}^{(k)} = \frac{1}{r^{(k)}} \sum_{i=1}^{n^{(k)}} y_i^{(k)} M_i^{(k)} \qquad (8-7)$$

3. 后分层调整：如果已知母体分层总数 $N^{(k)}$，式（8-7）可以表示为事后分层调整平均数（post-stratified mean）：

$$\hat{\mu}_{pst} = \frac{1}{N} \sum_{k=1}^{J} N^{(k)} \bar{y}^{(k)} \qquad (8-8)$$

如果，数据为完全随机缺失，式（8-1）成立，则分层抽样平均数式（8-7）及式（8-8）皆为母体平均值的不偏估计量。

（三）模型评估法

采前述回归插补法时，多数假设线性回归模型及常态残差分配，以利后序的统计分析。类似的传统研究中，一个典型的统计方法，就是应用基本的概似函数模型，同时讨论数据的缺失机制与插补（Little & Rubin，2002）。假设数据 $Y = (Y_{obs}, Y_{mis})$ 的几率函数表示为 $p(Y \mid \theta) = p(Y_{obs}, Y_{mis} \mid \theta)$；同时，数据 $Y = (Y_{obs}, Y_{mis})$ 与缺失机制（标示变项）M 的联合分配表示为 $p(Y, M \mid \theta, \phi) = p(Y \mid \theta) p(M \mid Y, \theta)$。于是，观测数据 Y_{obs} 与缺失机制 M 的联合分配几率函数表示为：

$$p(Y_{obs}, M \mid \theta, \phi) = \int p(Y_{obs}, Y_{mis} \mid \theta) p(M \mid Y_{obs}, Y_{mis}, \phi) dY_{mis} \qquad (8-9)$$

而且，完整的概似函数（包含参数 θ 及 ϕ）可以表示为：

$$L_{full}(Y_{obs}, M \mid \theta, \phi) \propto p(Y_{obs}, M \mid \theta, \phi) \qquad (8-10)$$

此时，一个理想的条件是可忽略缺失机制（ignorable missing data mechanism），其定义为：

$$L_{full}(Y_{obs}, M \mid \theta, \phi) \propto L(Y_{obs} \mid \theta) = p(Y_{obs} \mid \theta) = \int p(Y_{obs}, Y_{mis} \mid \theta) dY_{mis}$$

$$(8-11)$$

换言之，评估参数 θ 只需根据观测数据 Y_{obs} 的边际机率函数 p（Y_{obs} | θ），或是观测数据的概似函数 L（Y_{obs} | θ）；因此，可以忽略数据 Y_{mis} 是如何缺失。如果，随机缺失机制式（8-2）成立，也就是：

$$p(M \mid Y_{obs}, Y_{mis}, \phi) = p(M \mid Y_{obs}, \phi) \qquad (8-12)$$

则由式（8-9）、（8-10）与式（8-11），式（8-10）可以表示为：

$$p(Y_{obs}, M \mid \theta, \phi) = p(Y_{obs} \mid \theta) p(M \mid Y_{obs}, \phi) \qquad (8-13)$$

于此，如果同时假设参数（θ，ϕ）的定义域为参数 θ 与参数 φ 的乘积空间；于是，根据式（8-10）与式（8-13），便利分析参数 θ 的式（8-11）成立。

按典型的统计方法，式（8-11）是参数 θ 的概似函数基本模型；自 1950 年代至今，已经广泛应用于研究缺失数据及最大概似函数参数估计法与相关的插补法。以下将介绍三种处理缺失数据的方法，应用这些方法的前提为前述的"可忽略的缺失机制"，也就是式（8-11）成立（资料满足随机缺失假设）。

1. EM 算法（Expectation-Maximization Algorithm；Dempster et al., 1977）：数据 $Y = $（$Y_{obs}$，$Y_{mis}$）的几率函数表示为 p（Y | θ）$= p$（Y_{obs} | θ）p（Y_{mis} | Y_{obs}，θ），它的对数概似函数表示为：

$$\ln L(Y \mid \theta) = \ln L(Y_{obs}, Y_{mis} \mid \theta) = \ln L(Y_{obs} \mid \theta) + \ln p(Y_{mis} \mid Y_{obs}, \theta)$$

$$(8-14)$$

传统研究中，假设可忽略缺失机制成立，于讨论参数 θ 的最大对数概似函数 $\ln L$（Y_{obs} | θ）估计法时，经常应用 Newton-Ralphson 迭代法计算最优化的参数 θ 估计值。然而，缺失数据的 $\ln L$（Y_{obs} | θ）往往不易处理。EM 算法是一则依据统计推论观念产生的迭代计算法，其原理是根据式（8-14）满足两个性质。

（1）$\ln p$（Y_{mis} | Y_{obs}，θ）该项对于 Y_{mis} 之期望值（视为 Y_{obs} 的函数），于迭代计算中会呈现单调下降（对新的 θ 值）；因此，只要优化（上升）$\ln L$（Y | θ）对应相同新的 θ 估计值，便能优化相对应的 $\ln L$（Y_{obs} | θ）值。

（2）寻找模型概似函数 $\ln L$（Y | θ）最优化的参数 θ 估计值［相对于

优化非完整数据的函数 $l(\theta \mid Y_{obs})$，此步骤较容易执行]。

2. 贝氏算法（Bayesian Iterative Methods）：文献中常用常态分配为例，简介贝氏统计推论，与处理缺失值的方法。假设缺失数据来自二维常态分配 $Y = (y_1, y_2)$，且部分 y_2 为随机缺失；其概似函数模型，满足可忽略的缺失机制式（8–11）。传统的频谱统计推论，直接依据二维常态概似函数模型，利用 EM 演算法估计参数（如目标参数为常态分配模型中 y_2 的均值或变异数），并同时分析缺失数据及观测数据，对估计参数所贡献的讯息比例。对于二维常态概似函数的参数模型，贝氏推论方法常应用参数（如 y_2 常态分配的均值或变异数）的共轭先验分配（conjugate priors，如常态分配或逆卡方分配）及所有观测数据来估计参数的后验分配；然后，按照参数的后验分配，随机抽取数据来插补缺失的数据，并视插补后的数据为完整，而推论常态分配的均值或变异数。除了采用参数的共轭先验分配，也可以采用无讯息的参数先验分配（noninformative Jeffreys' prior）做相似的统计推论；后者，亦可以视为参数共轭先验分配的一种特例（Little & Rubin，2002，Chapter 6）。

■ 参考方块　8–2：应用 EM 算法

　　Potthoff 与 Roy（1964）曾经针对 11 个女孩和 16 个男孩的脑垂体（pituitary）和上颚骨（maxillary fissure）之间重复量测的距离进行多变量统计分析；相似的分析也可以参考 Jennrich 与 Schluchter（1986）、Little 与 Rubin（2002）、Verbeke 与 Molenberghs（2000）。该数据包含每一个样本于年龄 8、10、12、14 岁时，在此两点之间所量测的生长距离。原数据为完整数据（参照表 8–2），统计分析的目的在于检定男女的综合生长数据是否符合线性回归模型，或是二次式回归模型；其次，男性与女性的生长数据是否有显著差异，而必须要假设不同的模型。此处，我们借用该数据中的 10 岁及 14 岁的部分（完整）数据，做一个模拟随机缺失数据计算［表 8–2 中星号（＊）的部分，为模拟的缺失值］。EM 算法例子中将样本的性别及 10 岁的生长距离视为自变项，14 岁的生长距离视为依变项，进行回归分析。若加上截距项及残差值的变异数，总共有四个参数必须估计。EM 算法中的 E–step 估计参数充分统计量的期望值：例如在第（$t+1$）次的迭代计算中，重新计算 $E(y_i^{(t+1)} \mid X,$ $Y_{obs}, \hat{\beta}^{(t)})$ 及 $E(y_i^{2(t+1)} \mid X, Y_{obs}, \hat{\beta}_{(t)})$；两个期望值系用来计算回归系数及残差变异数的充分统计量。M-step 则求参数的解：

$$\hat{\beta}^{(t+1)} = (X'X)^{-1}X'y^{(t+1)}$$

$$\hat{\sigma}_\varepsilon^{2(t+1)} = \frac{1}{27}(\sum_i^{18}(y_i - X_i\hat{\beta}^{(t)})^2 + 9\hat{\sigma}_\varepsilon^{2(t)})$$

由于估计回归系数 $\hat{\beta}^{(t+1)}$ 仅须用到 $E(y_i^{(t+1)} \mid X, Y_{obs}, \hat{\beta}^{(t)})$，式中若 y_{ij} 有观察值，则 $y_i^{(t+1)} = y_i$，若属缺失值则 $y_i^{(t+1)} = X_i\hat{\beta}^{(t+1)}$，$X_i$ 为 X 中第 i 笔单位向量。Little 与 Rubin（2002）建议采 EM 演算法估计 β，待估计值收敛后，再计算

$$\hat{\sigma}_\varepsilon^2 = \frac{1}{18}(\sum_i^{18}(y_i - X_i\hat{\beta}^{(t)})^2)$$

此例中首先将缺失的 y_i 一律设为 0，但在执行 EM 迭代过程中缺失值以预测值代替，直到 β 参数估计收敛；此例子中 E-step 及 M-step 重复 100 次后，所有估计值皆收敛，得到的参数值分别为：$\hat{\beta}_{性别} = 1.957$、$\hat{\beta}_{10岁} = 0.774$、截距 $\hat{\beta}_o = 5.037$ 及残差的变异数 $\hat{\sigma}_\varepsilon^2 = 1.181$。

表 8-2　牙齿生长完整数据（星号之数据代表模拟的缺失值）

女孩	年龄		男孩	年龄	
	10（X）	14（Y）		10（X）	14（Y）
1	20	23.0	1	25	31.0*
2	21.5	25.5	2	22.5	26.5
3	24	26.0	3	22.5	27.5
4	24.5	26.5*	4	27.5	27.0*
5	23	23.5*	5	23.5	26
6	21	22.5	6	25.5	28.5
7	22.5	25.0	7	22	26.5
8	23	24.0	8	21.5	25.5
9	21	21.5	9	20.5	26.0
10	19	19.5*	10	28	31.5*
11	25	28.0	11	23	25.0
			12	23.5	28.0
			13	24.5	29.5*
			14	25.5	26.0*
			15	24.5	30*
			16	21.5	25

资料来源：Potthoff & Roy（1964）或 Little & Rubin（2002）。

3. 多重插补法（multiple imputation）：前述四种数据插补方法，都是针对每一个缺失数据 Y_{mis}，插补单一数值。同理，在上述 EM 或贝氏算法中，于估计概似函数模型的参数 θ 时，亦可以按照所估计的条件分配函数 $p(Y_{mis} \mid Y_{obs}, \theta)$，针对 Y_{mis} 同时做插补。此时，模拟 $p(Y_{mis} \mid Y_{obs}, \theta)$，插补单一数值或是多个数值皆是可行的；然而，是否值得做重复插补，增加数据储存，必须做评估分析。Rubin（1978，1987）建议多重插补法，其基本贝氏原理解释如后。假设可忽略缺失机制式（8-11）成立；为了符号简便，省略缺失机制参数 φ。在给定观测数据 Y_{obs} 之后，参数 θ 的后验分配可以表示为：

$$p(\theta \mid Y_{obs}) = \text{constant} \times p(\theta) \times p(Y_{obs} \mid \theta) \tag{8-15}$$

此处 $p(\theta)$ 为先验分配。式（8-15）与经过插补为完整数据的后验分配 $p(\theta \mid Y_{mis}, Y_{obs})$ 不同，两者之间的关系为：

$$\begin{aligned} p(\theta \mid Y_{obs}) &= \int p(\theta, Y_{mis} \mid Y_{obs}) dY_{mis} \\ &= \int p(\theta \mid Y_{mis}, Y_{obs}) p(Y_{mis} \mid Y_{obs}) dY_{mis} \end{aligned} \tag{8-16}$$

由式（8-16）得知，根据观测数据 Y_{obs}，可以用两个基本步骤（与 EM 相似），来执行 Y_{mis} 的插补（E）及参数 θ 的估计（M）。在第 t 次迭代模拟计算，$t = 1, \cdots, D$。

步骤 1：按目前的参数值 $\theta^{(t-1)}$ 及密度函数 $p(Y_{mis} \mid Y_{obs}, \theta^{(t-1)})$，抽取模拟插补值 $Y_{mis}^{(t)}$。

步骤 2：按密度函数 $p(\theta \mid Y_{mis}^{(t)}, Y_{obs})$ 抽取模拟参数值 $\theta^{(t)}$，$t = 1, \cdots, D$。

总结 D 次模拟计算的成对组合 $\{(Y_{mis}^{(t)}, \theta^{(t)}), t = 1, \cdots, D\}$，我们得到 D 个重复插补 Y_{mis} 值，即 $\{Y_{mis}^{(t)}, t = 1, \cdots, D\}$；同时，得到参数 θ 的一个综合性估计值：

$$\theta = \sum_{t=1}^{D} \theta^{(t)} / D \approx E(\theta \mid Y_{obs}) \tag{8-17}$$

式（8-17）就是为所谓的多重插补法参数 θ 之估计值。再者，参数 θ 之多重插补法变异数估计值（假设 $1 < D < 10$），可以表示为：

$$Var(\theta \mid Y_{obs}) \approx \frac{1}{D} \sum_{t=1}^{D} V_t + \frac{D+1}{D(D-1)} \sum_{t=1}^{D} (\theta^{(t)} - \bar{\theta})^2 \qquad (8-18)$$

其中，V_t 为"以第 t 组完整数据（$Y_{mis}^{(t)}$，$Y_{obs} \mid \theta^{(t)}$），按照 θ 的后验分配 $p(\theta \mid Y_{mis}^{(t)}, Y_{obs})$，所估计的 $\theta^{(t)}$ 之变异数"。理论上，只要参数模型 $p(\theta \mid Y_{mis}, Y_{obs})$ 有最大概似函数估计量，式（8–18）便能够提供一个渐近不偏的变异数估计量（asymptotically unbiased variance estimator for large D）。

步骤 1 及步骤 2 的迭代模拟计算，一般有两种常用的方法：采用数据扩张法（Tanner & Wong，1987），或采用 Gibbs 抽样法（Gelfand & Smith，1990）。前者，与步骤 1 及 2 相似；后者，亦是在每一次迭代计算后验分配及条件密度函数中，采用步骤 1 及 2；两者都不须计算式（8–17）及（8–18）。Gibbs 抽样法起源于"几率比重抽样"的研究，相关文献有 Von Neumann（1951），M–H 算法 Metropolis 等人（1953），Hastings（1970）；尔后，发展为近年来所谓的"Markov Chain Monte Carlo（MCMC）演算法"，因为在理论上，步骤 1 的模拟参数值 $\theta^{(t)}$，$t = 1, \cdots, D$，往往构成一列"马可夫链"。文献中有许多应用例子的简介，读者可以参考 Little 与 Rubin（2002，Chapters 10–11）。自 21 世纪起，文献中陆续出现几篇文章，一方面，比较两类估计方法的估计变异数及方差：多重插补法与热卡"加权"插补法；另一方面，讨论多重插补法的变异数估计量，于复杂抽样（complex survey）环境下的估计偏差（Kim, et al., 2006）。综观以上的论述，我们可以了解一般的缺失数据之处理方法，都是根据同一基本插补原理。

三 相关研究与统计推论

我们在前一节内，概述了缺失数据的传统处理方法；其中，主要的部分是在介绍应用参数模型，评估缺失数据的插补方法及研究。这些参数模型缺失值之处理，包括最小平方回归分析、最大概似函数之参数估计及迭代模拟演算法以及广义线性模型中的缺失数据，都是应用前述的插补原理及方法。

然而，使用适当的参数模型需要统计检定；背景复杂的群体及其抽样样本，往往不易适配于好用的参数模型。前述的直接应用缺失几率加权调整方法，正是一则传统无参数模型处理缺失数据的基本方法；它不需要检定参数模型，并且简易好用，因而逐渐受到重视。自 1980 年代起，学术界开始讨论在使用无参数模型时，处理缺失数据的基本理论分析。相关应用包括使用均值插补法、热卡插补法、缺失几率加权调整法及近邻插补法。可是，除了可以应用简易评估缺失几率之加权调整法，在其他状况之下，理论分析均未臻理想；例如近年来文献中的推广研究至半参数模型，一般没有简易的检定方法，用来检验其适用状况，仍然不如参数模型的研究分析，来得清楚好用。

（一）无参数近邻插补法

以无参数模型的近邻插补法为例，自 1980 年代起，由于方便好用，成为许多国家政府统计部门做大型问卷调查及后续研究时，常用的缺失数据插补方法。按照前述第二节内，近邻插补法的简介，假设数据样本中反应变项 Y 有随机缺失（MAR），而数据 y_c 所有的伴随数据（共变量）x_i 均有观测值：

$$(x_i, y_i, m_i), i = 1, \cdots, n \qquad (8-19)$$

当 y_i 观测到时，$m_i = 1$，否则，$m_i = 0$。根据随机缺失，缺失几率函数（missing pattern function）或 propensity score （Rosenbaum & Rubin，1983）可以定义为：

$$p(m = 1 \mid Y, X) = p(m = 1 \mid X) = p(X) \qquad (8-20)$$

假设我们欲估计母体变项 Y 的均值，表示为 μ [或是估计另一种均值：Y 的分配函数 $P(Y \leqslant y) = G(y)$]。令伴随数据 x_i 之间的距离函数为 $d(i, a) = d(x_i, x_a)$（参考第二节）。针对每一个缺失数据 y_i（$m_i = 0$），在已观测到的数据 y_a（$m_a = 1$）中，按距离函数，选用某些 y_a 且其伴随数据 x_a 距离 x_i 为较小者，以备插补用。例如，按整数 K，定义所谓的 K 近邻（$K-NN$）估计量（Cheng，1994）：

$$\mu_{NN} = \frac{1}{n} \sum_{i=1}^{n} \{ m_i Y_i + (1 - m_i) R_K(X_i) \} \qquad (8-21)$$

此处，$R_K(X_i) = (1/K) \sum_{a=1}^{K} Y_{i(a)}$ 是一种近邻插补值，其定义来自评估无参数回归函数 $R(x) = E(Y \mid X = x)$；同时 $\{(X_{i(a)}, Y_{i(a)}): m_{i(a)} = 1, a = 1, \cdots, K\}$，是一组 K 个观测到的成对数据，而 $X_{i(a)}$ 是所有 $m = 1$ 当中，按距离函数 $d(X_i, X_a)$，K 个最靠近 X_i（$m_i = 0$）的数据。除了不需要假设参数模型以及直觉上是一个方便而且合理的方法，K 近邻估计量 μ_{NN} 究竟有何使用价值？当数据样本够大时，而且回归函数 $R(.)$ 与缺失几率函数 $p(.)$ 均为适度（或足够）平滑的函数时，它的样本分配会趋近常态分配：

$$\sqrt{n}(\mu_{NN} - \mu) \rightarrow Normal(0, \sigma_{NN}^2) \qquad (8-22)$$

于是估计 μ 的统计推论也会满足一致性。由于应用插补估计，不等式 $\sigma_{NN}^2 > $ Var (Y) 成立；并且，$\sigma_{NN}^2 - $ Var (Y) 的差异大小，会跟随 $R(.)$ 与 $p(.)$ 之不平滑或不连续的程度而逐渐增加。

（二）无参数核函数插补法

近二十年来，在随机缺失数据模型式（8-19）的假设下，文献中有许多无参数模型插补估计的研究方法，与近邻插补法有相似的效用。其中，所谓的核回归函数插补估计方法，应用局部样本平均值，来估计母体均值 μ（或是 Y 的分配函数）。例如，按核回归函数估计方法，均值插补估计量可以定义为：

$$\mu_{KR} = \frac{1}{n} \sum_{i=1}^{n} \{m_i y_i + (1 - m_i)\hat{R}(X_i)\} \qquad (8-23)$$

此处，

$$\hat{R}(x) = \{\sum_{a=1}^{n} W_h(x, x_a) m_a y_a / \sum_{a=1}^{n} W_h(x, x_a) m_a\} \qquad (8-24)$$

是一般所谓的核回归函数估计量，用来估计 $R(x) = E(Y \mid X = x)$；同时，它是作为缺失数据 Y_i（$m_i = 0$）的插补估计值（Cheng，1994）。在此，核函数 W 通常是一个对称的几率密度函数，它的定义为 $W_h(x, u) = h^{-1} W(x-u)/h)$；其中，所谓的窗宽距离（bandwidth）$h$，便是在"无参数估计核密度函数"时，用来产生局部平均功能的"窗距"宽度。

参考方块 8-3

令二维向量 (X, Y) 具有回归函数关系：$Y = 2X + \varepsilon$，变项 X 为均匀分配 uniform $(0, 1)$，ε 为常态分配 Normal $(0, 1)$，Var $(\varepsilon) = 1$，并且 ε 与 X 互相独立。假设变项 Y 有部分随机缺失（依据变项 X 的观测值，属 MAR）。令 $p (m = 1 \mid x, y) = p (x)$，$p (x) = 0.2$，如果 x 取值范围为 $0 < x < 0.5$，且 $p (x) = 0.6$，如果 x 取值范围为 $0.5 \leq x \leq 1.0$。此时，希望估计的母体均值是 $\mu_Y = 1$；虽然缺失比例大于观测比例，$E [p (x)] = 0.4$，上述两种无参数插补方法一样可以有效应用。按式（8-22）（8-25）以及不等式 $\sigma_{NN}^2 > \sigma_{KR}^2$，相关的理论数值均可以验算得到：$\sigma_{KR}^2 = 3.67$ 及 $\sigma_{NN}^2 = 3.67 + (0.6) / K$（$K$ 为正整数，例如 $K = 1$, 2, 4, 8, $\cdots$）。如果以模拟实验来检验理论，可以采用简易的二次密度函数 kernel：$w (x) = 0.75 (1 - x^2)$，$| x | \leq 1$；窗距值 $h = 0.05$, 0.15, 0.20 及近邻数目 $K = 1$, 2, 4, 8, $\cdots$ 于此，我们做 10000 次模拟实验计算（样本数为 $N = 100$, 200, 500, 1000），可以得到表 8-3 中的计算结果。表 8-3 中，对于所用的窗距值 h，计算数值比较理论数值稍小，但差距不大；对于所选用的近邻数目 K，计算数值与理论数值差异也不大；这一小部分的模拟计算，接近验证理论正确。

表 8-3　平均变异数值

N	h = 0.05	h = 0.15	h = 0.20	k = 1	k = 2	k = 4	k = 8
100	3.91	3.52	3.48	4.40	3.97	3.69	3.61
200	3.63	3.42	3.40	4.44	4.01	3.68	3.53
500	3.51	3.45	3.46	4.57	4.08	3.76	3.58
1000	3.46	3.44	3.45	4.48	4.04	3.74	3.59

比照 K 近邻估计量 μ_{NN}，当回归函数 $R (.)$ 与缺失几率函数 $p (.)$ 为理想的平滑函数，而且数据样本够大时，核回归函数法之均值插补估计量，也会提供类似公式（8-22）的趋近常态分配：

$$\sqrt{n}(\mu_{KR} - \mu) \rightarrow Normal(0, \sigma_{KR}^2) \tag{8 - 25}$$

以便用于统计推论。理论上，不等式 $\sigma_{NN}^2 > \sigma_{KR}^2$ 在理想的平滑函数状况下成立（参考方块 8 - 3）。但是在实际应用状况下，当函数 R（.）与 p（.）不平滑或不连续时，式（8 - 21）、（8 - 25）以及此不等式（代入它们的样本估计量），往往不成立。其时，近邻估计量 μ_{NN} 的应用表现，相对于核回归插补估计量 $\hat{\mu}$，往往呈现比较小的平均样本方差（Ning & Cheng，2010）。

四 加权缺失几率插补法

在第二节中，我们介绍了加权调整缺失几率的估计方法；在此，继续讨论其广泛应用的原理。第一，它的基本根据是抽样几率，不需要假设或检定参数模型；第二，若抽样几率为已知，直接用之于加权，本身就提供了一个不偏估计量，例如式（8 - 4）至（8 - 8）。换言之，加权已知缺失几率的估计方法，相当于提供了一个理想的不偏插补估计量（Horvitz & Thompson，1952）。但是，当缺失几率为未知时，不偏估计性质往往不存在；在比较广泛的无参数模型的假设下，我们将讨论估计加权几率的插补方法。

假设数据为随机缺失，也就是在模型（8 - 19）之下，我们欲估计母体变项 Y 的均值，表示为 μ。比照式（8 - 4）（8 - 5）采用抽样几率加权平均数的原理，显然必须要估计未知的缺失几率。首先，式（8 - 4）及（8 - 24）对估计母体均值 μ，建议了一个基本的 HT 加权估计量：

$$\hat{\mu}_{HT} = \frac{1}{n} \sum_{i=1}^{n} \frac{m_i Y_i}{w_i} \tag{8 - 26}$$

此处，按照式（8 - 4），$\pi_i = m_i / w_i$，而根据式（8 - 24），局部抽样几率估计量可以定义为：

$$w_i = \hat{p}(X_i) = \sum_{a=1}^{n} m_a W_h(X_i, X_a) \Big/ \sum_{a=1}^{n} W_h(X_i, X_a) \tag{8 - 27}$$

同理，根据式（8 - 5）（8 - 26）及（8 - 27），可以定义第二种均值 μ 的 HT 加权估计量：

$$\hat{\mu}_{HTR} = (\sum_{i=1}^{n} m_i Y_i / w_i) / (\sum_{i=1}^{n} m_i / w_i) \tag{8-28}$$

再者，如果我们根据式（8-23），去修改式（8-26），便可以定义第三种均值 μ 的加权估计量：

$$\hat{\mu}_{DR} = \frac{1}{n} \sum_{i=1}^{n} \left[\frac{m_i Y_i}{w_i} + \frac{(w_i - m_i) \hat{R}(X_i)}{w_i} \right] \tag{8-29}$$

它具有所谓的双重稳健（doubly-robust，DR）或双重保固（doubly-protected）的估计性质（Scharfstein et al., 1999）：当回归函数 R 与缺失机率函数 p，只要两者之中任一为已知模型中的平滑的函数时，则加权估计量 $\hat{\mu}_{DR}$ 会有理想的表现，也就是有适当小的平均样本方差。式（8-29）的定义源自式（8-23），应用于半参数模型的统计推论，及估计效率的比较研究（Carpenter，Kenward & Vansteelandt，2006；Qin et al.，2008）；同时，估计量 $\hat{\mu}_{DR}$ 是由原参数模型下的加权回归估计式，在无参数模型下换用回归估计式 $\hat{R}(X_i)$ 的相似形式。

参考方块 8-4

以表 8-2 中的生长数据例，假设数据二维向量（x，y）具有回归函数关系：$Y = R(X) + \varepsilon$，X 代表 10 岁的牙齿生长数据，Y 代表 14 岁的数据；同时，假设残差 ε 与 X 互相独立。此处，假设我们希望估计的小型母体均值（finite population mean）是 $\mu_y = 29.06$。所谓模拟插补随机缺失数据，是先假设变项 Y（依据变项 X 的观测值）有随机缺失（MAR）。令 $p(m=1 \mid x, y) = p(x)$。令 $p(x) = 0.9$，如果 x 取值范围为 $0 < x \le 24$；且 $p(x) = 0.4$，如果 x 取值范围为 $24 < x$。表 8-2 中的缺失值系依据随机缺失机制假设所模拟。虽然不知道变项 X 的分配，亦不知道观测比例 $E[p(x)]$，但是，各种无参数插补方法都可以试用。于此，按照估计量式（8-29），我们可以在 $m_i = 0$ 并且 $w_i = 0$ 时，改变 $\hat{\mu}_{DR}$ 定义式中的 $\hat{R}(x_i)$ 为 $[(y_{1(i)} + y_{2(i)})/2]$，也就是最邻近的两个观测到的 Y 值之平均值；而且定义这样改变的估计量为 $\hat{\mu}_{DR2}$。因为数据总数为 $n = 27$，如今视为一个小型母体，故不必做多次模拟计算。

表 8 - 4 中，比较重要的数值是 20 次模拟计算的平均偏误值（Bias），其次是平均方差值（MSE）。

无参数插补方法之比较：按表 8 - 4 中的模拟计算数值，可见 K 近邻插补估计量 $\hat{\mu}_{NN}$（$K=1$，2）有最小的平均偏差值，次小偏差的估计量是改良的估计量 $\hat{\mu}_{DR2}$，其次为 $\hat{\mu}_{DR}$，再次为核函数插补估计量 $\hat{\mu}_{KR}$；至于 HT 形式的估计量 $\hat{\mu}_{HT}$ 及 $\hat{\mu}_{HTR}$，由于 p（x）变化大而有较大的偏差。此外，因为采用的窗距值够大 $h \geqslant 2.0$，造成核函数局部加权估计量 $\hat{\mu}_{KR}$ 的平均变异数较小；然而，当加入平均偏差计算时，$\hat{\mu}_{KR}$ 的平均方差就会大于 $\hat{\mu}_{DR}$、$\hat{\mu}_{DR2}$ 及 $\hat{\mu}_{NN}$（$K=2$，4）的平均方差。此实例分析的意义是以小样本有缺失数据时，K 近邻估计量 $\hat{\mu}_{NN}$（应用较小的 K）会有较佳的表现，反映于实用上，如果一般样本有不均匀的缺失数据时，近邻估计量往往也有比较佳的效果。

表 8 - 4　估计 EY 之平均偏差值、平均变异数值及平均方差值

	K	Bias	Var	nMSE
$\hat{\mu}_{NN}$	1	− 0. 128	0. 115	3. 38
	2	− 0. 130	0. 073	2. 34
	4	− 0. 184	0. 057	2. 39
	8	− 0. 391	0. 052	5. 46
$\hat{\mu}_{KR}$	2. 0	− 0. 247	0. 053	3. 02
	2. 1	− 0. 248	0. 045	2. 81
	2. 2	− 0. 266	0. 043	3. 01
	2. 5	− 0. 300	0. 040	3. 44
	h	Bias	Var	nMSE
$\hat{\mu}_{HT}$	2. 0	− 1. 896	1. 800	143. 26
	2. 1	− 1. 944	1. 538	141. 52
	2. 2	− 1. 965	1. 362	139. 24
	2. 5	− 1. 969	1. 072	132. 16
$\hat{\mu}_{HTR}$	1. 8	− 0. 261	0. 075	3. 76
	2. 0	− 0. 275	0. 074	3. 93
	2. 1	− 0. 292	0. 069	4. 07
	2. 3	− 0. 314	0. 063	4. 29

	h	Bias	Var	续表 nMSE
$\hat{\mu}_{DR}$	2.0	−0.197	0.061	2.60
	2.1	−0.194	0.051	2.31
	2.2	−0.211	0.048	2.42
	2.5	−0.245	0.043	2.72
$\hat{\mu}_{DR2}$	2.0	−0.138	0.067	2.23
	2.1	−0.158	0.062	2.27
	2.2	−0.175	0.060	2.35
	2.5	−0.209	0.055	2.59

当 R 与 p 均为适度平滑的函数时，上述所有均值 μ 的估计量一般都能以适当的窗距值 h 或够大的 K 值，提供理想的估计表现。如果应用环境中，R 或 p 其中之一为已知的连续函数时，式（8-29）的加权估计量 $\hat{\mu}_{DR}$ 比较前两种 HT 估计量式（8-26）（8-28），近邻估计量式（8-21）及核回归函数估计量式（8-23），有较小的平均样本方差。在参数模型估计里，若 R 与 p 不是假设模型中的函数时，$\hat{\mu}_{DR}$ 便可能失去理想的估计表现，而不如简单的参数回归插补估计（Kang & Schafer，2007）。同理，当 R 与 p 均为不连续的函数，$\hat{\mu}_{DR}$ 也会失去理想的估计表现。再者，即使 R 与 p 均为连续的函数，但若是 p 函数（在共变量 X 的值域内）有比较大的变化时，上述所有应用核函数的估计量，由于不容易选择适当的窗距，而失去良好的估计性质；此时，K 近邻估计量 $\hat{\mu}_{NN}$ 的表现（应用较小的 K，如 $K = 1$，…，4），往往比较 $\hat{\mu}_{DR}$ 及 $\hat{\mu}_{KR}$ 为佳（Ning & Cheng，2010）。

对于上述应用环境的比较，有一个值得讨论的基本道理。由于采用共变量 X 数据之间的随机距离，K 近邻插补估计量不会受到 X 的维数大小，而影响它的表现。但是，应用加权机率或核回归函数的插补估计量，由于计算局部平均插补值［譬如采用核函数的窗距，或者，因 X 的维数 > 1，而不易选择适当的窗距］，因此，这些估计量在插补估计时，往往受到环境影响：例如 X 的分配不均匀或 p 函数的变化大，而呈现不稳定的表现。

五　总结

本章简介了缺失数据的产生环境及基本处理原则。面对缺失数据，首先需要判断数据缺失之机制："如何插补缺失数据，提供比较有效的统计分析"就是判别缺失机制的主要动机。我们从随机缺失机制的定义，论及数据非随机缺失时，必须有辅助讯息存在，以便所假设的插补方法能够有效应用，才可以比照随机缺失机制的插补方法，做相似的分析。本章同时介绍了在处理缺失数据时，一般插补分析的主要统计方法，包括三类传统的参数模型和两类（包含几种）无参数模型的插补方法。由于文献中参数模型的分析方法及实例介绍相当丰富，我们简介了基本的应用方法，省略了若干实例介绍。同时，文献中使用无参数模型处理缺失数据的研究较少，若干近年来的分析亦不够完整，我们简介了几种适用的无参数插补方法，补充讨论它们的统计理论性质；并且以两个缺失数据的实例分析来比较使用无参数模型时，这几种插补方法的应用效果。

让我们在此补充一个具有前瞻性用途的注解。在复杂的抽样问卷调查环境下，同时涉及许多抽样变项，包括属性型的类别变项及量度型的实数变项，而产生缺失数据的形态也很多。此时，广义线性参数模型，譬如逻辑回归模型，经常用来解释类别变项与其他变项之间的关系；同时，必须依照（可能有缺失）的数据，先对假设的回归模型做适合度检定。传统的方法是先检定一个包含所选用的类别变项之对数线性模型。然而，当选用模型中的变项或因子有三种以上时，传统的对数线性回归模型，检定一组层次排列好的模型是否适用，缺乏让数据直接有效的检定选模（Cheng et al.，2007，2010）。面对多变项的缺失资料，有效的选模与检定较为困难，统计推论亦较为复杂。在不久的将来，它们会成为缺失资料的统计应用及研究中，一项重要的课题。

参考书目

Anderson，Theodore W.（1957）. Maximum likelihood estimates for the multivariate normal distribution when some observations are missing at random. *Journal of American Statistical Association*, *52*, 200 – 203.

Bartlett, Maurice S. (1937). Some examples of statistical methods of research in agriculture and applied botany. *Journal of the Royal Statistical Society. Series B*, *4*, 137 – 170.

Bose, Chameli (1943). Note on the sampling error in the method of double sampling. *Sankhya*, *6*, 330.

Buck, S. F. (1960). A method of estimation of missing values in multivariate data suitable for use with an electronic computer. *Journal of the Royal Statistical Society. Series B*, *22*, 302 – 306.

Carpenter, James R., Kenward, Michael G., & Vansteelandt, Stijn (2006). A comparison of multiple imputation and doubly robust estimation for analyses with missing data. *Journal of the Royal Statistical Society. Series A*, *169*, 571 – 584.

Cheng, Philip E. (1994). Nonparametric estimation of mean functional with data missing at random. *Journal of American Statistical Association*, *89*, 81 – 87.

Cheng, Philip E., Liou, Jiun W., Liou, Michelle, & Aston, John A. D. (2007). Linear information models: An introduction. *Journal of Data Science*, *5*, 297 – 313.

Cheng, Philip E., Liou, Michelle, & Aston, John A. D. (2010). Likelihood ratio tests with three-way tables. *Journal of American Statistical Association*, *105*, 740 – 749.

Cochran, William G., & Rubin, Donald B. (1973). Controlling bias in observational studies: A review. *Sankhyā: The Indian Journal of Statistics*, *Series A*, *35*, 417 – 446.

Dempster, Arthur P., Laird, Nan M., & Rubin, Donald B. (1977). Maximum likelihood from incomplete data via the EM algorithm (with discussion). *Journal of the Royal Statistical Society. Series B*, *39*, 1 – 38.

Freedman, David A. (1999). Adjusting for nonignorable drop-out using semiparametric nonresponse models: Comment. *Journal of American Statistical Association*, *94*, 1121 – 1122.

Gelfand, Alan E., & Smith, Adrian F. M. (1990). Sampling-based approaches to calculating marginal densities. *Journal of American Statistical Association*, *85*, 398 – 409.

Hastings, W. K. (1970). Monte Carlo sampling methods using Markov chains and their applications. *Biometrika*, *57*, 97 – 109.

Healy, Michael J. R., & Westmacott, Michael (1956). Missing values in experiments analyzed on automatic computers. *Applied Statistics*, *5*, 203 – 206.

Horvitz, Daniel G., & Thompson, Donovan J. (1952). A generalization of sampling without replacement from a finite population. *Journal of American Statistical Association*, *47*, 663 – 685.

Jennrich, Robert I., & Schluchter, Mark D. (1986). Unbalanced repeated measures models with structured covariance matrices. *Biometrics*, *42*, 805 – 820.

Kalton, Graham, & Kish, Leslie (1981). Two efficient random imputation procedures. In *Proceedings of the Survey Research Methods Section* (pp. 146 – 151). American Statistical

Association.

Kang, Joseph D. Y. , & Schafer, Joseph L. （2007）. Demystifying double robustness: A comparison of alternative strategies for estimating a population mean from incomplete data. *Statistical Science*, *22*, 523 – 539.

Kim, Jae Kwang, Brick, J. Michael, Fuller, Wayne A. , & Kalton, Graham （2006）. On the bias of the multiple imputation variance estimator. *Journal of Royal Statistical Society. Series B*, *68*, 509 – 521.

Little, Roderick J. A. （1992）. Regression with missing X's: A review. *Journal of American Statistical Association*, *87*, 1227 – 1237.

Little, Roderick J. A. , & Rubin, Donald B. （2002）. *Statistical analysis with missing data.* New York: Wiley.

Metropolis, Nicholas, Rosenbluth, Arianna W. , Rosenbluth, Marshall N. , Teller, Augusta H. , & Teller, Edward （1953）. Equations of state calculations by fast computing machines. *Journal of Chemical Physics*, *21*, 1087 – 1091.

Neyman, Jerzy （1938）. Contribution to the theory of sampling human populations. *Journal of American Statistical Association*, *33*, 101 – 116.

Ning, Jianhui, & Cheng, Philip E. （2010）. A comparison study of nonparametric imputation methods. *Statistics and Computing*, in press.

Orchard, Terence, & Woodbury, Max A. （1972）. A missing information principle: Theory and applications. *Proceedings of the 6th Berkeley Symposium on Mathematical Statistics and Probability*, *1*, 697 – 715.

Potthoff, Richard F. , & Roy, Samarendra N. （1964）. A generalized multivariate analysis of variance model useful especially for growth curve problems. *Biometrika*, *51*, 313 – 326.

Qin, Jing, Shao, Jun, & Zhang, Biao （2008）. Efficient and doubly robust imputation for covariate-dependent missing responses. *Journal of American Statistical Association*, *103*, 797 – 810.

Rosenbaum, Paul R. , & Rubin, Donald B. （1983）. The central role of the propensity score in observational studies for causal effects. *Biometrika*, *70*, 41 – 55.

Rubin, Donald B. （1976）. Inference and missing data. *Biometrika*, *63*, 581 – 592.

Rubin, Donald B. （1978）. Multiple imputation in sample surveys. In *Proceedings of the Survey Research Methods Sections* （pp. 20 – 34）. American Statistical Association.

Rubin, Donald B. （1987）. *Multiple imputation for nonresponse in surveys.* New York: Wiley.

Schafer, Joseph L. （1997）. *Analysis of incomplete multivariate data.* London: Chapman and Hall.

Scharfstein, Daniel O. , Rotnitzky, Andrea, & Robins, James M. （1999）. Adjusting for nonignorable drop-out using semiparametric nonresponse models. *Journal of American Statistical Association*, *94*, 1096 – 1120.

Smith, Peter J. （2002）. *Analysis of failure and survival data.* London: Chapman & Hall.

Tanner, Martin A. , & Wong, Wing-hung （1987）. The calculation of posterior distributions by data augmentation. *Journal of American Statistional Association*, *82*, 528 – 540.

Verbeke, Geert, & Molenberghs, Geert (2000) *Linear mixed models for longitudinal data*. New York: Springer.

Von Neumann, John (1951). Various techniques used in connection with random digits. National Bureau of Standards. *Applied Mathematics Series*, *11*, 36 – 38.

Wilkinson, G. N. (1958). The analysis of variance and derivation of standard errors for incomplete data. *Biometrics*, *14*, 360 – 384.

Wilks, Samuel S. (1932). Moments and distributions of estimates of population parameters from fragmentary samples. *The Annals of Mathematical Statistics*, *3* (3), 163 – 195.

Yates, Fard (1933). The analysis of replicated experiments when the field results are incomplete. *Empire Journal of Experimental Agriculture*, *1*, 129 – 142.

延伸阅读

1. Enders, Craig K. (2010). *Applied missing data analysis*. London: Guilford Press.

   此书作者为心理学家，内容介绍结构方程模型及多层次数据分析的缺失数据插补方法。全书主要讨论最大概似估计法及多重插补法，并包含许多应用实例及插补软件介绍。

2. Madow, William G., Olkin, Ingram, & Rubin, Donald B. (1983). *Incomplete data in sample surveys*, *Volume 2*, *Theory and bibliographies*. New York: Academic Press.

   此书总共三册，为讨论抽样调查中，处理不完整数据的专书。第二册内容涵盖数据收集、追踪访问及处理缺失数据的方法。读者若对缺失数据个案的讨论及热卡插补的统计原理有兴趣，可参考第一、三册。

3. Schafer, Joseph L. (1997). *Analysis of incomplete multivariate data*. New York: Chapman & Hall.

   此书有系统地介绍连续、类别及混合两类的缺失数据插补方法，并以贝氏 Markov Chain Monte Carlo（MCMC）执行多重插补为主。作者虽为统计学家，但全书内容易读，并附有 S – PLUS 计算软件。

4. Shoemaker, David M. (1973). *Principles and procedures of multiple matrix sampling*. Cambridge, MA: Ballinger.

抽样调查中问卷如果过长，必须将长卷拆成短卷；受访样本仅须填答短卷，以减少问卷冗长造成的测量误差。在不影响调查结果的情况下，短卷设计为心理计量及统计领域的研究课题。此书为最早讨论（不完整数据）短卷设计的专书，后序的相关文章多数为期刊论文。从网页搜寻引用 Shoemaker 专书的文章，可找到不同领域（如教育、经济、公卫）内应用矩阵取样的例子。

第九章
整合分析

一　前言

在社会行为科学的研究里，同一个或类似的研究假设常常会在不同的研究中被直接或间接地探讨。例如，两种不同的心理治疗方法是否在改善或治愈忧郁症的效果上有所不同；或者，两种不同的阅读教学方式是否在帮助阅读困难学生的阅读上有不同的成效。而因为抽样与测量上的变异（误差），不同的研究往往会得出不完全一致、有时甚至相反的结果。当我们在综理这些文献中的研究时，习惯上都是以每个研究的统计推论的决定（某个效果是否显著、某个研究假设是否得到支持）作为结果，进行综合分析与评断。然而统计推论所做的决定是根据手边掌握证据的强度（几率）所做的暂时性判断，有其任意性（因为这个判断会受到研究者主观上愿意接受多大的犯错风险所影响），并不能视为研究的结果。量化的研究结果其实是数据本身（raw data）、或依数据所计算出来的统计数（平均数、标准差、比较所得的 t，F，r，χ^2 之类的统计数、或其对应的几率）。如果我们将同一个研究假设的不同研究，视作重复多次的相同研究，并且假定每一次重复时都会有一定的随机误差（抽样上的、测量上的），那么各研究的结果会有不一致的情形是可以理解及预期的。研究间结果上的不一致不一定是有系统的因素造成的，有可能只是随机的因素造成的。如果是后者，其实我们可以把这些研究的结果加以合并（平均），合并的结果会有更高的可信度（因为样本大大地增加了），当然也就能据以下一个比较肯定的结论。当然，如果我们怀疑有一些非随机的因素导致研究之间结果的不同，那么我们也可以检视这些非随机因素所造成的变异是否显著地大于随机因素所造成的变异。以上的做法是一种量化的文献综理方法，也就是所谓的整合分析（meta-analysis）。

整合分析和我们平常所使用的统计方法并无不同，只是分析的单位不再是个人而是个别的研究，分析的依变量通常不再是个人的表现成绩，而是一个研究中群体的平均表现，或是一个研究中研究假设所要检验的效果的量。因此，整合分析不是单一的统计方法，而是所有我们所熟悉的统计方法。事实上，任何可以用量化方式将文献中的数据加以整理，帮助我们进一步了解这些数据的规律与意义的做法都算是整合分析。

由于整合分析是在前人对其研究数据已经做过分析之后，再进行的分析，因此是分析的分析（analysis of analysis）或分析之后的分析（meta-analysis）。因为它是为了整合文献中的研究结果所进行的分析，所以我以"整合分析"称之。林邦杰教授于 1987 年为文介绍时，也是用这个名称。

在这一章，我期望读者可以从观念上充分理解整合分析的内涵，因此着重于观念的讲解与阐述，至于技术细节，因为涉及各种统计方法，需要一整本专书来讲解，所以在此只做提示性的介绍。要了解整合分析的内涵，必须先了解为什么要用整合分析，还要了解大家熟悉的统计推理与做法有什么盲点。

二 为什么要用整合分析？

（一）社会行为科学的知识不易累积所造成的挫折与困境

科学研究的特性是客观、可重复，由此获得的知识信度高、比较可以累积。而科学的研究也强调要在前人研究的基础上向上累积、向前迈进。这样的特性在自然科学的领域里比较能够看得到，在社会行为科学的领域里却不然。社会行为科学研究所获得的知识往往争议大、不易累积，以至于研究愈做愈多，却始终难以有一个大家都接受的结论。这不但浪费研究的资源，对国家社会政策的厘定也无法提供有用的建议。

1970 年代初期，美国参议员 Walter Mondale 在全美教育研究学会的年会中，针对学界研究公立学校实施种族合校的利弊的研究结果发表评论时说：

"我听了、看了这么多的研究报告，可是仍然不知道这件事情要怎么做。我相信高品质的种族整合教育是正确的方向，而本来我预期各位的研究结果要么就是支持、要么就是斩钉截铁地反对我这个看法。可是，我看不到能有定论的证据。只要有支持的证据或论点，就会有反对的证据与论点，质疑支持者的看法。大家彼此都无法同意对方。更糟糕的是，没有人知道这件事该怎么做才对。因此，坦白地讲，我和我的议员同事都很困惑，也很无助。"

同样的评论也出现在有关阅读的研究上。Eleanor Gibson 与 Harry Levin 在其《阅读心理学》（1978）中曾经有如下的评论："从 1920 年起，阅读的研究从探究基本阅读历程转向探讨课程的设计，什么样的阅读教学最有效。一个吵得沸沸扬扬的议题是，拼音教学法还是整词教学法比较好。令人遗憾的是，历经四十多年，这些研究的结果却无法得出一个确定的结论。我们无法确知某一个方法一定比另一个方法高明。文献中只要有一个教学方法得到支持，就会有相同多的研究支持另一个教学方法。最后大家的解释似乎都变成了：全看老师而定。"

心理治疗的研究莫衷一是的情形也很普遍。每一个治疗学派都宣称他们的治疗方法有别于其他的方法，而且有效，甚或比其他的方法更有效。Gene Glass 与 Mary Smith 于 1977 年发表了一篇研究报告，他们运用整合分析的方法将过去研究比较各种心理治疗疗效的研究结果做量化的整理，得出的结论是：每一种方法都有效，而且没有哪一种方法优于其他方法。这样的结论竟因此遭来心理治疗学界的围剿，一些颇有学术声望的学者强力批评他们的做法是"不伦不类、垃圾进垃圾出"（Garbage in，garbage out.）。

（二）社会行为科学研究者错误的统计思维与做法所造成的困境

1. 第一级研究、第二级研究与整合分析

Glass 于 1976 年的一篇文章中将统计分析分成三个层次。第一级研究是大多数研究者所熟悉且例行进行的研究，分析的是研究者自己所收集来的第一手数据，分析的单位通常是受试者。第二级研究是分析他人所收集的数据，这种数据通常是经由一个大型的研究调查依照事先设定的研究目的与假设收集建立的，收集数据的研究者在分析过这些数据后（第一级研究），会将资料库开放给其他研究者做更多的探究，这些探究通常不在原研究者所设定的范围内。因为是在第一波分析之后所进行的分析，所以叫做第二级研

究，不过，分析的单位与第一级研究是一样的。第三级研究就是本章所介绍的整合分析，分析的单位是一个个研究的研究结果。

2. 虚无假设统计考验的逻辑与做法

第一级研究最常采用的统计推论逻辑是"虚无假设统计考验"。虚无假设统计考验的推论逻辑与做法是这样子的。首先，由于科学的研究永远无法直接证实某一个研究假设（因为反证永远可能存在，只是尚未出现而已），因此，研究者只能设定一个与心里支持的假设（称为对立假设）相反的假设（称为虚无假设），尽力收集证据，并且以较宽松的标准来检验虚无假设。在此情形下，如果证据力仍不足以支持虚无假设，研究者才愿意暂时接受心里的假设为真。其次，由于研究者所希望证实的假设多半是宣称某种变项的操弄产生了效果，因此，虚无假设的设定就通常是宣称该变项的操弄没有效果，也就是：

$$H_0 : \mu_D = 0$$
$$H_A : \mu_D \neq 0$$

虽然虚无假设宣称效果为 0，但是由于抽样会有误差，因此，即便真实的效果不存在，每次抽样所测量到的效果看起来仍有可能是存在的，不过，如果抽样的次数够多，样本够大，那么平均起来效果仍会是 0。问题是，每一个研究者在一次研究中只抽样一次，而且样本通常不可能很大，因此会面临抽样误差所带来的困扰。也就是说，研究者在其一次的研究中所观察到的效果可能是真实的，也可能是假的（意思是说，他的研究结果其实是从虚无假设的母群抽样而来）。此时，研究者必须采取某种标准帮他做判断。比如说，如果研究所发现的效果是从虚无假设母群抽样而得的机率不到 5%，那么研究者便愿意判定这个效果不是来自虚无假设的母群，从而宣告对立假设获得支持。当然，在做出这样的判定时，研究者必须记住，虚无假设为真的可能性仍然存在（有至多 5% 的机率），也就是说，研究者的判定有可能是错的（这种错误称为第一类型错误），只不过是因为错的机率被事先设定在一个很严谨的水准，研究者愿意冒这个风险而已。

3. 第一级研究中的统计推论的一些谬误

William Rozeboom 在 1960 年发表了一篇文章，分析虚无假设统计考验的一些谬误。他首先举例指出，当虚无假设设定效果为 0 时，研究者所获得的数据可能不足以推翻虚无假设（下面甲的状况）；而当虚无假设设定效果为某一非0的数值时，同样的数据可能也不足以推翻虚无假设（乙的状况）；这两个虚无假设是相互矛盾的，但此时却同时成立（一个宣称效果为0、一个宣称效果为某一非0的数值）。这个例子说明了虚无假设的基本推论逻辑是有问题的。

（甲）

$H_0: \phi = 0$

$d = 8.5, s = 5, df = 20, d/s = t = 1.7$

$t_{0.975} = 2.09, -2.09 < d/s < 2.09$ 或 $-10.45 < d < 10.45$

$p = 0.10$

统计决定：接受 H_0

（乙）

$H_0: \phi = 10$

$(d - 10)/s = t = -0.3$

$-2.09 < (d - 10)/s < 2.09$ 或 $-0.45 < d < 20.45$

$p = 0.77$

统计决定：接受 H_0

Rozeboom 进一步指出，乙这个状况成立的机率是 0.77，远大于甲状况成立的机率（0.10），乙的证据力显然高于甲的证据力，可是两者都被接受为真。再仔细看一下甲的情况。$t = 1.7$ 和 $t = 2.1$ 显然差距较小，$t = 1.7$ 和 $t = -1.7$ 显然差距大得多，可是 $t = -1.7$ 所导致的判决和 $t = 1.7$ 是一样的，而 $t = 2.1$ 所导致的判决却和 $t = 1.7$ 的相反，这难道不奇怪吗？如果我们将拒绝虚无假设的标准设定为 10%，那么甲的状况就会被拒绝。可是，统计的推论不是应该根据证据力吗？如果研究者的风险设定可以决定最后的统计判定与推论，那么这样的做法就不能说是科学、客观的了。

4. 第一类型与第二类型错误的不平衡

Frank L. Schmidt 在 1992 年发表的一篇文章里也对虚无假设统计考验的推论逻辑与作法提出质疑。他指出，研究者只顾到减少犯第一类型错误的机率，却忽视了第二类型错误，以至于第二类型错误的机率变得很高。而不管是第一类型或第二类型错误，都是错误。研究者总以为自己根据虚无假设统计考验所做的推论，犯错的机会只有不到 5%。可是事实上如果把第二类型错误算进来的话，犯错的机会可以高达 70%。他举例说（见图 9 - 1），假定研究者想要检验某一变项的效果，他抽取实验组 15 人，控制组 15 人，假定从虚无假设母群无限次抽样的标准误为 0.38，单尾拒绝区的机率（α）设定为 0.05，那么要得到统计上显著的结果就必须两组要有至少 0.62（1.645×0.38）的差异才行。现在假定真实的效果为 0.50，从对立假设母群无限次抽样的标准误也是 0.38，那么，依照虚无假设统计考验的推论方式以及刚才所假定的样本大小，研究者能够拒绝虚无假设的机会只有 0.37（这叫做统计检定力），也就是他犯第二类型错误的机率高达 63%，而犯第一类型错误的机率其实是 0。这是因为我们已经假定真实的效果为 0.50，且抽样均来自对立假设的母群，所以不可能存在有第一类型错误的情形。又因为我们的样本虽然来自对立假设的母群，却以虚无假设的母群来衡量这个抽样的结果，所以当然只会犯第二类型错误。Schmidt 进一步指出，虚无假设统计考验的推论逻辑与做法的不当不仅在于让研究者犯错（第二类型错误）的机率提高，尤有甚者，这个做法其实还会严重错估了真实的效果量。以刚才的例子来说明，要能拒绝虚无假设至少需要 0.62 的效果量，这已经超过实际效果量（0.50）24%。如果我们把大于 0.62 的所有值平均，会得到 0.89。换句话说，如果我们把所有统计考验显著的研究结果平均起来作为真实效果量的估计值的话，我们会高估达 78%。如此看来，依照虚无假设统计考验的推论方式不仅不能降低研究者犯错的机率，还会令研究者错估实际的效果。

　　现在仔细回想一下，虚无假设统计考验的推论方式过分强调统计显著性，又鼓励研究者依据统计显著性做出判决，使得原本是机率性的结果被化

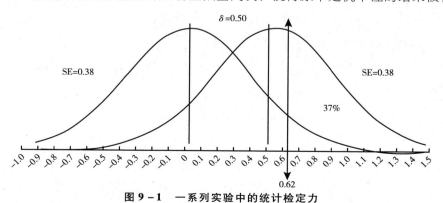

图 9 - 1　一系列实验中的统计检定力

注：统计显著的临界值：dc = 0.62；单尾考验 α = 0.05；统计检定力 = 0.37；第二型错误率 = 63%，第一型错误率 = 0。

资料来源：Schmidt（1992，Figure 2）。

约为全有全无的结论，导致研究者误以结论为结果，严重扭曲了文献中各个研究结果所呈现的面貌，也造成研究结果整合上的困扰。

此外，虚无假设统计考验总是将效果设定为零的做法也或许值得检讨。在研究的初期，大家对于某一个问题尚无任何答案、某一个变项的操弄是否有效果之前（即全然未知的情况），假设效果为 0 是一个合理的起头。但是，社会行为科学的研究往往会对同一个问题不断研究，从而累积不少的结果。按理讲，累积多年的研究之后，研究者应该比较能确定所被探讨的效果是否不为 0。如果确定不为 0，那么往后的研究似乎应该以非 0 的数值作为虚无假设来检验才合理。如果一个问题研究了二三十年仍然以效果为 0 作为虚无假设，那就表示我们未能从这二三十年的研究中得到任何有用的资讯，仍然停留在研究初始的阶段，这岂不是大有问题？我们还能宣称社会行为科学的研究是科学的吗？

由于虚无假设统计考验的推论方式有上述的这些谬误，所以，许多统计学者倡议应该扬弃之，改以报告效果量的估计值与信赖区间，或以贝氏统计推理的方式来处理研究的结果。

（三）传统文献综理做法的一些谬误

文献综理传统上多是由资深的研究者根据其对相关研究的了解做出综合性的评断。这样的做法诉诸专家的意见，是日常生活许多领域里常见且可接受的做法。不过，这样的做法难免主观，不符合科学的要求；而且当文献很庞大时，即使是专家也无法有效无误地处理相关的研究数据（这是人类认知系统上的限制）。因此，有时候我们会看到不同的研究者对同一批文献做出不同的评断且僵持不下。导致争议的一个原因是，哪一个研究应该纳入，不同的研究者会有不同的标准。甲研究者可能认为 A 研究的可信度高，而将之纳入统整；乙研究者可能认为 A 研究的可信度低，而不予采计。如此一来，统整的数据不完全相同，结论自然也就可能各异；导致争议的另一个原因是，研究者不自觉地将个别研究的统计结论当做结果，造成研究结果统整上的谬误。John E. Hunter 与 Frank L. Schmidt（1990）就举了一个有趣的例子说明这一点。

Hunter 与 Schmidt 想探讨公司员工的工作满意度与其对公司的忠诚度之关系。他们从文献中找到 30 个有关此议题的研究，却发现大家的研究发现并不一致，有些研究发现显著的相关，有些发现没有显著的相关。他们推测研究结果的不一致或许和各个研究所调查的公司的若干特性有关，例如公司的大小、员工的性别、年龄、种族、职等以及公司的地理位置等。他们将这些资料抽取出来，整理成表 9 - 1。

表 9 - 1　工作满意度和对公司的忠诚度之相关

研究编号	样本数 N	相关系数 r	员工性别	公司大(L)公司小(S)	白领(WC)或蓝领(BC)	种族	员工年龄小于(U)或大于(O)30 岁	公司的地理位置
(1)	20	0.46*	F	S	WC	B	U	N
(2)	72	0.32**	M	L	BC	Mixed	Mixed	N
(3)	29	0.10	M	L	WC	W	O	N
(4)	30	0.45**	M	L	WC	W	Mixed	N
(5)	71	0.18	F	L	BC	W	O	N
(6)	65	0.45**	F	S	BC	W	U	N
(7)	25	0.56**	M	S	BC	Mixed	U	S
(8)	46	0.41**	F	L	WC	W	Mixed	S
(9)	22	0.55**	F	S	WC	B	U	N
(10)	69	0.44**	F	S	BC	W	U	N
(11)	67	0.34**	M	L	BC	W	Mixed	N
(12)	58	0.33**	M	S	BC	W	U	N
(13)	25	0.14	M	S	WC	B	O	S
(14)	20	0.36	M	S	WC	W	Mixed	N
(15)	28	0.54**	F	L	WC	W	Mixed	S
(16)	30	0.22	M	S	BC	W	Mixed	S
(17)	69	0.31**	F	L	BC	W	Mixed	N
(18)	59	0.43**	F	L	BC	W	Mixed	N
(19)	19	0.52*	M	S	BC	W	Mixed	S
(20)	44	-.10	M	S	WC	W	O	N
(21)	60	0.44**	F	L	BC	Mixed	Mixed	N
(22)	23	0.50**	F	S	WC	W	Mixed	S
(23)	19	-.02	M	S	WC	B	O	S
(24)	55	0.32**	M	L	WC	W	Mixed	Unknown
(25)	19	0.19	F	S	WC	B	O	N
(26)	26	0.53**	F	S	BC	B	U	S
(27)	58	0.30*	M	L	WC	W	Mixed	S
(28)	25	0.26	M	S	WC	W	U	S
(29)	28	0.09	F	S	BC	W	O	N
(30)	26	0.31	F	S	WC	Mixed	U	S

*p < 0.05.　**p < 0.01.

资料来源：Hunter & Schmidt (1990，Table 1.1)。

接着，他们进行了一连串的分析，检视一个研究所得到的相关系数是否显著与该研究的公司特性是否有关。以列联表及卡方考验所进行的检验的结果如表 9-2 所示。看起来，只有员工的年龄与相关系数是否显著有关。七篇员工年龄为 30 岁以上的研究都得到不显著的相关，其他的研究（员工年龄为 30 岁以下，或两者混合）则有些得到显著的相关，有些得到不显著的相关，需要进一步分析原因。

表 9-2 不同情况下工作满意度和对公司的忠诚度是否有相关

性别

	M	F	
不显著	7	4	11
显著	8	11	19
	15	15	30

$x2=1.29$

公司大小

	S	L	
不显著	9	2	11
显著	9	10	19
	18	12	30

$x2=3.44$

白领或蓝领

	WC	BC	
不显著	8	3	11
显著	8	11	19
	16	14	30

$x2=2.62$

种族

	W	B	Mix	
不显著	7	3	1	11
显著	13	3	3	19
	20	6	4	30

$x2=1.64$

员工年龄

	Young	Old	Mix	
不显著	2	7	2	11
显著	7	0	12	19
	9	7	14	30

$x2=16.52$

地理位置

	N	S	
不显著	6	5	11
显著	11	7	18
	17	12	29

$x2=0.12$

资料来源：Hunter & Schmidt（1990，Table 1.3）。

Hunter 与 Schmidt 于是将员工年龄为 30 岁以下或两者均有的研究抽取出来，同样以列联表及卡方考验检视这些研究结果的不一致是否与公司的特性有关。结果（如表 9-3）发现公司的大小与相关系数的显著与否有显著的相关。研究的对象如果是大公司，得到的相关系数均显著；研究的对象如果是小公司，得到的相关系数则有的显著，有的不显著。

表 9 - 3　工作满意度和对公司的忠诚度的相关：以年轻或混合年龄受试者为样本的研究

性别

	M	F	
不显著	3	1	4
显著	8	11	19
	11	12	23

$x^2=1.43$

公司大小

	S	L	
不显著	9	2	11
显著	9	10	19
	18	12	30

$x^2=3.44$

白领或蓝领

	WC	BC	
不显著	3	1	4
显著	8	11	19
	11	12	23

$x^2=1.43$

种族

	W	B	Mix	
不显著	3	0	1	4
显著	13	3	3	19
	16	3	4	23

$x^2=0.81; df=2$

地理位置

	N	S	
不显著	1	3	4
显著	11	7	18
	12	10	22

$x^2=1.72$

资料来源：Hunter & Schmidt（1990，Table 1.3）。

最后，以小公司的研究所进行的分析显示，员工的性别、职等、种族、公司的地理位置均与研究的结果是否发现显著的相关无关（如表 9 - 4）。

表 9 - 4　工作满意度和对公司的忠诚度之相关：以小公司、年轻或混合年龄受试者为样本的研究

性别

	M	F	
不显著	3	1	4
显著	3	6	9
	6	7	13

$x^2=1.93$

白领或蓝领

	WC	BC	
不显著	3	1	4
显著	3	6	9
	6	7	13

$x^2=1.93$

种族

	W	B	Mix	
不显著	3	0	1	4
显著	5	3	1	9
	8	3	2	13

$x^2=1.84$

地理位置

	N	S	
不显著	1	3	4
显著	4	4	8
	5	7	12

$x^2=0.69$

资料来源：Hunter & Schmidt（1990，Table 1.3）。

这一连串分析的结果，Hunter 与 Schmidt 综合成如下的结论：对公司的忠诚度与对工作的满意度两者之间的相关，会因公司的若干特性而有所不同。员工的年龄在 30 岁以上的公司，员工对公司的忠诚度与对工作的满意度两者之间不见显著的相关。员工比较年轻的公司以及员工有老有年轻的公司，如果是大公司的话，忠诚度和满意度必有显著的相关。如果是小公司的话，则研究的结果分歧，并无可以解释分歧的原因。

这样的分析结果与结论可以做如下理论上的解释。忠诚度随着员工在公司的任职时间而增强，十年期间会到达顶点，不再增加。年纪较大的员工的忠诚度可能都很高，缺乏变异性，因此看不出忠诚度与工作满意度的关系。大公司员工的忠诚度可能增长比较缓慢，会在年轻与年龄混合的员工群体中产生较大的变异，因此比较会与工作满意度有显著相关。

参考方块　9-1：检验 Hunter 与 Schmidt 的 30 个相关系数确从 $\rho = 0.33$ 的母群随机抽样而来

我们可以做两件事来检验这 30 个相关系数确实是从 $\rho = 0.33$ 的母群随机抽样而来。首先，计算这 30 个相关系数的平均数，得到 0.33，正是母群的相关系数。其次，计算这 30 个相关系数的变异数，得到 0.029；再进一步求出每一个样本的抽样误差 $[(1-0.33^2)^2/(n-1)]$，予以平均，得到 0.026；这两个数值非常接近，证实了这 30 个相关系数之间的变异其实完全就是抽样误差造成，并无其他系统性的原因可以追求。

以上的文献综理不属于传统专家式的综理方式，而是运用了一些统计方法所进行的量化的综理方式。可是，整个文献综理的做法与结论都是错的。上述的文献其实是以模拟的方式，从一个相关系数的常态分配母群中随机抽取 30 个样本，每个样本的大小是随机决定的，但都围绕在 40 左右。此常态分配母群的平均数为 0.33，样本的变异数为 $(1-\rho^2)^2/(N-1)$。公司的特性都以随机的方式决定。样本的相关系数平均起来刚好是 0.33，这些相关系数的变异数刚好就是抽样的误差，并无额外的变异与公司的任何特性有关。那么，前述的量化综理方式为什么会得出看起来颇有意义的发现与结论

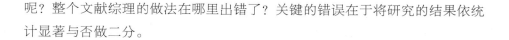

呢？整个文献综理的做法在哪里出错了？关键的错误在于将研究的结果依统计显著与否做二分。

三 整合分析介绍

（一）起源与历史发展

根据 Robert Rosenthal（1991）与 Morton Hunt（1997）的说法，整合分析的兴起或许可以归功于 Gene Glass 与其同事在 1976 年所做的有关心理治疗疗效的研究，这个研究的发表点燃了整合分析之火，使得这个文献整理的方法受到各领域研究者的瞩目，很快地蔚为风潮。不过，整合分析的概念、方法与研究并非始自 Glass。在他之前（至少早至 20 世纪初期）就已经有许多学者以不同的方式对文献的资料做量化的整理。这些学者有的只是单纯地将不同研究样本所得的相关系数加以平均，以得知平均的相关有多大。譬如：受试者的行为表现会受到实验者的预期心理影响，这方面的研究甚多，Rosenthal 将这些研究所得的相关系数加以平均，结果发现，即使实验者没有刻意明白地引导受试者，受试者的行为表现与实验者的预期仍有高达 0.43 的相关。有的学者做量化的文献整理是为了解释各个研究结果为什么有很大的变异，因此寻找一些可以解释此变异的因子。譬如：比奈智力测验的再测信度各个研究所得不一，而各个研究所采用的次测验，间隔时间刚好也都不同，因此，Edward Lee Thorndike 便整合各个研究的数据，探讨比奈智力测验的再测信度与两次测验的间隔时间的关系。另外，也有学者尝试在已有的数据当中探讨可能的规律，并以此作为新的研究假设。譬如 Benton J. Underwood 探讨遗忘的机制（详细介绍于后）即是一例。

其实，当代整合分析的几个主要的分析方法在 1930 年代以前就已经被提出来过。Karl Pearson 在 1904 年就提出过将相关系数平均的做法；1931年，Leonard H. C. Tippett 提出一个方法将各个研究统计考验的 p 值加以合并，以检验这些研究平均的结果是否显著；William G. Cochran 也于 1937 年提出非相关系数效果量的计算与合并的方法，他还进一步提出如何比较效果量。只是这些方法在提出的当时并未受到重视而已。

点燃整合分析之火的 Glass 原本的训练与研究工作是心理计量与统计。根据他的自述（Glass，2000），他取得博士学位的时候，也同时有严重的神经官能症（neurosis）。所幸他在伊利诺大学任教时接触了心理治疗，并且获得很好的效果。后来他甚至去念临床心理学，而且想改行从事心理治疗。不过，当时心理学界有一位影响力甚大的学者 Hans Eysenck，他不断为文检视及批判心理治疗疗效的研究，并宣称心理治疗其实是没有用的，充其量只能说是有安慰剂（placebo）的效果而已。Eysenck 这样的论调与 Glass 自身的经验与所学的临床心理学知识不符。在跳入这一行之前，Glass 觉得有必要把这件事情弄清楚。于是，他详读了 Eysenck 的几篇文献回顾的文章，然后很惊讶地发现 Eysenck 的说法相当武断、主观、跋扈。他因而决心要挑战 Eysenck 的说法，要证明 Eysenck 是错的，心理治疗其实是有效的。

这个强烈的动机与目的使得 Glass 得以将他的旧爱（心理计量与统计）与新欢（心理治疗）做完美的结合。他在这个研究的过程当中提出了整合分析（meta- analysis）这个名词。由于这个名词好念，又予人"超越"的联想，比起过去学者常用的研究整合（research synthesis）一词更吸引人；再加上他当时以全美教育研究学会理事长的身份在年会的理事长就任演讲中发表这份研究报告；因此，这把火立刻蔓延开来，不但硝烟四起，而且烧遍学术界。

整合分析之火点燃之后，第一个跳进来以此为其研究专业与学术生涯的是芝加哥大学的 Larry V. Hedges。Hedges 对整合分析的统计理论与技术细节做了许多开创性的研究，他和 Stanford 大学的 Ingram Olkin 合著出版于 1985 年的《整合分析的统计方法》（*Statistical Methods for Meta-analysis*）可以说是经典之作。

（二）核心概念

本章开头就已先点出，整合分析的概念和做法与我们一般所学到、用到的统计并无不同，只是分析的单位改变成一个个的研究或研究假设。每一个研究假设会产生一个研究结果（或称效果），这些研究结果构成整合分析中的依变量（反应变项）。每一个研究假设必须是仅包含两组的比较，并且是有方向预测性的假设（A 大于 B 或 A 小于 B，不能是 A 不等于 B），或者是两个变项之间的相关；这些假设必须能统整于同一个理论概念中（如此才能视为是探究相同的研究问题）；这些结果必须先转换成标准化的单位（因为不同的研究量尺可能不同，标准化的意思是统一量尺）；由于每一个效果量的信度不同，因此可能必须先以某种方式加权（样本数或变异数的倒数），以便进行统整。

整合分析中的预测变项是研究者揣测造成各研究结果不一致的可能因素，这些因素通常是个别研究的一些特性，例如：研究所进行的年代、参与者的性别、实验程序上的差异等。

研究结果彼此不一致的原因有很多，有系统性的原因（特定的因素，具有解释力），也有非系统性的原因（随机的因素）。如果我们把各个研究当做不同的研究者在不同的时间、地点针对同一现象所做的抽样，那就不难理解抽样误差会是造成研究结果不一致的重要因素，也是第一个必须要被考虑到的因素。在排除抽样误差所造成的变异之后，如果还有足够大的变异时，才值得我们进一步去探寻其他的因素。这是所有统计方法与推论的基本逻辑。

整合分析的最主要目的是要将看似纷乱的研究结果整理出头绪，找出可以解释研究结果不一致的原因，以作为建构新假设、规划后续研究的依据。如果抽样误差就足以解释研究结果之间的变异，那么整合分析的工作就是要将这些研究结果归纳成一个单一的结论，呈现最终的答案（以平均的效果量表示）。

（三）典型做法

1. 计算效果量及其变异数

（1）效果量的定义

任何统计分析的主要工作都是在于处理反应变项及其变异。在第一级研究分析中，个别受试者的行为表现是反应变项。在整合分析中，通常个别研究假设所探讨的效果（效果量）是反应变项。一个研究所探究的效果不外两种，一种是经由实验操弄所造成的两组受试者行为表现上的差异，以两组平均数的差或比例的差来表示，这种效果量可以泛称为"d 家族效果量"。

以两组平均数的差所代表的效果量需要除以标准差，成为一标准化的单位，方能拿来做跨研究的整合，这样的效果量称为"标准化的平均差"。以两组比例的差所代表的效果量不需要标准化，因为比例本身就是一个标准化的量尺。同样的，如果各个原始研究所测量的是一共同量尺（如身高、体重），那也不需要除以标准差。

另一种常探讨的效果量是两个变项之间的相关，可以泛称为"r 家族效果量"，这包含所有类型的皮尔森相关，如：

r：两变项为连续变项

ρ：两变项为序列变项

ϕ：两变项为二分之类别变项

r_{pb}：一变项为连续变项、另一变项为二分类别变项

Z_r：r 的费雪转换形式

需注意的是，以平方表示的相关（如 r^2、ω^2、η^2、ζ^2）因为不具效果的方向性，所以不适合当做效果量。

任何反应变项都有测量误差，通常以其变异数表示，效果量也是。表 9-5 列出几个常见的效果量的定义以及其变异数。

（2）从统计数或显著值计算效果量

前面所介绍的效果量是以概念定义的。在现实状况中，由于每个研究论文所报告的数据不一，整合分析的研究者不一定可以从研究论文中直接取得各组的平均数与合并的标准差或相关系数。但是，通常可以从论文所报告的统计数去推算。假使我们要以标准化的平均差作为效果量，但是某一篇论文没有报告各组的平均数和标准差，但是有统计考验的 t 值与自由度（或是各

表 9-5　列出几个常见的效果量的定义以及其变异数

效果量	定义	变异数
r	$\dfrac{\sum Z_x Z_y}{N}$	$\dfrac{(1-r^2)^2}{N-2}$
Zr	$\dfrac{1}{2}\log_e\left[\dfrac{1+r}{1+r}\right]$	$\dfrac{1}{N-3}$
$Cohen's\ q$	$z_{r1} - z_{r2}$	$\dfrac{1}{N_1-3} + \dfrac{1}{N_2-3}$

效果量	定义	变异数
Cohen's d	$\dfrac{M_1 - M_2}{\sigma \text{ pooled}}$	$\left[\dfrac{n_1 + n_2}{n_1 n_2} + \dfrac{d^2}{2(n_1 + n_2 - 2)}\right]\left(\dfrac{n_1 + n_2}{n_1 + n_2 - 2}\right)$
Glass's Δ	$\dfrac{M_1 - M_2}{S \text{ control group}}$	$\dfrac{n_1 + n_2}{n_1 n_2} + \dfrac{\Delta^2}{2(n_2 - 1)}$
Hedges's g	$\dfrac{M_1 - M_2}{S \text{ pooled}}$	$\dfrac{n_1 + n_2}{n_1 n_2} + \dfrac{g^2}{2(n_1 + n_2 - 2)}$
Cohen's g	$p - 0.50$	$\dfrac{p(1 - p)}{N}$
d'	$p_1 - p_2$	$\dfrac{p_1(1 - p_1)}{n_1} + \dfrac{p_1(1 - p_2)}{n_2}$
Cohen's h	$arcsin\ p_1 - arcsin\ p_2$	$\dfrac{1}{n_1} + \dfrac{1}{n_2}$
Probit d'	$z_{p1} - z_{p2}$	$\dfrac{2\pi p_1(1 - p_1)e^{(z_{p1}2)}}{n_1} + \dfrac{2\pi p_2(1 - p_2)e^{(z_{p2}2)}}{n_2}$
Logit d'	$log_e\left(\dfrac{p_1}{1 - p_1}\right) - log_e\left(\dfrac{p_2}{1 - p_2}\right)$	$\dfrac{1}{p_1(1 - p_1)n_1} + \dfrac{1}{p_2(1 - p_2)n_2}$

注：σpooled，Spooled 指的是两组合并的标准差。

资料来源：Rosenthal（1994，Table 16.2 & 16.3）。

组的人数），那么我们可以根据这些资料来计算效果量。因为 t 是平均数的差除以合并的标准误：

$$t = \frac{1 - M_2}{SE_{\text{pooled}}}$$

而合并的标准误是合并的标准差乘以一个以样本数为基础的校正因子：

$$SE_{\text{pooled}} = S_{\text{pooled}} \times \sqrt{\frac{1}{n_1} + \frac{1}{n_2}}$$

因此，把 t 乘以该校正因子就可以求得标准化的平均差这样的效果量：

$$g = t \times \sqrt{\frac{1}{n_1} + \frac{1}{n_2}}$$

以上的算法适用于两独立样本的组间设计。如果是相依样本或重复测量的单一样本的组内设计，那么校正因子是 $\sqrt{1/N}$。

如果某一篇论文只报告了统计考验的显著值（例如：$p < 0.05$），我们也可以根据显著值来推算效果量。做法是先将 p 值转换成对应的统计数（通常是 t），再转换为效果量。举例来说，假使我们只知道统计考验为双侧，$p < 0.05$，样本是 $n_1 = n_2 = 16$。我们可以用 $p = 0.05$，$df = 30$ 求出对应的 $t = 2.04$ [可以利用 MICROSOFT EXCEL 的函数功能 tinv（0.05，30）就可以轻松得到]；接着再利用刚才的公式就可以求得 $g = 2.04 \times \sqrt{1/16 + 1/16} = 0.721$。

假使我们要以相关系数作为效果量，那么也可以用刚才的办法先求出 t 值，再用下面的公式算出 r：

$$r = \sqrt{\frac{t^2}{t^2 + df}} = \sqrt{\frac{(2.04)^2}{(2.04)^2 + 30}} = 0.349$$

（3）效果量之间的转换

假使有些研究报告的是相关系数，有些研究报告的是平均数的差，那么我们需要统一采用一种效果量，可以是相关系数，也可以是标准化的平均差，而两种效果量是可以相互转换的。以 r 和 g 为例：

$$g = \frac{r}{\sqrt{1 - r^2}} \sqrt{\frac{df(n_1 + n_2)}{n_1 n_2}}$$

（4）效果量的校正

当样本太小时，前面所提到的效果量估计方法会有偏估的情形，因此一般会把效果量乘以一个校正系数。例如 d 家族效果量的校正系数是：

$$c(df) \approx 1 - \frac{3}{4df - 1}$$

r 家族效果量一般不需要做校正。在整合分析里，我们通常都先将 r 做费雪转换成 Z_r 之后，再进行分析。而只有当样本很小，且母群的 r 比较大时，才会有比较严重的偏估。由于现实状况中，母群的 r 通常不大，且研究的样

参考方块　9－2：使用 EXCEL 的统计函数要注意的事

以 *tdist*（*t*，*df*，*tail*）计算某个 *t* 值对应的机率时，输入的 *t* 值必须是正值，这是因为 *tdist* 在计算几率时，是从 *t* 分配的右尾往左累进到 *t* ＝0 处为止。双尾的机率只是把这样计算出来的机率乘以 2 而已。因此，如果一个研究报告出来的 *t* 值是负的（－1.5，*df* ＝30），而我们想求出 *p*（*T* ≤*t*）的话，就必须以正值 1.5 输入 *tdist*（1.5，30，1），这样会得到 0.072。而如果我们想要的是 *p*（*T* ≥*t*）的话，那就必须进一步计算 1－0.072 ＝0.928，这才是我们要的机率。应该求 *p*（*T* ≤*t*）或 *p*（*T* ≥ *t*）则视文献中大部分研究所得到的效果的方向为何而定。一旦确定之后，所有的研究的效果量及机率的计算都必须与此方向一致。

如果我们想以已知的 *p* 值求取对应的 *t* 值的话，首先要确定该 *p* 值是双尾或单尾考验的 *p* 值。如果是双尾考验的 *p* 值（比如 0.05），只要输入 *tinv*（0.05，30）就可以了。如果这是单尾的 *p* 值，那就必须将 *p* 值乘以 2，输入 *tinv*（0.10，30），才能得到我们要的 *t* 值。求出 *t* 值之后，还要进一步确认方向性。如果这个 *p* 值对应的效果是正的，那么 *t* 值也是正的，如果这个 *p* 值对应的效果是负的，那么 *t* 值也必须是负的（也就是要记得加上负号）。

以 *normsdist*（*z*）求某一 *z* 值对应的机率时要注意到，*normsdist* 在计算几率时，是从标准常态分配的左尾往右累进到右尾。如果某一研究报告的效果是正的，*z* 值是 1.645，*normsdist*（1.645）传回的值是 0.95，这代表 *p*（*Z* ≤*z*）的机率，但不是我们想的机率。我们想要的机率是 *p*（*Z* ≥*z*），因此必须进一步计算 1－0.95 ＝0.05，这才是我们要的机率。如果某一研究报告的效果是负的，*z* 值是 －1.645，那么 *p*（*Z* ≤ －1.645）＝*normsdist*（－1.645）＝0.05，但是 *p*（*Z* ≥ －1.645）＝1－*normsdist*（－1.645）＝0.95。

本也不会太小，所以 Z_r 的偏估程度很小，可以不必理会。

（5）从变异数分析的结果中求取效果量

许多研究以组间的差异为效果，并以变异数分析进行统计考验。如果这些研究只用到两组，那么，变异数分析的 F 值和 MS_e 可以直接用来计算效果量。我们只要记得 $F = t^2$，$MS_e = S^2$ pooled，就可以运用前面提到的公式计算效果量了。如果这些研究的独变项包含两个以上的处理水准（levels），或是包含一个以上的独变项，那么变异数分析的 F 值和 MS_e 就不能直接拿来计算效果量。此时，我们必须从论文所报告的各项数据中，设法求出我们所关心那两组的变异数（标准差）和平均数，才能据以计算效果量。万一论文所提供的数据无法让我们推算特定两组的标准差时，我们只好以包含那两组之独变项的主要效果的 MS_e 来计算效果量了。

（6）从线性回归分析的结果中求取效果量

如果是单纯的线性回归，那么回归系数 b 可以转换成 r，作为效果量；标准化的回归系数不需要转换，它就是 r。如果是多重回归，那么回归系数就不可以用来计算效果量，因为每个预测变项的回归系数都是在考虑了其他预测变项之后计算出来的。

参考方块 9-3：不同实验设计下的效果量如何合并

整合分析中各个研究的效果量如果是以标准化的平均差（即 d 家族）来表示的话，研究者必须注意分母（标准差）的性质必须相同，这样各个效果量的量尺才会相同，才能合并与比较。不同的实验设计会导致标准差不同。一般常见的两独立组的设计，其标准差是取两组合并的标准差。另一种常见的实验设计是单一组的重复量数设计，这种设计下的标准差是取差值的标准差。两独立组和单一组重复量数设计下的标准差不同，量尺也就不同。研究者必须将其中一种进行转换，使得所有的效果量都是基于同一量尺，方得进行整合分析。转换的方式可以参考 Morris 与 DeShon（2002）的文章，内有详细的说明。

（7）效果量彼此不独立时

有时候，一个研究会产生多个效果量（例如实验组和控制组在不同的情况中被重复测量）。此时，我们必须依自己的研究目的与问题择一来用，或者也可以将这些效果量加以平均后再用。

2. 效果量的平均

效果量的分析基本上有两种，一是合并，一是比较。合并效果量时一般都是求其平均数。如果是 d 家族的效果量，那么直接计算平均数即可。如果是 r 家族的效果量，必须先进行费雪转换，将 Z_r 平均后，再还原成 r。由于每个研究的效果量变异数都不一样（主要受样本大小的影响），因此，在计算平均的效果量时，一般做法会以效果量的变异数之倒数予以加权，如下：

$$w_i = \frac{1}{v_i}, \ \bar{g} = \frac{\sum w_i g_i}{\sum w_i}$$

如果是 r 的话，把 g 换成 Z_r 就可以了。

3. 效果量的比较

比较效果量时我们是在问：同一组中的效果量或者两组效果量在考虑过抽样误差之后是否能视为同质（来自同一母群）。以固定效果模式为例，基本的做法是求出要比较的效果量的离均差平方和（sum of squares），这个数是一个卡方分布的数，因此进行卡方考验。考验显著时，代表效果量之间不同质，也就是说，效果量之间的变异超过了抽样误差造成的变异，研究者有必要寻找造成此额外变异的因素；考验不显著时，代表效果量之间同质，也就是说，效果量之间的变异并未超过抽样误差所造成的变异，此时，平均效果量就可以作为一个适当的总结。组内效果量的离均差平方和计算如下：

$$Q_W = \sum_{i=1}^{k} w_i (g_i - \bar{g}.)^2$$

Q_W 是自由度为 $k-1$ 的 χ^2。

组间效果量的离均差平方和这么计算，先计算出各组的平均权重、各组的平均效果量以及总平均效果量，然后依下列公式计算组间效果量的离均差平方和：

$$Q_B = \sum_{j=1}^{m} w._j (\bar{g}._j - \bar{g}..)^2$$

其中，

$$W_{\cdot j} = \sum_{i=1}^{k} w_{ij}$$

$$\bar{g}_{\cdot\cdot} = \frac{\sum_{j=1}^{m} \sum_{i=1}^{k} w_{ij} g_{ij}}{\sum_{j=1}^{m} \sum_{i=1}^{k} w_{ij}}$$

Q_B 是自由度为 $m-1$ 的 χ^2。同样的，如果是 r 的话，把 g 换成 Zr，并且使用对应的 w 就可以了。

4. 平均效果量的统计考验

在计算出一组效果量的平均值之后，我们会想要知道它的 95％ 信赖区间，或是考验平均效果量是否大于 0（或小于 0）。此时，我们需要先计算平均效果量的变异数，再依此计算信赖区间及做统计考验：

$$w_i = \frac{1}{v_i}$$

$$v_{\cdot} = \frac{1}{\sum u_i}$$

$\bar{g}_{\cdot}$ 的 95％ 信赖区间是 $\bar{g}_{\cdot} \pm 1.645 \times \sqrt{v_{\cdot}}$。考验平均效果量是否大于 0（或小于 0）时，以平均效果量除以其标准误，所得之统计数为常态标准分数 z，再计算对应的机率即可。

$$z_i = \frac{\bar{g}}{\sqrt{v_{\cdot}}}$$

（四）非典型做法

整合分析中的反应变项不一定要是效果量，有时候个别受试者的行为表现也可以是整合分析中的反应变项，不过，通常是以组平均数来代表。譬如，在认知心理学研究中常见的反应时间或是记忆量，在医学研究中某疾病的发生率等，研究者都可以探讨这些反应变项在各个研究样本中的变化情形以及造成变化的原因。另外，统计考验的显著值也可以作为整合分析中的反应变项。我们以早期研究遗忘机转以及之后研究认知老化为例说明非典型整合分析的做法，也简单介绍以统计考验的显著值为反应变项的整合分析。

1. 以记忆量作为反应变项的整合分析

1950 年代研究记忆的心理学家想了解遗忘的机转，一个可能的机转是当我们接触、学习新的事物时，先前接触、学习的旧事物就有可能受到干扰遗忘，这样的机转称为反向干扰（retroactive interference）。记忆心理学家起初专注于了解反向干扰的作用情境。他们多半在实验中给受试者记背一些词，然后考他们。由于一个变项的操弄往往有好几个处理水准或是需要受试者在不同的实验中记背不同的词，因此受试者往往会记背好几张词表。这些研究经过一段时期后，开始有研究者注意到，受试者愈到实验的后段，记忆愈差。于是，有一位研究者 Benton J. Underwood 就想到制作一张图（见图9-2），把文献中采用类似方法的研究中的数据抽取出来，以某一组受试者记背某一词表的记忆量为 Y，以该组受试者之前记背过几张词表为 X，画出来的图清楚呈现出记忆量随着之前记背的词表数的增加而下降。从这个分析的结果，Underwood 提出了另一个遗忘的机转，叫做顺向干扰（proactive interference），就是先前的学习会干扰后来的学习。

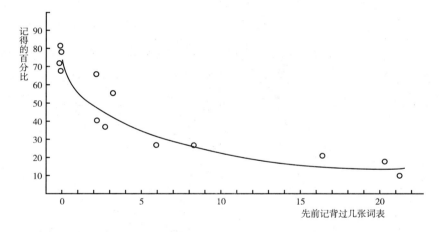

图 9 - 2　一张词表记得的百分比与先前记背过几张词表之间的关系，每一个圆圈代表一个研究

参考资料：Underwood（1957，Figure 3）。

这个例子说明了整合分析并无固定标准的做法，只要是可以帮助研究者在浩瀚的数据海中看出系统性的变化的做法，都可以用。这个例子也说明了整合分析做得好的时候，是可以有突破性的发现，有助于建构新的理论概念与研究假设，作为后续研究的依据。

2. 以反应时间作为反应变项的整合分析

执行一项作业所需的反应时间是认知心理学研究中常用的依变量，一道认知历程必定要耗费一定的时间，认知心理学家假定不同的历程或历程的组合会消耗不同的时间，他们透过实验的操弄去影响反应时间，借此推论内在的认知历程为何。把这样的研究方法用在研究认知老化的议题时，研究者可以探讨什么样的认知历程会老化。许许多多研究累积的结果发现有些认知历程比较会老化，有些比较不会或者是程度不一。如果我们想将现有的研究结果做整理的话，可以将每个研究所获得的效果量（老年人与年轻人反应时间的差）拿来分析，这是典型的整合分析。但是也有人以另一种方式做数据的整理。

有研究者发现（如 Timothy Salthouse，John Cerella），认知老化的研究总是发现老年人在研究者操弄的许多变项上表现得比年轻人差。由于一个变项对应一个理论上的认知历程，这些研究结果意味着老年人在许许多多的认知历程上都有老化的情形。由于这些研究有共同的依变量及共同的量尺（反应时间），因此，有研究者就想到将各个研究样本所测得的老年人与年轻人的反应时间画一个关系分布图（图 9－3），这样的图是不理会每一对反应时间是在什么作业、什么情况下测得的。这样的图画出来之后，出现一个

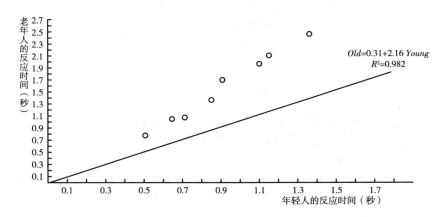

图 9－3　老年人的反应时间与年轻人的反应时间在数个实验条件下的配对关系[1]

[1]虚线代表截距与斜率为 0 的基线。回归方程式是解释这几个数据点的最适合线性关系的回归方程式。

资料来源：Salthouse et al.（1982，Figure 1）。

有趣的样貌，这些反应时间的点大致分布在一条直线上，线性回归分析的 R^2 大于 0.9，斜率大于 1。这表示不论作业为何、复杂程度为何、年轻人的反应时间为何，老年人的反应时间都是年轻人反应时间的一个倍数（例如 2.16 倍）。理论上，这意味着认知老化有一个潜在的一般因素，使得一个老化的系统在处理速度上出现全面性的缓慢，这个理论假设称为全面性缓慢假设（generalized slowing hypothesis）。这个理论成为认知老化研究中一个有相当影响力的理论。而这个例子也说明了整合分析做得好的时候，是可以有突破性的发现，有助于建构新的理论概念与研究假设，作为后续研究的依据。

3. 以统计考验的显著值作为反应变项的整合分析

每一个原始研究都会根据其研究假设进行统计考验，并且报告考验的结果——效果的显著性 p 值。如果我们想知道相关的各个研究合并起来之后的结果是否显著，那么可以将这些 p 值加以整合。做法是先求出 p 值对应的常态标准分数 z 值（要注意效果的方向，z 值的正负号会跟着不一样），这可以利用 EXCEL 中的函数 NORMSINV（p）计算出来。然后以下列公式求出平均的 z 值：

$$\bar{z} = \frac{\sum z}{\sqrt{k}}$$

k 是 z 值的个数。此时再将平均的 z 值求出其对应的 p 值即可，仍然可以利用 EXCEL 中的函数计算出来［NORMSDIST（z）］。其他以统计考验的显著值作为反应变项的整合分析方法简述于下：

（1）取 p 的自然对数

$$\sum -2\log_e P \sim \chi^2(df = 2N)$$

整合的研究数目小（$\leqslant 5$）的时候适用。

（2）直接将 p 值相加

$$p = \frac{(\sum p)N}{N!}$$

被整合的研究数目小（$\sum p \leqslant 1$）的时候适用。

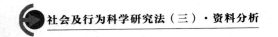

（3）把 t 值相加

$$z = \frac{\sum t}{\sqrt{\sum [\, df/(df-2)\,]}}$$

每个被整合的研究其自由度不能太小。

（4）对平均的 p 值进行统计考验

$$z = (0.50 - \bar{p})(\sqrt{12N})$$

被整合的研究数目必须 $\geqslant 4$。

（5）对平均的 z 值进行统计考验

$$t = \frac{\sum z / N}{\sqrt{s_{(z)}^2 / N}}$$

被整合的研究数目必须 $\geqslant 5$。

（6）对显著的次数进行统计考验

如果虚无假设是对的，实验的效果为 0，那么随机的因素会使得显著值大于 0.50 的研究数目和小于 0.50 的研究数目相当，因此，我们可以用简单的符号考验（sign test）来检验众多研究的统计考验结果，其显著值大于 0.50 的研究数目和小于 0.50 的研究数目是否显有不同。如果这个符号考验的结果拒绝了虚无假设，那么就可以推论众多研究的结果归纳起来是有实验效果的。

另一种类似的做法是卡方考验。如果我们预期各个实验的统计考验中，随机因素会使得 5% 的实验得到显著，那么 k 个实验中会有 $0.05k$ 个实验因为随机的因素得到显著的结果，有 $0.95k$ 个实验得到不显著的结果。我们把这两个数视为预期值，以之与实际的观察值做比较（实际上达到 0.05 显著的实验有几个，不显著的有几个），并进行卡方考验。考验的结果如果拒绝了虚无假设，那么就可以推论众多研究的结果归纳起来是发现有实验效果的。

这两个方法都必须是被整合的研究数目很大的时候才适用。

最后，如果我们想探讨造成各个研究显著性不同的原因时，我们可以以转换后的 z 值为反应变项，直接用传统的变异数分析来检视各个可能的因素。

参考方块 9－4：范例

Exp	(1) H	(2) V	(3) SD_H	(4) SD_V	(5) V—H	(6) p	(7) N	(8) $-2\log_e(p)$	(9) z	(10) $(z-zbar)^2$	(11) t	(12) d	(13) c	(14) g	(15) Var	(16) w	(17) w*g	(18) $w(g-gbar)^2$
1	3188	3152	808	821	-36	0.759	25	1.938	-0.307	0.0599	-0.310	-0.062	0.968	-0.060	0.044	22.867	-1.374	0.5121
2	1948	1816	599	653	-132	0.213	20	4.479	-1.245	0.4814	-1.289	-0.288	0.960	-0.277	0.059	17.069	-4.721	0.353
3	1579	1575	419	438	-4	0.978	10	1.431	-0.028	0.2746	-0.028	-0.009	0.914	-0.008	0.129	7.777	-0.064	0.121
4	1869	1804	597	649	-65	0.531	18	2.652	-0.626	0.0056	-0.640	-0.151	0.955	-0.144	0.064	15.671	-2.256	0.002
									-0.552					-0.122				
								10.500	-1.103	0.8214				-0.133	0.063 (Vare)	63.384	-8.416	0.597
								0.232	0.135	0.8443				0.280	Vare			0.897
														-0.546				0.009
																		Varg

Boroditsky（2001）的研究宣称美国人倾向以水准方式思考时间，中国人则倾向以垂直方式思考时间。她让受试者先处理水准或垂直的空间讯息（判断黑球是否在白球前面，或黑球是否在白球上方），然后判断一个时间句子的陈述是否正确（六月比三月早）。她发现美国人在处理水准空间讯息之后对时间句子的判断比较快，而中国人则是在处理垂直空间讯息之后对时间句子的判断比较快。Chen（2007）重复 Boroditsky 的实验，在中国人的部分进行了四个实验，但是都未得到"处理垂直空间讯息之后对时间句子的判断比较快"的结果。上表把四个实验的结果以整合分析的方式进行统整。H：处理水准空间讯息之后对时间句子的判断所花费的平均反应时间，V：处理垂直空间讯息之后对时间句子的判断所花费的平均反应时间，$SD（H）$和 $SD（V）$是这两种反应时间标准差，$V-H$：两种平均反应时间的差值，p：双侧 t 考验的机率，N：各实验的样本数。第（8）、（9）栏是以统计考验的显著值作为反应变项的整合分析，第（8）栏中 $\chi^2（df=2\times4）=\sum-2\log_e（p）=10.5$（这个 p 是取（6）内 p 值的一半），$p=0.232$，表示合并后的效果仍然不显著。第（9）栏中 z 的平均值是 -0.552，除以根号 $k（k=4）$，得到 $z=-1.103$，$p=0.135$（单侧考验的机率），表示合并后的效果仍然不显著。第（10）栏进行的是同质性检验，$zbar$ 是 z 的平均数 -0.552，$\sum（z-zbar）^2=0.8214$，这是一个 $df=3$ 的 χ^2，$p=0.8443$，表示这四个实验的结果是同质的（彼此之间的变异并未超过抽样误差）。第（11）栏是单侧考验的 t 值，第（12）栏 d 是效果量（等于 t 除以根号 N）。第（13）栏是效果量的校正系数，第（14）栏是校正后的效果量 $g（=c\times d）$，这一栏的第五列 -0.122 是未加权的平均效果量，第六列 -0.133 是以变异数的倒数加权后的平均效果量，第七、八列是效果量的 95% 信赖区间 0.280 ~ -0.546。第（15）栏是效果量的变异数，第（16）栏是变异数的倒数，这一栏下方的 63.384 是这些倒数的和，再取其倒数，乘以 k，就得到左边的 0.063，这个变异数代表因抽样误差所造成的效果量之间的变异，效果量的 95% 信赖区间是根据这个误差计算的。

第（18）栏是加权的离均差平方，这一栏下方的 0.597 是加权的离均差平方和，这是一个 $df = 3$ 的 χ^2，$p = 0.897$，表示这四个实验的结果是同质的。这一栏最下方的 0.009 是加权的离均差平方和 0.597 除以权重的和 63.384，这代表研究者实际观察到的四个效果量的变异数。可以看得出，这个变异数比抽样误差所预测的变异数还小，表示四个实验的结果相当同质，彼此之间的差异并未超过抽样误差预期的范围。

（五）　整合分析中的预测变项

前面一节的介绍着重在反应变项的处理。在任何一个研究中，研究者关心的重点应该是预测变项。也就是说，研究者关心什么样的预测变项可以解释反应变项的变异。整合分析的研究中也是如此。不过，整合分析是一种事后的探究，所有变项的选取、操弄和测量都是他人规划完成的，整合分析的研究者是被动地接收这些数据，并试图从中看出一些额外的端倪。这额外的端倪可以用来解释为什么不同的研究得到的结果会有不同，也可以用来形成新的研究假设，建构新的理论。由于这样的特性，整合分析研究者要避免对数据做过度的分析以及对分析所得的结果做过度的推论与下定论，否则会有瞎摸碰运气之虞。

要避免旁人瞎摸碰运气之讥，整合分析研究者在挑选某些预测变项时，最好有一些理论上、逻辑上的依据。即便分析之初是抱着试试看的心态挑选某些预测变项，在发现预测效果之后，也还是必须提出一套合理、有意义的解释。

不过，有意义的预测变项不见得事先想得到；即便想得到，文献中可用的数据不见得能够容许研究者检验这些预测变项。整合分析能够探究的范围毕竟要受既有数据的约制，是一个典型资料驱动的研究。在这种情况下，有时候研究者反倒需要抛开既有的理论思维，让资料说话。要让资料说话，研究者必须充分了解相关文献的每一个研究中所包含的变项及特性，掌握住有哪些变项或特性是大多数研究中都有并且有一定变化的（例如各个研究所进行的年代、受试者的年龄层、受试者的文化或语言背景等），并运用 John Wilder Tukey 所倡议的探索性资料分析（exploratory data analysis）的步骤，以描述统计、资料分布图呈现资料的不同面貌及各种可能的变化，同时尝试理解这些变化的意义。前一节所介绍 Underwood 有关记忆遗忘的研究便是一个很好的例子。受试者在一个研究里记背了多少张词表原本不是一个被刻意操弄的变项，当然也不具理论意义。研究者能够发现它，当然是因为他在这类研究上的充分经验以及对各个研究的娴熟。除此之外，开放的观点及运气是绝对必要的。科学上的重大发现往往是偶然的，但是偶然而来的机会仍然只有慧眼独具的人才能捕捉得到。

其实整合分析研究所检视的研究假设不一定要是原本第一级研究里所探讨的研究假设，可以是一个全然不同的假设。第一级研究中通常会有一些特性是研究内未被操弄，但是研究之间存在着变异的。这种跨研究存在的变因如果刚好是某种理论假设中所关切的变项，那么研究者就可以利用这个机会和现成的数据来检视这个理论假设，取得新的证据。如此，这样的整合分析研究就不会只是一种事后的文献整理，也可以是有创意和有理论贡献的研究。以下举一个实例说明这样的整合分析。

在阅读的研究中，一个普遍的看法是，阅读的历程会因文字的特性不同而有不同，称为文字变异性假说（orthographic variation hypothesis）。中文和英文的差别是研究者常常用来论述这个看法的例子。中文使用的是接近图像的意符文字，英文用的则是音符文字。由于人类左右大脑的处理特性不同，左半脑主管序列、规则、分析性的讯息处理，右半脑主管平行、图像、整体性的讯息处理，因此，研究者揣测中文文字的处理比较会涉及右半脑，而英文的则比较不会。有些研究者利用心理学里一个相当容易观察到的现象来研究这个问题。这个现象叫做史处普干扰效应（Stroop interference effect）。这个现象是这样子的。如果我给你一些颜色要你快速地说出这些颜色的名称（如下面第一排的颜色），你应该没有什么困难。但是，如果我用不同字义的颜色字来呈现这些颜色（如下面第二排的颜色），你就会觉得相当困难了。如果测量你的反应时间，第二排颜色所需的时间会明显比第一排所需的时间长，这多出来的时间反应就称为"史处普干扰效应"：

@　#　$　%　&
红　蓝　绿　黄　紫

由于颜色的处理应属于右半脑的工作，于是有研究者推测，如果中文文字的处理确实比较会涉及右半脑，而英文的则比较不会，那么以中文字呈现的史处普干扰效应应该会大于以英文字呈现的史处普干扰效应。不过，若干探讨这个问题的研究的结果却出现分歧的情形，而未能有定论。笔者因为有一段时间专研史处普干扰效应的发生机转，对这方面的文献相当熟悉，知道以史处普干扰效应探讨各种议题的研究很多，这些研究虽然本意不是在探讨文字的处理历程，但是他们的数据却可以用来回答这样的研究问题。于是，笔者从文献中挑出用英文颜色字做材料、受试者是以英语为母语的单语成年人且实验是以个别色字呈现并测量口说反应时间的研究，也挑出对应的中文的研究。然后以三种方式计算史处普干扰效应，一种是反应时间的差值，一种是反应时间的比值，再一种是 Hedge's g 效果量，并比较中文的和英文的史处普干扰效应是否不同。结果发现不论是用哪一种方式代表史处普干扰效应，中文和英文并无不同。笔者以这样的证据推论文字变异性假说不能成立。

这个整合分析研究说明：

1. 反应变项不一定要是标准化的平均差，可以是原始的测量单位（反应时间）。

2. 预测变项可以是任何跨研究存在的变因，但是需有理论上的意义。

3. 整合分析研究者的问题可以和第一级研究中的问题不同，可以是完全独立起意的问题（independently motivated question）。如此看来，整合分析的功能不仅限于收拾文献中的烂摊子而已。

四　整合分析可能遭遇的问题与因应方式

（一）档案柜问题（file drawer problem）

整合分析是量化的文献整理，强调客观性，因此，文献中与整合分析所设定的议题有关的研究，原则上都必须纳入，不可以遗漏。但是，由于学术界的出版习惯，有显著结果的研究比较得以出版，无显著结果的研究比较无法出版，而停留在研究者的档案柜里。这使得整合分析的研究者所搜寻到的文献报告会偏向是已出版的研究，未出版的研究因为较难取得，比较无法被纳入。这样会造成整合出来的结果偏向是显著的。为了因应这样的出版偏向

（publication bias），Robert Rosenthal 提出一个 Fail Safe N 的概念。如果某一项整合分析得到的平均效果量是显著的，那么，我们问，要有多少不显著的研究加进来，才会使原本显著的效果量变成不显著？所需要加进来的不显著研究的数目就是 Fail Safe N。算法是先将每个研究的显著值 p 转换呈常态标准分数 z 值，并计算平均的 z，此为一种效果量的指标：

$$\bar{z} = \frac{\sum z}{\sqrt{k}}$$

k 是整合分析所纳入的研究的数量。现在假定档案柜中不显著研究的数目是 X，把 X 加进分母里，并令上式所得之数等于刚好显著（譬如 0.05）的 z 值：

$$z_{0.05} = \frac{\sum z}{\sqrt{k+X}}$$

这样算出来的 X 如果很大，让人觉得不可能有这么多未发表的研究收在档案柜里，那么整合分析的研究者就可以宣称他所整合出来的平均效果量是显著的。至于这个数要多大才算很大，Rosenthal 提供一个参考标准：$5k+10$，也就是说，如果 $X > 5k+10$，便可以排除档案柜问题所带来的可能的出版偏向。

（二）原始研究的品质问题

刚才提到，整合分析强调客观性，因此文献中与整合分析所设定的议题有关的研究，原则上都必须纳入，不可以遗漏。可是，各个研究的质量不一，有些研究不够严谨，研究的结果难以让人信赖。如果不分好坏，全数纳入整合分析之中，那么恐怕会有垃圾进、垃圾出（garbage in，garbage out）的疑虑。但是，如果只根据研究者主观的判断做筛选，也会有问题。一个可以采用的方式是，先订定一套研究质量的评量标准及评量表，请至少两位专家独立地对文献中的各个研究做评量，并检查他们之间的一致性。如果一致性低，必须修订评量标准及评量表，使之更明确。如果一致性高，那么就可以将评量分数平均，作为各个效果量的权重分数，纳入效果量的计算。

（三）变项的概念建构问题（苹果和橘子可不可以合在一起）

我们在整合相关研究时一定会发现，原始研究所探讨的议题可能相似，但是他们所定义测量的依变项或独变项可能不完全一样。譬如，大家都在研究不同的教学法对学生的阅读能力有无帮助，可是有些研究关注的是认字，有些关注的是认词（字不等于词，光棍不等于光加棍），有些则关心篇章的理解。我们在整合这些研究时应该把探讨不同阅读面向的效果量分开处理呢，还是可以合并处理？这个问题没有一定的答案，要视整合分析的研究者在理论层次上如何看待这些不同的阅读面向。如果研究者认为认字的能力和篇章理解的能力相当不同，那么就应该把这两者分开处理；如果认为这两者毕竟都涉及文字的处理，可以广泛地归纳成阅读的能力，那就可以把他们合并处理。同样的，英文阅读中的整词教学法、拼音教学法、强调文意教学法等的效果应该分开处理，还是可以合并？这也是要看研究者在理论层次上如何看待这些不同的教学法。苹果和橘子有时候必须分开理解，有时候也可以都当成水果来理解。

（四）资料处理过程中的品管

整合分析需要将大量的文献报告中的数据撷取出来，因此研究者需要制定一套标准的作业流程，以确保撷取出来的资料正确无误。研究者可以事先设计好一份资料撷取表，详列所需要撷取的变项，而后由两位训练过的研究人员分别进行资料撷取，每处理一定数量的文献之后，就必须比对两人所撷取登录的资料是否一致。遇有不一致的情形时，必须查证解决。这样的查核在资料撷取的初期（头几篇文献）特别重要。可能遇到的问题在这个阶段大都会出现，及时处理了，才可以避免因为问题发现得晚而必须回头做大量修正的困扰。

资料撷取最令人困扰的是，计算效果量所需的数据各研究报告提供的不一样或是不完整。研究人员必须充分了解某个研究的实验设计：有哪些独变项（或预测变项），每个独变项的操弄是组间的还是组内的，有几个处理水准，统计分析的结果有哪些数据可以用来计算效果量，合并的标准差的来源是什么，依变项的意义与测量方式，有多个依变项时如何处理等。即便如此，效果量要如何计算仍有很高的不确定性，研究人员必须先自己做个判断与决定，记录其决定的依据，再与同事交互比对、讨论与确认。这个过程会很冗长、很费神，但是很必要。否则，撷取登录出来的资料一定会有许多的错误与不一致的情形。

（五）相关文献有多少才适合进行整合分析

在进行第一手研究的时候，我们常会想知道需要多少受试者才合适。在进行整合分析研究的时候，我们也会问：相关文献有多少才适合进行整合分析。这个问题并没有明确的答案，要看研究者想要问的问题以及文献中现有的数据是否已显露出某种规律性而定。这有赖研究者先以探索性分析的方式从不同的角度审视手边文献中的数据，同时思考可能的理论议题与假设。有了一些有趣的初步发现之后，再衡量是否值得扩大范围进行整合分析。如果只是抱着碰运气的心态，那么文献恐怕要愈多才愈有挖掘的空间。

有研究者建议，量化的文献整理应该以累进的方式进行。一个议题的研究发现在一个研究社群里通常会时时被追踪，但是传统的做法通常是印象式的。如果可以用整合分析的步骤与方法，客观而有系统地追踪各个研究所得的数据（而非结论），那么将有助于及早发现问题或确定研究的结论。

五　整合分析的限制与挑战

整合分析自从 1980 年兴起以来，虽然批评声浪不断，但是确实逐渐减少，目前这种量化的文献整合方法已为大多数学者所接受，整合分析的研究不再被视为非原创性的研究，某些期刊甚至要求文献回顾的文章必须要纳入整合分析的结果。这样的风潮从早先的临床心理学一路吹进教育、社会、医学、管理等领域，席卷了整个行为社会科学。而且，不仅应用研究领域的人将其奉为圭臬，理论研究领域（例如认知心理学、语言心理学、认知神经科学）的学者也都接受采用。过去一些学者批评或担心的方法上的问题，陆陆续续已有学者提出解决的方案。一个正面的看法是，整合分析的复杂性与所需要面对的问题其实与原始第一级研究并无不同，这些问题并非整合分析的限制，而应视为其挑战；有些问题虽然困难，却非无解。

其实，整合分析最大的困扰在于原始研究的不完美以及报告的不完整。input 有问题，output 当然也难以取信于人。这就如同原始研究中测量的信效度有问题或有太多的缺漏资料所造成的困扰一样。这些问题有些可以用统计的技术处理，但是可能终究非解决之道。

Donald Rubin 认为统计学家应该致力于研究如何从不完美的研究结果推估完美情况下的效果。事实上，John Hunter 与 Frank Schmidt（1990）在他们的书中正是倡议这样的做法。不过，Rosenthal 觉得这不太切合实际；因为在现实世界的应用中，任何训练或治疗都不可能在完美的情况下进行，效果的测量也不可能是完美的；既然如此，估计完美情境下的效果量充其量只有理论上的意义，并无实际上的用处。再说，人的行为与环境的变化如此复杂，各个原始研究执行的变异性这么大，想要掌握影响研究结果的所有不完美因素以及其彼此之间的交互作用，应该是不可能的。不过，这么说不表示原始研究就可以草率从事，好的实验或研究设计与严谨明确的程序仍然是科学研究追求真理的唯一做法。

至于报告不完整所造成的困扰，一个合理有效的因应作法是实时的整合分析（real time meta-analysis）。这是 Joseph Lau 与 Thomas Chalmers 于 1992 年提出来的。他们的作法是建立一个大的数据库，把医疗界中各个药物疗效的研究结果，在完成之时就纳入，并立即与已有的结果比较或合并。这样可以避免事后数据取得上的可能困难，更可以实时地累积研究发现，作为决定后续研究方向的依据。The Cochcrane Collaboation 也启动了一个更大型、跨国（英、美、加、义、北欧）的资料库 The Cochrane Database of Systematic Reviews，收集各个医疗研究的原始资料及合并的结果，并定期公布这些结果供医界参考。这是一个很值得借鉴的做法，但是需要有长期而足够的经费以及学界无私的资料分享。

整合分析是量化的文献整理，重点不仅仅在于量化，更在于文献整理。量化涉及统计的技术，文献整理则需要有理论性的思考及好的问题意识。从事整合分析的研究者如果缺乏理论性的思考及好的问题意识，其研究将流于技术的展示甚或滥用，而招致批评。Glass 在倡议整合分析研究之初，曾被 Eysenck 痛骂那是超蠢的分析（mega-silliness）。Eysenck 对 Glass 的批评欠公允，事实也证明他骂错了。不过，日后许多风靡整合分析研究的学者误以为整合分析是万能的分析（mega-analysis），他们的作法往往缺乏理论性的思考及问题意识，所以仍难逃超蠢分析之讥。除此之外，量化不仅涉及统计，也涉及数据的处理。数据的处理需要高度的耐心与细心，否则会错误百出。从事整合分析的研究者必须要有亲身投入、高度参与的心理准备。如果便宜行事，将严重影响所得数据的品质，那么也是难逃超蠢分析之讥了。

六 总结

整合分析与其说是一种统计方法，不如说是一种统计思维来得恰当。在方法上，它沿用所有传统的统计方法，并非只有一种统计方法。唯一比较不一样的是，不同研究所得的效果（整合分析中的依变项）可能量尺不一，而必须先予以标准化；又因为测量误差大小可能不同，这些效果在分析时还必须予以适当加权。除此之外，整合分析与我们所熟悉的统计分析并无实质上的差异。

如果以一种统计思维来看待整合分析的话，它所强调的是运用我们所掌握的统计方法，去探索和捕捉研究之间的一致性与不一致性，从中获得新的发现与启示，作为开展后续研究的依据。因为整合分析是一种事后分析，所以它所获致的结论通常是不能有因果关系的意涵。要确立因果关系，仍须另外设计实验来验证之。因为整合分析需要整合多个研究的结果，因此，哪些研究算是切题、应该纳入，其实考验研究者的问题意识。研究者的问题意识清楚时，整合分析就容易进行，也比较能获致有意义的结果。清楚的问题意识取决于研究者对相关文献的熟悉与掌握程度，也有赖研究者的洞察力。所以，文献掌握不确实的情况下、问题意识不清楚时，是不适合进行整合分析的。怎样才算是对相关文献够熟悉了呢？这要包括理论面、证据面、方法面等细节。怎样才能有足够的洞察力呢？这要尝试跳出既有研究的思维，寻找新的角度、新的变因。这些其实就是传统文献回顾所做的事，所要达成的目标。整合分析作为一种量化的文献回顾，只是把这种深思熟虑的传统文献回顾加入统计数据，辅以统计的方法而已。由此观之，整合分析的重点是文献回顾，不是分析，也不是统计。

参考书目

林邦杰（1987）《整合分析的理论及其在国内的应用》。《教育与心理研究》，10，1 – 38。

Atkinson, Donald R. , Furlong, Michael J. , & Wampold, Bruce E. （1982）. Statistical significance, reviewer evaluations, and the scientific process: Is there a （statistically） significant relationship? *Journal of Counseling Psychology*, 29 （2）, 189 – 194.

Boroditsky, Lera （2001）. Does language shape thought? Mandarin and English speakers' conceptions of time. *Cognitive Psychology*, 43 （1）, 1 – 22.

Chen, Jenn-yeu （2007）. Do Chinese and English speakers think about time differently? Failure of replicating Boroditsky （2001）. *Cognition*, 104, 427 – 436.

Cooper, Harris, & Hedges, Larry V. （Eds. ）. （1994）. *The handbook of research synthesis*. New York: Russell Sage Foundation.

Gibson, Eleanor J. , & Levin, Harry （1978）. *The psychology of reading*. Cambridge, MA: The MIT Press.

Glass, Gene V. （1976）. Primary, secondary, and meta-analysis of research. *Educational Researcher*, 5 （10）, 3 – 8.

Glass, Gene V. （2000）. Meta-analysis at 25. Retrieved, March 1, 2010, from http://glass. ed. asu. edu/gene/papers/meta25html.

Hunt, Morton （1997）. *How science takes stock: The story of meta-analysis*. New York: Russell Sage Foundation.

Hunter, John E. , & Schmidt, Frank L. （1990）. Integrating research findings across studies: General problem and an example. In John E. Hunter & Frank L. Schmidt （Ed. ）, *Methods of meta-analysis* （pp. 23 – 42）. Newsbury Park, CA: Sage.

Light, Richard J. , & Pillemer, David B. （1984）. *Summing up: The science of reviewing research* （Preface and Introduction）. Harvard University Press.

Morris, Scott B. , & DeShon, Richard P. （2002）. Combining effect size estimates in meta-analysis with repeated measures and independent-groups designs. *Psychological Methods*, 7 （1）, 105 – 125.

Rosenthal, Robert （1991）. *Meta-analytic procedures for social research*. Newbury Park, C. A. : Sage.

Rosenthal, Robert （1994）. Parametric measures of effect size. In Harris Cooper & Larry V. Hedges （Eds. ）, *The handbook of research synthesis* （pp. 231 – 244）. New York: Russell Sage Foundation.

Rozeboom, William W. （1960）. The fallacy of the null hypothesis significance test. *Psychological Bulletin*, 57 （5）, 416 – 428.

Salthouse, Timothy A., & Somberg, Benjamin L. （1982）. Isolating the age deficit in speeded performance. *Journal of Gerontology*, *37*（1）, 59–63.

Schmidt, Frank L. （1992）. What do data really mean? Research findings, meta-analysis, and cumulative knowledge in psychology. *American Psychologist*, *47*（10）, 1173–1181.

Underwood, Benton J. （1957）. Interference and forgetting. *Psychological Review*, *64*（1）, 49–60.

延伸阅读

1. Rosenthal, Robert （1991）. *Meta-analytic procedures for social research*. Newbury Park, C. A.: Sage.

   这是一本很理想的入门书。作者自 1960 年代始就以整合分析的方法进行许多量化的文献整理。这本书写得浅显易懂，把整合分析的各个步骤都做了介绍，基本的统计方法也有清楚的说明，并有一些简单的练习题目。

2. Cooper, Harris, & Hedges, Larry V. （Eds.）. （1994）. *The handbook of research synthesis*. New York: Russell Sage Foundation.

   这本书顾名思义提供了整合分析所需的各种方法，有比较多统计上的细节，算是一本进阶的书，但是仍然属于一般学过统计的人可以阅读的书。

3. Hedges, Larry V., & Olkin, Ingram （1985）. *Statistical methods for meta-analysis*. New York: Academic Press.

   这本书属于技术性的专书，比较适合有数理统计基础的人阅读。一般人可以不必考虑。

4. Hunt, Morton （1997）. *How science takes stock*: *The story of meta-analysis*. New York: Russell Sage Foundation.

   这是一本可以轻松阅读的书。作者是科学报道的作家。他把整合分析的发展与应用，以故事及实例的方式，用一般人可以理解的语言做了很有趣的介绍。实例涵盖了临床心理、教育、医疗、社会、公共政策等。

第十章
地理资讯系统应用

一　前言

（一）开场白

本章谈的研究工具是地理资讯系统（geographic information system，GIS；以下以 GIS 代表"地理资讯系统"一词），目的在说明什么是 GIS，其发展过程、架构及对社会科学研究能提供什么样的帮助。若我们将研究领域概略分为自然科学、生命科学及社会科学，GIS 在自然科学及部分生命科学领域之应用已经相当普及了，在社会科学之应用近几年来虽有蓬勃发展的趋势；但相对于自然科学及生命科学领域，GIS 应用的程度及层次仍相当有限。若要善用及正确运用该项新兴工具，理解其背景知识、基础观念及技术概念是第一个必要条件。由于牵涉不少领域的背景专业知识，要能彻底了解及应用 GIS 事实上不是一件容易的事。本章主要是针对社会科学领域的学生或研究人员撰写，内容将着重在介绍最核心的基础知识、技术背景、观念和专有名词，以减少进入 GIS 的瓶颈及障碍。而不是在介绍如何操作众多 GIS 工具软件，理由是各类 GIS 工具软件基础知识及技术背景相同，若不了解最基本知识时，将不知如何操作和应用 GIS 工具软件。

日常生活中，我们经常观察到许多和特定空间区位相关的现象；这些和地理因素密切关联的现象，我们称为"地理现象"。地理现象的例子不胜枚举，例如，迁徙的研究发现、迁徙行为和地区的所得水准、环境宁适性及就业机会有关；有关社会阶层空间分布部分，发现在东方的都市里，社会阶层较高及经济能力较好的人，通常居住在市中心，但北美的情形刚好相反；房地产研究显示，捷运沿线或重要交通要道附近的房价通常较高，且若没有其他重要公共设设施（如医院、学校、菜市场、金融机构等），离捷运站愈远房价通常会出现递减现象。

又如，医疗卫生部分，发现没有参加台湾全民健保的人之空间分布相当极端，不是集中在都市中心精华高所得地带，就是多分布在偏远乡下或山地等低所得地区；某些地区有较高的疾病盛行率，例如，云林嘉义地区的肝癌盛行率较高；日本胃癌盛行率远较其他国家高，但日本、法国、挪威等国的心血管疾病盛行率却比其他国家低。政治学选举研究发现，2000 年后，台湾选举结果开始出现显著的所谓"北蓝南绿"现象，也就是说北部地区国民党得票率明显高于民进党，但在南部地区却是民进党得票率明显高于国民党。

为处理及分析地理现象，不论是自然科学、生物科学抑或人文及社会科学的学者，传统的方法是在地图上，以人工方式标示某一地理现象的发生地点、发生时间及现象所属类别，据以进行归纳及演绎的研究。若研究的地理现象不是太复杂时，这类传统做法是相当有效率的工作方式；但若研究的地理现象非常复杂，传统做法会变得非常耗时、耗力及没有效率。例如，达尔文在 1859 年出版的著名的《物种起源》一书，系以1831 年至 1836 年这五年间，他随英国海军探测船小猎犬号环球旅行时大量观察、记录、搜集到的各地生物及古生物化石数据为基础写成的；由于他搜集及记录资料量太过庞大，完成旅行后他再耗费二十余年时间才完成资料整理及分析工作，接着以归纳及演绎方式，最终才完成这部伟大著作。以现在角度来看，达尔文搜集的各地生物资料皆包括时间及空间两个基本面向，若当时他有科技辅助资料整理及分析工作，《物种起源》完成时间或许可大幅缩短。

GIS 擅长于各类空间数据的处理及分析。若由应用领域来看，多数资讯系统只着重单一领域的应用，GIS 则是一个大型的跨领域资讯系统，主要的背景领域包括地图学、测量学、地理学、地球科学、计算器科学、资讯科学、遥感探测、资料库处理、卫星定位系统、数学和统计学。除军事用途外，GIS 应用领域主要集中在地形分析、地震研究、大气科学研究、水文研究、天然灾害潜势分析、产业及营销管理、地籍管理、电子地图、工程、环境及资源规划和管理、都市及区域、土地、财税、交通及路网规划、电力及电信网络、区域营销、设施选址及管理（如公路选线、垃圾处理场选址、商店选址）、救灾体系规划及管理等领域。

（二）GIS 的定义及资料模式

何谓 GIS？这是一个难以用三言两语解释清楚的问题。一般人通常以为 GIS 是用来绘制地图的电脑软件，这样的看法不能说是不对，但只说明部分面貌而已。综合各界对 GIS 的定义（Dangermond & Smith，1988；Maguire，Goodchild，& Rhind，1997；Burrough & McDonnell，1998；Foresman，1998；Bolstad，2005；Tomlinson，2005；Chang，2007），GIS 本身架构是由电脑软硬件、专业人员、空间及属性资料库构成的跨领域资讯系统，旨在将复杂地理现象进行概括化、类别化及系统化工作，据以获取、管理、处理、分析地理资料及展示系统分析产生之空间资讯，及说明地理特征及产生地理知识。

GIS 本质是资料库资讯系统，基本构成要素包括系统从业人员、系统硬件、资讯软件、数据库及应用等五大部分，其中软件主要功能包括空间资料之数化（digitalization）、前置处理、编修、转换、空间及属性资料整合及管理、分析和展现功能；GIS 电脑硬件一般包括电脑主机（个人电脑、工作站、大型主机等）、网络系统、资料输入接口设备（如坐标数化仪、扫描仪、GPS 信号接收器等）及资料输出接口设备（如绘图机等）；而系统从业人员包括 GIS 专家、资料库规划管理人员、应用系统开发人员及用户等。

GIS 运作基础奠基于所谓的地理数据模式（geographic data model）。地理资料模式分成两大相互关联的模式，第一类称为空间数据模式（spatial data model），第二类称为属性数据模式（attribute data model）。所谓的空间资料模式，是透过抽象化的点（point）、线（arc）、面（polygon）资料模型，让电脑能够概括化真实世界各类现象。点资料包括如出生地、宗教场所、犯罪地点、交通事故地点、消防栓位置、污染地点等。线资料则包括如道路、电线、河流、地下管线、电脑网络、社会网络等。面数据则包括如行政区域、统计地区、都市化地区、土地利用、建筑物、土壤地质状况、地下水层、气候等。属性资料模式记载地理实体的相关背景数据与讯息，目的供描述及关联地理空间资料特征之用。

故所谓的地理资料模式，看似是一种概念式的模式，事实上其目的在透过严谨的资料定义与结构，将地理资料经数值化过程转化成可供电脑可操作之资料；不论是空间资料抑或是属性资料，这两大类资料皆各有其特定的资料搜集、输入、编修、处理、分析及展现的专业技巧，其中属性资料处理及分析是社会科学领域较熟悉的部分，但空间资料则为相对陌生的领域。这里我们以图 10 - 1 及图 10 - 2 进一步说明 GIS 定义、架构及地理数据模式间之关系。如图 10 - 1 所示，我们先界定"研究区域"，接着将研究区域分成"自然环境"及"人文及社经环境"两大类，再将自然环境概括化成气候、土壤、水文、地形、地质等数类电脑化图层（layers），将人文及社经环境概括成道路、建物、污水处理管线、行政区域、都会及乡村区域等图层。经由上述过程及步骤，我们借以为研究区域里的地理现象进行系统化及电脑化工作。

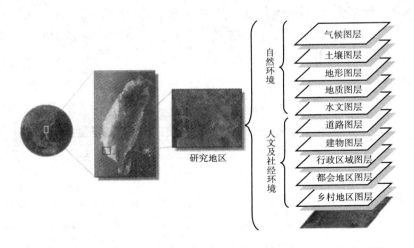

图 10 - 1　研究区域所属地理现象概括化 → 类别化 → 系统化过程

经由上述将研究区域所属地理现象概括化 → 类别化 → 系统化过程，所建立的自然环境和人文及社经环境电脑化图层称为空间资料（spatial

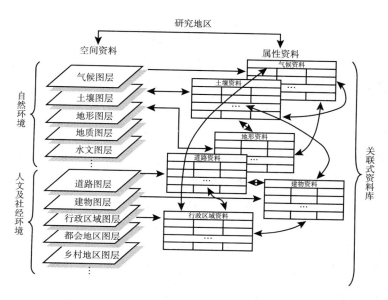

图 10 – 2　地理现象、空间和属性资料及建立资料关联性

data）。GIS 空间资料的格式可分成向量式（vector）及网格式（raster）两大类型，本章后面会介绍向量式及网格式空间资料格式观念及向量式空间资料的点、线、面空间资料位向关系（topological relation）设计原理及目的，至于如何产生向量式或网格式图层空间资料，属于另一个应用层面，不在本章讨论之列。为了描述空间资料所欲呈现的地理现象，每一个空间资料必须有一个对应的资料，称为属性资料（attribute data）。

　　简言之，GIS 所处理的资料报括空间资料及属性资料两大类。由于真实世界里，各类地理现象存在某种程度的关联性，为表示这种关联性，空间资料及所属的属性资料系透过某个资料字段加以串联在一起，而各类属性资料之间亦可能存在某种关联，我们同样可由特定的资料字段将属性资料串联起来，建立空间资料及属性资料的关联式资料库管理系统（relational database management system，RDBMS），如图 10 – 2 所示。关联式资料库架构可能很单纯，也可能相当复杂，视系统设计目的而定。只有完成空间资料及属性资料的关联式资料库系统，才得以进行空间资讯的处理、分析及展示等工作。

二 发展过程及现况

这里由产、官、学三个面向，回顾 GIS 过去及现在的发展脉络，有助读者了解未来发展趋势。由于人类企图愈来愈大，所欲了解及处理的地理现象亦愈来愈复杂，有鉴于传统人工处理方法之限制，二次大战后计算机之发明及资讯科技之发展，尝试利用电脑科技处理地理现象早在 1960 年代即已开始。GIS 的发展始自 1960 年代初期加拿大及美国两国，审视其发展历史轨迹，早期的发展主要是依研究或应用之需要，各自于政府部门或学术界独立发展，发展脉络较无系统性可言。至 1970 年代，随着经验累积、技术进步及初期培养人才陆续投入产业界，政府部门、学术界及民间部门的发展及应用则开始进入整合，于 1980 年代初期商业化 GIS 开始出现，至 1980 年代末期在北美地区已相当蓬勃及普遍，同时期在世界其他地区才开始萌芽及茁壮。

至 1990 年代，GIS 技术发展已相当成熟，商业应用也相当成功。在这个时期，应用最大变革是开始和美国国防部的全球卫星定位系统（global positioning system，GPS；以下用 GPS 一词）及日益普及的互联网应用相结合，应用层面及从业人员始见大幅扩大。虽然如此，1990 年代 GIS 的建置成本仍然相当昂贵，使用对象仍属特定专业人员居多，一般人仍无缘接触。不过于 2000 年后，以网络架构为基础的 GIS（web-based GIS）迅速茁壮，开始由封闭系统逐渐走向开放，2005 年 Google Earth 及 Google Map 的发表，便是 GIS 应用"平民化"的一个重要里程碑。

回顾 GIS 的发展，产、官、学三大领域扮演相当关键的角色。学术界最初发展，最典型的代表是 Howard Fish 于 1963 年领导创立的哈佛电脑绘图及空间分析实验室（The Harvard Laboratory for Computer Graphics and Spatial Analysis），著名的代表系统是 SYMAP（Synagraphic Mapping System）制图软件。以现在标准来看算是相当简单的软件，但它的重要性在于，其为第一个被广泛使用的具有处理、分析及绘制地理资料能力的资讯系统，该系统后续的发展及应用，于 1960 年代及 1970 年代培养许多人才，这些人离开校园后为 GIS 之后在产业界的发展奠定重要基础。不过著名的制图学者

Rhind（1988）指出，尚有许多人对 GIS 早期发展有不可磨灭的贡献，例如 Tobler（1959）、Cook（1966）、Hagerstrand（1967）、Diello 等人（1968）。

　　政府部门 GIS 的发展最典型的代表当属 Roger Tomlinson 领导建立的加拿大地理资讯系统（CGIS）。Tomlinson 在 1960 年时，最初受雇于加拿大一家航空调查公司，该公司曾受委托进行东非森林资源调查，但由于调查人工处理成本太高致使计划被迫终止，当时他虽大力主张应善用电脑建构适当系统，以减少资料处理及分析的人力依赖，但不为受雇公司所采纳。之后，他有次在飞机上和负责规划加拿大土地库藏及地力调查工作的加拿大农业部主管 Lee Pratt 比邻而坐，Tomlinson 在飞行途中向 Pratt 说明他对应用电脑进行资源及土地管理的构想、规划和执行方式。Tomlinson 的想法令 Pratt 印象深刻，之后 Tomlinson 在 Pratt 邀请下和加拿大农业部签下合约，并在加拿大农业复育暨发展机构（Canadian Agricultural Rehabilitation and Development Administration，CARDA）及 IBM 协助下，发展所谓的 CGIS；CGIS 可谓是 GIS 鼻祖，亦是目前仍在运作的少数大型系统，Tomlinson 亦被尊称为 GIS 之父。

　　加拿大政府开始发展及运用 GIS 同时，美国政府对 GIS 发展亦有不可磨灭的贡献。Tomlinson 在 1969 年离开 CGIS 后，转担任 GIS 私人顾问，同时他也担任国际地理联合会（International Geographic Union，IGU）辖下的地理资料感应与处理委员会（Commission on Geographic Sensing and Processing，CGSP）主席达十二年之久。他担任 CGSP 主席期间亦帮著名的美国地质调查（The US Geological Survey，USGS）评估既有的空间数值电脑系统整合可行性，之后 USGS 对美国 GIS 发展及整合产生重大影响。

　　除了 USGS 外，另一个对 GIS 发展有深远影响的单位是美国普查局。美国普查局第一次着手进行电脑化的地理资料处理，始自 1967 年的 New Haven 普查应用研究，该研究最重大的贡献是在 1980 年时促成双重独立地图编码系统（Dual Independent Map Encoding System，DIME）的诞生（Schweitzer，1973；Dewdney & Rhind，1986）；DIME 的本质是利用街道的位向（或称拓扑）关系（topological relationship）来描述都市结构的一种方法，该方法是由美国普查局 James P. Corbett 领导的一组数学家及 Marvin White 与 Don Cooke 等人所发展出来的（Corbett，1979）。由于 DIME 和

1980 年美国人口普查资料结合产生不少应用，为 GIS 在人文社会科学领域应用奠定重大基础。

以 DIME 为基础，美国普查局进一步发展出非常著名的位向式整合地理编码及对位系统（Topological Integrated Geographic Encoding and Referencing System，TIGER），并和 1990 年美国人口普查结合应用。TIGER 最重要贡献包括提供地址对位（address matching）功能及促成小地区分析变得具体可行。地址对位和小地区促使社会科学运用的空间单元大幅细致化，在和精细的个体数据结合及应用时，变得更具弹性。因此，TIGER 系统可视为 GIS 在人文社会科学领域应用的重要突破及里程碑。

除了学术界及政府部门，民间部门的投入亦是 GIS 发展及推广的重要因素。GIS 在产业界的发展可视为学术界及政府部门 GIS 发展的延伸，产业界发展出来的 GIS 系统，多数是由电脑辅助装设及制造（CAD/CAM）业者所开发，唯一例外但也是最成功的例子是 Jack Dangermond 于 1969 年创立的 ESRI（Environmental System and Research Institute）公司。Dangermond 先生在 1968 年获得哈佛大学建筑硕士学位，求学期间曾参加哈佛电脑绘图及空间分析实验室，毕业后回故乡加州创立 ESRI。ESRI 在 1970 年代初期只有 15 位员工，1990 年代初员工数已超过 350 人，至 2009 年底时员工数已扩至 2700 人。ESRI 成立初期，以开发和推广网格式 GIS（grid-based GIS）为主，称为 GRID；1982 年 ESRI 成功推出全球首套向量式 GIS（vector-based GIS），名为 ARC/INFO。向量式 GIS 的出现是 GIS 发展的重大技术突破及创新，ARC/INFO 在 1980 年代成功推广至北美地区，在 1990 年代扩展至其他国家，最终成为该领域商业系统龙头，并主导地理资讯系统后续发展的标准。

简言之，由 1960 年代开始，经过二十多年的发展，直到 1980 年代初期，才出现成熟稳定且功能完备、具有处理大量且复杂地理现象的资讯系统，迨 1980 年代末期及 1990 年代中期，GIS 的应用才逐渐普及。目前发展趋势是系统架构由封闭系统朝开放架构发展（如 Open GIS），且朝网络 GIS（web GIS）及行动 GIS（mobile GIS）之应用开发，地理资料库由早期完全封闭系统朝以网络为基础的分布式资料库管理系统（Peng & Tsou, 2003；Li & Vangenot, 2005；Rana & Sharma, 2006），资料的分析亦和网格运算

（grid computing）及所谓的云端运算（cloud computing）结合，处理及分析结果之展现则往所谓的 3D – GIS 发展（Chang，2007；Abdul-Rahman & Pilouk，2008）。

三　地理坐标系统及地图投影

坐标系统是 GIS 空间定位的方法之一，投影系统目的在将三维的地球以二维空间来表示，地理坐标与投影系统及各系统间之转换属地图学及测量学范畴（例如，Kraak & Ormeling，2002；潘桂成，2005）。使用 GIS 时碰到的第一件事通常就是要指明所使用的坐标系统及投影系统为何，作者发现初次接触的使用者通常缺乏这方面的观念及知识，造成运用的第一道障碍，因此有必要先就地理坐标与投影系统做一综合性介绍及说明；二者虽牵涉很复杂的数学运算，但拥有正确的地理坐标系统与投影系统基本观念，是成功运用 GIS 的第一个必要条件。

此外，不论传统平面地图或 GIS 数位地图，地图呈现的空间资讯之坐标及特征系由选用的大地测量基准及投影方式所决定，例如，地球上同一点，在不同的大地测量基准将呈现不同的经纬度坐标。选用特定大地基准及进行空间坐标系统转换，或改变投影方式，用传统人工转换是相当耗时的工作，由于目前 GIS 软件皆有提供此类功能，这类工作可迅速完成。因此，本节要强调的另一点是，由于测量基准差异关系，植基于不同大地基准的空间资讯，必须先选用共同的大地基准，再经由所谓的空间坐标系统转换，并选用相同的投影方式，才能进行空间资讯的处理及比较，否则空间资讯的处理及分析（下面将会介绍）结果可能会产生很大误差，进而产生错误的决策资讯。

（一）地理坐标系统

在谈地理坐标系统之前，我们先简单回顾一下几个常用的坐标系统。各坐标系统当中，最有名的是大家耳熟能详的二维空间 $X－Y$ 及三维空间 $X－Y－Z$ 笛卡儿坐标系统（Cartesian coordinate system）。除了笛卡儿坐标系统外，尚有许多其他坐标系统可供定位之用，其中大家较熟悉的是极坐标系统

（polar coordinate system）；例如，某一点的位置在二维极坐标系统系以两个参数（r，θ）来表示，分别为该点至原点的距离 r 及该点至原点联机和 X 轴的夹角 θ（可为逆时钟或顺时针方向）。三维的极坐标系统里，有一种坐标系统称为球面坐标系统，三维空间球面坐标系统的坐标设定方式，和二维空间的极坐标系统非常类似，主要是由三个参数（r，θ，ϕ）所决定：第一个参数为某一点至原点的距离 r，第二个参数为该点至原点的直线和 Z 轴的夹角 θ，第三个参数为该点在 $X - Y$ 平面投影位置和 X 轴的夹角 ϕ，如图 10 - 3（a）所示。另外，如果我们运用球面坐标系统来标示一个球体所属球面上的点之坐标，由于该球体的半径 r 是固定常数，因此只需要两个参数（θ，ϕ）即能标示球面上任意点的坐标了。

图 10 - 3　（a）球面坐标系统；（b）地理坐标系统；
（c）经纬度标示方法地理坐标系统

　　为表示地球上某一个特定位置，传统上我们使用耳熟能详的经纬度来表示，该坐标系统称为地理坐标系统（geographic coordinate system，GCS），事实上地理坐标系统属于球面坐标系统的一个特例。这里我们先说明在地球运动方向的定义：若由北极正上方看地球自转，地球自转系呈现逆时钟的转动情形，该运转情况称为地球自转方向；若我们移动方向和地球自转方向一致，则称之为向东移动，反之为向西移动；同理，若往北极移动，则称为往北移动，反之称为往南移动。

　　地理坐标系统是由南北向的经度线和东西向的纬度线构成的经纬网格系统所组成，其中经线的定义是通过地球南北极的南北向分度线，纬线的定义则是和赤道平面平行的东西向圆形线构成，如图 10 - 3（b）所示。纬线的划分以赤道为划分起点，分别向北及向南方向各自划分 90 度，向北划分的称为北纬，向南划分称为南纬。南北向经线的划分方式以通过英国格林尼治天文台的子午线（子午线定义为通过地球南北极的经度线）为划分起点，该子午线称为本初子午线（prime meridian）；我们由本初子午线，分别向东及向西各划分 180 度，向东划分的称为东经，向西划分的称为西经。

地球上某一位置的坐标，纬度为该位置至球心的连线和赤道平面之夹角（φ），经度则为该位置至球心连线在赤道平面的投影线段和本初子午线之夹角（λ），如图 10－3（c）所示。地理坐标系统的测量单位是度（°）、分（'）及秒（"），其中 1 度等于 60 分，1 分等于 60 秒，标示地理坐标系统的地理位置时，惯例先标示经度（E 表东经，W 表西经），再标示纬度（N 表北纬，S 表南纬），例如（30°23'52" E，60°10'45" N）。地理坐标系统角度有数种表示方式，最常见的包括①DMS（Degrees：Minutes：Seconds）格式，例如（50° 30'45" N，80° 10'28" W）；② DM（Degrees：Decimal Minutes）格式，例如（50° 30.75'N，80° 30.47'W）；③ DD（Decimal Degrees）格式，例如（50.51°N，80.51°W）。

前面提到运用地理坐标系统来标示地面某一点时，背后有两个大家常忽略的假设。一个假设是地球是一个球体（sphere），第二个假设是地理坐标系统的原点一定要以地心为基准。第一个假设和事实是不符的，盖真实的地球形状是一个椭球体（spheroid）；至于第二个假设，我们在选定地理坐标系统时不一定非以地心为坐标系统的原点不可，我们可依实际需要选定"适用"或"适当"的原点。在此特别点出这个问题，主因一般人首次运用 GIS 时通常碰到的第一个障碍便是无法明白各类地理坐标系统及坐标系统转换的问题。

前面提到地球是一个椭球体，但由于地表有高低起伏的现象，严格来讲地球真正形状尚不是椭球体，不过运用椭球体比运用球体来代表地球会更能准确标示地面坐标，故当一个椭球体很接近地球形状或符合某种测量目的，而被运用为标示地球表面位置的参考架构时，我们称此椭球体为大地测量基准（geodetic datum）。我们以图 10－4 来说明这个观念，图 10－4 有两个椭球体 A 和 B，两者皆被用来代表地球的大地测量基准，注意椭球体 A 及椭球体 B 的球心并不在地心；图 10－4 显示，椭球体 A 某一部分地区和地

球 $a_1 - a_2$ 间地区（如台湾地区）呈现切面相接情形，故若选用椭球体 A 为大地测量基准，则地球 $a_1 - a_2$ 间区域坐标精准度会比别地区来得高；同理，由于椭球体 B 和地球 $b_1 - b_2$ 地区（如美国的某一州）呈现切面相接情况，故地球 $b_1 - b_2$ 间的区域坐标以选用椭球体 B 为大地测量基准会远较椭球体 A 来得适当。换句话说，地球 $a_1 - a_2$ 间区域坐标以椭球体 A 为大地测量基准较适当，但地球 $b_1 - b_2$ 间区域则以椭球体 B 为大地测量基准才较理想。

上面例子说明，基于测量精准度考虑，地理坐标系统可依应用需要选定不同大地测量基准，这类大地测量基准称为区域大地基准（local datum）。目前既有的区域大地基准种类繁多，例如，台湾地区的旧坐标系统 TWD67（以埔里虎子山为大地基准）及新坐标系统 TWD97（以八个 GPS 追踪站坐标为参考点），北美地区的 NAD 1927、NAD 1983、HARN、HPGN 等大地基准（Torge，1991）。除了区域大地基准外，亦有适用全球坐标的大地测量系统。例如，美国国防部在 1984 年时选定一个以地球质量中心为中心点的椭球体，据以制定名为 WGS84 世界大地测量系统（world geodetic system），著名的全球卫星定位系统即采用此地理坐标系统（NIMA，1997）。

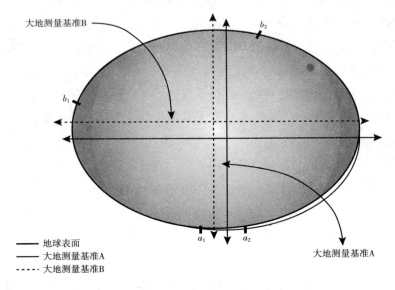

图 10 - 4　大地测量基准

（二）地图投影

我们运用 GIS 时，不能没有地图投影的基本观念。当我们用的空间资料所属之投影系统和别人用的空间资料投影系统不同时，若两者空间资料要合并使用，必须选用相同的投影系统并进行投影转换；地图投影是很复杂的一门学问，投影系统转换计算很复杂，在 GIS 里却很简单，下面简单介绍地图投影种类及常见专有名词，因为这是一般 GIS 软件常见到的，读者不能不知。

在我们选定特定的地理坐标系统（例如 TWD97）后，接着我们面临的工作是如何将三维的地理空间以二维的地图来表示。将三维地理空间转换为二维平面地图的方法，称为地图投影（map projection），地理坐标系统经地图投影后产生的二维平面地图坐标系统，称之为投影坐标系统（projected coordinate system）；换言之，若地表某一点 P' 的地理坐标系统经纬度为（λ，ϕ），经由某种转换方法（即投影方式），我们可将（λ，ϕ）转换为笛卡儿坐标系统的点 P，坐标为（x，y），其数学函数关系以 $x = X(\lambda, \phi)$，$y = Y(\lambda, \phi)$ 表示。因为地图投影是一对一的转换，故地理坐标系统和投影坐标系统间存在一对一的对应关系，如图 10 – 5 所示。

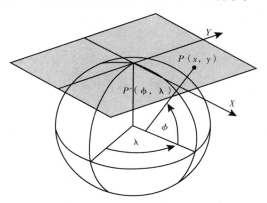

图 10 – 5　地图投影（地理坐标和平面坐标转换）

地图投影的两大基本要素为投影面及投影光源位置，就投影面而言，可区分为圆柱投影、平面投影及圆锥投影三大类；就投影光源而言，又可分为心射投影（gnomonic projection）、内射投影（internal projection）、平射投影

（stereographic projection）、外射投影（external projection）、正射投影（orthographic projection）。另外，投影会造成地面物体的面积和距离等项目之变形，地图投影为确保特定地貌不因投影而被扭曲，而有所谓的正形投影（conformal projection）、等积投影（equal area projection）、等距投影（equidistant projection）、等角投影（azimuthal projection）等特殊投影之设计。由于地图投影很复杂，特定投影有其特定目的，相关文献可参考 Slocum 等人（2004）。

由于投影方式太多，空间资料若没经过投影转换将无共同比较基础，到二次大战后美国倡议以横麦卡脱投影（Transverse Mercator Projection）为国际通用地图投影。横麦卡脱投影为横置式圆柱投影，柱轴与地球轴互相垂直，柱体切于地球表面某一子午线，这和麦卡脱投影切于地球赤道不同，属正形投影的一种。横麦卡脱投影是以经度为分带，常用者又可区分为二度分带、三度分带及六度分带等三种。其中六度分带又被称为统一横麦卡脱投影（Universal Transverse Mercator Projection，UTM），为一般军用地图最常使用的一种投影方法。

四　资料模型及资料结构

（一）空间资料结构模式

前面提到资料模式包括空间资料模式和属性资料模式，本章重点是空间资料模式的资料结构和分析（Maguire，Goodchild & Rhind，1997；Wise，2002；DeMers，2004；Bolstad，2005）。由于篇幅限制，有关空间资料的输入、编修及校正等技术性过程，将不在本文讨论。GIS 处理的资料称为地理资料，地理资料目的是用来代表某一空间实体的特征。任何空间实体具有下面三个特点。

1. 位置：位置由前面提到的特定投影坐标系统来表示，由于为了表现空间各实体间的空间关系，所选用的投影坐标系统必须一致。

2. 属性：属性的目的是用来记录空间实体的实质内容，属性资料的资料测度可区分成四大种类，即类别（或称名目）资料、次序资料、级距资料及比率资料；由于空间实体可能会因时而异，故属性资料隐含着时间的面向，又因为属性资料系附属于某一空间实体，故空间面向亦是属性资料内隐特质；简言之，时空面向是内隐于属性资料的特质。

3. 空间关联性：目的在展现空间各个实体彼此之间空间关系，该空间关系在传统地图中能清楚呈现出来，但在 GIS 中，我们必须以特定资料结构加以定义和记录才能呈现，后面接着会提到的向量式 GIS 位向关系就是表达空间关联性的方法之一。

为了表示空间各实体的位置、属性和空间关系，GIS 的空间资料结构分成网格资料和向量资料两种类型。空间各实体的资料由点资料、线资料和面资料三大类所组成，网格资料结构和向量资料结构之差异，如图 10 - 6 所示。所谓的网格资料结构，系将研究区域以规则性的网格进行系统性的划分，每一个网格具有代表其位置的坐标和相对应的属性资料，所构成的空间资料结构；常用的网格之切割方式，包括三角、四角和六角网格，其中以四角网格最被广为使用；全球使用网格资料最有名的国家，非日本莫属。至于向量结构，空间实体由三种最基本要素组成，即点、线和面资料，这三类要素系由一系列的坐标所构成，透过位向结构来描述之间的空间关系，以属性来记录特性。有关空间实体以网格资料及向量资料呈现之差异，如图 10 - 6 所示。

向量式和网格式资料各有其优劣之处。网格资料结构优点为：适于表达地形高度及土地利用等地表资料、资料结构单纯明了、制作方式简单、计算量少、适合常用的分析处理、储存空间固定、统计分析及模型建立较简易、容易与同形态资料结合处理、适合快速运算的需求环境、适合影像类资料的处理模式（如高度、气候、卫星影像等）。而网格资料结构缺点为：不适合精确度需求高的研究或业务、空间分辨率偏低、初始储存空间容易过大、空间位向关系难以描述、不适合处理区域划分、图形输出质量较差等。

相对而言，向量资料结构优点为：适合精确度需求高的研究或业务、能精确表达位置及任意缩放、容易表达空间关系、可做复杂图形分析、可有效表示空间位向资料、输出质量良好、适合资料库管理、资料展示方式较接近传统地图、适用呈现地形及地物资料。向量资料结构缺点则为：资料结构复杂、分析工作较费时、建置技术要求与成本高、选图及空间分析功能使用程序繁复、学习门槛较高、较难表达连续变化的现象（如高度及温度等）、储存空间变异大、统计分析及模型建立较困难。

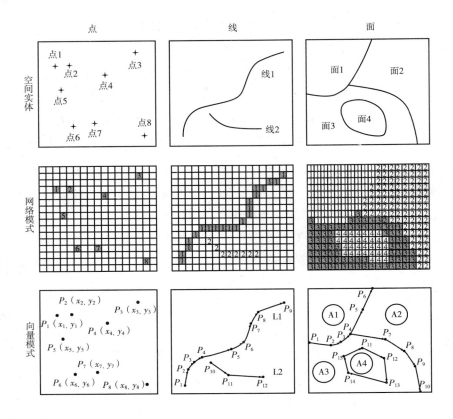

图 10-6　空间实体资料模式

（二） 向量资料结构及位向

GIS 的向量资料结构是透过所谓的位向（topology，或译为拓扑）方法，来描述各个空间实体间的空间几何关系。位向本身是一组规则和行为规范，用来界定点、线、面等空间实体的几何关系，我们利用位向来描述空间关系，主要原因是许多空间现象符合所谓的位向限制（topological constraints），例如相邻的行政区域不能重叠，等值线（isolines）或地形等高线（contours）不能相交；另一个原因是，合乎位向定义的空间向量资料，各个空间实体间的相对几何关系不因空间的延展或扭曲而改变。

建立各个空间实体间的位向关系是 GIS 向量资料结构最核心的部分，如前所述，位向的三个基本构成要素分别为点、线和面。点资料用来代表空间特定的位置，位置的描述系以 $X-Y$ 坐标表示，当空间特征或现象小至无法以线或面来描述时，我们采用点资料来描述该现象，如图 10－7（a）所示。若空间现象太窄无法以面来表示时，我们以线资料的方式来呈现；所谓的线是由一组序列性的 $X-Y$ 坐标点（最少两个点）代表，且线是具有方向性（directionality）的特质，线的两个端点称为节点（nodes），由于线是有方向性的，故节点又可分成起点（from-node）和终点（to-node）两种，若线是由两个以上的点构成，则起点和终点间的点称为中间点或中继点（vertices），相邻的点连成的线称为直线（line），如图 10－7（b）所示，线 Arc 是由点 P_1、P_2、P_3、P_4 相连，其中 P_1 及 P_4 分别为起点及终点，P_1 至 P_2 构成 L_1，P_2 至 P_3 构成 L_2，P_3 至 P_4 构成 L_3。面的含意是多边形，目的是用来代表均质的空间现象或特征；依空间资料结构定义，面资料是由一组有序或至少一个的线资料包围而成的封闭多边形所构成，如图 10－7（c）所示，面 A 是由 Arc_1、Arc_2、Arc_3 及 Arc_4 构成。

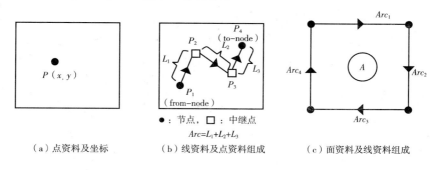

（a）点资料及坐标　　　（b）线资料及点资料组成　　　（c）面资料及线资料组成

图 10－7　向量格式三个基本组成要素

接着我们说明点、线、面三者间的位向关系，该关系是构成向量式空间资料结构的基础。第一个关系称为连接（connectivity）关系，目的在描述"节—点—线"和"线—线"的连接关系；连接性进一步扩充，构成所谓的相对方向（relative direction）；第二个关系，目的在用来描述线的起点和终点及记录线的左面（left polygon）和右面（right polygon）资讯；第三个关系称为相邻（contiguity 或 adjacency）关系，目的在描述两个多边形是否有共同的边界；第四个关系称为包含（containment）关系，用以说明某一点、线或多边形是否在一多边形内。

综合上面说明，位向的种类可分成三类：（1）第一类是点—线位向（point-arc topology），该位向关系定义了线的起点、终点和方向性；若两条线共享一个节点，则定义两条线相连，多条相连且具有一致方向性定义的线，构成所谓的路径（route）；（2）第二类是线—面位向（arc-polygon topology），该位向定义一组线如何连接成一个封闭空间以构成多边形；（3）第三类是左—右位向（left-right topology），利用相邻多边形共用的线及线的方向性来定义左面和右面；共用线的左面定义为共用线的向量方向左边所属的面，共用线的向量方向右边所属的面则称之为右面。

我们接着以图 10-8 及图 10-9 说明向量资料结构。图 10-8 的图形说明向量图的构成要素，包括向量图的四个控制点（tics）内，计有五个节点（N_1，N_2，N_3，N_4，N_5），七条线（Arc_1，…，Arc_7），四个面（A_1，A_2，A_3，A_4）；该向量图的点、线、面位向关系，分别记录在线—面位向表及点—线位向表，其中线—面位向表记录面是由哪些线构成的资讯，点—线位向表则记录各条线是由哪些点构成，包括起点、中继点及终点，例如图 10-8 的线—面位向表显示，面 A_3 是由 Arc_2、Arc_5、Arc_6 所构成，再连结至点—线位向表，我们可得知 Arc_2、Arc_5、Arc_6 分别是由哪些点所构成的资讯。

但线—面位向及点—线位向资讯尚不足以充分呈现向量结构，我们必须进一步结合左—右位向及点—线位向资讯才充分。图 10-9 目的在呈现左—右位向及点—线位向关系，图 10-9 的左—右位向表记录各条线的左面及右面资讯，例如 Arc_5 的左面及右面分别为 A_3 和 A_2，再根据点—线位向表资讯，我们知道 A_3 和 A_2 的共用线 Arc_5 是由那些点所构成的。

（三）空间及属性资料之关联及整合

前面提到，GIS 核心是个资料库系统，处理的资料统称为地理资料。我们在建立前述之点—线位向、线—面位向及左—右位向表后，接着要建立所谓的空间资料属性资料；如前所述，地理资料报括二大类资料类型：空间资料和属性资料，空间资料先将空间特征简化成点、线、面三类，然后定义空间资料的位向，借以描述连结及简括化复杂的地理特征；属性资料目的在记录地理特征的特性，空间组件属性资料报括点属性资料、线属性资料及面属性资料，在完成前述资料后，接着利用所谓的关系资料库技巧，将空间的位

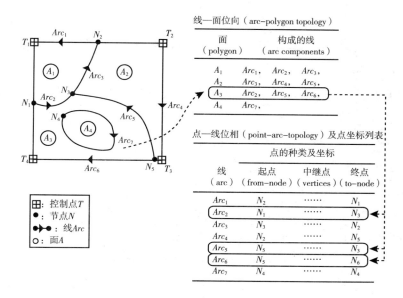

线—面位向（arc-polygon topology）

面 （polygon）	构成的线 （arc components）		
A_1	Arc_1,	Arc_2,	Arc_3,
A_2	Arc_3,	Arc_4,	Arc_5,
A_3	Arc_2,	Arc_5,	Arc_6,
A_4	Arc_7,		

点—线位相（point-arc-topology）及点坐标列表

线 （arc）	起点 （from-node）	中继点 （vertices）	终点 （to-node）
Arc_1	N_2	……	N_1
Arc_2	N_1	……	N_3
Arc_3	N_3	……	N_2
Arc_4	N_2	……	N_5
Arc_5	N_5	……	N_3
Arc_6	N_5	……	N_6
Arc_7	N_4	……	N_4

田：控制点T
●：节点N
●▶●：线Arc
○：面A

图 10－8　线—面位向及点—线位向

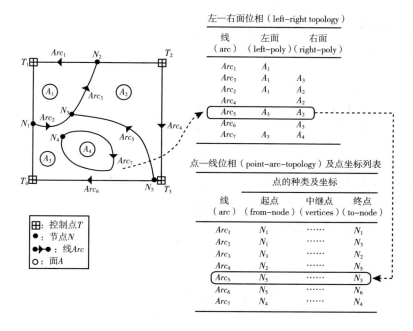

左—右面位相（left-right topology）

线 （arc）	左面 （left-poly）	右面 （right-poly）
Arc_1	A_1	
Arc_3	A_1	A_3
Arc_2	A_1	A_2
Arc_4		A_2
Arc_5	A_3	A_2
Arc_6		A_3
Arc_7	A_3	A_4

点—线位相（point-arc-topology）及点坐标列表

线 （arc）	起点 （from-node）	中继点 （vertices）	终点 （to-node）
Arc_1	N_1	……	N_1
Arc_2	N_1	……	N_3
Arc_3	N_3	……	N_2
Arc_4	N_2	……	N_5
Arc_5	N_5	……	N_3
Arc_6	N_5	……	N_6
Arc_7	N_4	……	N_4

田：控制点T
●：节点N
●▶●：线Arc
○：面A

图 10－9　左—右位向及点—线位向

向及属性资料和其他资料，借由所谓的连结变量（linked variable）将这些资料串在一起，借以建立用以描述复杂地理现象的资料库系统（Ott & Swiaczny，2001）。

这里用图 10-10 来说明空间资料及属性资料的关系型资料结构之关系。如图 10-10 所示，我们除了建立点—线位向、线—面位向及左—右位向资料外，亦建立面属性资料，该资料记录面结构的一些资讯，包括面积、周长、地区代号及土地利用代码等四项变量；另有一笔地区别人口资料，该资料除记录人口资料外（例如人口总数、出生及死亡人数、移出及移入人数），亦记录相对应的地区代号，由于人口资料和面属性资料的地区代号使用相同的编码系统，故可透过地区代号该项变量，将人口资料和面属性资料建立资料关联。同理，假设我们亦有一笔地区别土地利用资料，该资料除记录土地利用资讯外，亦记录和面属性资料相同的土地利用代码，因此我们可透过土地利用代码将土地利用资料和面属性资料连结成关联式资料库。

（四）资料处理步骤

GIS 最重要的功能就是处理地理资料的能力，完整的地理资讯处理包括五个主要地理资料处理步骤，分别为获取、管理、查询、分析及可视化展

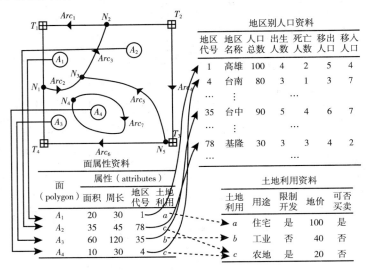

图 10-10　空间资料、属性资料及其他资料之连结

现。地理资料获取包括直接获取及间接获取。直接获取指的是研究人员亲自观察及记录地理资料；例如：利用手绘、照相、遥测、航照、卫星定位及轨迹记录实地调查等方式，直接记录空间资料和属性资料。间接获取指的是利用既有之资料，如地图（如地形等高线图、地质图、坡度图、土地利用图、生态保育区分布图、地籍图等）、调查或普查资料（例如户籍登记资料、工商登记资料、财税资料、健保资料、人力资源调查、人口普查、农林渔牧普查、工商普查、雨量资料、地震资料、降水资料）、报告文件、古籍或古地图（台湾堡图）等，来产生系统所需的空间和属性资料。

在获取地理资料后，接着进入地理资料管理，目的在以系统性方式，整理已获取的地理资料，并将其纳入系统里，建立所谓的地理资料库，以便进行进阶的地理资料处理和整合。这里我们要先确定空间资料用的投影坐标系统，影像资料需经图像处理过程（如影像接图、影像加强、影像纠正等），地图资料需经地图资料处理与数化程序〔如清图与编修、空间实体对象化（点、线、面）、对象编辑、对象校正、建立对象位向关系、接图等〕才能使用。在属性资料处理部分，需经过资料清理、编修、检误、插补、建立空间和属性资料关联性等程序，才能进一步供查询使用。GIS 查询可分成空间查询及属性查询二大类，若空间资料及属性资料连结关系已建立完成时，我们可进行空间及属性综合查询，例如，（台北县 OR 台北市）（坡度 > 30 度）AND（年雨量 > 200 mm）（人口密度 > 每平方公里 100 人）。

地理资料经处理及分析后，最后结果必须由 GIS 展示与输出。分析结果的展示与输出分成空间资料和属性资料两部分。空间资料主要以主题地图（thematic map）方式呈现，当我们以地图的方式来表现特定的地理资料属性时，该地图称为主题地图，包括三种类型：点主题地图、线主题地图及面主题地图；或由前述三类主题地图构成的地图称为综合性地图。至于 GIS 属性资料的展示与输出方式，与传统的管理资讯系统中的统计图表功能非常类似，一般人已相当熟悉了，例如直方图、柱状图、累积曲线图、饼图、玫瑰图及散布图等。

（五）空间分析

在完成上述步骤后，我们接着进行地理资料的分析，地理资料分析是

GIS 最具特色的功能。如前所述，地理资料包括空间资料和属性资料二大类，属性资料的分析事实上不是 GIS 重视及擅长的部分，主要原因是属性资料的资料处理及分析工作，许多资讯系统早已发展得相当完备，经由系统整合方式，属性资料分析工作可交由别的系统来完成，只要着重在空间分析这一部分，故 GIS 地理资料分析最具特色的是空间资料及结合属性资料分析能力（Goodchild，1987；Fotheringham & Rogerson，1994；Fotheringham，Brunsdon，& Charlton，2000）。

　　GIS 空间资料分析种类可概分成四大类型的运算，由这四大运算类型组合而成的分析，在 GIS 里称之为空间分析（spatial analysis）。第一类的分析为几何运算（geometrical operation），目的在计算空间资料的基本几何数值；例如，台北市和高雄市中心的欧几里得距离是多少？由英国伦敦开至土耳其伊斯坦布尔的"东方快车"总计要跑几公里？海平面若上升 1 米，则全球有多少陆地面积会被淹没？

　　第二类的分析称为空间搜寻（spatial search）运算，该运算主要分成包含搜寻（inclusion search）、距离搜寻（distance search）和交叉搜寻（intersection search），如图 10 – 11 所示。空间搜寻主要是找出特定地理空间里，包括的点、线、面地理特征及对应的属性资料之统计量；例如，泥石流淹没的灾区里，灾区总面积计有多大？灾区内共有多少户和共有多少人被掩埋？灾区内被掩埋的道路有哪些且总长度为多少？灾区内经济作物面积及农作物损失有多大？

　　第三类的运算称为环域分析（buffer analysis），英文 buffer 一词为"缓冲"之意，环域分析是由特定的点、线、面资料计算特定距离内的缓冲区（buffer zone），目的在找出潜在影响范围，环域分析包括点环域、线环域及面环域，如图 10 – 12 所示。点环域通常和区位选址有关。例如，若便利商店有效经营范围是以店址为中心半径三百米的区域，则有效经营范围内计有多少人口？和最近的便利商店之经营范围是否重叠？若有，则重叠区内计有多少人口？线环域和面环域分析的概念和点环域分析概念完全相同，线环域分析的例子包括，若捷运沿线一百米内的房价平均涨幅约 35%，一百至三百米内涨幅约 15%，三百至五百米平均涨幅为 5%，距离五百米以上房价不受影响，则捷运沿线房价受影响的面积及户数总计有多少？同理，相同概

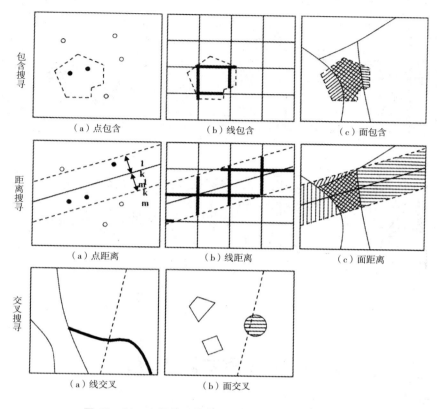

图 10 - 11　空间搜寻运算：包含、距离及交叉搜寻

念亦可运用至面环域分析。例如，若某一特定地区被划为大型公共集会场所，该场所内合法最大播放音量若为 80 分贝，依距离递减法则，假设集会区周边 150 米以外地区才不会受集会活动产生声音之干扰，则该集会区的集会声音影响区有多大，且受影响人口有多少？

　　第四类的分析称为重叠分析（overlay analysis）。大部分的空间决策均需要综合数项空间资料才得以进行，这时我们常须将数种不同空间资料以叠合方式产生所需的新空间资料。重叠分析主要是利用且（AND）、或（OR）及非（NOT）三种布林运算方法，以既有之空间资料为基础，产生一组新的空间资料，如图 10 - 12 所示。例如，某一地点理想条件为：①不得在都会区，但必须为都市化地区；或②属乡村地区，但不包括山地地区，在这条件下，我们可利用重叠分析找出合乎条件的空间区位。

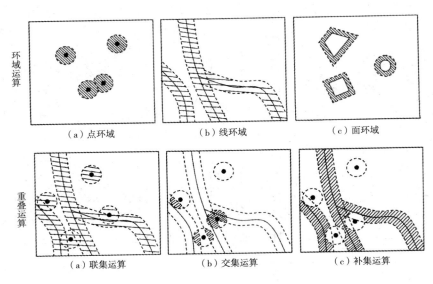

图 10 - 12　环域运算及重叠运算

五　社会科学研究应用

近年来由于资料来源多样化及软硬件成本大幅下降，且社会科学领域者逐渐了解 GIS 方法论及对研究重要性，GIS 在社会科学研究的应用在 2000 年后开始出现迅速增长情形（例如，范毅军、白碧玲、严汉伟，2001；石计生，2001；蔡博文、吴淑琼、李介中，2004；Okabe，2006；Steinberg & Steinberg，2006；Tsai et al.，2006；Parker & Asencio，2008；范毅军、廖泫铭，2008）。由于研究实例太多，无法加以一一介绍。本节有关 GIS 在社会科学研究之应用实例，将以作者研究成果为基础，主要实例包括：①台湾人口迁徙及劳工流动动态变迁分析；②1990～2000 年台湾人口分布及都市体系变化；③台湾未纳保人口研究及政策设计；④"台湾原住民"调查研究母体分析及抽样设计。这些实例会辅以相关地图进行说明，为方便表达及减少图面复杂性，传统地图要求的指北针方向及比例尺并没依惯例放入本文下面地图。

本节实例所运用的 GIS 软件是美国 ESRI 公司的产品，包括 ArcView

3.2、ArcMap 8. x 及 9. x 版本。ESRI 的 GIS 软件种类很多，本节无法就软件操作进行介绍，在最后面的"延伸阅读"一节，作者整理 GIS 软件及工具的相关网站，供有兴趣读者参考。本节实例运用到的空间资料以行政界图层为主，这些资料皆可由"中央研究院"人文社会科学研究中心之地理资讯科学专题研究中心获得，属性资料皆以个体资料为主，包括"行政院"主计处人口普查、"内政部"户籍登记及"健保局"承保资料。

本节一再强调 GIS 特点是擅长空间资料处理及分析，但属性资料处理及分析并不是 GIS 擅长的地方。以本节实例而言，所运用到的工具并非只有 GIS 软体，亦必须运用到其他工具，包括程序语言、资料处理及统计计算软件。因为属性资料的资料量大，作者是以程序语言（主要是 C 及 Delphi 语言）进行属性资料的初步处理，结果再交由资料处理及统计计算软件（主要是利用 SAS 及 Gauss）进一步处理，包括资料检误、整理及连结，并将相关的空间链接变量加入属性资料中，接着才运用 GIS 软件，建立空间资料及属性资料的关联性资料库，并进行空间资料分析及可视化展现工作。

（一）台湾人口迁徙及劳工流动动态变迁分析

在世界体系的架构下（Wallerstein，1974），目的在探讨过去四百年来，台湾人口迁徙及劳工流动时空变化，及其和政治、经济、社会、文化变迁的关系与对台湾人口再分配的影响。研究运用到的资料源及特质差异很大，由于包括的时间面向较长，1895 年前主要资料源是历史资料及研究文献，日治时期（1895～1945 年）主要是依据台湾总督府的政府统计、普查资料及学术文献，近代（1945 年后）资料源除了整理政府统计、普查资料及学术文献外，亦直接运用重要调查（如岛内迁徙及人力资源调查）及普查（如户口及住宅普查）原始资料进行研究；在空间面向部分，由于台湾地区历经数次政体变动，致使行政界线亦有重大变化，在空间单元一致性要求及资料限制下，研究系以目前（2009 年）台湾地区的 23 个县市为迁徙的空间单位。研究主要是在相同空间单元（即县市）下，将统整的人口迁徙及劳工流动资料，依不同的历史时期加以分类，建立人口迁徙及劳工流动时空属性资料库，再运用 GIS 向量图功能，展现人口迁徙及劳工流动时空形态及特征；本研究所运用到的 GIS 技术非常简单，但建立人口迁徙及劳工流动时空属性资料库则相当费时及困难。

图 10－13 是台湾地区人口迁徙及劳工流动时空地图，我们无须进行复杂的 GIS 重叠分析，图 10－13 已能快速反映变迁的动态趋势。由人口迁徙及劳工流动时空属性资料库分析结果及整合既有文献，台湾的人口的再分配系呈现不同的形态及特征，主要的动态变动方向是由日治时期人口重心开始由南部逐渐移至北部及向都市集中。由于日治时期南北双极区域发展的结果，台湾整个人口配置亦开始呈现出极化现象；在这个人口再配置的过程中，较特殊的是台湾北部从早期次要人口集散中心逐渐转变成主要的人口集散中心，最后再蜕变为台湾最大的人口集中地区。台湾在 1960 年代中期由于快速工业化及政府大力推动出口导向经济发展政策，开始出现内部有史以来最大规模的城乡迁徙，大量的农村劳动人口移转至都市的工业部门，该过程持续将近十年。

1970 年代初及 1970 年代末的两次石油危机，对台湾地区的经济结构产生剧烈的冲击及影响。第一次石油危机使工业部门经济生产受到相当程度的打击，由于产值的萎缩，当时曾发生小规模由工业至农业部门的劳工移转情形，和城市至乡村的劳工回流迁徙（return labor migration）。但第一次石油危机后台湾的经济很快恢复活力，上述的人口迁徙及劳工流动方向之"逆转"只是暂时的现象，劳工流动很快就恢复原来"主流"的方向，即仍是农业至工业部门之净移转和乡村至城市劳工迁徙的形态。虽然 1970 年代的两次石油危机造成部分都市往乡村的回流潮，但由于此时乡村已失去以前吸纳剩余回流人力的能力，回流迁徙这时并没有对乡村区域发展及区域人力再分配有实质贡献及明显影响力；1970 年代亦是台湾政治及社会经济发展重要转型的年代，虽然政策鼓励新兴产业朝资本及技术密集的方向发展，但由于转型的效果尚未出现，台湾的区域及都市发展方向并没有太大变动，人口迁徙及劳工流动形态基本上亦没太大改变，只是迁徙数量开始逐渐降低，故自 1930 年代中期至 1980 年代初期，台湾整个人口迁徙及劳工流动系呈现南—北分流的形态。

当台湾地区的政经及社会结构于 1980 年代末进行重组时，台湾的区域劳动市场及劳工流动大环境亦面临结构性的转型及变化。例如，南部高雄地

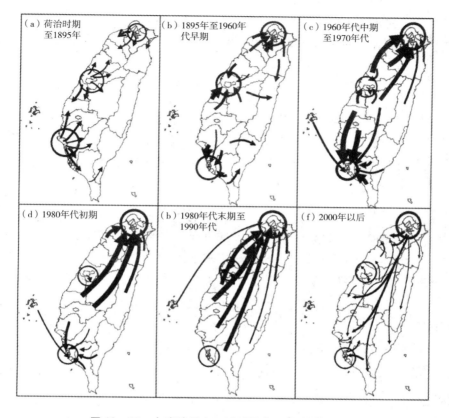

图 10-13　台湾地区人口迁徙及劳工流动动态变迁

区石化及重工业深受二次石油危机影响，加上其传统产业无法跟上内部经济结构转型的步调，致使以高雄都会区为核心的南部区域经济开始没落；由于服务业及新兴工业发展所衍生的经济利益（如工作机会等）在地理分布上主要集中在北部的台北及新竹地区，这使北部地区的劳动市场吸引力更见进一步强化。

　　Lin 与 Liaw（2000）依 1990 年户口及住宅普查和历年内部迁徙调查，发现 1980 年代中期以后台湾劳工流动主要形态系人力资源由其他地区至北部地区（特别是台北县市及桃园县）的净移转，该项迁徙形态和 1930～1970 年代间劳工向南—北分流的形态完全不同，因此 1980 年代可称为台湾劳工流动"逆转"的年代。此重大人力配置变迁对 1990 年代台湾政经、社会及区域发展有深远影响，致使 1990 年代成为台湾人口分布再次洗牌的重要时期。究其变迁大局系台湾内部经济结构转型和区域劳动市场的结构性变化，台湾新兴工业及服务业多集中在北部地区（如新竹科学园区和台北市），及南部区域经济结构转型调整速度和总体经济结构转型步调不一致所致。

1990 年代台湾的经济发展已进入另一个新的阶段，特点是经济结构转型的效果开始显现及所面临的国际竞争增大。1990 年台湾经济的发展方向及转型结果已相当明确，系以服务业及高科技产业为主，劳工流动系以工业至服务业部门的人力移转为主。此时台湾所面临的社经大环境变迁和已开发国家过去的经验类似，例如由于内部经济活动的去工业化（deindustrialization）及去中心化（decentralization）结果，制造业普遍开始衰退，致使对高级人力的相对需求加大，但该新类型的经济结构亦会同时创造出大量的低阶工作机会来提供高级经济活动所衍生的劳务需求，而中级的就业机会（如行政人员和买卖工作人员等）则会相对萎缩。

Lin（2006）依 2000 年户口及住宅普查和历年人力运用调查，发现 1990 年代中期以后，人口迁徙形态虽和过去十年类似，但已产生如下的结构性变动：①北部依然是人口迁徙最具吸引力的地方，但已由桃园地区取代台北地区成为内部迁徙的最大目的地；②桃园地区成为内部迁徙的最大目的地主因是居住因素引起的迁徙（residential mobility），而非工作因素诱发的迁徙（labor migration）；③相较过去二十多年来对迁徙者没有出现显著迁徙选择性（migration selectivity），北部地区（特别是台北地区）开始出现显著人力资本选择性，例如，出现低人力资本者由北部都会地区往乡村地区净迁徙的情形。

（二）1990 ~ 2000 年台湾人口分布及都市体系变化

本研究运用的属性资料源为 1990 年及 2000 年台湾户口及住宅普查原始资料，这两笔资料各有约 2000 万及 2300 万笔个人资料。研究的空间单元为村里，但因为 1990 年及 2000 年的村里有很大变动（1990 年约为 7400 个村里，2000 年约为 7800 个村里），变动原因主要是人口变动，村里变动类型主要为村里内之分割和合并，或村里间之分割及整并；在空间单元必须一致的条件下，空间单元必须以 1990 年村里为标准，因此必须进行 2000 年个人资料所属村里代码转换为 1990 年村里代码之资料处理，转换方式是先搜集 1990 ～ 2000 年村里变动资讯，据以建立 1990 ～ 2000 年村里对照表以进行村里代码转换。在完成村里代码转换工作后，这两笔资料以共同之村里代码和 1990 年村里面资料连结，我们就可以在一致标准下，进行简单的资料展现工作或做复杂的空间分析。

根据 2000 年户口及住宅普查，台湾人口分布主要集中在基隆—台北—桃园—新竹、台中—彰化、台南、嘉义、高雄—屏东等都会区及各都会区周边和其他高度都市化的地区。将 1990 年及 2000 年户口及住宅普查原始资料进行比对，利用 GIS 重叠分析功能，发现 1990 ～ 2000 年间台湾都市化过程持续进行，但由人口空间分布变动来看，都会区及高度都市化地区人口持续成长，而乡村及偏远地区则持续递减，如图 10 - 14 所示。图 10 - 14 亦显示，近二十多年来的都市化过程有两个主要特点：①各主要都会区周边地区是人口主要成长地带；②除了乡村及偏远地区，前三大主要都会区（基隆—台北—桃园—新竹、台中—彰化、高雄—屏东）的核心地区则出现人口减少现象（Lin，2006）。

（三） 台湾未纳保人口研究及政策设计

本研究对象系未纳保人口，目的在探讨未加入全民健保原因。为掌握未纳保人口，我们先比对"健保局"承保资料档和户政资料文件，并将不在纳保者资料文件但在户政资料档的个人资料抽离出来，构成所谓的"未纳保者母体资料档"，该资料计有近 100 万笔个体资料（林季平、林昭吟，2003）。研究后来进一步将承保资料档和人力运用调查资料进行资料连路，以丰富解释变量种类（林季平，2008）。在空间资料部分，研究选用的空间单元为村里，由于未纳保者母体资料没有村里代码，故无法和研究空间单元连结，解决的方法由母体档之村里名和村里代码档进行比对，再将比对的村里码记录在母体文件中。

完成属性资料及空间资料整合后，接着运用 GIS 进行许多未纳保者空间分析。主要发现是，台湾未纳保人口的空间分布和总人口之分布形态相当一致，但东部地区的未纳保人口分布较分散，主要集中在东部沿海地带。从

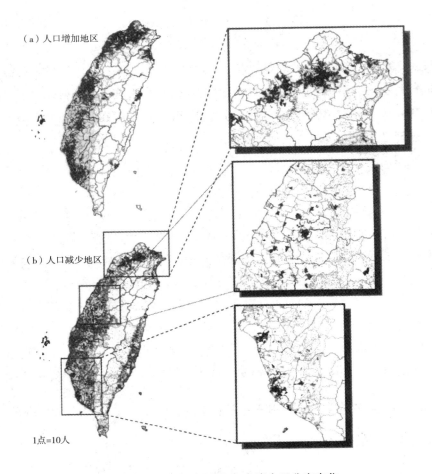

图 10 - 14　1990～2000 年台湾人口分布变化

未纳保者占应纳保人口的比率以北部较高（特别是台北都会区），转出二年以上者之空间分布较分散，转出二年以下者则倾向集中于东部及南部，如图 10 - 15 所示。低纳保率地区主要集中在经济地位相对强势的都市地区（特别是台北市及台北县）及经济地位相对弱势的花东地区，经济地位相对强势的地区低纳保原因主要系长期离台所致，而经济地位相对弱势农业及偏远地区低纳保原因和经济情况及回流迁徙有关。

　　运用承保资料档及人力运用调查连结档案分析结果显示，失业者的未纳保率远高于就业者，边际劳工（主要包括劳力低度运用者、被迫离职者、采矿工、营建工、体力工及其他非技术工等基层人员）相较其他劳动

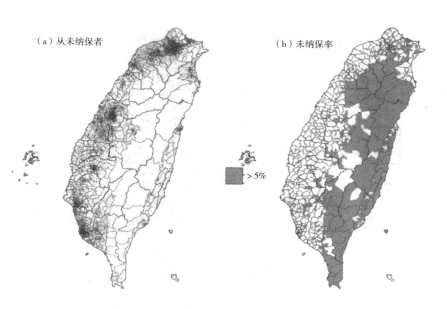

（a）从未纳保者　　　　　　　　（b）未纳保率

> 5%

图 10 – 15　台湾未纳保者及未纳保率分布

力较易被排除在健保体系之外，且总体社会经济环境对个人是否加入健保有显著影响，其中以经济成长率、就业成长率、失业率及医疗补助占县市政府预算决算比率影响效果最为显著。依研究结论，主要政策建议是：台湾未纳保者有近七成希望将其个案反映给"健保局"，但长期离台的未纳保者只有三成的人愿意将其个案反映给"健保局"，因此长期离台者不应是健保体系的纳保重点，亦不应是保费减免或特赦之对象；边际劳工及年轻的就业人口中，有相当高的比例没有全民健保且不受政策的重视，并且他们在社经体制中又属于受剥夺的群体，因此是政策未来值得特别留意及加强的对象。

（四）"台湾原住民"调查研究的母体分析及抽样设计

本研究以"台湾原住民社会变迁与政策评估研究"调查为例（黄树民、章英华，2010），说明如何以 GIS 辅助母体分析及抽样设计。本调查研究在进行抽样调查前，先着手母体资料分析。有关"台湾原住民"母体资料，1956 年和 1966 年人口普查有加以记录，但之后中断直至 2000 年户口及住宅普查始再次全面搜集，尔后户政登记资料亦详载"原住民"的族群别资讯。本调查研究运用 GIS 进行二大调查前置作业，即①母体资料分析；②调查抽样规划及设计，母体资料是所有"原住民"个人资料档，包括 2000 年户口普查原始资料及 2007 年户籍登记资料档；因为普查资料最细空间单元为村里，户籍登记资料可细至地址，因此空间资料选择以村里为单元。

在完成个体资料和空间资料整合至 GIS 后，我们即进行细致小地区空间分析，包括个人主要特质（如族群、人口及人力资本、工作等）和地方脉络特质（如所得水准、就业机会、发展程度等），详细分析过程虽无法在这里呈现，但"原住民"空间分布形态及特性，举例而言，由图 10-16 可立即呈现出来，即原住民族多半是在东部地区非都会区之原乡，与北部地区都会区周边。由 GIS 属性资料分析，我们立即得知近六成一的"原住民"人口居住在原乡（以山地乡为多），非原乡"原住民"中，其中五成七聚居在都会区周边，二成四聚居于都会区核心地带。

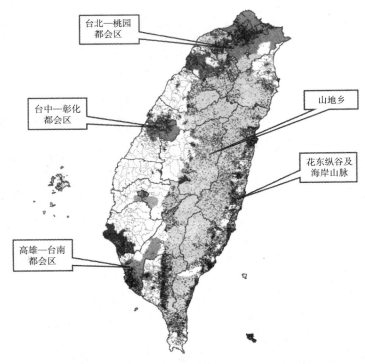

图 10-16　"台湾原住民"分布特性

又如图 10 - 17 显示，我们不须进行复杂空间分析，单由"原住民"各族群空间分布图，即可呈现强烈族群特质；例如前四大族群里，阿美族及排湾族显示强烈集中特性，不是分布在原乡就是集中在都会区，而泰雅族及布农族则呈现分散分布特质，图 10 - 17 清楚呈现，就社会网络强度及凝聚性而言，阿美及排湾二族应比泰雅和布农二族大得多；另外，若只单纯由分析母体资料切入而没运用 GIS，可能无法立即得知前述各族群间社会网络强度及凝聚性之差异。

由于"原住民"分布呈现原乡—非原乡、族群空间及都会—非都会区位三大属性，进行调查的抽样设计时，必须将这三大属性纳入考虑（章英华、林季平、刘千嘉，2010）。图 10 - 18 是该调查抽样设计架构，该架构属分层随机抽样（stratified random sampling）；抽样第一层目的在反映原乡—非原乡及族群空间分布二大属性，分成①原乡和东部地区，即图 10 - 18 的 IA 区域和；②非原乡或非东部地区，即图 10 - 18 的 NIA 区域等二大区块，分层方式是利用 GIS 的重叠分析完成，原乡与非原乡的区分系以"行政院"2002 年所颁定"原住民地区"的 30 个山地乡及 25 个平地乡为准，其余则为非原乡；第二层目的在反映都会—非都会区位分布属性，在 NIA 区域先分成北部、中部及南部三大区域，再于各区域内划分都会区核心、都会区周边与非都会区三大类别。

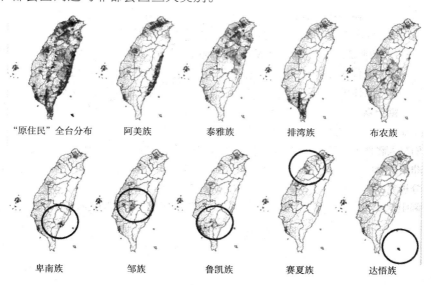

图 10 - 17　"台湾原住民"族群别分布

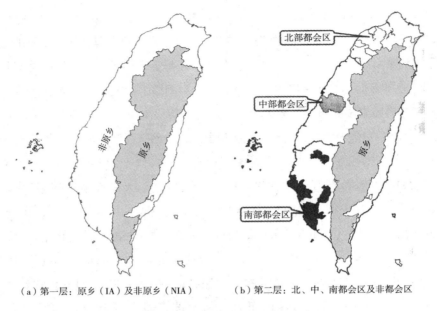

（a）第一层：原乡（IA）及非原乡（NIA）　　　（b）第二层：北、中、南都会区及非都会区

图 10 – 18　　"台湾原住民"调查研究抽样分层结构

六　总结

　　本章一开头立即强调，不论从事自然科学、生命科学抑或是社会科学领域研究，理解 GIS 的背景知识、基础观念及技术概念是应用这项工具的第一个必要条件；由于 GIS 本身属跨领域系统，在应用门槛上会比一般资讯系统来得高，尤其在社会科学的应用相对别的领域难度亦属较高。但由于资料源多样化、软硬件成本下降及社会科学领域研究人员者逐渐理解 GIS 方法论及对研究重要性，GIS 在社会科学研究的应用于 2000 年后出现迅速增长情况，本章最后并以四个实例说明地理资讯系统在社会科学研究的应用。

　　本章一开始即定义和说明何谓地理现象。传统处理及分析地理现象的方法是运用以人工方式在地图上标示某一地理现象发生的时间及地点，并进行现象描述；若地理现象相当单纯，人工处理事实上是一种很经济有效的方法，但若欲分析的地理现象相当复杂时，人工方式不仅缓不济急或变得没效率（本章举的达尔文例子），有时会让分析变得不可行。由于人类所欲了解及处理的地理现象愈来愈复杂，运用资讯科技处理及分析地理现象的需求自然应运而生。GIS 的发展可追溯自 1960 年代初期，有关发展过程，本章分别由产（美国 ESRI 公司）、官（加拿大地理资讯系统）、学（哈佛电脑绘图及空间分析实验室）三个面向进行说明，接着并说明未来发展方向，包括 Open GIS 开放架构、网络 GIS、行动 GIS 及 3D‑GIS 发展，地理资料库则朝向以网络为基础的分布式资料库管理系统发展，资料分析亦和云端运算开始结合。

　　为使读者了解 GIS 基本观念及核心运作原理，本章亦先说明地理坐标系统及地图投影的基本观念，接着说明椭球体、大地测量基准、各类的地理坐标系统（如 TWD67、TWD97、WGS84 坐标系统），并强调不论传统平面地图或地理资讯系统数字地图，地图呈现的空间资讯之坐标及特征系由选用的大地测量基准及投影方式所决定；由于测量基准差异关系，植基于不同大地基准的空间资讯，必须先选用共同的大地基准，再经由所谓的空间坐标系统转换，并选用相同的投影方式，才能进行空间资讯的处理及比较，否则空间资讯的处理及分析结果可能会产生很大误差。本章会特地说明这些内容，原因是初次使用者通常没有这些概念，致使运用 GIS 时常无法弄清楚各类地理坐标系统及坐标系统转换的问题，造成跨领域资料无法整合。

　　我们也就 GIS 的定义做详细说明，并说明如何运用地理资料模式进行地理现象的概括化程序。地理资料模式看似一种概念式的模式，事实上其目的在透过严谨的资料定义与结构，将地理资料经数值化过程转化成可供电脑操作之资料，GIS 地理资料模式分成两大相互关联的模式：空间资料模式及属性资料模式。在完成前述基本观念介绍后，我们接着开始讨论 GIS 核心架构，即其资料结构，包括空间资料结构、属性资料结构及各类资料结构之关联。

　　GIS 的空间资料结构分成网格资料和向量资料两种类型，本章说明网格资料和向量资料结构之差异及其优缺点，接着进一步说明向量资料结构及如何透过所谓的位向方法来描述各个空间实体间的几何关系，并说明位向的三个基本构成要素点、线、面三者间的位向关系，包括连接关系、相对方向关系、相邻关系、包含关系；接着说明位向的种类，包括点—线位向、线—面位向及左—右位向与空间及属性资料之关联及整合，并以实例说明。本章虽说明了资料处理步骤，但由于篇幅限制，未能介绍空间资料的输入、编修及校正等技术性问题。除了空间资料的编修能力，地理资料分析亦是 GIS 最具特色的功能，本章亦已介绍其空间分析概念；空间资料分析可概分成四大类型的运算，包括几何运算、空间搜寻、环域分析及重叠分析，由这四大运算类型组合而成的分析。前述说明，应有助改变一般人以为 GIS 只是用来绘图而已的刻板印象。

有关 GIS 在研究方法里的定位问题，这里作者以一个大家常问的问题为例子做说明，该问题是："有一笔研究资料，该资料也有地理区位的变项（例如县市或乡镇），以回归分析为例，我们只要放入地理区位的虚拟变项进去模型中，即可分析空间特质，因此用 GIS 不就多此一举?"作者的回答是：这样的论点不能说是不对，不过由于 GIS 较别的方法更能迅速展现空间变项的形态及特征，与培养资料空间特质的"感觉"，因此作者的经验及做法是先以 GIS 处理空间资讯，借以快速理解资料的空间特性，这有助培养所谓的对资料的"感觉"及后续回归分析里的地理区位变项之设定及最适模型之建立；若没先用 GIS 处理空间资讯，直接就用回归分析来做也可以，只是因为没能掌握资料空间特质，设定的空间虚拟变项常变得不显著或没有实质意义，导致做出来的模型通常很不理想。

换言之，地理资讯系统分析方法和社会科学其他分析方法本质一样，只是空间资料的处理及分析能力是社会科学其他分析方法所欠缺的。本章已强调，属性资料分析事实上不是 GIS 擅长的地方，原因是属性资料的处理及分析工作在别的资讯系统早已发展得相当完备，GIS 没必要朝此方向发展，而 GIS 地理资料分析真正具特色的是空间资料及结合属性资料分析能力。因此，GIS 有很吸引人的特色，但也不可能取代别的方法，它和别的方法是扮演互补的角色；本章前面提到的"原住民"调查研究实例，GIS 在调查规划、抽样设计、实地调查、母体及样本资料的空间资讯处理及分析，是不可或缺重要工具，但不是唯一工具，要完成这类研究要同时运用到很多其他工具才行，彼此互相结合，方可发挥最大效用。

最后，由于 GIS 目前已是一种相当成熟的资讯系统，近几年来由于资讯软硬件成本大幅下降及计算能力大幅提升，在应用上已由"昔日王谢堂前燕"，开始"飞入寻常百姓家"，在社会科学研究的应用亦已开始大量出现。地理资讯系统虽不断演变，但其最核心的基础并不会有太大改变，因此学习最基本的理论架构及技术并建立正确的观念，才是应用 GIS 进行研究最关键之处。

参考书目

石计生（2001）《"士林人文社会实验室"的跨学门整合方法与数字化社会地图的建构》。《"行政院"国家科学委员会人文与社会科学简讯》，3（4），60 – 66。

林季平（2008）《影响加入台湾全民健保的社会经济不均等要素》。《社会政策与社会工作学刊》，12（2），1 – 27。

林季平、林昭吟（2003）《调查、推估、分析未参加全民健保者原因》。中央健康保险局委托研究计划。

范毅军、白碧玲、严汉伟（2001）《空间资讯技术应用于汉学研究的价值与作用》。《汉学研究通讯》，78，75 – 82。

范毅军、廖泫铭（2008）《历史地理资讯系统建立与发展》。《地理资讯系统季刊》，2（1），23 – 30。

章英华、林季平、刘千嘉（2010）《台湾原住民社会变迁与政策评估研究问卷调查之抽样与执行》。黄树民等（编）《台湾原住民社会变迁与政策评估研究》。台北：中央研究院民族学研究所。

黄树民、章英华（编）（2010）《台湾原住民社会变迁与政策评估研究》。台北：中央研究院民族学研究所。

潘桂成（2005）《地图学原理》。台北：三民书局。

蔡博文、吴淑琼、李介中（2004）《台湾 2000 年户口住宅普查与门牌地址之整合应用——长期照护设施空间分派分析》。《人口学刊》，28，135 – 152。

Abdul-Rahman, A., & Pilouk, Morakot (2008). *Spatial data modeling for 3D GIS*. Springer.

Bolstad, Paul V. (2005). *GIS fundamentals: A first text on geographic information systems* (2nd ed.). White Bear Lake, MN: Eider Press.

Burrough, Peter A., & McDonnell, Rachael A. (1998). *Principles of geographical information systems*. Oxford: Oxford University Press.

Chang, Kang-tsung (2007). *Introduction to geographic information system* (4th ed.). McGraw Hill.

Cook, Robert N. (1966). The CULDATA system. In Robert N. Cook & James L. Kennedy (Eds.), *Proceedings of a tri-state conference on a comprehensive unified land data system (CULDATA)* (pp. 53 – 57). College of Law, University of Cincinnati.

Corbett, James P. (1979). *Topological principles in cartography*. Technical Paper 48, US Bureau of the Census, Suitland（also published in Proceedings of AUTOCARTO 4 1975, pp. 22 – 33. American Congress on Survey and Mapping/American Society for Photogrammetry, Washington D. C.）.

Dangermond, Jack, & Smith, Lovell K.（1988）. Geographic information systems and the revolution in cartography: The nature of the role played by a commercial organization. *The American Cartographer*, *15*（3）, 301 – 310.

DeMers, Michael N.（2004）. *Fundamentals of geographic information systems*（3rd ed.）. New York: John Wiley.

Dewdney, John C., & Rhind, David W.（1986）. The British and United States censuses of population. In Michael Pacione（Ed.）, *Population geography: Progress and prospects*（pp. 35 – 57）. London: Croom Helm.

Diello, J., Kirk, K., & Callander, J.（1968）. The development of an automatic cartographic system. *Cartographic Journal*, *6*（1）, 9 – 17.

Foresman, Timothy W.（Ed.）.（1998）. *The history of geographic information systems: Perspectives from the pioneers*. Prentice Hall.

Fotheringham, A. Stewart, Brunsdon, Chris, & Charlton, Martin（2000）. *Quantitative geography: Perspectives on spatial data analysis*. Sage Publications Ltd.

Fotheringham, A. Stewart, & Rogerson, Peter（1994）. *Spatial analysis and GIS*. PA: Taylor & Francis Ltd.

Goodchild, Michael F.（1987）. A spatial analytical perspective on geographical information systems. *International Journal of Geographical Information Systems*, *1*, 327 – 344.

Hagerstrand, Torsten（1967）. The computer and the geographer. *Transaction of the Institute of British Geography*, *42*, 1 – 20.

Kraak, Menno-jan, & Ormeling, Ferjan（2002）. *Cartography: Visualization of spatial data*. Prentice Hall.

Li, Ki-joune, & Vangenot, Christelle（Eds.）.（2005）. *Web and wireless geographical information systems*. Springer.

Lin, Ji-ping, & Liaw, Kao-lee（2000）. Labor migrations in Taiwan: Characterization and interpretation based on the data of the 1990 census. *Environment and Planning A*, *32*（9）, 1689 – 1709.

Lin, Ji-ping（2006）. The dynamics of labor migration in Taiwan: Evidence from the 1990 and 2000 Taiwan population censuses. *Geography Research Forum*, *26*, 61 – 92.

Maguire, David J.（1991）. An overview and definition of GIS. In David J. Maguire, Michael F. Goodchild, & David W. Rhind（Eds.）, *Geographical information system: Principles and applications*（pp. 9 – 20）. London: Longman.

Maguire, David J., Goodchild, Michael F., & Rhind, David W.（1997）. *Geographic in formation systems: Principles and applications*. Longman Scientific and Technical, Harlow.

NIMA（1997）. *Department of defense world geodetic system 1984: Its definition and relationships with local geodetic systems.* （NIMA TR8350. 2 3rded. ）. 4 July 1997. Bethesda, MD: National Imagery and Mapping Agency.

Okabe, Atsuyuki （2006）. *GIS-based studies in the humanities and social sciences.* Taylor & Francis.

Ott, Thomas, & Swiaczny, Frank （2001）. *Time-integrative geographic information systems.* New York: Springer.

Parker, Robert Nash, & Asencio, Emily K. （2008）. *GIS and spatial analysis for the social sciences: Coding, mapping, and modeling.* Routledge.

Peng, Zhong-ren, & Tsou, Ming-hsiang （2003）. *Internet GIS: Distributed geographic information services for the internet and wireless networks.* John Wiley & Sons, Inc. Rana, Sanjay, & Sharma, Jayant （2006）. *Frontiers of geographic information technol-ogy.* Springer.

Rhind, David W. （1988）. Personality as a factor in the development of a new discipline: The case of computer-assisted cartography. *The American Cartographer, 15* （3）, 277 – 289.

Rhind, David W. , & Mounsey, Helen M. （1989）. The Chorley committee and handling geographic information. *Environment and Planning A, 21* （5）, 571 – 285.

Schimidt, Allan H. , & Zafft, Wayne A. （1975）. Progress of the Harvard university laboratory for computer graphics and spatial analysis. In John C. Davis & Michael J. McCullagh （Eds. ）, *Display and analysis of spatial data* （pp. 231 – 243）. London: Wiley.

Schweitzer, Richard H. （1973）. *Mapping urban America with automated cartography.* Washington, DC: Dept. of Commerce, US Bureau of the Census, Geography Division.

Slocum, Terry A. , McMaster, Robert B. , Kessler, Fritz C. , & Howard, Hugh H. （2004）. *Thematic cartography and visualization* （2nd ed. ）. NJ: Prentice Hall.

Steinberg, Steven J. , & Steinberg, Sheila L. （2006）. *GIS: Geographic information systems for the social sciences: Investigating space and place.* London: Sage.

Taylor, D. R. Fraser （1991）. GIS and developing nations. In David J. Maguire, Michael F. Goodchild, & David W. Rhind （Eds. ）, *Geographic information systems: Principles and applications* （Vol. 2, pp. 71 – 84）. London: Longman.

Tobler, Waldo R. （1959）. Automation and cartography. *Geographical Review, 49*, 526 – 534.

Tomlinson, Roger F. （1967）. *An introduction to the geographic information system of the Canada land inventory.* Ottawa: Department of Forestry and Rural Development, Ottawa.

Tomlinson, Roger F. （1988a）. Reflections on the revolution: the transition from analogue to digital representations of space, 1958 – 1988. *The American Cartographer, 15* （3）, 243 – 334.

Tomlinson, Roger F. （1988b）. The impact of the transition from analogue to digital cartographic representation. *The American Cartographic, 15* （3）, 249 – 262.

Tomlinson, Roger F. （2005）. *Thinking about GIS: Geographic information system planning for managers.* ESRI Press.

Torge, Wolfgang （1991）. *Geodesy* （2nd ed. ）. New York: deGruyter.

Townshend, John R. G. （1991）. Environmental database and GIS. In David J. Maguire, Michael F. Goodchild, & David W. Rhind （Eds.）, *Geographical information systems*: *Principles and application*（Vol. 2, pp. 201 – 216）. London: Longman.

Tsai, Bor-wen, Chang, Kang-tsung, Chang, Chang-yi, & Chu, Chiehming （2006）. Analyzing spatial and temporal changes of aquaculture in Yunlin county, Taiwan. *Professional Geographer*, *58*, 161 – 171.

Wallerstein, Immanuel （1974）. *The modern world system*, *capitalist agriculture and the origins of the European world economy in the sixteenth century*. New York: Academic Press.

Wise, Stephen （2002）. *GIS basics*. London: Taylor & Francis.

延伸阅读

相关概念和理论的进一步了解

1. Chang, Kang-tsung （2007）. *Introduction to geographic information system*（4th ed.）. McGraw Hill.

2. GIS Lounge-Geographic information systems information about GIS, GPS, cartography and geography, http://gislounge. com/.

3. GIS. com, http://www. gis. com/.

   说明：Chang（2007）这本书是 GIS 全球发行及再版和读者最多的书籍之一，是张康聪教授在美国三十多年教学经验的结晶；GIS 相关书籍非常多，内容不是太理论就是太简化，这本书写作适合各类读者，简单又不失专业，参考文献丰富，因此作者推荐此书为延伸阅读书籍里值得精读的一本书。GIS Lounge 及 GIS. com 的网站内容丰富，有系统性收集及整理 GIS 相关知识及应用方法，是值得随时进去参考的网站。

GIS 电脑软件

1. Arc/Info GIS software, http://www. esri. com/software/arcgis/arcinfo/index. html.

2. The ESRI Inc. , http://www. esri. com/.

3. Okabe, Atsuyuki et al. （2006）. How to find free software packages for spatial analy- sis via the internet. In Atsuyuki Okabe （Ed.）. *GIS-based studies in the humanities and social sciences*. Taylor & Francis.

4. The generic mapping tools, http://gmt. soest. hawaii. edu/.

5. The Open Source Geospatial Foundation, http://www. osgeo. org/.

说明：本文未就 GIS 软件如何操作进行说明，主要原因是篇幅限制及软件种类太多，但不论是何种 GIS 软件，背后运作原理大同小异。有关 GIS 软件介绍及操作方式，全球性的专业 GIS 软件最大厂商为美国 ESRI 的 Arc/Info GIS 系类产品，是必要参阅的；但除了商业软件外，GIS 也有不少免费软件，Atsuyuki Okabe 等人（2006）及 Generic Mapping Tools 网站提供不少资讯，可供有兴趣者参考。

GIS 专业组织及学术单位

1. Association of Geographic Information Laboratories for Europe（AGILE），http：//www. agile – online. org/.

2. Center for Spatially Integrated Social Science（CSISS），http：//www. csiss. org/.

3. The National States Geographic Information Council（NSGIC），http：//www. nsgic. org/.

4. 中研院人文社会科学研究中心地理资讯科学研究专题中心，http：//gis. rchss. sinica. edu. tw.

5. 中研院人文社会科学研究中心调查研究专题中心，http：//survey. sinica. edu. tw/；国土资讯系统，http：//ngis. moi. gov. tw/index. aspx。

说明：这里列出重要的 GIS 专业组织及学术机构，其中中研院人文社会科学研究中心地理资讯科学研究专题中心拥有很丰富的空间资料及 GIS 系统，而中研院人文社会科学研究中心调查研究专题中心则拥有台湾最大的属性资料库，包括学术、政府及加值资料三大部分，是了解空间及属性资料最佳的切入机构。

第十一章
职业测量方法

一　前言

　　社会经济地位（简称社经地位），一般认为包括教育、职业与收入。这些都是很重要社会阶层变项；其中职业不但往往被视为代表个人社会阶层的最佳单一指标，也与价值观念、行为模式、文化资本、社会资本、子女管教、认知发展与教育机会有很大的关联（Blau & Duncan，1967；Kohn，1969；Bourdieu，1984；陈奎熹，1993；马信行，1997；林生传，2000；Lin，2001；黄毅志，2002，2003；吴怡瑄、叶玉珠，2003；Chan & Goldthorpe，2007）。因而在很多社会科学研究中，职业都是很重要的变项；即使研究目的不在于探讨职业与其他变项，如价值观念与子女认知发展等之关联，也会将职业纳入分析，以作为统计控制之用（黄毅志，2005）。不过职业的测量特别复杂，不论是职业分类的建构，与根据分类建构职业地位量表，都面临许多问题，而有待进一步研究克服（黄毅志，2003）。过去的台湾社会科学研究中，Hollingshed（1958）由职业与教育加权而来的两因素社会地位指数，可说是最常用的社经地位测量方法，许多研究借此测量分析数据，也累积了丰硕的成果；然而这个指数的职业测量是40多年前在美国社会所建构的，并不能适用于今日的台湾社会，也就迫切需要建构适当的新职业分类与量表（黄毅志，1997，2003）。

　　本章以下先说明职业概念的定义，厘清职业与常被混淆在一起的概念，包括行业、阶级与职业之不同以及两项职业地位——职业声望与职业社经地位之不同；接着说明美国的职业量表之发展与早年的台湾职业量表，以及用来做比较研究的国际量表之发展，与针对台湾本土特殊性所设计的本土化台湾职业测量之发展；最后再说明各项职业测量方法的适用时机。

二 职业相关概念之厘清

（一）职业与行业

职业与行业的概念不同，不过由于都是根据工作做区分，所以常被混淆在一起。

职业是指个人依技术分工所担任之工作或职务，它必须具备下列条件。

1. 须有报酬——系指因工作而获得现金或实物之报酬。

2. 有继续性——系指非机会性；但从事季节性或周期性之工作，亦可认为有继续性。

凡协同家人工作间接获得报酬，即家属工作者，且工作时间在一般规定三分之一以上者，亦被认为有职业。义务从事社会公益工作者，如医院之义工，有工作而无报酬，以及有收益而无工作者，如依靠财产生活者则不认为其有职业。

职业与行业（industry）不同，行业依工作者就业的经济活动机构，如百货公司、电机制造公司或学校工作，所从事生产各种有形物品及提供各种服务之经济活动做区分；因此每一行业因技术分工之关系，常需不同职业之工作者，如任职同一大学而都提供教育服务，行业都属于教育业者，职业可包括教授、助教、资讯工程师等；而同一职业之工作者，如资讯工程师，常分布于不同之行业，如大学、百货公司、电机制造公司等。

（二）职业与阶级

职业与阶级的概念不同，不过也由于都是根据工作做区分，也常被混淆在一起。依马克思所言，根据在经济生产过程中所涉及的权力，如是否具有生产工具的产权，与是否雇人所区分的生产位置，为阶级（social classes）；没有产权而出卖劳力的是工人阶级；有产权，且可雇人，控制劳力，乃至于剥削劳力的是资本阶级；有产权，不过没雇人，无法借以控制、剥削劳力的是小资本阶级（Wright，1979；许嘉猷，1986）。而职业乃根据工作内容所涉及的技术分工来分类，有别于马克思根据生产过程涉及的权力，如具有生产工具的产权所区分之阶级。职业与阶级的区分，可用受雇于车行的出租车司机，与自己开车行的计程车司机之不同，做进一步说明：就主要技术而言，两者都是开出租车，职业都是出租车司机；然而就权力而言，前者没有生产工具，为工人，后者不但有生产工具，也可雇用许多其他司机，而为资本阶级（许嘉猷，1986）。

虽然马克思曾预言：随着资本主义发展，小资本阶级会日渐淘汰。然而由于 21 世纪以来，除了小资本阶级，特别是小零售商，一直维持着相当的比率，而仍然继续生存，不符合马克思的预测之外，又有经理及专业技术人员之兴起，使得阶层区分日趋复杂；马克思以"生产工具拥有权"划分资本家与工人两大阶级的单面相阶层观，已显得过分狭隘（黄毅志，2002）；新马克思主义学者 Wright（1979），也就根据当代生产过程所涉及的许多权力，提出了更细致的阶级分类，如图 11 - 1 所示。

图 11 - 1　Wright（1979）的阶级分类

在这项更精细的阶级分类中，除了小资本阶级维持马克思的原来的意义之外，原先的资本阶级依所雇用的员工数，分为雇用 9 人以下的小雇主，由于雇用的员工不多，他们往往也要直接从事生产；与 10 人以上的资本阶级，他们不必直接从事生产，是符合马克思原意的真正资本家。在受雇的员工中，能管理其他员工者，则为经理，如课长、处长、校长；至于半自主性受雇者，则指没管理员工的受雇员工里，具有专业技术，而在工作上具有相当程度的自主性者，如教授、工程师、医师。新分类的工人阶级，指没管理员工的受雇员工里，也不具专业自主性者；这包括蓝领劳动工人，如学校的工友、工厂的工人与白领职业中的例行事务性工作者，如总机、打字员、出纳员。

六大分类除了保有马克思原先所强调的"剥削者"资本阶级、"被剥削者"工人与预期会消失的小资本阶级外，又有新兴的半自主性受雇者、经理以及小雇主；后三者处于矛盾的阶级位置。经理的矛盾性在于：他们既受资本阶级控制、剥削，又可控制、剥削工人；半自主性受雇者的矛盾性在于：他们既如小资本阶级，具有相当的自主性者，同时也如工人，仍受到资本阶级控制、剥削；小雇主的矛盾性在于：他们既如资本阶级可控制、剥削工人，也如同小资本阶级，也要直接从事生产。其中，经理与半自主性受雇者，通常有着很高的教育程度，往往也被称为新中产阶级；小雇主以及小资本阶级，则往往也被称为旧中产阶级（萧新煌，1989；许嘉猷，1994）；都有别于处于两个极端的资本阶级与工人。

（三）职业声望与职业社经地位

在社会科学研究里，职业声望指的是"社会大众对于个别职业所具有之社会荣誉（social honor）给予的集体评价"（Treiman，1977），这些评价通常反映出一个社会的核心价值，例如收入、教育、道德评价、对社会的贡献等之总合，所代表的是各项职业在社会上"一般性的地位（general standing）或荣誉"（许嘉猷，1986；Jencks，1990）。而依 Blau 与 Duncan（1967）及 Hauser 与 Featherman（1977），各职业社经地位主要建立在职业成员所得到的职业报酬与职业要求之上，前者主要指工作收入，后者主要指对于专业技术或教育水准之要求。至于职业声望或社经地位的概念之区分，职业声望所代表的是各项职业在社会上"一般性的地位或荣誉"，为较主观性的职业测量；这个一般性地位可涵盖许多向度，职业社经地位是其中很重要的部分，为较客观性的职业测量。

三　美国的职业量表之发展与早年的
台湾职业量表

（一）　美国的职业量表之发展

1. North 与 Hatt

早在 1947 年 Cecil C. North 与 Paul K. Hatt 就曾请 2920 个美国受访者对 90 个职业评定等级，等级从非常好到不好，共分五级，接下去计算各职业平均等级，再转换成百分位数，而得到 90 个职业的声望量表（转引自许嘉猷，1986）。

2. Duncan's SEI（1961）

North 与 Hatt 的职业声望量表只包含美国人口普查局所有职业类别中的小部分职业，为了让所有职业都有分数以供进一步变项分析之用，Duncan（1961）运用回归分析，建立美国的职业社经地位指标（SEI）；他发现各职业的整体教育与收入水准两个变项对于 North 与 Hatt 职业声望的解释力（R^2）高达 0.83，而根据回归方程式，由教育与收入这两个社经地位变项加权而来的职业声望预测值，他称为职业社经地位，声望与社经地位的相关系数（R）高达 0.91，两者非常接近。许多在 North 与 Hatt 的职业声望量表中没有分数的职业，查出其教育与收入水准就能算出声望预测值职业社经地位，依 Duncan 的方法，所有职业不论是否有职业声望分数，都有职业社经地位。Duncan 是职业社经地位量表建构之最重要奠基者。

3. Hauser 与 Warren（1997）

Hauser 与 Warren（1997）根据 1990 年美国人口普查的职业分类，仿照 Duncan（1961）的方法，建立一套美国的新职业声望与社经地位量表。然而，Hauser 等人的职业量表是针对美国社会所建构的，他们建立量表的方法也与 Duncan 很类似，也就不对此量表多做说明。

（二）　早期的台湾职业量表

1. 早年社会学家所建立的量表

在 1969 年社会学家何友晖与廖正宏就曾请 100 个受访者评定 36 个职业

的声望，评定的选项包括：上层、中上、中层、中下层、下层为一五等测量，建立 36 个职业声望的量表，因受访样本太小而代表性不足；1970 年张晓春则根据台北市双园区受访者对 30 个职业的评定，建立职业声望量表（转引自瞿海源，1985a），为一小地区受访者样本，代表性也不足。顾浩定（Grichting，1971）则请 386 位受访者评定 126 个职业的声望而建立职业声望量表，不过受访者主要是台北市民众。以上早年社会学家所建立的量表，虽然各有其贡献，不过受访样本代表性都不足，而且也都不能将所有职业的声望都列入调查，以建立涵盖所有民众职业的声望量表，供进一步研究做变项分析。

2. 早年教育学家所建立的量表

在早年台湾的职业声望调查中，林清江（1971，1981）对教育研究的贡献卓越；他的两项全台湾大样本调查都显示台湾的教师声望偏高，大学教授高于医师，不过中小学教师还是低于医师。然而他的研究目的主要在于"探讨相对于台湾其他职业，教师声望的高低"，而不在于将所有职业的声望都列入调查，以建立能涵盖大多数民众职业的声望量表，供进一步研究做变项分析。

3. Tsai 与 Chiu（1991）

蔡淑铃与瞿海源（Tsai & Chiu，1991），对全台湾代表性大样本做调查，并仿照 Duncan（1961）的方法，建立台湾地区职业声望与社经地位量表，他们所建立的社经地位量表可涵盖大多数民众的职业，而在研究上更具实用价值。不过他们在建构台湾职业声望与二码（two-digit）社经地位量表时所做的回归分析中，发现各项职业的教育与收入水准对于声望的解释力只有 0.51，由教育、收入加权而来的预测值"社经地位"与声望的相关系数也就只有 0.71，两者有不少差距，很可能是由于许多台湾社会大众所重视的核心价值，如各项职业的道德形象，没纳入解释变项所致。根据一般印象，在美国具有高声望的律师、医师（高于大学教授）（Nakao & Treas，1994），在台湾的道德形象不一定很高；而在尊师重道的本土传统文化下，台湾的教师，包括大学教授与中小学教师的道德形象却很高（何友辉、廖正宏，1969；陈奎熹，1993），这很可能是在蔡淑铃和瞿海源的声望量表中，律师、医师的声望都不高，不如大学教授，也比不上小学老师的重要原因（黄毅志，2003）。

四　国际职业量表的发展

（一）Treiman（1977）国际职业声望量表

Treiman（1977）发现世界各国民众对于职业声望评价高低非常接近，而可用同样的量表代表各国所有职业声望高低，依此根据 1968 年的国际标准职业分类，建立一套国际标准职业声望量表，不但可做跨国比较研究之用，也可供各国对本国的社会进行研究；而在先前台湾本土职业量表发展不足的情况下，也曾有许多台湾的社会科学研究采用这个量表做分析（如瞿海源，1985b；孙清山、黄毅志，1996；马信行，1998；巫有镒，1999）。然而，近年有一些针对本土状况建构的职业分类与测量（黄毅志，1997，1998，2003，2005，2008），与国际新量表（Ganzeboom & Treiman，1996）出现，这个老旧国际量表的使用者也就减少许多。

（二）Ganzeboom 与 Treiman（1996）国际职业声望与社经地位量表

Ganzeboom 与 Treiman（1996）根据 1988 年的国际新标准职业分类，建立一套国际新职业声望与社经地位量表，不但为许多比较研究之用，也有愈来愈多的台湾大型调查研究，如林南（2004）的社会资本跨国比较追踪调查，于 2004 年以后进行的"台湾社会变迁调查"（章英华、傅仰止，2005）以及 2006 年进行的"台湾教育长期追踪数据库"（Taiwan Education Panel Survey，TEPS）之中学生调查，都采用了这项分类与量表，值得在此介绍、检讨与评估。

这项新职业分类，可将职业粗分为一码的大类职业，也可细分为二码、三码以至于四码的细分类职业，这套量表也就分别建立了一至四码，共四种职业分类的声望与社经地位量表。Ganzeboom 与 Treiman 职业社经量表的建构方法是求取一组分数给所有职业之社经地位，而透过如此的求取可使教育、职业与收入三者间，教育透过职业对收入的间接影响最大，而教育对收入的直接影响最小。职业声望量表的建构方法是对于每个 1988 年国际新标准四码职业的分类，配对与它相同或类似的 Treiman（1977）之职业分类与声望分数，而得到 1988 年新职业分类的声望分数。采用这个量表来做调查者，需要请受访者根据开放式问卷填答职业的名称与工作内容（参见附录四第 2 题），然后将所填答的职业，归入职业分类中的适当类别，再依量表给定职业地位分数。由于职业社经地位较具客观性，它与教育、收入等其他阶层变项的关联性比职业声望稍高一些，而较具阶层区辨力（Ganzeboom & Treiman，1996）。

Ganzeboom 与 Treiman（1996）的国际新职业量表虽可做比较研究之用，然而，根据笔者实际采用经验，发现它虽有其价值，却不一定能适用于台湾社会，特别是台湾的教育研究。

1. 繁复的四码国际分类不符本土社会，也不容易让研究人员弄清楚

虽然，Ganzeboom 与 Treiman（1996）强调职业分类分得愈细，愈能做精确测量，而强烈建议采用四码（共 390 个职业类别）的细分类做测量，而前述采用这项测量的调查，都用四码的细分类。不过，这项分类基本上是采自欧美的分类架构，与台湾民众一般对职业的分类不同，如这项分类将水工与电工分开，台湾民众却将水工与电工合并成水电工，而不容易在这项分类将水电工归类；加上职业的类别实在又太多了，就显得非常繁复，连研究人员都不容易弄清楚；这也造成在调查时，有许多填答的职业不易归类的问题；即使能弄清楚这些分类，仍有许多本土常见的职业，如工友、小妹，无法在国际新标准职业的细分类做适当归类，这反映出台湾社会职业分类的特殊性。即使采用 Ganzeboom 与 Treiman 的一码大类职业做测量，这项大类职业分类仍可能不适用于台湾；特别是台湾有许多雇用少数员工的小老板（许嘉猷、黄毅志，2002），如雇用一两位员工的小店老板，在台湾的职业声望与社经地位并不高（黄毅志，1998，2003），却会被归入国际新职业量表中，声望与社经地位都很高的"主管人员"（Ganzeboom & Treiman，1996）。

2. 受访者对于职业的填答往往不够清楚，使得研究者难以精确归类

就有些社会科学研究而言，特别是教育研究所关注的对象往往是尚未正式就业的学生；所要分析的职业变项，主要是父母职业，而非本人职业。再针对社会科学研究中，很重要的教育均等性研究而言，所调查的对象，不论是学生或成年就业民众，研究的焦点往往在于探讨父母职业对子女教育成就的影响（杨莹，1994；章英华、薛承泰、黄毅志，1996；巫有镒，1999），重要的仍是就学时的父母职业。而采用这个量表来做调查者，往往需要请受访者根据开放式问卷回答职业；然而父母职业之开放式问卷调查，不论是透过对成年民众之面访，请他们回溯就学时的父母职业（瞿海源，1998），或是透过学生自陈问卷做调查，受访者对于父母的职业往往不是很清楚，而无法精确、详细地填答（黄毅志，2000）；即使很清楚，在学生自陈的情况下，往往仍然填答不清；比如说，父亲是公司员工，而研究者也就难以将所填答的职业，归入适当的细分类。至于透过学生将问卷带回家，请父母本人自陈职业的调查，也往往由于填答不清，而难以归类。父母职业调查的归类与编码显得问题重重，特别是在采用国外所建构的四码新职业细分类之情况下；比如说父母是办事员，这当可归入一码大类职业中的事务工作人员而无误，然而就四码职业分类而言，有许多职业都属于办事员，如出纳员、簿计佐理员、运输事务人员等，而不容易做正确归类。

3. 量表分数不符今日台湾社会

Ganzeboom 与 Treiman 的职业声望量表之建立，虽采用 1988 年的职业分类，然而各类职业的声望分数，却仍根据早年的 Treiman（1977）声望分数，而得到许多不合理的结果；如计算机程序设计师声望为 51 分，低于计算机助理（53）。其职业社经地位量表，也有许多不符台湾状况之处，如在台湾地位很高的大专教师（黄毅志，2003），在此量表上只有 77 分，远低于法官（90）、律师（85）与牙医（85）。

根据以上说明，为了做严格的国际比较分析与对话，可考虑采用 Ganzeboom 与 Treiman 的国际新职业量表，来对台湾的数据进行分析。不过，由于它的职业分类不易归类，也就提高许多职业编码的成本，测量质量可能也很有问题。然而，它的测量质量究竟如何，仍有待进一步经验研究之厘清，如果测量质量的确有严重问题，就不适合在台湾的社会科学研究中采用。

五　本土化的台湾职业测量

（一）社会变迁调查新职业分类

相对于上述新标准职业分类与量表的发展，近年台湾的职业测量则考量到台湾本土的特殊职业类别。"行政院"主计处（1992）的职业分类，除了以 1988 年的国际新标准职业分类为基础外，也考虑到一些本土的特殊职业，来建构较能适用于台湾的职业分类。而新建构的"社会变迁调查新职业分类"（见附录一）黄毅志（1998）又改编自"行政院"主计处的职业分类，近年为许多社会科学调查研究所采用，如三期三次（1997）以后的社会变迁调查（瞿海源，1998）以及许多 TSSCI 社会科学学术论文（比如陈怡靖，2001；林俊莹，2004；王丽云、游锦云，2005；巫有镒，2007；陈淑丽，2008）。比起"行政院"主计处的职业分类，它更具本土化的色彩；它除了包含一些本土所常见，而不易根据"主计处"职业分类来归类的职业，如工友、小妹之外，也透过并类而简化"主计处"的三码职业分类；并进一步对这些本土性与合并得来的职业编制系统化之三码分类表，使得访员能在短短一页的分类表中，一目了然看清分类的全貌，很容易根据受访者对职业调查题目的回答在分类表上找到所要归类的职业；而且各职业类别又与教育年数、收入等阶层变项相关性很高，而有很高的阶层区辨力（黄毅志，1998）。而这三码职业还可依其编码第一个数字归入九大类职业，见附录二；如附录一的 201 大专教师与研究人员，可归入附录二的 2. 专业人员。

（二）台湾新职业声望与社经地位量表

"社会变迁调查新职业分类"固然有许多优点，然而它基本上仍属于名目尺度，最多只能将此附录一的分类转换成五等职业社经地位测量（见附录二），在运用上就受到限制（黄毅志，1998）。黄毅志（2003）则在此具有高度阶层区辨力的分类架构上，建构测量精致而具有良好效度的"台湾新职业声望与社经地位量表"（见附录二）；此社经地位量表主要建立在各项职业的收入与教育所代表的专业技术均数之加权上，此声望量表之建立则除了根据教育与收入水准之外，多涵盖在台湾也很重要的各职业之道德形象，如教师的道德形象很高；而此新声望与社经地位量表，可说都能涵盖台湾所有职业，包括许多本土常见的特殊职业。黄毅志（2003）并比较台湾地区民众在"新职业声望量表""新职业社经地位量表"上的得分，以及在黄毅志（1998）五等职业社经地位测量上的等级与在理论上与职业有密切关联的其他概念之测量，如教育年数、工作收入、阶级认同、工作满意度的关联强度（包括相关系数与多元回归的标准化系数），显示"新职业声望量表""新职业社经地位量表"的关联强度大于五等职业社经地位测量，而前两者建构效度较佳（依 Carmines & Zeller，1979：22-25）。黄毅志（2003）才出版七年，所提供的职业测量，笔者已看到为许多 TSSCI 学术论文所采用；然而这些研究所用的仍有不少是黄毅志（2003）在附录二所介绍的黄毅志（1998）之五等职业社经地位测量，而没采用效度较佳的"新职业声望量表"与"新职业社经地位量表"。

笔者问过许多仍采用五等职业社经地位测量的作者，他们何以没采用效度较佳的"新职业声望量表"与"新职业社经地位量表"，他们的原因主要是以下两点。

1. "新职业声望量表"与"新职业社经地位量表"最高分 89.8，最低分 63.6，差距不大，看来区辨力不足。若以"台东教育长期数据库"（黄毅志、侯松茂、巫有镒，2005）为例做分析，比较 2005 年台东全县国二原汉学生的母亲职业在"新职业社经地位量表"上的平均数，汉人为 72.4，"原住民"为 70.4，两者差距只有 3% 左右，但两者关联强度（Eta）为 0.187 并不低，而 F 考验 p 值为 0.000；原汉学生的母亲职业在五等职业社经地位测量上的平均数，汉人为 2.48，"原住民"为 2.05，两者差距达 20% 左右，但两者关联强度（Eta）只有 0.157，而 F 考验 p 值也是 0.000。虽然"新职业社经地位量表"的效度优于五等职业社经地位测量，然而许多对统计不是很熟悉的研究者，却因为原汉学生母亲职业在五等职业社经地位测量上的平均数差距较大，而选用五等职业社经地位测量。

2. 用"新职业声望量表"与"新职业社经地位量表"做统计分析往往要写复杂的语法，而许多研究者不会写。

（三）改良版台湾新职业声望与社经地位量表

为了让更多研究者采用更具效度的职业地位量表，黄毅志（2008）也就"新职业声望量表"与"新职业社经地位量表"做转换，建立"改良版职业声望与社经地位量表"。若以 *top*、*rtop*、*tses*、*rtses* 分别代表新职业声望分数、改良版职业声望分数、新职业社经地位、改良版职业社经地位，则：

$$rtop = (top - 55) \times 2.85$$
$$rtses = (tses - 55) \times 3$$

于是"改良版职业声望量表"最高分变为 99.2，最低分 24.5，平均 50；"改良版职业社经地位量表"最高分 98.7，最低分 28.5，平均 50；透过如此的计算公式转换，两个改良版量表平均数都为 50，而最高分都接近 100，较符合一般人对分数的认知。由于所做的是线性转换，"改良版职业声望与社经地位量表"与其他变项的关联强度，和原先的"新职业声望与社经地位量表"与其他变项的关联强度一样，也不会改变统计考验 p 值（Wonnacott & Wonnacott，1979），不过却因为分数差距扩大而使不同类别的平均职业分数差距扩大，看来也就显得较具区辨力。根据"改良版职业社经地位量表"对前述"台东教育长期数据库"做分析，比较原汉学生的母亲职业在"改良版职业社经地位量表"上的平均数，汉人为 52.2，"原住民"为 46.1，两者差距扩大许多，但两者关联强度（Eta）仍为 0.187 而不变，而 F 考验 p 值仍是 0.000。

至于采用黄毅志（2003）"新职业声望与社经地位量表"与黄毅志（2008）建构的"改良版职业声望与社经地位量表"做统计分析，要写复杂的语法问题，黄毅志（2008）也将 SPSS 语法提供读者参考（见附录三）；如果读者不习惯写语法，参考下列语法，也可知道如何点选。to 即附录一之职业分类代码，$tses$ 即附录二之"新职业社经地位量表"得分，top 即附录二之"新职业声望量表"得分，$rtses$ 即"改良版职业社经地位量表"得分，$rtop$ 即"改良版职业声望量表"得分。

根据以上说明，黄毅志（2008）新建构的"改良版职业声望与社经地位量表"看来较"新职业声望与社经地位量表"具有区辨力，而读者不论要采用何者做分析，都可参考本章所提供之语法。

至于"新职业声望量表"与"新社经地位量表"，不但两者的相关极高（$r = 0.955$），而且两者与教育年数、收入等变项的相关都很接近，建构效度也就很接近（黄毅志，2003），"改良版职业声望量表"与"改良版社经地位量表"也是如此；今后对于采用"社会变迁调查新职业分类"进行调查的数据做分析时，该用职业声望或社经地位量表做测量？这就要视研究目的而定。在理论概念上，职业声望所代表的是各项职业在社会上"一般性的地位或荣誉"，这个一般性地位可包含许多向度，而社经地位是其中很重要的一部分（黄毅志，2003）。黄毅志（2003）的"新职业社经地位量表"与黄毅志（2008）"改良版社经地位量表"之测量，主要建立在收入与教育所代表的专业技术之上，是较具客观性的测量；黄毅志（2003）的"新职业声望量表"与黄毅志（2008）的"改良版职业声望量表"的测量之建立，多涵盖很重要的道德形象之向度，是较具主观性的测量。如果根据理论基础，研究者所要测量的是包含道德形象在内的"主观性一般地位"，就当用职业声望量表；如果所要测量的是不含道德形象在内的"客观阶层"，就当用职业社经地位量表；如果研究者无法根据理论决定要测的是"主观性一般地位"或"客观阶层"，只是想提高职业与其他阶层变项，如本人教育年数、工作收入、阶级认同、子女学业成绩等的关联强度，则可用职业社经地位量表；毕竟职业声望量表所包含的主观性向度，如道德形象，不一定与教育年数等阶层变项有密切的正向关联，这也就稍微降低了职业声望与其他阶层变项的关联强度（黄毅志，2003）。

（四）职业调查封闭式问卷

"台湾新职业声望与社经地位量表"虽为许多 TSSCI 学术论文所采用，不过这项新分类与量表力求测量精确，仍包括太多的职业类别。根据这项分类来调查职业时，通常以开放式问卷先请受访者回答职位与详细工作内容（见附录四第 2 题），然后再依三码的社会变迁新分类表来做职业归类与编码，仍相当费时，成本也不低。虽然，它比国际新职业分类简化很多，而且它针对本土特殊性建构，较符合台湾真实状况，当较适用于台湾社会，成本也已降低许多。

最近许多针对台湾学生所进行的调查，如"台湾高等教育资料库之建置及相关议题之探讨"之大学生调查（简称高教调查；彭森明，2003），TEPS 之中学生调查（张苙云，2003）以及教育部门的"建立中小学数字学习指标暨城乡数字落差之现况调查、评估与形成因素分析"之中学生调查（简称数字落差调查；曾宪雄、张维安、黄国祯，2003），由于样本都超过四万，实在太大了，如果根据开放式问卷调查学生父母职业，会提高许多成本，也就都采用封闭式问卷（参见附录四第 1 题）。

高教调查、数字落差调查与 TEPS 的封闭式父母职业问卷之大类职业，都从"社会变迁调查新职业分类"简化而来，而题目都很类似。高教调查与数字落差调查请学生在少数的大类职业中，勾选适当的类别（参见附录四第 1 题）；TEPS 则请学生将问卷带回家，请家长在少数大类职业中勾选；由家长勾选父母职业，虽然调查较繁复，不过测量当较为精确。然而不论由谁勾选，如此简易的测量，都令人担心它的测量质量。

不过，根据相关的研究结果（黄毅志，2005），如此由学生勾选的封闭式问卷大类的父亲职业所转换成的五等社经地位测量，仍具良好的再测信度。其建构效度，比起测量精致的"台湾新社经地位量表"，也没低多少。这可归因于：许多受访的学生在填答开放性问卷时，由于对父亲的职业不是很清楚，而无法精确、详细地填答；即使很清楚，在学生自陈的情况下，往往仍然填答不清；这都给职业归类与编码带来困难，也给台湾新社经地位的测量带来误差；而封闭式的大类职业选项，虽然测量较为粗略，不过由于主要还是建立在与教育年数、收入等阶层变项具高相关，而有良好的阶层区辨力的"社会变迁调查新职业分类"之上（黄毅志，1998），其阶层区辨力还不错；学生看到大类职业名称与所列举的小类职业，又有助于了解各大类职业的内容，较容易勾选，效度也就没低多少。如果要透过学生自陈问卷，来对父母亲职业进行调查，为了降低成本，而采"学生勾选父母亲大类职业"的封闭式问卷，看来仍是可行的；请家长"勾选学生的父母亲大类职业"，如 TEPS，看来也是可行的。

而有关这项封闭式问卷职业分类的进一步说明，请参见附录五；附录五也可作为采用"社会变迁调查新职业分类"（见附录一），以及 TEPS、高教调查的封闭式职业问卷时之参考。

（五）根据各项职业分类将职业当做类别资料处理

以上说明根据各项职业测量将职业类别转换为量化变项的方法，如将职业类别转换成黄毅志（1998）粗略五等社经地位测量，黄毅志（2003）的精细职业声望与社经地位分数，乃至于 Ganzeboom 与 Treiman（1996）的四码国际社经地位。不过依研究目的，研究者并不必然要将职业类别转换为量化变项，而仍可将职业当做类别数据处理，而采用大类职业做分析，这可将职业类别当做顺序尺度来处理，也可将职业类别当做名目尺度来处理。

林慧敏与黄毅志（2009）在分析台东原汉国二学生父亲职业之差别，及此差别对于原汉学生补习参与不同之影响时，由于考虑"原住民"学生父亲有 18% 失业而没职业，无法用职业社经地位测量而不能纳入分析；乃参考黄毅志（2003）的职业测量，将职业类别当做顺序尺度来处理，各项职业类别社经地位高低依序为：① 上层白领（含主管人员、专业人员）、② 基层白领（含半专业人员、事务工作人员）、③ 买卖服务工作人员、④ 劳动工人、⑤ 农林渔牧人员，此外也将无职业的失业者纳入分析，共得到六类。在探讨原汉学生与父亲职业关联百分比交叉分析时，就比较原汉学生的父亲职业在以上六类的百分比分布之差别，发现与汉人相较，"原住民"父亲较少为白领职业，较多为劳动工人与失业者。在回归分析时对这六类做虚拟变项，以劳动工人做对照组，发现父亲为白领职业者补习参与最多，高于劳动工人，劳动工人又高于失业者。而得到"原住民"学生补习参与较少，重要原因是父亲较少为白领职业，较多为劳动工人与失业者之结论。

黄毅志（2002）在检证 Kohn（1969）所提出"中产阶级（指白领职业）管教子女时较强调自主、负责价值，劳工阶级（指蓝领职业的劳动工人）管教子女时较强调服从"之假设时，也采用大类职业做分析。由于阶级的概念基本上是名目尺度，这项研究也就将职业类别当做名目尺度来处理，而不强调各类职业的地位高低。

六　台湾新职业测量与"国际新职业量表"的测量质量之比较

综合上述，就教育研究中很重要的父亲职业而言，针对本土所建构，测量简易、成本又低的"学生勾选父亲大类职业"封闭式问卷之效度，并不比根据开放式问卷，将学生填答的父亲职业转换成"台湾新职业量表"之社经地位差多少，这两项本土职业测量都可供台湾研究者选用。不过为了进行严格的比较、对话，还是有需要采用国际量表。调查成本比两项本土职业测量高出很多，职业分类与量表却不符今日台湾社会，编码又容易出错的 Ganzeboom 与 Treiman（1996）"国际新职业量表"，与这两项本土职业测量相较，测量质量很可能明显较差，不过究竟差多少，就成了今后台湾社会科学研究，是否应采用"国际新职业量表"之重要依据；如果确实明显较差就不宜使用，然而这仍有待进一步研究加以证实。

黄毅志（2009）对于国际新职业量表与两项台湾职业测量中的父亲职业测量质量之比较分析结果显示。

1. 遗漏值百分比：就无法进行职业测量，而在职业测量上必须视为遗漏值之百分比而言，以"国际新职业社经地位"最高，"台湾新职业社经地位"居中，台湾封闭式问卷的五等测量最低，比"国际新职业社经地位"低得多。就此而言，"国际新职业社经地位"的测量质量最差。

2. 建构效度：借着比较三项父亲职业测量与父亲教育年数、子女学业成绩的关联性，来评估三项职业测量的建构效度，结果显示：以"台湾新职业社经地位"最高，封闭式问卷五等测量居中，"国际新职业社经地位"则有严重的问题。

综合遗漏值百分比与建构效度之分析，"国际新职业社经地位"的父亲职业测量的质量明显不如"台湾新职业社经地位"与封闭式问卷五等测量，这两项本土职业测量。"国际新职业社经地位"的遗漏值百分比偏高，可归因于：它的职业分类采自国外，与台湾民众所采用的有所不同，不容易被编码员理解，加上四码分类非常繁复，而难以给职业归类；此外，以上研究是透过学生自陈开放性问卷做调查，受访者对于父亲的职业往往不是很清楚而没填答，或填答不清而难以归类；即使很清楚，在学生自陈的情况下，往往仍然填答不清，而难以归入适当的四码细分类；这都造成遗漏值的百分比偏高。

"国际新职业社经地位"的建构效度不佳，可归因于职业不易归类，导致许多归类错误，根据归类所给予的社经地位也就有许多测量误差；而这项社经地位不符今日的台湾社会，又增添了许多测量误差。由于有许多测量误差，建构效度也就不佳。"国际新职业社经地位"的职业分类之不易归类，不但提高遗漏值的百分比，降低建构效度，也增加调查的职业归类与编码之许多成本。

以上研究以学生自陈问卷做调查，发现"国际新职业社经地位"的测量品质不佳，调查成本又高。至于以父母自陈职业做调查，"国际新职业社经地位"的测量质量与调查成本会是如何？根据以上结论，很可能仍由于它的职业分类不易归类，"社经地位"分数不符台湾社会，父母自陈职业的调查又往往填答不清，也会造成遗漏值百分比过高与建构效度不佳，调查的职业归类与编码成本又高，而比不上本土职业测量。

　　由于 Ganzeboom 与 Treiman（1996）的国际新社经地位量表，不但调查成本很高，测量质量又明显不如本土职业测量，今后的台湾教育研究，不宜为了要做国际比较、对话，就轻易采用这项国际量表。黄毅志（2009）采用这项量表做分析时，得到父亲职业社经地位对学科能力成绩的影响不但不显著，且 β 值仅 0.01 的发现，如果依此提出"在台湾父亲职业对学科能力成绩的没有影响，而显现教育机会均等的现象；就父亲职业的影响而言，台湾地区比起其他国家的教育机会较为均等"之结论，这虽然可做比较、对话，然而研究所呈现的台湾教育机会之均等，却是假象。至于 Ganzeboom 与 Treiman 的国际新职业声望量表之测量也有类似的问题。今后的台湾研究仍可采用符合今日台湾社会的本土化职业测量，根据研究所呈现的台湾真相，来做比较、对话。

　　虽然，Ganzeboom 与 Treiman（1996）的国际新职业量表有上述的缺失，不过为了做严格的比较、对话，还是有需要用到国际量表。这仍有待就台湾社会现况而言，调查的成本较低，测量质量又高的国际新职业量表之建立。不过黄毅志（2009）只分析在学生自陈问卷中，用国际新职业量表测量父亲职业的测量品质，至于在面访成年民众本人职业的调查，如"台湾社会变迁调查"中，国际新职业量表的测量品质与前述两项本土职业测量相较究竟如何，仍有待进一步研究之厘清。

七　总结

　　本章说明了职业的重要性与定义后，接着说明长久以来职业测量方法之发展。早期不论是台湾或西方，如 North 与 Hatt、何友晖与廖正宏所调查的职业都不能涵盖多数民众，而难以做进一步的变项分析。Duncan（1961）为了让所有职业都有分数以供进一步变项分析之用，用各职业的教育与收入水准做加权，建立了美国的职业社经地位量表；如此建立职业量表的方法后来为 Hauser 与 Warren（1997）更新美国职业社经地位量表时所采用，也为 Tsai 与 Chiu（1991）建立台湾的职业社经地位量表时所采用。

除了上述职业测量之发展外，Treiman（1977）、Ganzeboom 与 Treiman（1996）则着力于建立可供比较的国际量表之建立。不过就现在台湾的现况而言，Treiman（1977）的量表已显得老旧；Ganzeboom 与 Treiman（1996）的量表虽较新，然而它的职业测量方法仍不适用于台湾。

就今日的台湾社会研究而言，较适用的本土化职业测量方法可说明如下：如果调查的对象是样本不大的学生，如样本在 1000 人左右，为求职业测量之精确，可用开放式问卷请受访者，这包括学生或父母本人填写父母职位名称与详细工作内容，再根据填写内容依职业分类表，如黄毅志（1998）的分类表归入适当类别；最后根据职业声望或社经地位量表，如黄毅志（2003）或黄毅志（2008）的量表，给定各类职业分数。如果调查的对象是样本很大的学生，如样本在 3000 人以上，为求降低调查成本，可用成本很低、信效度也良好之职业封闭式问卷，如黄毅志（2005），请受访者勾选父母职业类别，再将职业转换成五等社经地位测量。

如果调查的对象是样本不大的成年民众，为求职业测量之精确，仍可用开放式问卷请受访者回答受访者本人、配偶、父母等职位名称与详细工作内容，再根据回答内容依职业分类表归入适当类别；最后根据职业声望或社经地位量表给定各类职业分数。如果调查的对象是样本很大的成年民众，如样本在 3000 人以上，为求降低调查成本，也可用封闭式问卷请受访者勾选职业类别，再转换成五等社经地位测量。

不过依研究目的，研究者并不必然要将职业类别转换为量化变项，而仍可将职业当做类别资料处理，而采用大类职业做分析；这可将职业类别当做顺序尺度来处理，也可将职业类别当做名目尺度来处理。

参考书目

王丽云、游锦云（2005）《学童社经背景与暑期经验对暑期学习成就进展影响之研究》。《教育研究集刊》，51（4），1－41。

"行政院"主计处（1992）《中华民国职业标准分类》（第五次修正版）。

何友辉、廖正宏（1969）《今日中国社会职业等级评价之研究》。《国立台湾大学社会学刊》，5，151－154。

吴怡瑄、叶玉珠（2003）《主题统整教学、年级、父母社经地位与国小学童科技创造力之关系》。《师大学报：教育类》，48（2），239－260。

巫有镒（1999）《影响国小学生学业成绩的因果机制——以台北市和台东县做比较》。《教育研究集刊》，43，213－242。

巫有镒（2007）《学校与非学校因素对台东县原、汉国小学生学业成就的影响》。《台湾教育社会学研究》，7（1），29－67。

林生传（2000）《教育社会学》。台北：巨流。

林俊莹（2004）《社会网络与学校满意度之关联性：以高雄县市国小学生家长为例》。《台湾教育社会学研究》，4（1），113－147。

林南（2004）《社会资本的建构与效应：台湾、中国大陆、美国三地追踪研究》。中央研究院主题研究计划。

林清江（1971）《教师角色理论与师范教育改革动向之比较研究》。《国立台湾师范大学教育研究所集刊》，13，45－176。

林清江（1981）《教师职业声望与专业形象之调查研究》。《国立台湾师范大学教育研究所集刊》，23，99－177。

林慧敏、黄毅志（2009）《原汉族群、补习教育与学业成绩关联之研究：以台东地区国中二年级生为例》。《当代教育研究》，17（3），41－81。

孙清山、黄毅志（1996）《补习教育、文化资本与教育取得》。《台湾社会学刊》，19，95～139。

马信行（1997）《一九九〇人口普查中教育与职业数据之分析》。《国立政治大学学报》，75，29－66。

马信行（1998）《台湾乡镇市区社会地位指标之建立》。《教育与心理研究》，21，37－84。

张苙云（2003）《台湾教育长期追踪数据库的规划：问卷架构、测验编制与抽样设计》。论文发表于2003年台湾与国际教育长期追踪数据库东部工作坊。台东市：国立台东师范学院教育研究所。

许嘉猷（1986）《社会阶层化与社会流动》。台北：三民。

许嘉猷（1994）《阶级结构的分类、定位与估计：台湾与美国实证研究之比较》。《阶级结构与阶级意识比较研究论文集》（页 109 - 151）。台北：中央研究院欧美所。

许嘉猷、黄毅志（2002）《跨越阶级的界限？兼论黑手变头家的实证研究结果及与欧美社会之一些比较》。《台湾社会学刊》，27，1 - 59。

陈怡靖（2001）《台湾地区高中/技职分流与教育机会不均等性之变迁》。《教育研究集刊》，47，253 - 282。

陈奎熹（1993）《教育社会学》。台北：三民。

陈淑丽（2008）《二年级国语文补救教学研究：一个长时密集的介入方案》。《特殊教育研究学刊》，33（2），27 - 48。

章英华、傅仰止（主编）（2005）《台湾地区社会变迁基本调查计划第四期第五次调查计划执行报告》。台北：中央研究院社会学研究所。

章英华、薛承泰、黄毅志（1996）《教育分流与社会经济地位——兼论：对技职教育改革的政策意涵》。台北：行政院教育改革审议委员会。

彭森明（2003）《台湾高等教育数据库之建置及相关议题之探讨》。国科会研究计画。

曾宪雄、张维安、黄国祯（2003）《建立中小学数字学习指标暨城乡数字落差之现况调查、评估与形成因素分析》。教育部研究计划。

黄毅志（1997）《社会科学与教育研究本土化：台湾地区社经地位（SES）测量之重新考虑》。载于侯松茂（主编）《八十五学年度师范学院教育学术论文发表会论文集》（页 189 - 216）。台东：国立台东师范学院。

黄毅志（1998）《台湾地区新职业分类的建构与评估》。《调查研究》，5，5 - 32。

黄毅志（2000）《教育研究中的学童自陈问卷信、效度分析》。《国科会研究汇刊：人文及社会科学》，10（3），403 - 415。

黄毅志（2002）《社会阶层、社会网络与主观意识：台湾地区不公平的社会阶层体系之延续》。台北：巨流。

黄毅志（2003）《"台湾地区新职业声望与社经地位量表"之建构与评估：社会科学与教育社会学研究本土化》。《教育研究集刊》，49（4），1 - 31。

黄毅志（2005）《教育研究中的"职业调查封闭式问卷"之信效度分析》。《教育研究集刊》，51（4），43 - 71。

黄毅志（2008）《如何精确测量职业地位？"改良版台湾地区新职业声望与社经地位量表"之建构》。《台东大学教育学报》，19（1），151 - 159。

黄毅志（2009）《国际新职业量表在台湾教育研究中的适用性：本土化与国际化的考虑》。《教育科学研究期刊》，54（3），1 - 27。

黄毅志、侯松茂、巫有镒（2005）《台东县教育长期数据库之建立——国中小学生学习状况与心理健康追踪调查》。台东县政府委托专题研究结案报告。

杨莹（1994）《教育机会均等——教育社会学的探究》。台北：师大书苑。

萧新煌（1989）《台湾中产阶级何来何去》。收录于《变迁中台湾社会的中产阶级》（页 5 - 17）。台北：巨流图书公司。

瞿海源（1985a）《台湾地区职业地位主观测量之研究》，收录于《第四次社会科学研讨会论文集》（页 121 - 140）。台北：中央研究院三民主义研究所。

瞿海源（1985b）《文化建设与文化中心绩效评估之研究》。台北：行政院研究发展考核委员会。

瞿海源（主编）（1998）《台湾地区社会变迁基本调查计划第三期第三次调查计划执行报告》。台北：中央研究院社会学研究所筹备处。

Blau, Peter M., & Duncan, Otis Dudley（1967）. *The American occupation structure*. New York: Wiley.

Bourdieu, Pierre（1984）. *Distinction: A social critique of the judgment of taste*. Cambridge, MA: Harvard University Press.

Carmines, Edward G., & Zeller, Richard A.（1979）. *Reliability and validity assessment*. Beverly Hills, CA: Sage.

Chan, Tak-wing, & Goldthorpe, John H.（2007）. Social status and newspaper readership. *American Journal of Sociology, 112*（4）, 1095 – 1134.

Duncan, Otis Dudley（1961）. A socioeconomic index for all occupational. In Albert J. Reiss（Eds.）, *Occupations and Social Status*（pp. 109 – 138）. New York: Free Press.

Ganzeboom, Harry B. G., & Treiman, Donald J.（1996）. Internationally comparable measures of occupational status for the 1988 international standard classification of occupations. *Social Science Research, 25*, 201 – 239.

Grichting, Wolfgang L.（1971）. Occupational prestige structure in Taiwan. *National Taiwan University Journal of Sociology, 7*, 67 – 78.

Hauser, Robert M., & Featherman, David L.（1977）. *The process of stratification: Trends and analyses*. New York: Academic Press.

Hauser, Robert M., & Warren, John Robert（1997）. Socioeconomic indexes for occupations status: A review, update, and critique. *Sociological Methodology, 27*, 177 – 298.

Hollingshed, August B.（1958）. *Social class and mental illness: A community study*. New York: Wiley.

Jencks, Christopher（1990）. What is true rate of social mobility? In Ronald L. Breiger（Ed.）, *Social mobility and social structure*（pp. 103 – 130）. Cambridge University Press.

Kohn, Melvin L.（1969）. *Class and conformity: A study in values*. Homewood, IL: Dorsey Press.

Lin, Nan（2001）. *Social capital*. Cambridge: Cambridge University Press.

Nakao, Keiko, & Treas, Judith（1994）. Updating occupational prestige and socioeconomic scores. In Peter V. Marsden（Ed.）, *Sociological methodology*（pp. 1 – 72）. Cambridge Black Well Publishers.

Treiman, Donald J.（1977）. *Occupational prestige in comparative perspective*. New York: Academic Press.

Tsai, Shu-ling, & Chiu, Hei-yuan（1991）. Constructing occupational scales for Taiwan. In Robert Althauser & Michael Wallace（Eds.）, *Social Stratification and Mobility*（Vol. 10, pp. 29 – 253）. Greenwich, Connecticut: JAI Press.

Wonnacott, Ronald J., & Wonnacott, Thomas H. (1979). *Econometrics*.

Wright, Erik Olin (1979). *Class structure and income determination*. New York：Academic Press.

延伸阅读

1. 黄毅志（1998）《台湾地区新职业分类的建构与评估》。《调查研究》，5，5–32。

   此文对"社会变迁调查新职业分类"建构的理论基础，建构的研究背景、方法，与所建构的本土简化职业分类之阶层区辨力，职业分类之说明、释疑，职业的调查方法，都有详细说明。

2. 黄毅志（2003）《"台湾地区新职业声望与社经地位量表"之建构与评估：社会科学与教育社会学研究本土化》。《师大教育研究集刊》，49（4），1–31。

   此文对"台湾地区新职业声望与社经地位量表"建构的理论基础，建构的研究背景、方法与所建构的本土简化职业量表之效度评估，都有详细说明。

3. Ganzeboom, Harry B. G., & Treiman, Donald J. (1996). Internationally comparable measures of occupational status for the 1988 international standard classification of occupations. *Social Science Research*, 25, 201–239.

   此文对于所建构的"国际职业声望与社经地位量表"之基础分类，分类的理论基础，建构量表的研究背景、方法，都有详细说明。并提供一至四码的"国际职业声望与社经地位量表"分数，以供研究者运用。

附录一　社会变迁调查新职业分类表

管理人员		
110 雇主与总经理（含董事、董事长、邮电总局长、监察人、副总经理）	120 主管（或经理） 130 校长 140 民意代表	370 办公室监督（如股长、科长、课长副理、襄理）

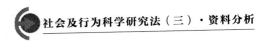

续表

实务工作者			
学技术普级			
专业人员 （含工程师）	助理（半）专业人员 （含技术员）	事务性工作人员 与其他类似技术层级者	非技术工
201 大专教师与研究人员 202 中小学、学前特教教师 211 法学（律）专业人员（如律师、法官）	301 助教 302 研究助理（不含行政总务） 303 补习班、训练班教师（练） 311 法律、行政半专业助理（含海关、税收检验员）	410 办公室事务性工作（如法律、行政事务性助理打字、文书、登录、邮运图书、复印、财税事务）	910 工友、小妹 920 看管（如门房、收票、带位电梯服务员、寄物管理庙公、建筑物管理员）
212 语文，文物管理专业人员（如作家、记者、编辑图书馆管理师） 213 艺术、娱乐（如声乐家） 214 宗教（有神职，如神父） 221 医师 222 药师 223 护士、助产士、护理师	312 社工员，辅导员 313 半专业（如餐厅歌手、模特儿、广告流行设计） 314 半专业（没神职） 321 医疗（如无照护士技术、检验师、接骨人员、推拿，药剂生） 322 运动半专业（如裁判职业选手、教练）	420 顾客服务事务性工作（如柜台接待、其他接待总机、挂号、旅游事务）	
230 会计师及商学专业人员（如投资分析师、专利顾问）	331 会计、计算半专业助理 332 专技销售，中介等商业半专业服务（如工商推销、直销员拍卖、鉴估、采购拉保险、劳工承包人经纪人、报关代理）	431 会计（含簿记、证券）事务 432 出纳事务（含售票、收费柜台金融服务） 531 商店售货（含展售） 532 固定摊贩与市场售货 511 旅运服务生（员）（含向导） 512 餐饮服务生 513 厨师（含调饮料、饮食摊厨师） 514 家事管理员（如管家） 515 理容整洁 516 个人照顾（如保姆陪病、按摩） 520 保安工作（如警察） 610 农林牧工作人员	930 售货小贩（没店面） 940 清洁工（洗车、擦鞋、洗菜、洗碗、家庭清洁佣工、清道、废弃物搜集） 950 生产体力非技术工（如挖沟体力工手作包装、捆扎、绕线、封签简单组装体力工）

续表

240 农学生物专业人员（如农业技师）	340 农业生物技术员或助理（含推广人员）	620 渔民（含渔船驾驶）	810 农机操作半技术工（如操作除草、喷药机）	
250 工程师（含建筑、资讯、测量师、技师）	350 工程技术员（含声光、检验、广电设备管制、技术师、摄影师）	710 营建采矿技术工（如泥水匠、板模、油漆、装潢、水电工）	820 工业操作半技术工（如操作钻孔、纺织机、熔炉、发电、制药设备）	
	360 航空、航海技术人员（如飞机驾驶）	720 金属机械技术工（如装修机器、铁匠焊接、钣金、试车工）	830 组装（配）半技术工（如装配机件、塑胶、纺织、纸、木制品）	
		790 其他技术工（如裁缝、修鞋匠、木匠、面包师傅、手艺工、手作印刷）	840 车辆驾驶及移运设备操作半技术工（含船面水手）	960 搬送非技术工（含送件、送报、搬运、球童、贩卖机收款、抄表）

志愿役军人 011 将官 012 校官 013 尉官 014 士官 015 士兵预备役军人 021 尉官 022 士官 023 士兵无正式工作者 031 学生 032 家庭主妇 033 失业 034 其他无职业者

附录二 台湾新职业声望与社经地位量表

	职业声望	社经地位	五等社经地位
1. 民意代表、行政主管、企业主管及经理人员			五
雇主与总经理	80.8	83.3	五
主管、校长、民意代表	83.8	81.4	五
2. 专业人员			五
大专教师与研究人员	89.8	87.9	五
中小学（学前特教）教师	82.6	81.1	五
医师、法律专业人员（属高层专业人员）	87.3	86.0	五
语文、文物管理、艺术、娱乐、宗教专业人员（属艺文专业人员）	77.7	80.0	五
药师、护士、助产士、护理师（属医疗专业人员）	78.4	79.1	五
会计师及商学专业人员	85.1	85.1	五
工程师	82.0	83.2	五
3. 技术员及助理专业人员			四
助教、研究助理、补习班、训练班教师（属教育学术半专业人员）	80.6	78.4	四

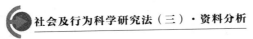

续表

	职业声望	社经地位	五等社经地位
法律、行政半专业助理	82.1	80.1	四
社工员、辅导员、宗教半专业人员	75.0	74.5	四
艺术、娱乐半专业人员	74.7	78.1	四
医疗、农业生物技术员、运动半专业人员（属生物医疗半专业人员）	78.1	77.5	四
会计、计算半专业助理	79.1	78.8	四
商业半专业服务人员	76.0	77.2	四
工程、航空、航海技术员	78.9	80.1	四
办公室监督	80.2	81.9	四
4. 事务工作人员			三
办公室事务性工作	76.6	76.5	三
顾客服务事务性工作、旅运服务生	70.0	74.3	三
会计事务	75.6	76.0	三
出纳事务	75.1	76.7	三
5. 服务工作人员及售货员			二
餐饮服务生、家事管理员	66.6	66.8	二
厨师	72.4	68.9	二
理容整洁、个人照顾	76.0	73.1	二
保安工作	79.0	76.9	二
商店售货	73.1	71.8	二
固定摊贩与市场售货	67.7	67.3	二
6. 农、林、渔、牧工作人员			一
农林牧工作人员	68.6	66.0	一
渔民	64.7	65.9	一
7. 技术工及有关工作人员			二
营建采矿技术工	72.7	72.0	二
金属机械技术工	74.7	74.2	二
其他技术工	71.6	71.1	二
8. 机械设备操作工及组装工			二
车辆驾驶及移运、农机操作半技术工	70.0	70.7	二
工业操作半技术工	70.6	70.8	二
组装半技术工	70.3	69.4	二
9. 非技术工及体力工			一
工友、小妹	65.1	66.1	一
看管	69.9	71.0	一
售货小贩	63.6	65.7	一
清洁工	66.2	64.5	一
生产体力非技术工	64.1	64.6	一
搬送非技术工	67.1	69.6	一

附录三　台湾新职业声望与社经地位量表与改良版 "台湾地区新职业声望与社经地位量表" SPSS 语法

recode to

(110 = 83.3)	(120,130,140 = 81.4)	(201 = 87.9)	(202 = 81.1)	
(211,221 = 86.0)	(212,213,214 = 80.0)	(222,223 = 79.1)	(230 = 85.1)	
(250 = 83.2)	(301,302,303 = 78.4)	(311 = 80.1)	(312,314 = 74.5)	
(313 = 78.1)	(321,322,340 = 77.5)	(331 = 78.8)	(332 = 77.2)	
(350,360 = 80.1)	(370 = 81.9)	(410 = 76.5)	(420,511 = 74.3)	
(431 = 76.0)	(432 = 76.7)	(512,514 = 66.8)	(513 = 68.9)	
(515,516 = 73.1)	(520 = 76.9)	(531 = 71.8)	(532 = 67.3)	(610 = 66.0)
(620 = 65.9)	(710 = 72.0)	(720 = 74.2)		(810,840 = 70.7)
(820 = 70.8)	(830 = 69.4)	(910 = 66.1)	(790 = 71.1)	(930 = 65.7)
(940 = 64.5)	(950 = 64.6)		(920 = 71.0)	
(960 = 69.6)	(else = 999) into tses.			

recode to

(110 = 80.8)	(120,130,140 = 83.8)	(201 = 89.8)	(202 = 82.6)	
(211,221 = 87.3)	(212,213,214 = 77.7)	(222,223 = 78.4)	(230 = 85.1)	
(250 = 82.0)	(301,302,303 = 80.6)	(311 = 82.1)	(312,314 = 75.0)	
(313 = 74.7)	(321,322,340 = 78.1)	(331 = 79.1)	(332 = 76.0)	
(350,360 = 78.9)	(370 = 80.2)	(410 = 76.6)	(420,511 = 0.0)	
(431 = 75.6)	(432 = 75.1)	(512,514 = 66.6)	(513 = 72.4)	
(515,516 = 76.0)	(520 = 79.0)	(531 = 73.1)	(532 = 67.7)	(610 = 68.6)
(620 = 64.7)	(710 = 72.7)	(720 = 74.7)	(790 = 71.6)	(810,840 = 70.0)
(820 = 70.6)	(830 = 70.3)	(910 = 65.1)	(920 = 69.9)	(930 = 63.6)
(940 = 66.2)	(950 = 64.1)	(960 = 67.1)	(else = 999) into top.	

MISSING VALUE tses top(999).

compute rtop = (top − 55) * 2.85.

compute rtses = (tses − 55) * 3.

附录四　高教调查大一新生父亲职业调查问卷

1. 父亲的工作类型(现在或退休前)工作情形
   □ （1）民意代表、行政主管、企业主管及经理人员

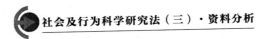

□ (2)高层专业人员（如大专教师、医师、律师）

□ (3)中小学、特教、幼稚园教师

□ (4)一般专业人员（如一般工程师、药剂师、记者、护士）

□ (5)技术员及助理专业人员（工程技术员、代书、药剂生、推销保险）

□ (6)事务工作人员（文书、打字、柜台、簿记、出纳）

□ (7)服务及买卖工作人员（商人、厨师、理发、服务生、保姆、警卫、售货）

□ (8)农、林、渔、牧工作人员

□ (9)技术工（泥水匠、面包师傅、裁缝、板金、修理电器）

□(10)机械设备操作工及装配工（含司机）

□(11)非技术工（工友、门房、洗菜、简单装配、体力工）

□(12)职业军人：军官

□(13)职业军人：士官兵

□(14)家管

□(15)失业、待业

□(16)其他_____

2. 父亲的工作内容

职位 _____

详细工作内容 _____

附录五　有关社会变迁、高教调查与 TEPS 职业分类之进一步说明

高教调查透过学生自陈问卷，来对父母亲职业进行调查，所采用的是"学生勾选父母亲大类职业"的封闭式问卷（见附录四）。TEPS 也主要采用自陈问卷，用类似附录四的问卷，请家长"勾选学生的父母亲大类职业"；如果家长漏填职业，则用电话访问家长以问清其职业。本附录对于上述分类做进一步说明，包括说明要清楚判定职业类别所需的电话调查程序（改编自黄毅志，1998）；这也可作为用开放题调查的附录一"社会变迁调查新职业分类表"归类之参考。

(一)职业调查程序与归类判准

1. 先问清楚受访者所答的工作是否为专职，有些职称如村长、大学系主任多为兼职，而这些村长、系主任很可能另有专职，如系主任的专职为大专教师，而必须以其专职来归类职业。

2. 在确定是专职后，先问职称，再问详细工作内容。由于受访者所答职称往往名不符实，在职业归类时，必须以详细工作内容为主要根据，职称作为参考之用。

在问详细工作内容时，先问是否为雇有员工的老板。如果雇有员工 10 人以上，则为附录一之雇主(110)，与附录四之选项(1)；如果雇有员工 1～9 人或者为无雇有员工的老板，往往必须从事实务工作（如看诊、早餐店老板），则为附录一之实务工作者，如医师(221)、厨师(513)，附录四选项(1)以外之实务工作者，如(2)(7)。若为无雇有员工的受雇者，而所管理的员工亦包含也管有员工者，属于附录一之主管，归入选项(1)；只管理没管有员工的基层员工者，若在办公室工作，如股长，则为附录一之办公室监督(370)，归入选项(5)，若不在办公室工作，如工头、餐厅领班，则并入实务工作者中之适当类别。

以下的职业归类只针对附录四做说明，以简化说明，这与附录二之社会变迁九大类职业类似，也

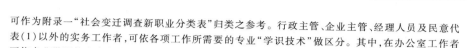

可作为附录一"社会变迁调查新职业分类表"归类之参考。行政主管、企业主管、经理人员及民意代表(1)以外的实务工作者,可依各项工作所需要的专业"学识技术"做区分。其中,在办公室工作者可依专业学识技术水准从高而低分为:

(1)专业人员,含选项(2)(3)(4):运用学识技术来进行工作,通常有大学以上学历,经专业考试及格,而有执照,如药剂师、律师。

(2)技术员及助理专业人员(半专业人员),属于选项(5):通常在专业人员、主管经理人员指导下,运用学识技术来工作,如药剂生。

(3)事务工作人员,选项(6):从事不需要太多学识技术的例行性事务工作,如属于例行性工作的文书、出纳。

(4)非技术工,选项(11):如工友。

若工作与工厂或工地有关,则可依专业学识技术水准从高而低分为:

(1)工程师,一般工程师属于选项(4),高层工程师属于选项(2):这都属于专业人员,运用学识技术以解决工程问题,通常有大学以上学历。

(2)工程技术员,选项(5):这属于半专业人员,在工程师指导下,运用学识技术从事工程设计或实际技术问题之解决。

(3)技术工,选项(9):运用技术、手艺来制造、安装、维修工业品。

(4)操作工及装配工,选项(10):操控机器、车辆或装配工业品。

(5)非技术工,选项(11):如体力工、简单装配。

对于实务工作者,在访问时,先问工作的职称、类别(如药剂),续问工作内容及所需要的专业"学识技术"之层级,以作为区分专业人员(如药剂师)、半专业人员(如药剂生)、技术工、非技术工等层级之基础。若职业为工人,就必须问清楚是运用技术、手艺来制造、安装、维修工业品,或只是操控机器、车辆或装配工业品;若是前者,则属技术工;后者则属操作工及装配工;如果都不是,而没用到多少技术,则属非技术工。若职业为护士、护理师、助产士,则需问清楚是否有执照,有则属一般专业人员,无则属半专业人员。若职业为助理(或秘书),则需问清楚是否需要用到较复杂的学识技术,或者仅是例行性事务工作,前者归入半专业人员,后者归入事务工作人员。至于警察,除了外勤的非行政主管归入选项(7)的警卫之外,其余则依工作内容并入实务工作,如(6)的文书,或属于主管人员(1)的局长。

在调查过程中,应根据以上调查程序(可参见下面调查流程图),详细记录工作内容,如管理层级、工作类别、专业层级,并尽可能在调查时就给职业做归类;如果一时无法找到适当类别,则必须根据所记录的详细工作内容,作为随后做精确归类的依据。

(二)归类之释疑

1. 若一工作者其从事二项以上之工作或职务,以需要较高学识技术层次之工作归类为其职业。例如,一个工作者其从事之工作包括小货车驾驶及卸货,则应将其归入(10)的司机。

2. 若一工作者其从事之工作连接生产及营销等不同工作,则应以生产工作(优先于买卖服务、运输等工作)作为职业之归类。例如,面包师傅同时从事面包之烘制、贩卖与送货工作,则不能归类为售货,而应归入(9)的"技术工"。

3. 从事质量检验之工作人员,若其主要工作是在检验产品是否符合品质标准与规格,应归入"工程技术员"。如仅从事简单目测检查之工作者,则将其归类为制造或生产该类产品之工作者,如(10)的装配工。

4. 学徒及练习生应依其实际从事之工作及职务归入各适当类别,可用其未来从事之职业归类。

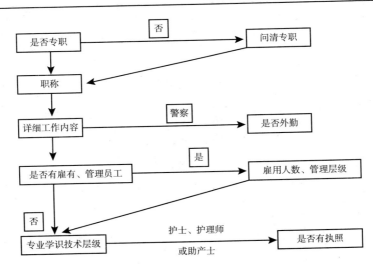

附图：职业调查流程图

说明：只管理基层员工的非办公室主管，雇用员工 0~9 人的小老板以及非外勤的警察，均以实务工作类别、专业技术层级做归类。

索　引

五　画

六　画

417

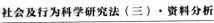

十六　画

十五　画

人名索引

C

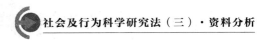

图书在版编目（CIP）数据

社会及行为科学研究法. 3，资料分析/瞿海源等主编. —北京：
社会科学文献出版社，2013.7
ISBN 978 - 7 - 5097 - 4498 - 7

Ⅰ.①社… Ⅱ.①瞿… Ⅲ.①社会科学 - 研究方法 ②行为科学 -
研究方法 Ⅳ.①C3 ②C93 - 03

中国版本图书馆 CIP 数据核字（2013）第 067800 号

社会及行为科学研究法（三）·资料分析

主　　编／瞿海源　毕恒达　刘长萱　杨国枢

出 版 人／谢寿光
出 版 者／社会科学文献出版社
地　　址／北京市西城区北三环中路甲29 号院 3 号楼华龙大厦
邮政编码／100029

责任部门／社会政法分社（010）59367156　　　　责任编辑／郑　嬿
电子信箱／shekebu@ ssap. cn　　　　　　　　　责任校对／史晶晶
项目统筹／童根兴　　　　　　　　　　　　　　 责任印制／岳　阳
经　　销／社会科学文献出版社市场营销中心（010）59367081　59367089
读者服务／读者服务中心（010）59367028

印　　装／北京季蜂印刷有限公司
开　　本／787mm×1092mm　1/16　　　　　印　　张／28.5
版　　次／2013 年 7 月第 1 版　　　　　　　　字　　数／464 千字
印　　次／2013 年 7 月第 1 次印刷
书　　号／ISBN 978 - 7 - 5097 - 4498 - 7
定　　价／69.00 元